世界歷史有一套之

後發先至的美利堅 下

世界歷史很精彩· 世界歷史可以寫得很好看

楊白勞◆著

目錄

18世紀末-19世紀美國疆域的變遷
哈得遜灣
溫尼伯湖
加
拿
大
蘇必略湖
密西根湖
休倫湖
伊利湖
安大略湖
1818年取得
路
易
斯
安
那
1803年購買
奧勒岡
1846年併入
哥倫比亞河
西雅圖
阿斯托里亞
波特蘭
加利福尼亞
1848年奪取
新墨西哥
1848年奪取
尤里卡
卡森城
聖弗朗西斯科
(舊金山)
蒙特雷
洛杉磯
鹽湖城
丹佛
科羅拉多河
1850年佔
聖菲
1853年購買
圖森
德克薩斯
1845年吞併
1848年佔
格蘭德河
埃爾帕索
奧斯汀
聖安東尼奧
加爾維斯頓
布朗斯維爾
墨西哥
密蘇里河
阿肯色河
雷德河
密西西比河
俄亥俄河
聖保羅
密爾沃基
芝加哥
德梅因
堪薩斯城
聖路易
小石城
孟菲斯
新奧爾良
底特律
哥倫布
法蘭克福
路易斯維爾
納許維爾
奧古斯塔
蒙彼利埃
波士頓
紐約
費城
華盛頓
里士滿
羅利
費耶特維爾
哥倫比亞
亞特蘭大
蒙哥馬利
薩凡納
傑克遜維爾
西佛羅里達
1810年佔
1819年購買
東佛羅里達
1818年佔
1819年購買
大西洋
太平洋
墨西哥灣
巴哈馬群島(英)
古巴
牙買加島(英)
墨西哥
英屬洪都拉斯
阿拉斯加
楚科奇海
巴羅
白令海峽
俄羅斯
美國
加拿大
阿拉斯加
1867年購買
聖勞倫斯島
(美)
白令海
普里比洛夫群島
(美)
阿圖島
阿留申群島
(美)
安克拉治
特里尼蒂群島
亞歷山大群島
阿拉斯加灣
夏威夷群島
中途島
(美)
1867年佔
夏威夷
太平洋
火奴魯魯
(檀香山)
1898年吞併
歐胡島
夏威夷島

一、美國在「一戰」

中立的火藥庫

一九一四年所有的大事都比不上六月二十八日，沒落的奧匈帝國王儲在塞拉耶佛被刺殺，歐洲分派對立的兩大陣營，立時以這件事為契機，攪起一場天翻地覆的大戰，為歐洲綿延了百年的局部戰爭做一次階段總結。

「一戰」的起因和背景以及歐洲戰事的大概，在其他幾部歐洲史中，老楊已經介紹過了，這一篇，單說美國人的事。

自從門羅宣言後，美國人一直奉行一種「孤立主義」。歐洲人不要插手美國的事，美國人對歐洲大陸那些勾心鬥角也沒興趣，你們愛打誰打誰，跟老山姆不相干。但對於高速發展的美國資本主義經濟來說，歐洲是太重要的市場了，老山姆奉行的原則就是：你們打你們的，我照常做我的生意，你們打架需要的物資，俺家統統有，送貨上門，品質保證。

可當歐洲真打成一鍋粥，美國的商船越過大西洋探頭一看，同盟國比較悲催啊，德國、奧匈帝國、奧斯曼帝國（土耳其）都被堵在中間啊，最便利的生意的夥伴還是英國和法國，而美國是英國最大的交易夥伴，從賺錢這個角度看，好像還是跟協約國保持友好的貿易來往比較重要。

大約從一九一五年開始，雖然美國人還號稱是中立，全世界都發現，老山姆家已經成為協約國的軍火庫了。

賺錢是第一重要的，往往是錢的走向決定了歷史的走向。說美國人滿腦門子都是錢，那人家可不答應，人家在數錢數得手軟，偶爾休息之餘，還大聲抗議：「俺們跟協約國關係好，就不關錢的事！那同盟國，德意志、奧匈、奧斯曼哪個不是腐朽落後不開化的帝制國家？俺們美利堅領導著全世界的進步、自由、民主，俺們能和那幾個臭皇帝為伍嗎?!你說協約國的俄國也是帝制啊，所以俺們也對協約國不滿啊，俺們這不是堅持中立嗎?!」抗議完了繼續數錢去了，因為太多了，不抓緊時間數不完。

老楊不是譏諷美利堅虛偽啊，當時當地，美國人賺錢歸賺錢，他們還真是這麼想的。在美國人眼中，自由的北美代表著和諧、美好與希望，歐洲代表著混亂、腐敗與沒落，跟歐洲人為伍，美國人還真有些許不屑。

在美國國內，因為跟不列顛和法蘭西的歷史情緣，同情協約國的真不少，但德裔的美國佬也多啊，還有在北美混得很牛叉的愛爾蘭人，他們一向對不列顛不滿的，所以，這部分挺同盟國的力量也強大。

威爾遜總統站哪邊?都說他是最英國化的美國人，可他絕對不敢公開支持協約國，以該時的態勢，中立，是他唯一的選擇，為了提升美利堅的國際影響力，他還要時常地站起來，貌似誠懇地勸歐洲兄弟們：有話好好說，先生們快停手！

美利堅一邊看熱鬧，一邊數鈔票，一邊歐洲勸架，一邊國內鬥嘴，忙忙碌碌又迎來了一九一六年的大選。

這一年的大選，對歐洲大戰的態度肯定是決定性要素。威爾遜團隊高呼著「他使我們免於戰爭」的競選口號，再次將威爾遜送進了白宮。

雖然是微弱優勢，這個結果也反應了大部分美國人的態度：美國不准參戰，繼續數錢看熱鬧！

威爾遜以反戰姿態重新當選，其實他心裡比誰都想加入歐洲戰團打一場。漫說是到一九一七年，協約國欠美國各種債務超過二十億，欠債的被弄死了對債主不利，威爾遜還想得更深遠：這一場大戰後，歐洲勢必疲弱，之前的世界領導地位動搖，美國正好乘勢而起，主導一個國際新秩序。而要想在戰後說了算，看熱鬧是不行的，不僅要下場，還要戰勝！

如何說服美國老百姓加入歐洲群架？歐洲協約國方面提供了大量宣傳資料：戰事艱苦、驚人傷亡、歐洲大陸滿目瘡痍，美利堅的朋友們，伸出援手，盡早結束這場地獄般的鏖戰吧！

美國人看完也熱淚盈眶，但，不夠。沒想到，最終將美國人推進戰爭的，是來自同盟國方面的鼓勵。

英國和德國在大洋爭鋒，不列顛控制水面，德意志只好在水下使陰招。德國潛艇幹掉英國商船的效率是很高的，而往來英國的商船，大家都知道，船上大量都是美國貨和美國佬，有的乾脆就是美國商船。逼急了的英國開始以武裝商船貿易，而更被逼急了的德國，啟動了如狼似虎的「無限制潛艇戰」！

所有開往英國的商船，一旦被德國潛艇發現，沒有警告不打招呼，直接擊沉！實際上，德意志出此狠招，他們已經在針對美國了。德國人明顯感覺到，老山姆政府參戰之心蠢蠢欲動，不可遏制，德國人企圖不惜任何手段，在美國人參戰之前，先打廢英國。更毋庸說，這一輪潛艇瘋狂亂打，中彈的美國商船不少，甚至還有豪華遊輪。

明明自稱中立，卻往來穿梭給英國人送軍火，德國人動手，似乎也沒有不合理，還有其他非參戰不可的理由嗎？

有，英國人馬上送來一個：一九一七年一月，德國外交部官員齊默爾曼給當時的德意志駐墨西哥大使發了一封密電，密電的大意說，一旦美國人參戰，希望墨西哥能跟德國聯手，作為感謝，打贏後，德國人作主，將新墨西哥州、德克薩斯州、亞利桑那州歸還墨西哥（這都是墨西哥的故土）。

這封電報在很長一段時間內被認為是騙局，因為墨西哥當時連建制的軍隊都沒有，國家幾乎是一種無政府狀態，真要對美國宣戰，他們恐怕還找不到對哪個方向叫板。

連威爾遜總統都不信這電報是真的，滿以為是英國人為了拖美國下水搞的鬼，誰知道德國人忠厚老實，他們居然就承認，這份電報「可以有」！

既然日耳曼開始對美洲大地指手畫腳，事情的性質就變了，而且當年的事態也順著威爾遜希望的發展了：二月份收到電報，一公開，全美喊打；三月份俄國推翻了沙皇，意味著，美國人加入協約國陣營，也不算是與封建帝制國家為伍了；這個月，無限制潛艇戰還擊沉了三艘美國船，其中一艘遊輪不是被直接擊沉，而是德軍上艦將財物搜掠一空後，將炸彈投置在油箱裡。妥妥的了，四月六日，美國政府宣戰，美利堅進入「一戰」！

遠征

就這樣，威爾遜打著反戰的旗號贏得了白宮，一上任，就把美國帶進了世界大戰。他之所以這麼毫無壓力地參戰，最先考慮的，也許是，戰場並不在北美大陸。

德國人幹掉了美國人的船，當然是先在海上報仇，更何況，來往英美的商道，是要優先維護的。一九一七年春天，德意志瘋狂潛艇戰，已經讓海上霸主英格蘭露出了疲態，美國的軍艦一出現在戰場，沒幾周，局勢就開始逆轉，協約國的船隻損失不斷降低。

如果僅僅是在海上幫忙就能奏效，老山姆可真是賺翻了。可事情並不如他所願，經過幾場絞肉機式的血戰，協約國的陸上軍隊有點跟不上了，美國人誠心幫忙，就要派軍隊親臨前線。

「一戰」之前，美國人是沒有那麼多大兵的，一九一七年時，正規軍也不過十二萬人。美國人也聽說了，一個索姆河戰役，雙方就是一百三十萬人的傷亡，區區十二萬的美國大兵，拿到歐洲去，當啦啦隊都不夠用。

威爾遜促使國會通過了一項徵兵法案，全美徵召新兵。從現在的各種影視作品裡，美國大兵一直給我們一種很瀟灑隨意自在的形象，跟常規循規蹈矩，紀律齊整的一般軍人有點區別，這是美國人的基因決定的。一聽說要去歐洲打仗，到大洋對面那片大陸探險，報紙上還說已經死了不少人，屍橫遍野了哦，美國人竟有些孩子氣的衝動和激動，如果不是美國人骨子裡熱衷冒險的精神，北美這片大陸就不是美利堅了。西部走完了，去歐洲冒險吧，居然有三百萬新兵入伍，還有兩百萬志願兵加入各種後勤機構服務。

新兵們組建了美國遠征軍，浩浩蕩蕩越過大西洋，登陸歐洲作戰。意義重大啊，當初是歐洲人越過大洋登陸北美，幫助美利堅取得了獨立，如今，美國大兵來回訪歐洲了。

領導美國遠征軍的，是有豐富作戰經驗，鎮壓過菲律賓和墨西哥起義的潘興將軍，人送外號「鐵錘將軍」。

美國派上歐洲大陸的軍隊最多時是兩百萬人，出發有先後，大約是在一九一八年中，軍隊人數才達到協約國希望的規模。時間上配合得很懸，大家都知道，一九一七年十一月，俄國十月革命勝利後，列寧同志第一時間就退出了戰場，德意志東線鬆綁，調整了全部兵力砸到西線，美國佬再磨嘰一陣，後果不堪設想。

潘興將軍帶著美國大兵是支援歐洲的，他的人馬應該哪裡需要哪裡去，分散在協約國的部隊裡。顯然潘興將軍不願意這樣，他希望美國遠征軍是作為一支獨立部隊參戰的。第一次出遠門，打這種強度的戰役，美國大兵還有點吃不消，所以剛開始，沒什麼體面的成績。

美國人不信邪啊，潘興再次要求，他將美國遠征軍的十六個師整編成美國第一集團軍，主動請纓發起聖米耶爾的戰役。

德軍在一九一四年就佔領了聖米耶爾，作為德軍戰線的突出部分，這個地方扼住了巴黎和東部戰場的交通，協約國軍隊發功了幾次收復行動，都沒有成功。

在很多「地主」的知識裡，聖米耶爾戰役比較冷門，但它對於美國軍隊的意義是巨大的。首先，這次戰役裡，潘興手下精英如雲，比如有位上校叫馬歇爾，還有個旅長叫麥克阿瑟，坦克旅還有位叫巴頓的神仙。

不管這三位在「二戰」如何出鋒頭，「一戰」，美國大兵初出茅廬，揚威立萬的第一場大戰，明星肯定是威廉·米契爾，他是美國空軍的創始人之一。

萊特兄弟大一九〇三年底完成了試飛，標誌著飛機被發明出來。「一戰」開打時，飛機的誕生剛剛十年。當時的飛機，都是用木板和膠布製造的，看著像玩具模型，這樣的東西雖然飛行高度不超過五千英尺，速度也就是每小時六十英里，可要帶人上天，其風險是可想而知的。

飛機走出美國後，被歐洲國家發揚光大了。有個法國飛行員在飛機後座安置了一挺機槍，專打在空中碰見的德國飛機的螺旋槳，居然成功地幹掉了五架敵機，成為史上首個「王牌飛行員」。此後空戰的規矩就是，打落五架敵機，就給個「王牌」的職稱。

德國人反應快，他們很快就在機槍戰機的基礎上升級改良，漸漸就出現了戰鬥機或者轟炸機的雛形。我們現在一想到現代戰爭，就是無數密集的戰機蝗蟲般地升空，而後轟炸，尤其是無人機和隱形戰機發明後，飛臨別國上空更是炸得肆無忌憚，但在「一戰」剛開打時，大家對飛機的理解，不過是運點東西，或是敵後偵查，就算飛機上配了機槍或者炸彈，也沒指望飛機作為一支獨立的作戰力量戰場建功。而米契爾當時就想到，有一支凶悍的空中力量掌握制空權，不論是戰術層面還是戰略層面，其作用都應該是巨大的甚至可能決定一場戰爭的結局。

米契爾說服了英法，三國聯合，讓他擁有了一千四百多架飛機的控制權。一九一八年九月十一日，在惡劣的天氣中，聖米耶爾戰役以美軍飛行員玩命冒險的起飛轟炸配合地面坦克的進攻開始。特別需要說明的是，飛機雖然是美國人發明的，美國本土的航空業起步卻很落後，直到「一戰」結束，似乎也沒有made in USA的戰機進入戰場，這次米契爾操作的，大部分都是法國產品。

戰役進行了四天，作為美軍第一次大規模的進攻型戰役，五十多萬人的進攻規模，好像也沒把德國人怎麼樣，幫助協約國的戰線縮短了二十四公里，德軍傷亡五千，美軍傷亡七千。其實這次戰役，德軍在人數上是遠遠低於美軍的，而且，幾乎還沒開打，德軍就出於撤退的狀態。客觀地說，在正面幹仗這個項目上，美軍比德軍差得還是有點遠。

勝敗不論，米契爾的空中理論在戰中得到了證實，也就是從這次戰役開始，美國空軍逐漸成型，並在各種戰場發揮巨大的力量，但是正式的美國空軍成立，則是「二戰」結束後的事了。

聖米耶爾戰役，讓美國第一集團軍作為獨立的戰鬥單位被認可。一九一八年九月底，長達七個星期的默茲—阿爾貢攻勢開始，英法美聯軍在兩百英里的戰線上向德軍反擊。一萬多美軍主要集中在阿爾貢森林一帶，將這個位置的德軍壓回了德國境內，再努力一把，美軍就進入德國作戰了。

德國人非常有效率地在國門將破時投降，英法都感覺沒有必要進人家屋裡鬧騰。

十一月十一日，「一戰」結束。英國損失近一百萬子弟，法國少了一百四十萬兒郎，中途退賽的俄國更是有悲催的一百七十萬傷亡，而美國大兵統共損失了十一．二萬人，其中好些還死於流感和水土不服，還有不少染上了性病，對美國大兵來說，公費去趟歐洲，總是要照顧一下傳說中的法國女郎啊。

潘興將軍戰功顯赫，美國軍隊的最高軍銜是五星上將（一九四四年設立），潘興將軍的地位應該稍微高於此列，他和前面說到的，佔領菲律賓的喬治．杜威將軍，被授予特級上將的軍銜，在整個美國歷史上，他們的軍銜地位，應該是僅次於唯一的六星上將喬治．華盛頓（由一九七六年福特總統追授）。而軍事愛好者都知道，潘興不僅被用來命名坦克，更是一種極牛的戰術導彈！

二、離老大還差點兒

說到美國的崛起，全世界公認的是「一戰」末期「摘取勝利的果實」，發了戰爭財，一躍成為世界霸主。

戰爭財肯定是發了，經濟上肯定是霸主了，但至於街坊老大這個位置，真的還差點兒。

前面說到，威爾遜費了老大勁，將美國大兵送上歐洲戰場，最大的目的，是想在戰後讓美國獲得「話事權」。一九一八年初，戰爭還看不出結束跡象時，威爾遜已經想好重組世界權力格局的思路，這一年他陸續完善了著名的「十四點和平綱領」：

（1）公開訂立和平條約，無祕密外交。

（2）公海航行絕對自由；

（3）取消國家間的經濟障礙並建立貿易平等條約；

（4）裁減軍備；

（5）調整對殖民地的要求，平等對待殖民地人民；

（6）德國撤出俄國，調整俄國問題；

（7）德軍撤出比利時，恢復比利時之獨立性；

（8）德軍撤出法國，阿爾薩斯—洛林歸還法國；

（9）根據民族性原則，重新調整義大利邊界；

（10）奧匈各族自治，允許獨立；

（11）同盟國撤出羅馬尼亞、塞爾維亞和黑山。

（12）奧斯曼帝國民族自決。

（13）恢復波蘭之獨立性。

（14）成立國際聯盟維持世界和平。

到一九一八年末，德意志和奧匈帝國覺得戰爭難以維持之際，這十四條真有點救命稻草的意思。根據這十四條，同盟國雖然慘敗，國土損失不大，像阿爾薩斯─洛林這片是非之地，德意志身子骨硬朗的時候都有點hold不住，此時千瘡百孔，更不指望能在法國惡毒的目光中保留了。

對英法來說，雖然這十四條有便宜了德意志的意思，但此時英法都耗到極限，戰爭的格局完全由新下場的美國軍隊主導，美國既然做和事佬要求大家停戰談判，就給他個面子吧，但是，肯定不會讓他說了算。

仔細分析一下這十四條，老山姆的思路還是比較清晰的。第六條到第十二條幾乎是歐洲這場戰亂的起因，而第十三條顯然是針對俄國蘇維埃。

第一條可以理解為老山姆很著急：歐洲街坊喜歡玩私下交易，張三圖謀李四家的自留地，拉上王五簽個協議並肩子上，事後給王五分一隴院牆；或者是湯姆用自家的水井換傑克家的豬圈，條件是傑克幫著把彼得家的茅廁弄過來。街坊們躲起來內幕交易，老山姆是踮著腳跳著高好多事都聽不到，相當鬱悶，所以規定以後不管什麼事，大家檯面上說話，不許祕密外交。潛臺詞就是：好多事俺家是不知道，知道了怎麼也要插一腳嘛！

第二條和第三條當然也是利多老山姆，作為世界第一經濟大國，海上被人轄制，貿易上被人限制，肯定影響收益。

第四條還算是積極的，經過這麼一場死人無數的惡戰，適當減少殺人武器也算順應發展形勢了。而全球範圍內，好的殖民地都在英法德手裡，美利堅下手慢了，在這個項目上頗為落後，如果能給殖民地訂規矩，打破殖民地的平靜和平衡，說不定一動盪，老山姆就有機會撿漏了。所以第五條似乎也有照顧美國的意思。

第十四條是重點的重點，由美國倡議成立國聯，美國在其中當然是不可或缺的重要角色，那也就是說，全地球的街坊，只要加入這個組織，美國就可以或多或少或公開或隱蔽地過問一下別家的「私事」，老山姆自然就進入了街道領導班子，是帶頭大哥之一了。

一九一八年十二月十三日，威爾遜帶著十四條進入了巴黎，收到了法國歷史上罕見的群眾盛大歡迎。威爾遜也是第一個任內出國出長差的美國總統。

巴黎和會雖然名號是「和平會議」，卻是地球歷史上打嘴仗、扯皮最激烈的地方。作為第一位來自北美的元首，在巴黎市民的歡呼中，威爾遜怕自己露怯，一直端著架子，歐洲那幾個巨頭很快就覺得這廝很傲慢，不好相處。

英法要求屠了德意志，威爾遜是來做和事佬的，怎麼能接受這麼暴力的結果呢。對於英法要求的天文數字戰爭賠償，威爾遜一直不支持。可最後的事實證明，在歐洲，光態度傲慢是沒用的，英法兩國就算被打成殘廢，他們還是能主導大部分事務。於是在要求德意志巨額賠償的問題上，威爾遜也只能讓步。

唯一讓威爾遜欣慰的是，他最重要的計畫——成立國際聯盟被歐洲接受並通過了。國聯內部設五個常任理事國，美國是其中之一，至於運作的細節和如何確保聯盟的各種效力，威爾遜覺得問題不大，只要啟動了，總歸能解決的。

和會結束，威爾遜回到美國，參加了「一戰」勝利的慶典，他駕駛一輛凱迪拉克轎車穿越了波士頓大街，從那以後，凱迪拉克就被榮譽地固定成為美國總統專用座駕了。

慶祝歸慶祝，華盛頓的扯皮形勢並不比巴黎和諧，從巴黎拿回來的《凡爾賽和約》雖然歐洲有關國家簽字了，美國還沒簽呢，還沒有經過國會呢！而威爾遜因為性格的原因，跟國會長期有芥蒂，有幾位參議員甚至跟他有私人恩怨。

「這麼好的和約，誰不簽誰是混蛋，全世界都鄙視他！」威爾遜斜睨著國會。

國會態度更輕佻：「總統閣下，您老圖樣圖森破（Too young too simple）！」

一九一八年國會中期選舉，更要命的刺激來了，竟然是共和黨取得了參議院！

其實當時以整個美國的民意來看，和約是應該可以通過的，可那些決心整死威爾遜的參議員們，用了個美國國會的三十六計，拖為上。和約這麼重要的東西啊，當然是要一個字一個字地推敲，逐條審議，三百多頁呢，我們要慢慢看！

參議員的確是要了威爾遜的老命，為了和約能通過，威爾遜發起大規模全國巡迴演講，希望取得民眾的支持，三個星期八千英里路的旅程，平均一天有四場演講，對一個六十四歲的老人來說，腦力和體力都透支到了極限，在巴黎和會期間，因為壓力太大，威爾遜已經發生過一次輕微中風。

一九一九年九月，威爾遜在一次演講後一頭栽倒在地，送回華盛頓後，又發作了心臟病，引發了左半身的偏癱，右眼失明。

這樣的搏命爭取沒有得到他想要的結果，參議院回饋了一份《凡爾賽和約》修改稿，威爾遜當然是不幹的，參議院只好聳聳肩，那好吧，咱們就不加入國際聯盟了！

美國一手主導了國聯的成立，自己又沒有加入，這個事對整個歷史走向的影響是巨大而且深遠的。因為美國沒有加入國聯，國際事務完全由英法義日主導，英法無所顧忌地死逼德意志時，少了一股溫和的力量中和歐洲的勢力，以至於德意志忍無可忍無須再忍，讓希特勒橫空出世，血債血償；至於義大利和日本，大家都知道那兩貨的德性。

而美國國會不同意加入國聯的原因，當然不是為了和威爾遜較勁這麼簡單，在美國未來的發展大計上，顯然美國議員們的眼光和野心都比威爾遜差得太遠，他們還是感覺，美國既然一向奉行「孤立主義」原則，就繼續維持下去，美國人自得其樂過好自己的小日子，管其他國家怎麼翻天覆地呢。上帝安排一片大洋將美洲和歐洲分隔開來，絕對是有原因的，不是為了讓兩邊摻和在一起的！

現在分析這件歷史大事，不能簡單地說威爾遜和國會孰是孰非，實際上，就算國會的野心能配合總統，想在當時取得整個街坊「話事權」成為大哥大，也是不容易的，英法不會由著美利堅這麼輕易上位，而美利堅當時也不具備做大佬的綜合實力。

現在美利堅的國際地位，應該是威爾遜的夢想，可惜他看不見。從一九一九年發病開始，大部分事他就已經看不見了。從發病到任期結束近十八個月的任期，白宮的行事作派都有點鬼祟，威爾遜的健康狀況如何？究竟能否理事？到底有沒有在理事？都成了謎。

美國總統作為普通人上位，有普通人的七情六欲，他們的私生活就算偶失檢點，也沒有歐洲那些傳統帝王來得精彩，老楊都不屑於他們，但威爾遜的私生活關係國事，還是要提一提。

野心大的男人似乎都好色，威爾遜就是其中之一。他的第一任老婆也算個人物，當時結婚結的挺轟動。婚後不久，威爾遜去他最愛的百慕達地區度假，結識了一位有婦之夫瑪麗，兩人在百慕達過了幾天如膠似漆的日子，離開後也不能忘懷，還時常勾搭在一起。

威爾遜大選時，這個醜聞已經被爆出來了，傳說他的競爭對手，主要是希歐多爾．羅斯福感覺用這種事攻擊對手，勝之不武，竟然讓威爾遜帶著情婦進入了白宮。

一年後，第一夫人去世，小三這下樂了，以最快的速度跟自己的老公離婚，預備上位成為白宮的新主婦，誰知小四橫空殺出，一位四十二歲的富商寡婦伊蒂絲等到了總統的求婚，這位高大豐滿的女人成了新的第一夫人。伊蒂絲可不是善茬，一結婚發現老公跟小三還有勾搭，立即翻臉，不知道用了什麼辦法，威爾遜竟然老老實實跟小三了斷了情緣。

伊蒂絲書讀得不多，膽子挺大，有進取心。從進入白宮後，她就經常插手總統事務，包括巴黎和會期間。一九一九年威爾遜成了偏癱，幾乎失去了語言能力，伊蒂絲作主封鎖了消息，她幾乎是將老公「軟禁」在白宮裡，而對外所有的事務，都由她負責「轉達」！

到底伊蒂絲有沒有將國家大事轉達給總統，或者那些伊蒂絲字體的簽字回覆是不是威爾遜自己的意思，都無法追究了，既然威爾遜的副總統幾乎可以說派不上啥用場，第一夫人「篡奪大位」似乎也挺合理的。

第二任期結束時，威爾遜還想再接再厲，顯然他的狀態和人氣都不允許了。這樣一個本應該在全球事務中意氣風發指點江山的人物，可以說是在欺騙和失敗中結束了自己的政治生涯。

三、蓋茲比的時代

二〇一三年，好萊塢拍攝的第五版《了不起的蓋茲比》（大亨小傳）登陸中國，因為有李奧納多和「蜘蛛人」（飾演尼克）的擔綱，吸引了不少人去看。

一部小說被翻拍五次，可見其影響力。二十世紀末，美國出版界的一次對二十世紀文學作品的評論評比中，《了不起的蓋茲比》高居英文小說的第二名，僅次於神作《尤利西斯》！

愛爾蘭人寫的《尤利西斯》，三部十八章，翻譯成中文一百多萬字，還是那種把讀者搞暈，顯得高端大氣上檔次的意識流。而《了不起的蓋茲比》全篇不到六萬單詞。將小說寫成磚頭，考驗的是毅力，將一個最簡單的故事寫成名著，考驗的是才華。老楊一直以《了不起的蓋茲比》的作者費茲傑羅為真正的大牛。

名著的成立有一個最不可或缺的要素，那就是故事簡單不要緊，必須映襯一個特色鮮明的大時代。大部分人讀《了不起的蓋茲比》都認為不過是個魯蛇逆襲的故事，但如果你了解美國的歷史，就會發現，它其實是非常巧妙聰明地描述和記錄了二〇年代的美國，一個溢彩流光的新時代，充滿了許多欣喜和變遷的閃亮十年，它被歷史書稱為是咆哮的時代。

先放下蓋茲比的故事，我們好好研究一下二〇年代為什麼精彩。

渣男作死 間人沉默

歷史上評價威爾遜，都說他是美國歷史的分水嶺。威爾遜之前的美國社會，靠自我的力量開發自有的資源，自我更新，自我完善，自得其樂自由而隨性，在地球上遺世而獨立。威爾遜這八年，其實從老泰迪開始，美國經濟、政治、外交、國際地位都有了巨大的變化。

一九二〇年大選，其實是民眾對於威爾遜時代這種變化的反應，美國應該按照威爾遜的思路往下走，積極參與國際事務，增加國際影響力，還是回到保守孤立的老美國時代呢？

不管「一戰」讓美國賺了多少錢，老百姓看到的是，十幾萬北美子弟去了歐洲就沒再回來。戰後為了國聯的事，舉國上下喧囂混亂，連總統都被累倒了，何苦呢？何必呢？放著好日子不過折騰啥呢？

美國人用行動表達了立場，一九二〇年的大選，來自俄亥俄州的參議員哈定幫助共和黨拿回了失去多年的白宮。這次競選也創造了一個紀錄，哈定勝出的優勢是壓倒式的，選民票幾乎勝出兩倍，而選舉人票四〇四對一二七，勝出了三倍還多！

這個創出歷史的競選優勢並不是哈定在美國歷史上最大的榮耀，因為後來的歷史中，大部分美國總統功績排名，哈定都可以名列前茅，不過是最差的美國總統排名，從哈定的在任表現來看，我們不禁要懷疑，有的時候，民選國家領導人不見得靠譜。

相比大部分的美國總統，哈定算是個鳳凰男的出身，鳳凰男要想混好，最要緊是長得好。哈定高大英俊，有古羅馬雕像式的五官，以這個有利資源，他找到了一個改良出身最快捷便利的方式，娶了個「富二代」。

白富美肯定是夠不著的，但僅僅是富，長得醜脾氣壞年紀大的剩女，就大有機會下嫁。哈定夫人出名的專橫跋扈囂張暴躁，但哈定既然是本著以婚姻上位心思，他也算求仁得仁了。

以這種方式成功的鳳凰男，一旦得勢，不偷吃劈腿就不正常了。哈定步步高升的道路上，還真沒斷了各種情婦。其中有一位情婦，最近還被披露出，居然是德國的間諜，一戰期間，在美國搞了不少小動作。在哈定預備競選總統時，共和黨幫著清理周邊，將間諜遠遠打發到了日本，還要年年出錢供養。

大部分鳳凰男有極強的上進心和野心，遺憾的是，除了泡妞專業外，哈定在總統工作的各方面都很一般。

這分明是個渣男嘛！美國人怎麼會選他當總統呢？其實，共和黨推他出來，還就是因為他渣。國會跟威爾遜這種強勢的狠角較勁，覺得很累；美國百姓被威爾遜的全球野心帶得也累。上下一心，集體對威爾遜說：大哥，跟著你挺好的，就是太累！於是，哈定就因為「不累」勝出了。

無能的總統勢必要依靠親信的內閣，親信的內閣很難做到不徇私舞弊。哈定任內的關鍵字就是各種醜聞。最著名的就是內閣部長將美國海軍的石油儲備基地私自租給兩個美國富商，收了五十萬美金的「租借費」，落了自己的腰包。

這算是被炒出來的大醜聞，各種小醜聞，包括白宮成為總統小集團的棋牌室之類的說法，讓哈定的任期很難看。一九二三年，哈定走出白宮，到西部做巡迴演講，聲稱是對美國人民做一個「自我反省」。

共和黨內的「批評與自我批評」真不是鬧著玩的，不僅僅是傷及皮毛了，哈定在西雅圖演講時，因為兩次心臟病發作後，在三藩市逝世！反省很深刻，連命都搭上了！關於哈定的死因，還有一種被接受的說法是，哈定太太，也就是第一夫人的投毒。至於原因，大家用腳後跟都能猜到了。

副總統柯立芝接班了，他命中注定該成為總統，因為他生於美國獨立日。

一九二三年八月，被通知去白宮成為美利堅總統時，柯立芝正利用假期，幫父親的農場割草。這個佛蒙特州農村長大的男人，一輩子就喜歡閒適的田園生活，日出而作日暮而歸，下午最好睡個長午覺，空閒時可以釣魚。

哈定是個放蕩不羈的人，共和黨給他選配的副手就自然是沉穩低調的。性格上雖然差異大，倆人對總統的定位倒是一致，都以為，美國政府應該越小越好，最好是什麼事都不要管，也不用管。而柯立芝，他幾乎把當總統當作負擔了，有人評價他：「他立志成為歷史上最不管事的總統，並成功地實現了這一目標」。

柯立芝的無為而治是成功的，從接手哈定死亡後兩年任期，到一九二四年大選取得勝利，他在白宮注視著美國在二〇年代突飛猛進，高速發展，而因為市場繁榮和消費激增，這幾乎是一段紙醉金迷的歲月，如果說二〇年代是個咆哮時代，柯立芝任內，是最咆哮的六年。

時代在咆哮，總統卻沉默。柯立芝私下本就寡言少語，做了總統後更是謹言慎行。美國媒體經常會以這個幾乎不說話的總統打趣。一九二七年，柯立芝將三十名記者叫到白宮。記者進場後，被要求沿左側排隊站好，總統一言不發地給每位記者發了一張小紙條，上面寫著：我不準備參加一九二八年的總統選舉。然後不許提問，不許廢話，大家解散。這麼重要的大事，總統都不願意多說一句。

儘管柯立芝任內他啥也沒幹，但大多數人都認為，這位閒散安靜的人若想再次參選，大有可能再次入主白宮。事實證明，話少的人看得更清晰更高遠，柯立芝應該是看到了咆哮時代正走向瘋狂的頂峰，頃刻間可能就會迎來毀滅和顛覆，以他的能力和性格，當然是能躲多遠就躲多遠了。

柯立芝跟哈定還有一項最重大的區別就是對家庭的珍視，第一家庭雖然也碰上過至親離散的悲劇，但夫妻恩愛是公認的。有趣的是，柯立芝被命名了一個心理學名詞——柯立芝效應，這個名詞恰恰成為很多像哈定那樣的渣男的藉口。柯立芝效應意思就是說，全世界所有的哺乳動物，如果發現新的性夥伴，就能保障高亢的性欲，和高效的性行為。換言之就是說，如果老公在床上不夠生猛，別懷疑他的身體故障了，買驢鞭啥的進補也沒用，那完全是因為面對的是自己的老婆，你給他換上公司新來的女大學生試試！

話說某天柯立芝帶老婆參觀一個養雞場，總統夫人詫異於養雞場可以用少量的公雞產生大量的可以孵化的雞蛋。農場主介紹說，那是因為每隻公雞每天要工作好幾次。總統夫人聽完後，對農場主說：「請把這事轉告給柯立芝先生！」

柯立芝雖然沉默寡言，可作為一個美國總統，他的嘴絕對不笨，他馬上詢問農場主，「一隻公雞一天只為一隻母雞服務嗎？」農場主回答，那當然不是。柯立芝跟農場主說：「請把這事轉告柯立芝太太。」

雖說喜新厭舊是哺乳動物不可改變的基因，但咱們到底是高級哺乳動物，在對待異性方面至少可以做得比雞更文明，所以咱們要盡量掩蓋壓抑這個柯立芝效應。

流行是王道

到二〇年代末，美國的大街上跑著三千多萬輛汽車。美國的汽車業發展可以用光速形容，在一八九九年，計算汽車行業的產值，在全世界，美國還排不上名次，可不到十年的時間，美國汽車工業進入了世界前端，這樣的進步，幾乎可以說是亨利．福特一人之功。

一八六三年福特生於密西根州，父母是愛爾蘭移民。生於農莊的福特，從小就表現出在機械方面的驚人天賦。

十六歲那年，福特到了底特律，底特律在當時就已經是美國一個機械工程中心，後來發展為汽車城，可惜如今是有點沒落了。福特從學徒開始在底特律生活了七年，期間對內燃機表現出了極大的興趣。學成的福特加入愛迪生照明公司升職到主工程師，一八九二年，他建造出了第一台汽油發動機，幾年後，他造出了他第一輛汽車。

跟同時期別的汽車公司不同，那些品牌首先定位是為有錢人服務。農莊出身的福特覺得，美國地廣人稀，數百萬的農業家庭過著幾乎是與世隔絕的生活。他希望能提供一種方便便宜易操控的交通工具，讓農村人能走進城市，增加城鄉互通。

在汽車行業摸爬滾打了十年後，福特於一九〇三年成立了福特汽車公司，正好標準石油公司在跟其他同行的競爭中，不得不降低了價格，供應低廉的汽油，於是，一九〇八年，福特推出了「T」型轎車，售價八百五十元美金一輛。農莊裡的農民伯伯們發現，這個小車子，很容易開，連沒文化的老婆老媽都能學會，有時候逼急了她們還會自己動手修呢！

一九一三年，福特向整個工業界展示了一場革命，他的裝配廠引入了流水線。第一條流水線啟用後，裝配一輛「T」型轎車由原來的十二小時二十八分鐘縮短為十分鐘！成本再次降低，「T」型車的價格直降到三百六十美元，根據當時的工資水準，一個普通工人，幹四個月就可以考慮購置一輛福特車。到一九二七年「T」型車停產時，福特賣掉了一千五百萬輛車，成為美國普通家庭的標準配備。

福特號稱「汽車大王」，但跟他同時代競爭的汽車公司也不可小覷，比如通用汽車公司（GM）。如同大哥和二哥的競爭容易弄死三弟一樣，福特和通用的競爭，讓此時如雨後春筍出現的汽車公司生存壓力很大，優勝劣汰幾輪後，到一九二九年，雖然市場還有這麼大，可汽車企業只有不到五十家了。

《了不起的蓋茲比》了不起在，它網絡了二〇年代美國社會的各種熱點。比如，這本小說之前，文學作品描述的交通工具一般是馬車、輪船或者火車，而汽車在《了不起的蓋茲比》裡卻是非常重要的道具，其中關鍵的場景還是個汽車修理廠，描述了美國快速增長的汽車時代。根據小說，蓋茲比發達後，開了一輛勞斯萊斯，它是一種原產英國的德國車，豪車的代表。而在二〇一三年電影版的《了不起的蓋茲比》中，蓋茲比開了一輛豔黃色的道森伯格，非常招搖。

道森伯格品牌由德國移民在美國創立，跟福特的思路不同，道森伯格堅持高端，為有錢人量身定制，純手工工藝，沒有兩輛道森伯格是一模一樣的。尤其是一九二八年公布的「J」型轎車，號稱「經典之王」。

如果按小說真實的背景，蓋茲比這樣的暴發戶，一定是首選歐洲豪車。但道森伯格品牌卻是真正的美國本土一線豪車，跟它比肩是賓利和布加迪。道森伯格盛衰就是一場美國夢，一個移民在美國白手起家打下家業，在隨後三〇年代的經濟危機中遭遇滅頂之災，以至於，現在我們能看到的道森伯格轎車都是古董，只能在拍賣行找到。

有了汽車，很多人第一個可能會聯想到汽車廣播，現代人，大約只有在開車的時候才會收聽電臺廣播了，可是在二〇年代，汽車興起的時候，聽廣播是美國人最潮流最熱門的娛樂。

無線電廣播的發明，是很多科學家心血的集合，關鍵的人物是費森登，生於加拿大的美國物理學家，雖然他的名字比較生僻，但他在發明創造方面，在當時恐怕也就僅次於愛迪生。跟其他同時期的許多發明家一樣，他也是從愛迪生的公司成長起來的。

一九〇六年十二月二十五日，費森登送給能收到無線電信號的人一份神奇的聖誕禮物，他在麻塞諸塞州國家電氣公司一百二十八米的無線電塔上，用小提琴配樂，朗讀了一段《聖經》故事，標誌著無線電可以用來大眾娛樂了。

一九二〇年，美國的第一個商業電臺開通在匹茲堡，三年後，共有五百家電臺，信號覆蓋美國所有地區。一九二九年，一千兩百萬美國家庭有了收音機。

當時美國的廣播節目應該是很精彩的，但光聽聲音沒圖像總是遺憾，尤其是當時的人們已經聽說，有了電影這種東西。

淘金熱和後來的資源開發，西部也出現了跟東部一樣繁華，但景象又截然不同的大城市，比如三藩市和洛杉磯。

加州的發展離不開它周邊的水利建設。加州地區石油豐富，大部分石油儲量豐富的地區，水資源都比較貧乏。好在加州周邊不缺少大河，科羅拉多河、哥倫比亞河水量豐沛，只要能科學引導，不僅能解決水的問題，還能解決電的問題。現在去美國西部旅遊，加州附近的大壩是著名的觀光景點，而就是這些大壩不僅讓洛杉磯成長繁榮起來，也直接導致了好萊塢的誕生。

一八八六年，一個地產商買下了洛杉磯郊區一片地，開放成一個田園住宅區。她的太太將之命名為Hollywood（冬青樹），因為她喜歡冬青，還從蘇格蘭進口了不少樹苗。冬青樹需要濕潤陰涼的氣候，加州乾燥晴朗，冬青樹很難存活。後來地產商決定在這裡建一個小城，沿用了這個名字，我們翻譯為好萊塢。

地產商鋪設了現在的好萊塢大道雛形，並開始招商招租，到二十世紀初，好萊塢吸引了五百多居民，大家投票決定，城市就正式定名為好萊塢了。

好萊塢據洛杉磯西北十一公里，當時洛杉磯已經有十萬人口。好萊塢人本來可以自給自足成為一個小城，可是他們遭遇了巨大的危機——水源枯竭了，一九一〇年，好萊塢人再次投票，同意跟洛杉磯合併。

一九〇七年，美國人也預備拍電影了，他們首選的場地，肯定是繁華都市，雖然他們拍的是《基督山恩仇記》。在芝加哥拍攝時，天氣很不給力，公司聽說加州風和日麗，晴空萬里，就搬過來完成了拍攝。效果真不錯，加州除了天氣好，藍色的晴空下，有海濱、有沙灘、有丘陵、有湖泊、有樹林大部分的自然靜觀都能找到，尤其是，加州用電還非常便宜。

加州漸漸吸引了很多拍攝隊伍，更有人看中了好萊塢這個清秀的小鎮，駐紮下來的攝影隊越來越多，都七手八腳地搭建自己需要的場景，大約一九一五年前後，第一家大型製片廠——環球影城就基本落成了。好萊塢後山坡上巨大的「HOLLYWOOD」標誌，原本是當地房地產商的售樓招牌，一直沒拆，在一九四九年修整後成為好萊塢的地標。

最早玩電影這門生意的，苦孩子和移民比較多，但他們的美國夢是最輝煌的，他們的大名後來讓全世界每一個角落都能聽到，他們對美國文化的對外擴張也是功勞最大的，我相信一說出他們的名字，每個讀者的腦海裡都會浮現出他們的經典「logo」和他們曾經創造出的經典畫面。他們是：米高梅公司、二十世紀福斯公司、派拉蒙公司、華納兄弟公司、哥倫比亞公司等等。

其中地位最高，混得最牛的是一位撿破爛出身的俄籍猶太人，他叫路易士．梅耶，就是他一手締造了米高梅的傳奇，我們現在熟知的克拉克．蓋博、費雯麗、葛麗泰．嘉寶、伊莉莎白．泰勒都是他當年一手提攜的巨星，他被稱為「好萊塢之王」。

一九二六年，隨著好萊塢產生巨大的經濟效益，電影從業人員越來越多，勞資糾紛成了電影公司老闆最頭痛的問題。梅耶提議，成立電影製作人的行業工會，同時，也需要對已經成為產業的電影藝術有一個專業的機構評估。好萊塢接受了這個想法，人類歷史上第一個電影學術機構——美國電影藝術與科學學院成立了，梅耶是策劃委員會主席。

一九二九年，奧斯卡金像獎第一次在美國頒獎，此後這個美國的小金人代表著電影的世界最高榮譽，每年年初的洛杉磯，都會因為這項小金人的盛事吸引全世界的目光。

在人類很長的一個歷史時間內，都是法國引導世界純藝術的風尚。美國崛起後，經濟和文化都想進入世界前列，他自知玩高雅是怎麼也玩不過法國人了，乾脆，另闢蹊徑，玩大眾藝術。

快速征服了世界的大眾藝術就是爵士樂，它是最早的流行音樂。整個美國的二十世紀二〇年代，又被稱為是爵士時代。

爵士樂起源於美國南部，中心是新奧爾良，來自黑人。黑人在非洲沒有被賣身為奴之前，過著聞歌起舞的日子。來到美國南部，繁重的勞役也沒有壓抑他們唱歌跳舞的熱情，音樂融入了他們的勞動號子，加上他們從家鄉帶來的班卓琴等樂器，棉花種植園裡，應該是挺熱鬧的。種植園主們可能也發現這樣的發洩有助於提高勞動生產效率，很少加以約束，至少讓黑奴保留了享受音樂的自由。

來自非洲的勞動號子，來自西歐各種民謠，來自基督教聖靈感應的聖歌，都是爵士樂重要的組成部分，也正好是美國社會的重要構成。

黑人一邊摘棉花一邊唱歌，心裡肯定想得是遙遠的故鄉，離散的親人和自己暗淡的命運，就算是勞動號子，想特別激昂振奮也是不可能的，大部分是憂傷的，是 blue（藍色的、憂傷的）的，於是這一類音樂我們叫它藍調（又音譯為布魯斯）。

黑人的音樂天賦首先表現在對節奏的掌握自如上，黑人樂者玩節奏玩得出神入化。當時有黑人在鋼琴上演繹歐洲的經典名曲，那些廟堂大氣的古典音樂，在他們手裡被演繹出全新的風格，更靈動更通俗。黑人們完全不搭理樂章上規整嚴格的節奏要求，他們隨心所欲地打散這些節奏，於是就出現了所謂「散拍音樂」，又叫拉格泰姆（Ragtime）。

布魯斯和拉格泰姆組合在一起，就大致形成了 Jazz。黑人們大都不識譜，他們玩音樂，隨意性非常高，那種漫不經心的風格似乎就是爵士的精髓，無招勝有招，越是漫不經心的東西，往往越難。

美國白人雖然也覺得爵士挺好，但對於由黑人主導的這門藝術，總有些排斥，爵士樂發展起來後，很多白人樂者嘗試去黑人化，努力抹殺黑人在爵士樂中的位置，基本上是以失敗告終。現在我們一說到爵士樂，腦子裡最自然浮現的畫面肯定是一個黑人扭動著身體吹薩克斯風，很少會想到白人的爵士樂者。

有歌不能沒有舞，十九世紀末，除了社交舞蹈，芭蕾依然是最主流的肢體藝術，它標準而刻板，看多了感覺像做操。只是舞蹈這東西有它的特殊性，如果不是有規矩的標準動作，在當時的思想環境下，張牙舞爪地亂扭，可能讓人感覺是抽風。

有個生於三藩市的美國小姑娘，從小就很有舞蹈天賦，可她就是不喜歡大家都在學習的芭蕾。二十多歲，她遊歷歐洲，從古希臘的雕塑和繪畫中感悟到了最自然的舞蹈方式，她認為肢體動作發至內心的才是完美的，技巧和標準是對舞蹈的玷污，這個一輩子以舞蹈充分釋放自己的精靈叫伊莎朵拉．鄧肯。

「最自由的身體蘊藏最高的智慧」，鄧肯的動作，來自海、來自風、來自鳥類的飛翔，來自微風中的枝椏，她全身心追逐自然之靈，整個天地都是她的舞臺。

在歐洲，鄧肯薄紗輕衫，在古典音樂的伴奏中，披散長髮，光著赤腳，翩然而舞，讓觀眾似乎看到了希臘神話中那些自在的女神。鄧肯的舞蹈自由隨性，是最美國化的藝術，可美國人自己並不覺得美，鄧肯最後還是成名於歐洲，讓全部的藝術生命閃耀在歐洲。

鄧肯絕不是突然奇想，創新了幾個動作的普通舞者，她有自己完整的舞蹈思想和舞蹈理念；而作為舞臺上少有的才女，後人通過《鄧肯自傳》了解到一個追求自由勇於表達的現代女性形象，她被稱為是現代舞蹈之母。

酒、女人和共產黨

既然是蓋茲比的時代，我們還是從蓋茲比說起。蓋茲比是個土豪，錢來的不明不白，小說裡並沒有記錄蓋茲比的發家史，蓋茲比的錢究竟哪來的呢？

根據對小說中線索的分析，我們幾乎可以肯定，蓋茲比發財，靠的是黑幫管道賣私酒。賣酒可以掙這麼多錢，說明當時賣酒跟現在販毒一樣，是違法生意。

美洲殖民能在北美大陸站穩腳跟，釀酒業有重大功勞。隨著酒越釀越多，越釀越好，喝的人肯定也越來越多，城市鄉村到處都有各種小酒館。

美國是以清教徒為根基的國家，對自律有要求。酗酒喝得爛醉，不管有沒有闖禍，總歸是墮落的。到二十世紀，酒的問題似乎嚴重了，很多「專家」認為，酒導致了美國社會不安定，家庭不和睦，工作效率差；酒是犯罪和貧窮的根源，不禁酒，國家沒救了。

禁酒令由各州開始，到一九一八年末，大約四分之三的美國人生活的地區，都頒布了嚴格的禁酒條令。當時美國的政界被酒鬧成了兩派，根據老百姓通俗的區分，同意禁酒的，就叫「乾的」，不同意禁酒的叫「濕的」，不管私下本人喝不喝，反正在當年的美國國會裡，乾的比濕的多，於是一九二〇年國會通過了讓人膜拜的憲法第十八修正案，又叫《沃爾斯特法案》：禁止在合眾國及其管轄下的一切領土內釀造、出售或運送作為飲料的致醉酒類；禁止此類酒類輸入或輸出合眾國及其管轄下的一切領土。

一說到美國憲法及其修正案，都會加上「神聖」二字，蓋因為美國的憲法體系，可以說是世界上最成功的，可就是這第十八修正案，讓「神聖」二字大打折扣，到現在都讓美國人羞愧。

釀酒喝酒都違法，可酒並沒有禁絕啊。私酒販子應運而生，釀酒運輸銷售一條龍，加上黑白兩道各種管道，對有錢有勢的人來說，喝酒不但沒受影響，還添了一種特別的富貴感。去朋友家做客，他掏出一瓶上好的威士威招待你，就是沒有菜，你也感動得熱淚盈眶。有些政客，表面上是「乾的」，等禁酒令一下，他領頭釀私酒，頃刻就發了大財。比如黑幫勢力強大的芝加哥，在市長的保護下就成了私酒中心，生意紅紅火火，日進斗金，培養了很多暴富的土豪。有些研究美國黑道的人甚至說，禁酒導致的私酒貿易，是美國大規模有組織犯罪崛起的起點，後來名震全美的著名芝加哥教父，黑幫老大艾爾·卡彭就是「成才」於芝加哥的私酒生意。

私釀酒品質有高低，好酒供應權貴，不合格的假酒也能進入底層酒鬼的胃裡。這樣喝出毛病來的人，當時也不知道有多少。事實證明，在維護社會治安、挽救社會道德、提高人民體質方面，禁酒令比酗酒危害更大。

販私酒的有，老實戒了不喝的當然也有。好在，此時你就是不喝酒，在美國，你也能找到替代的飲料。

一八八五年亞特蘭大一個老藥劑師用古柯葉的汁液和可樂果的汁液混在一起，加上糖漿和水，又不小心加入蘇打，配成一杯味道有點怪但挺刺激的飲料，冰凍後喝下去，在喬治亞州悶熱潮濕的氣候中，消暑解乏，提神醒腦。

老藥劑師認為他只是配了一種糖水，而一個叫錢德勒的商人就看到了無限的商機。錢德勒用二百八十三·二九美元買下了糖水的專利和配方。這個配方十幾年後再轉手時，價值兩千五百萬美元。如今做這種糖水的公司市值接近一千五百億美元。

大家猜到了，這肯定是可口可樂。不管這東西當時是什麼味道，它是碰上好時候了，行銷全美的時候，它只需要說自己是「偉大的國家禁酒飲料」，立時被所有人接受。作為宗教系統反酗酒建設教徒道德的重要工具，可口可樂在早先的推廣時，得到了教會的大力支持，以至於後來很多無酒精飲料都想複製這條路，變著法子傍上教會。

再成功的產品都不缺競爭對手，北卡羅來納州的藥劑師也混合了一種飲品，說是能調理胃部。這個是不存在的，我喝完百事可樂，胃更不舒服了。

百事可樂一問世，就陷入與可口可樂無邊無際的爭鬥中，百事沒有可口可樂一帆風順，中間兩次幾近破產，被挽救重生後，煥發出更強大的生命力。現在百事堅持青春時尚的形象，號稱是「新一代的選擇」，被那些時尚動感的廣告一忽悠，我們經常忘了，百事可樂和可口可樂都已經一百歲高齡，是我們爺爺輩喝的古代飲料。

很多人都想不到，在美國這樣一個宣導自由民主開放的國家，居然能由政府強制禁酒，到現在美國政府都不敢禁槍呢。

在二〇年代這一輪禁酒活動中，有一群人起了很重要的作用，而就從這時候起，起的作用越來越大，這群人就是女人。

女權運動戰前就開始了，從廢奴運動開始，女人開始發出自己的聲音。但當時，就算很多女人覺得，除了全職主婦相夫教子，女人還能幹點別的，她們也很少人想到，應該爭取政治權力政治地位，到男人的世界去踩一腳。

第一次世界大戰，讓女人們徹底出門了，男人去歐洲打仗了，女人們要工作養家。產業大軍中，女性的數量越來越多，自然而然，面向她們的產業培訓也越來越多。有條件有追求的女性，甚至可以進入大學，取得學位，涵蓋各種職業，產生了一個女性知識份子，女性精英的族群。

從內戰前到「一戰」後，美國的女權運動者們，一代又一代地努力爭取著選舉權。前面說到，美國女人雖然沒有選舉權，毫無政治地位，但她們在社會上實質地位並不低。她們代表著道德高尚和信仰虔誠，當時的歐洲人都覺得美國女人挺獨立自負甚至有點兒跋扈的。在廢奴運動中，女人的呼聲起了很重要的作用，在禁酒的問題上，女人們也表現得立場乾脆，鬥志昂揚，誰不想讓家裡那個死酒鬼老公戒酒啊！

當美國女人鐵了心要獲得選舉權時，她們的能量再次得到證實，女權組織在全國號召民眾，不要投票給反對女性參政的國會議員。議員們立刻就怕了，算了算了，別跟女人鬥了，回家沒人做飯洗衣了。

一九二〇年，憲法第十九修正案，女人們成功了：「美國公民禁止以性別為因素被剝奪選舉權」。選票是拿在手裡了，大部分女人還不太適應自己的地位提高，突然增加了這麼多新選民，當年的投票率也沒有明顯升高，此後很多年，大多數家庭的女人都是跟著老公填選票，當家的支持哪個黨我就支持哪個黨，毫無獨立意識。從獲得選舉權到參與公職的熱情，到讓婦女階層成為政壇一直重量級的力量，美國女人還有漫長的路要走。

酒和女人都可怕，但，沒有赤色份子可怕。二〇年代的資本主義社會，心理上遭遇的最大衝擊是一九一七年的俄國革命，居然蘇維埃實實在在可以變成一個國家政權！

共產主義是全球運動，紅旗要插遍全世界的，美國當然不能例外。從十九世紀末開始，主要資本主義國家的工人運動就有點剎不住車。一八八〇年，美國工人就上街要求八小時工作制，可政府的法案似乎管不到資本家們，工人們還是被強迫加班，很多人一天要工作十四小時。一八八六年五月一日，芝加哥爆發了二十多萬工人參加的罷工大遊行，再次要求八小時工作制。讓商界巨頭們十分恐慌，最後員警向遊行人群開火，打死了幾個人。衝突升級後，一枚炸彈丟向警方，有七名員警被炸死。這樣一來，政府必須深究了，數百人被捕，法院裁定了「真凶」，雖然證據不足，其中四人還是被處以絞刑。為了紀念工人們流血的抗爭，第二國際宣布，每年的五月一日為國際勞動節。這個節日雖然是紀念芝加哥工人罷工，可美國人是不過的，美國的勞動節在每年九月的第一個周一。

一九一九年，美國共產黨成立了。這一年，美國的主要城市又發生了產業工人的罷工，進而引發騷亂；還有些地方發生了針對政客、資本家的爆炸行動，雖然產生的危害不算很大，但引起了由資本家主導的政府的高度戒備。共產份子是這些事件的主要嫌疑人，美國政府感覺到不斷逼近的赤色恐怖。

這個時候不能講人權和民主了，一定要將共產主義扼殺在搖籃裡，一九二〇年一月二日，在總統威爾遜的首肯下，司法部長帕爾默親自牽頭率領聯邦軍隊，發動了一場激烈高效的全國大搜捕。後來被稱為「帕爾默大搜捕」的行動，雖然下手時間不長，成果卻頗為豐碩，全國抓了幾萬人（這個資料是歷史之謎，待考）。傳說共產份子藏了大量的武器彈藥，最終軍隊搜出來可疑武器是三支左輪手槍。後來抓的人大部分也都放了，實在沒有證據證明人家是騷亂或者恐怖份子，因為赤色並不違反美國憲法啊。

經過這一輪鎮壓，剛出生的美國共產黨只好轉入地下活動，以後的很長時間，美國共產黨和中國共產黨一樣，都要在地下活動。最紅火的時候，美國共產黨有黨員近十萬人，中間也出現過不少社會精英，比如，著名作家，傑克·倫敦。

革命同志傑克·倫敦（小傑）的成長過程簡直可以說是黃連樹上結苦瓜，要多苦有多苦。

小傑首先是個私生子，懷孕時，傑媽以自殺威脅，也沒讓親爹接受這個孩子，愛爾蘭的占星學家揚長而去，除了文學基因，啥也沒留下。

傑媽帶著八個月大的小傑嫁給了一個中年鰥夫，從此，小傑就隨繼父姓倫敦了。家裡還有兩個年長的繼姐，其中的伊麗莎對小傑非常親厚，給予他因傑媽脾氣暴躁喜怒無常缺失的母愛。

十歲時小傑就必須出門打工補貼家用。賣報、打零工，在街上混大的孩子什麼都敢幹，他酷愛大海，找人借錢自己買了一艘小船，加入了盜竊團夥——在加州海濱偷人家養殖的蠔。後來他又被警方招安，成為專門抓蠔賊的水警。

一八九四年美國遭遇經濟危機，大批失業，西部人組織起來向華盛頓進軍請願，這麼遙遠的長征，沒人贊助路費伙食費，少不得沿途化緣，就是這個化緣的經歷，奠定了小傑某種思想的根基，他發現這一路上，他跟有錢人請求一點溫暖往往被拒，倒是那些自己吃不飽穿不暖的窮人，很同情他，一碗剩飯也願意分一口給他。小傑當時就唱到：天下農友一條心，窮不幫窮誰照應。心裡從此埋下了革命的小火種。

當然，一個革命戰士不能沒有牢獄經歷。小傑被抓起來不是因為宣揚什麼思想，而是因為他在尼加拉大瀑布一帶流竄，疑似盲流。監獄的生活讓小傑悲催的生活又多了一道苦逼的體驗。

一八九六年，阿拉斯加的克朗代河流域發現金礦，全美大地又掀起一場轟轟烈烈的淘金運動，小傑加入了這支大軍。不同的是，人家是去找金子的，小傑是去冰天雪地裡讀書和鍛鍊革命意志的。在零下四五十度的帳篷裡，小傑讀書並組織討論會，什麼書能讓他在這種溫度下熱血沸騰？那必須是《共產黨宣言》啊！

生活所迫，小傑沒受過系統連續的教育，他的自學能力驚人，努力程度也驚人，阿拉斯加的讀書歲月，對他有巨大的提高。所以，當很多人都帶著黃金和財富離開阿拉斯加，小傑除了凍傷什麼都沒有時，他還說他找到了馬克思主義這座金礦。

小傑開始參加美國社會主義黨的活動，成為積極份子，受到當局的「特別關照」。著書立說並演講，一九〇四年，二十八歲的小傑甚至被當作社會黨的總統侯選人獲得提名。

雖然小傑寫了大量關於階級鬥爭、底層人民要甦醒摧毀現有社會之類的文章，但他另一面依然是個暢銷作家，如果當時有作家富豪榜，小傑應該是榜上有名的。

一個對共產主義社會懷有夢想的人，有錢了，他就想建個烏托邦。買下幾個莊園幾片地連在一起，這是一個有福同享有難同當，共同勞動，公平分配的共產主義家園。所有人都可以入住，要求一份工作一張暖床和一份口糧。這種地方我們不用描述，不管小傑自己策劃得多麼美妙，基本上就是個養懶人養廢材的收容站，注定失敗的。

小傑一輩子都對大海情有獨鍾，心心念念地想開船環繞地球。他像個冤大頭一樣，用一筆巨款造了一艘破船，好不容易開到夏威夷，大修後，顛簸到了澳大利亞。船看著隨時會解體，小傑只好宣布他的環球旅行計畫提前結束。雖然旅行沒有成功，但不得不說，小傑是作家中最好的水手了，他的海上遊歷也為他的文字增色不少，他走過的地方，尤其是太平洋上星羅棋布的大小島嶼，好多美國人聽都沒聽說過呢。

給別人建了烏托邦，自己也需要一個完美家園，小傑又斥巨資修建一座豪宅，有人抨擊他，住這種豪宅，你還是社會主義者麼？這不墮落成資本家了麼？

上帝沒讓小傑墮落，在豪宅終於竣工的當天，一場突如其來的大火將其燒為廢墟。一九一六年十一月，四十歲的小傑在寓所服用過量的嗎啡身亡。官方結論是自殺，原因至今不明。

說小傑會自殺沒人相信，因為提到小傑，第一部想到的作品，肯定是《熱愛生命》。一個淘金客在山谷中被同伴拋棄，他沒有食物、沒有彈藥，扭傷了腳踝，一瘸一拐行走在冰天雪地裡，周圍出沒著熊和野狼。他艱難地尋找著生路，甚至不惜拋下了辛苦尋得的黃金，在他要堅持到極限時，遇上了一頭跟蹤他的病狼，這對冤家且行且算計，都指望把對方熬死，讓對方的身體延續自己的生命。終於是人的毅力勝利，淘金客用最後的力量扼死了狼，倖存並獲救了。

從戰後到二十世紀，美國文學的大部分作品，氣氛都是平和安靜或者浪漫精緻的，傑克・倫敦帶來的風氣卻是粗糲野性的。雪原上衣衫襤褸，面容憔悴的淘金客，傷痕累累地將一頭狼壓在身下，直到病狼的血流進他乾涸的胃裡，即將熄滅的生命重新煥發出光彩，炙熱而壯烈。這樣一個畫面，對於看多了都市小說男歡女愛，上流社會裝模作樣的讀者來說，是一種銳利的刺激。小傑因此成為暢銷書作家，據說連足不出戶的大家閨秀都喜歡讀他的作品，想像著作者應該是多麼硬朗剛毅的一條漢子。而另一位革命同志列寧，在最後纏綿病榻時，就是靠聽別人讀《熱愛生命》來提振自己的精神。

《熱愛生命》只是短篇，公認小傑的巔峰著作，應該是《野性的呼喚》。故事講述的是一位加州陽光海岸的富家公子如何意外地淪落到一個艱難的環境後，戰勝懦弱戰勝自我，脫胎換骨成為頂天立地的男子漢，並成就了自己偉大事業的故事，非常勵志，儘管，這位富家公子是一條聖伯納犬和蘇格蘭牧羊犬雜交的大狗，名字叫巴克。

巴克原本是法官的愛犬，在加州的舒適莊園裡過著貴族的生活。有一天，它被拐賣到了阿拉斯加，淪為一條雪橇犬。從最初的惶恐無助，到看慣了人類和狗界的各種爭鬥廝殺，生死殘酷，巴克意識到，要活下去，尊嚴地活下去，就要會使用自己的利齒。

從撲殺獵物開始，巴克身體內蘊藏的野性逐步釋放，這股野性讓巴克越走越遠，越走越堅定。巴克成長為最孔武有力的雪橇犬，在阿拉斯加傲視同類，但它也需要人類的愛，它遇到最好的主人——淘金客桑頓。桑頓救過巴克，巴克也可為了桑頓奮不顧身。巴克和桑頓建立起一種超出人和動物之間的感情，他們更像是兄弟親人。桑頓跟別人打賭，巴克為了主人贏得賭局，以一百五十磅的軀體拉動了一千磅的麵粉。

桑頓的死再次改變了巴克的命運。巴克回到營地，發現印第安人突襲，殺死了桑頓。他咆哮著，以閃電般的動作撕開了印第安人的喉嚨，大開殺戒後的巴克知道，自己不再是一隻狗了，他體內，狼的祖先所有的野性都被啟動了。

復仇後的巴克決定回到它的生命的起點，它攻擊了一個巨大的狼群，鏖戰後，狼群接受了巴克的回歸和登基。此後的阿拉斯加雪原上，巴克率領著狼群縱橫，似乎它天生就是這裡的自然之主。即使變成了頭狼，巴克總記得桑頓的慘死，它的狼群總是不斷攻擊印第安人的營地，撕開印第安人的喉嚨。

《野性的呼喚》是老楊最喜歡的小說之一，讀過很多遍，每一次都能熱血沸騰熱淚盈眶，作為一個狗癡，老楊從沒覺得巴克是一隻狗，我看到的就是一個充滿智慧的生物不屈不撓地抗爭。傑克・倫敦也沒覺得巴克是一隻狗，他沒從一個人類看狗的角度去寫作，我相信，整個創作過程中，巴克就是傑克・倫敦，傑克・倫敦就是巴克。

巴克的故事看得人激動，可有人會說，巴克受野性驅使回歸了狼群，難道是象徵真正的強者是讓文明倒退回歸原始？小傑很聰明地否定了這個說法，因為他寫出了《野性的呼喚》的姊妹篇《白牙》《白牙》的故事正好和巴克相反，講述一隻有狗血統的凶殘狼如何歷經磨難後，被仁愛的新主人救走，進入文明社會，過上了居家寵物的生活。

兩個故事一點不矛盾，小傑說了，巴克戰勝自然戰勝自我取得荒野的統治地位，是一種適者生存，優勝劣汰的進化，而適者生存不一定非要惡劣的自然環境，能適應文明社會，融入文明緊跟文明的發展，這更是一種進化。兩部小說孰優孰劣還經常引發爭論。

顯然達爾文對小傑影響至深，而小傑塑造得各種戰勝自我的形象，似乎隱隱有尼采（超人）的痕跡，底層人民靠鬥爭改變自己的境遇，推翻不公，這當然是來自馬克思主義思想。達爾文、馬克思、尼采就這樣不同程度地影響著傑克・倫敦。而美國文化的多樣性有大量素材，大陸、雪原和海洋又為他提供了各種不同背景，小傑自己的人生經歷還豐富多彩，雖然四十歲就英年早逝，但其作品之豐富高產是作家中罕見的。當然，需要用錢的小傑也不乏粗製濫造的作品，而他對黃種人尤其是中國人的惡意想像和敵意，也是他招人非議的地方，他當時肯定沒有想到，他撰文大書特書的「未來邪惡中國」恰恰是他信奉的共產黨建立的。

迷惘中的綠燈

一八九六年，費茲傑羅（費少）生於一個中落的商人家庭，十七歲時，考入了普林斯頓大學。家道中落是最彆扭的，還擁有富人的心態和習慣，可已經沒有了富人的能力和底氣。普林斯頓大學有點貴族範兒，大部分都是有錢人家的孩子。

費少初戀的女郎，是芝加哥的富家小姐，很快他就知道，富家千金正是他消費不起的幾個奢侈品之一。

不幸的是，再次墮入情網，費少看上的，還是矯情、傲嬌白富美。此時的費少入伍成為軍官，雖然沒有機會親臨「一戰」戰場，但軍裝確實是個挺好的泡妞道具，費少模樣不錯，還有才氣，他吸引了這個叫澤爾達的姑娘並訂婚。

對二〇年代前後的大部分女孩來說，不管貧富，對物質總有些難以滿足的渴望，她們看男人，錢和地位是最重要的標準。費茲傑羅身無長技，只能賣字，隨著不斷收到退稿信，澤爾達果斷提出中止婚約。

二十四歲時，費少的小說《人間天堂》終於受到了矚目，他成了文壇冉冉上升的新星。澤爾達回眸衝費少展顏一笑，倆人順利步入了婚姻殿堂。

這倆天雷地火一相逢，便勝卻人間無數。費少成了當紅作家，收入不錯，兩口子揮霍的氣派讓人覺得費爸是洛克菲勒。夜夜笙歌，紙醉金迷，兩人都好酒，雙雙淪為爛酒鬼。都是放縱的真性情小孩，喝高了什麼瘋事都敢幹，當時的報紙，以追蹤這兩口子的瘋狂為樂，不費勁就能上頭條。

一九二五年，費少全力創作《了不起的蓋茲比》，費太從不收斂「作」的本色，在這段時間裡，花蝴蝶一樣在異性中穿梭，招惹些讓作家老公心煩意亂的桃花。

《了不起的蓋茲比》剛出版時，並沒有現在這樣的褒獎，而這部小說似乎也抽空了費少的精神，他更加酗酒沉淪，菲太澤爾達呢，出現了精神上的不正常症狀。讓兩口子生活最鬱悶的是，作家的收入跟不上消費了。

一九三〇年，澤爾達終於被診斷為精神分裂症。一九四〇年，盛名盡褪的費少也因酗酒死於心臟病，那年，他才四十四歲，參加葬禮的人寥寥無幾。七年後，精神病院失火，澤爾達被活活燒死。

《了不起的蓋茲比》有非常深的作家本人的烙印。主人公蓋茲比，出生中西部的農家子弟，「一戰」時參軍，去戰場之前，認識了一個叫黛西的富家千金，兩人發展了一段短暫而熱烈的小愛情。

蓋茲比隨部隊去海外作戰，黛西嫁給了名門富商湯姆。退役的蓋茲比知道後，痛心疾首，他認為是金錢讓黛西迷了眼，他發誓要將金錢這個怪獸打敗。於是，蓋茲比開始瘋狂地追逐金錢。對一個出身卑微，沒有一點背景的窮小子來說，在當時的美國環境裡，想快速發財致富，倒也不是沒有辦法。

發財後的蓋茲比購置了豪華的別墅，隔著一片海灣，跟黛西住的別墅遙遙相望。為了吸引黛西的注意，蓋茲比將自己的豪宅變成了當地最大的夜場，天天宴賓客，晚晚有Party，蓋茲比家成了當地一道風景，蓋茲比也火速上位成為神祕富豪。在人頭攢動，衣香鬢影中的喧囂中，主人蓋茲比落寞孤單地穿行，彷彿這一切都跟他不相干，他總是熱切地望著對岸，黛西家的碼頭上，有盞暗淡的綠燈，縹緲地明滅著，蓋茲比似乎總看不真切。

像蓋茲比這麼高調，想勾搭到黛西並不難，不久，黛西就在蓋茲比的豪宅中，撲在綾羅綢緞上嚎啕大哭，她是為蓋茲比打造的這份豪華興奮而落淚。

黛西開始經常到蓋茲比的豪宅密會情郎，她的丈夫湯姆也不閒著，早就跟汽車修理廠俗豔的老闆娘勾搭成姦，汽修廠老闆有懷疑，只是一直抓不到真凶。

湯姆雖然劈腿，但不能容忍老婆的背叛，他花了點時間調查蓋茲比的背景，然後將蓋茲比約到城裡攤牌。蓋茲比沐浴失而復得的愛情暈了頭，他要黛西永遠離開湯姆，而且告訴湯姆，她從沒真正愛過他。此時湯姆揭穿了蓋茲比的老底，他不過是靠違法生意發財的黑幫暴發戶。

聽說蓋茲比的祕密後，黛西退縮了，蓋茲比再有錢，他也無法擁有湯姆的社會地位，他永遠是被上流社會嘲笑的土豪，且毫無安全感。

在回去的路上，心煩意亂的黛西開著蓋茲比的車子橫衝直撞，不幸撞死了突然衝出馬路的修理店老闆娘。湯姆和黛西兩口子空前地團結一致，共度難關。湯姆暗示修理店老闆，他老婆的姦夫就是肇事逃逸的蓋茲比。本來蓋茲比做好了替黛西頂罪的打算，但沒料到懲罰來得這麼快，他被汽修店老闆開槍打死。

黛西和湯姆在事發後立即離開住所去旅遊，彷彿這個事跟他們毫無相干，連蓋茲比的葬禮也拒絕參加。不論蓋茲比曾經好酒好菜招待過多少朋友，他的大宅裡容納過多少狂歡的醉客，願意參加他葬禮的，只有寥寥數人。

小說的最後一句：蓋茲比信奉這盞綠燈，這個一年年在我們眼前漸漸遠去的極樂的未來。它從前逃脫了我們的追求，不過那沒關係——明天我們跑得更快一點，把胳臂伸得更遠一點……總有明朗的早晨……於是我們奮力向前划，逆流向上的小舟，不停地倒退，回到過去。

簡單地理解，《了不起的蓋茲比》就是個真心被狗吃的愛情故事。名著之所以成為名著，就是要扛得住各種解構。

二〇年代的美國，清教徒的社會體系崩塌，信仰、道德標準之類的東西非常落伍，社會主要風氣就是拜金和及時行樂。美國夢在此刻找到了最簡潔的解釋：不論何人，不論出身，不論手段，賺錢就是成功。

窮小子蓋茲比認識了富家小姐黛西，黛西和她代表的生活，對蓋茲比來說是個夢想是個美國夢，這個夢想讓他付出很多。為了快速搞錢，他進入黑道涉足違法生意，可他對自我的約束非常嚴格，鍛鍊身體，學習儀態，不喝酒不賭博，竭力把自己打造成上等人，讓自己的氣質終於有一天能配合巨大的財富。

努力證明是白費了，因為不管蓋茲比的暴發到什麼程度，他和黛西湯姆之間，永遠存在著天然鴻溝，蓋茲比高估了上流社會的素質，他將自己打造成高尚人，恰恰在上流社會顯得怪異而突兀。蓋茲比天真地相信愛情，天真地相信他愛過的那個純美姑娘，只是對那個姑娘來說，錢固然重要，社會地位和家世背景更重要，讓她拋棄湯姆跟蓋茲比走，從此成為私酒販子的老婆，她想都不願意想。

蓋茲比的可貴在於他執著與單純，他執著地愛一個姑娘，執著地為這個姑娘努力，執著地相信他會獲得他渴望中的愛情；他單純，單純地認為，這個世界跟他一樣簡單，姑娘喜歡有錢人，我就變成有錢人，我這樣地愛她，她一定也會同樣地愛我，我夜夜開 party，善意招待所有人，他們至少會視我為朋友。現實社會給他毀滅性打擊，失去一個女人不是最可怕的，最可怕的是，夢想被無情地砸個稀碎。

二〇年代的，爵士樂的時代，所有人的思想回歸到最原始的欲望，《了不起的蓋茲比》正是這個時代的寓言，蓋茲比盛極而衰，大約也昭示著這個喧囂浮躁的繁華時代，維持不了多久了。

在一個物欲橫流的時代混，就算是隨波逐流，心裡也容易空虛迷惘。對於經歷過一戰和爵士時代的美國青年，有個作家稱他們為迷惘的一代，而費茲傑羅就是這群人的代表人物。

四、大蕭條

怎麼這麼慘

哈定政府鬧盡了醜聞，柯立芝上臺後最重要的是讓民眾恢復對政府的信任。雖然是這個思路，但柯立芝還是什麼都不用幹，只要有個靠譜的內閣就好。所以，當柯立芝宣布不再競選後，他的商務部長胡佛被認為是最好的候選人。

胡佛畢業於史丹佛大學，初出社會時，是個採礦工程師。採礦這業務，哪個時代都容易發財，胡佛四十歲之前，踏遍世界，主要礦山都留下他的足跡，還到過咱家的開灤煤礦，他當然也因此發家致富。

讀過《最冷和最熱的俄羅斯》的「地主們」先行認識了胡佛，在俄國剛成立不久的一九二〇至一九二一年，因為內外勢力對新政權的剿殺和天災，出現了大規模饑荒。作家高爾基向西方世界求助，第一個回應的，就是當時的美國救濟署署長，胡佛。儘管附加了點條件，胡佛還是向美國最不待見的蘇維埃俄國政府提供了人道援助，救助了幾百萬俄國人。

其實在「一戰」後，胡佛就停止了開礦的工作，全力在歐洲從事救濟工作，這一段經歷，讓他在歐美社會贏得了極高的聲望。

胡佛從哈定時代進入內閣成為商務部長，服務了兩代總統。可據說，兩代總統都不喜歡他。因為哈定和柯立芝都是推崇小政府的，希望最大可能減少政府動作，政府干預。胡佛不敢泡妞也不喜歡釣魚，他總是忙碌的，他的商務部在柯立芝的小政府時代，竟然還能持續地增加工作人員和開支。

在一九二八年柯立芝任期結束時，胡佛儼然是內閣的一位閃亮人物，共和黨內部經過分析認定，只要胡佛代表共和黨參加競選，鐵定能繼續保留白宮。

就一九二八年共和黨的形勢來說，是不是胡佛都不重要，在二〇年代那些沸騰的日子裡，美國走在康莊大道上，前景光明得耀眼，這當然可以歸功於共和黨政府的英明領導，胡佛不過是在正確的時代出現在正確的位置罷了。

胡佛也這麼想，所以他宣稱：今日的美國，比任何時期任何國家都接近擺脫貧困的目標，貧民救濟院正在我們眼前消失！

伴隨胡佛對未來展望和競選勝利的，是華爾街股票市場的瘋牛行情，一九二八年五月到一九二九年九月，股票平均價格漲了百分之四十，主要工業股票翻了一倍。那個行情咱們可見識過，出門遇見熟人，如果你沒炒股的，或者是炒股還沒賺到錢的，你都不好意思跟人打招呼。隨便在馬路上拉住一名工人，他都能給你推薦幾個第二天漲停的股票！

有錢的炒股，沒錢的搞錢炒股，不吃飯可以，不炒股不行，把房子押上炒股，到銀行借錢炒股，要是老婆孩子能典當，肯定也當了炒股！必須炒股，因為華爾街那些分析師說了，美國的股市還在低位呢！

現在大家都知道了，股市一到這個程度，離崩盤就不遠了。

一九二九年，世界證券史上那些血淋淋的著名日子如約而至，十月二十一日至二十三日，股市大幅下挫，十月二十四日，「黑色星期四」，股票交易所顯示器的顯示速度已經跟不上股票下跌的速度，這一天，大約有十一位華爾街老狐狸自殺。

看著情勢不妙，老摩根的接班人小摩根學著父親的作派，又發英雄帖牽頭組織幾大銀行帶著二．四億美金跑步入場，聯手托市，當時的確產生了些許的效果。誰知，經過一個周末，十月二十九日再開盤時，「黑色星期二」又來了，這次市場對所有的救市舉動反應冷漠，所有人只有一個指望，將手裡的股票不管什麼價格賣出去。此後的一周，美國股市失去了一百億美金，到十一月中旬，近三百億美金灰飛煙滅，相當於整個「一戰」美國的總投入，很多股民失去的是前半輩子積累的所有財富。

華爾街的崩盤只是一場巨大經濟危機的開端，此後的四年，美國經濟以驚人的速度向低谷墜落，連帶整個美國社會美國人民陷入異常苦難的深淵，銀行倒閉，工廠關門，青壯失業，孩子失學，遍地盲流，很多人在垃圾箱裡翻找食品，甚至有人餓死，正如美國人自己說的，美國「衝進了地獄」。

這就是胡佛這個倒楣孩子上任後遭遇的現實——美國史上最艱難的大蕭條時代。

資本主義發展到二十世紀二〇年代，大家對經濟危機都不陌生，這種慢性頑症，大約十年必然來一次。馬克思大爺告訴我們，這是資本主義的生產方式注定產生的結果。好在呢，這病不死人，不打針不吃藥，經濟規律那隻看不見的手，會自然地調節，一年半載自己就好了，幾乎每次危機都會引發一些新的產業誕生，舊的產業更新，讓資本主義經濟重新上馬，再創一輪輝煌。

一九二〇年哈定上臺時，美國也在經歷經濟危機，哈定啥也沒幹，他就是控制了點政府開支，刺激一下消費，很快危機就過去了，美國走進咆哮時代。

而一九二九年以股票崩盤開啟的這一輪經濟危機，卻似乎不是原來那個慢性病了，它不僅來勢凶猛，波及面廣，還綿亙了四年，實際上，四年後，它雖然得到了緩解，也沒有被根本治療，最後真正治癒它的，是一劑無與倫比的猛藥——第二次世界大戰！

研究大蕭條的成因，是一門很神奇的高端學科，眾說紛紜，流派很多。而那些歷史上研究大蕭條的各種專家們，因為沒有經歷過我們曾經經歷的二〇〇八年危機，所以可能看得還不如我們清楚。

現在我們大部分人都可以用最通俗的話來解釋這個危機了：

「一戰」後，美國發達了，全球的資本熱錢都跑到美國玩了，玩啥呢？不是股票就是房子唄，股市自然就被推高了？

經濟蓬勃發展，工農業生產因為科學技術的發展，效率不斷提高，可需要的人工就越來越少了。產業工人失業不能換個工作嗎？不能啊，二〇年代的美國，經濟發展缺乏多樣性啊。兩大產業，一個是汽車，一個是建築，這兩項產業不用人，大部分就真找不到事做了。

失業的人漸漸多了，怕失業的人更多了，所以有點錢也要存起來，說啥也不能亂花，當然消費就少了。

雖然號稱是紙醉金迷的咆哮時代，可美國經濟的高速發展並沒有惠及大部分底層百姓，根本沒有形成與工業生產完全匹配的消費群體，消費層次。

為了賣掉產品，工廠主只好降價，產品價格怎麼降低了，為降低成本，只好減少工人工資，這樣即使暫時有工作的人也不敢消費了，惡性循環。

分期付款的逐步興起，又讓一部分美國人學會了借貸和過度消費，形成虛假繁榮，錯誤引導了企業的繼續增加生產。

產品不斷生產出來，買的人越來越少，自然就過剩了。

自家產品都賣不掉，更不能讓外國商品進來搶錢了，共和黨不是喜歡玩高關稅嘛，關稅一提高，別人家的東西進不來，人家最正常的反應當然就是不讓你的產品過去。國內賣不掉，國際市場更緊張。

大家別忘了，這個時候，歐洲還在「一戰」的蕭條中沒走出來呢。歐洲各國都指望美國人給貸款過活，或者是把德意志頂到牆角要帳呢。一九二九年危機後，美國人給不出新的貸款，歐洲的三角債鏈就斷了，美國的大蕭條自然就傳染歐洲，全球主要資本主義國家抱在一起哭了。

以上是老楊自己的分析，為了顯得本作品嚴肅學術，還是將主流的專業研究結果發上來給大家了解一下：

公認的最權威解讀，來自一九七六年諾貝爾經濟學獎得主弗里德曼的巨著《美國貨幣史》。弗里德曼認為，大蕭條必須問罪美聯儲，因為在經濟危機剛發端時，他們就應該降低利率，維持貨幣寬鬆，可他們正好相反地提高利率，緊縮了貨幣，讓一場普通的危機演變成大蕭條。所以說貨幣政策是解決所有經濟問題的總鑰匙！這幫人掉錢眼裡了，總認為錢是萬能的。

還有一派來自消費學觀點。貨幣緊縮是加劇了蕭條，但絕對不是蕭條的起因，起因恰恰是消費不振，投資下降。遇到這種事，政府就是應該增加消費，刺激購買，財富再分配。顯然這一派，也影響了現在很多國家。

另一派是歷史學家的觀點，看著也靠譜。說這個大蕭條就是倒楣催的卡點上了！汽車和建築業勢頭剛過去，而新產業比如航空、石化、電子等新興產業還沒跟上，這個空檔期肯定蕭條啊。所以再遇到經濟危機，全世界人就念叨著要發展新型產業來克服。

事情是這麼個事情，情況就是這麼個情況，胡佛總統閣下，你攤上大事了！

胡佛計畫

「購買力是繁榮強盛的基礎」，剛經濟危機時，胡佛是支持消費學那一派的。他號召廣大資本家、商人、工廠主，千萬不能降低產量，更不能降低工資，勸說工會，這個時候別鬧，稍微延長點兒工時是很正常的。

心是好的，主意是蠢的，外面這個市道，你要求資方不降工資，還維持生產，你是逼人家破產啊，好在大部分人不聽總統的，這第一招，很快就沒戲了。

第二招，咱家最熟悉，那就是擴大財政消費，增加對基礎和公共設施的投入，現在美國旅遊著名的景點，胡佛水壩、洛杉磯灣區大橋等，都是當時的建設。

胡佛接手美國政府的時候，柯立芝給他留下的是七億美金的盈餘，胡佛不像現在歐巴馬同學對政府赤字有極好的心理承受能力，他擔心他當幾年總統把政府敗光了怎麼辦。所以這些基礎建設投入，他是小心又謹慎，想做又不敢做，畏手畏腳的，在一九三二年大蕭條最嚴重的時候，這個夥計甚至提出增加某種稅收來保障政府的收支平衡！胡佛同學要是聽說，後來有個國家用四兆的投入來抵禦經濟危機，他會不會被嚇一跟斗？

第二招用得不太徹底，好像作用也不是很大。

胡佛的問題在於，他是自由資本主義理論的擁躉，在他看來，政府就是保障個人自由和公民機會均等，而資本主義經濟，一定是由它內部的規律調節的，政府千萬不要插手，亂插手會把事情搞糟。至於一九二九年的這場危機，也不過是一次普通的規律危機，鬧這麼大，跟美國沒關係，完全是因為國外的經濟環境惡劣，所以美國人不要被周邊搞亂了陣腳。

其實在一九二九年之前，美國農業就率先出現了過剩的危機。當時有人提出，可以考慮由政府主持將農產品向國外傾銷，國內由政府控制農產品的生產種類和生產規模，以平穩價格。當時的柯立芝政府裡，胡佛儼然已經是核心，他聽著不爽，當時就否決了，他認為這種做法是他最恨的社會主義，絕對不能縱容！

到他主持白宮時，農業不景氣可是必須直面解決的大問題了，因為中西部的選民已經明顯對他不滿了。於是，胡佛提出了一項「農業直銷法」：聯邦政府設個農業局，把主要的農產品生產者組織起來，撥五億的政府基金，購買過剩的農產品，保障產品的價格。為了美國本地的農產品價格不受外來產品的影響，再提高一些農產品的關稅。

這個辦法剛開始是有用的，但依然是愚蠢的。本來農場主種了一茬小麥，發現賣不出去了，下一季他自然就轉向種植玉米了。可如果小麥種出來，橫豎有人收，我幹嘛轉種玉米啊！小麥過剩就會一直過剩，堆滿聯邦農業局的倉庫。

而保護性的關稅更是害人，你不准別人家的大米進來，人家會接受你家的小麥嗎？小麥繼續堆著吧，別再種了！報告總統，沒人聽咱們的，五個億的資金不夠用，還有錢下撥買小麥麼?!

這招又失敗了。到一九三一年，胡佛的支持率降到冰點。偏偏這個夥計還天天跑出來，報紙廣播地號召全體國民要樂觀，要相信政府，要情緒穩定。

美國人的樂觀天性於是都發洩在胡佛身上了，沒有住處的流浪漢在公園和野地裡宿營，身上蓋著些舊報紙，這些舊報紙被成為「胡佛毯」；撿破爛的盲流手上提著裝垃圾的袋子被稱為「胡佛袋」，用薄鐵皮、碎木板、爛樹枝臨時搭建的住所被隆重命名為「胡佛村」，這個美國歷史上最艱難困苦的時刻，充斥著饑餓疾病和絕望的時刻，永永遠遠地被烙上了胡佛的大名。當時街上有人想搭順風車，會寫個牌子：「你要是敢不載我一程，我就投票給胡佛！」

不管怎麼窘迫，胡佛都不認為是美國本身出了問題，他覺得根本問題在於：歐洲欠美國的債，利滾利還不清，美國一中止貸款，歐洲銀行連串倒閉，他們就紛紛從美國撤走黃金儲備，而為了還錢，他們還需要拋售美國股票。

針對這個結論，胡佛又出了一招：歐洲各國向德意志和奧匈帝國要求的戰爭賠款和他們的戰爭貸款都可以延長一年期限，給大家一個休整的機會。

這招太遲了，歐洲的危機已經產生，這一年的休整，沒幫上忙。

到一九三一年底，危機還在探底，似乎是深不見底。胡佛發出了最後一招：政府成立「復興金融公司」，為要倒閉的銀行、大企業、大型商業團體提供政府貸款，為地方政府的基建項目注資，建立貧困救濟基金。

這個計畫一看就會失敗，因為政府貸款不可能隨便發放，肯定需要抵押，能獲得政府貸款的，還是大銀行和大企業，那些無望的可能沒有償還能力的企業，是得不到任何關照的，對漫及全社會的經濟崩潰，這幾乎是杯水車薪。而這個「復興金融公司」自己本身，需要小心維持穩健的財務操作，不能把自己整破產了，以致對地方基建和貧困救濟的投入小裡小氣，幾乎看不到效果。

到一九三二年，胡佛所有的動作，都沒能讓經濟危機得到任何緩解，他本人的支持率都快接近負數了。這樣大的危機，一定會引發社會動盪，尤其是惡性群體事件。

話說一九二四年，美國政府通過了一項撥款法案，給予參加第一次世界大戰的老兵，每人一千美金的補償金，但是這筆錢，要從一九四五年開始支付。

一九三二年，生活在水深火熱中的「一戰」老兵們，想到政府還欠自己這麼一筆錢，就組織在一起約兩萬五千人，到華盛頓請願，希望政府提前支付，幫他們度過眼下的困境。

胡佛正為他任內巨大的政府赤字鬧心呢，怎麼會答應提前給錢呢。被拒絕後，部分退伍老兵留在華盛頓，搭起了窩棚，組建了簡易的「胡佛村」，預備跟政府耗一陣。反正回家也是缺吃少穿，到哪裡都是一樣。

因為這些人當年都是美國遠征軍，如今成了盲流，架勢還在，這次叫「補償金遠征軍」！

總統每天夠煩的了，打開窗戶還要面對這麼一幫子搗亂的，胡佛從政治家的角度分析，這是國內左翼勢力挑起的一項針對他本人和美國政府的惡性挑釁行動。

事件一被定性，對於那些衣衫破敗生活狼狽的老兵和家屬們，胡佛就一分錢的同情都沒有了。

本來只是派出員警維持秩序，布設了屏障，見不解決問題，一不做二不休，上軍隊吧！陸軍參謀長麥克阿瑟將軍帶著副將艾森豪親自指揮了這一行動，派出了第三騎兵團為先鋒，進攻「補償金遠征軍」，能對自己戰友下狠手的必須不是普通人，領頭的騎兵團少校——喬治．S．巴頓。

人類從記錄歷史開始就知道粉飾歷史，美國這麼發達的國家，粉飾技術，當然也不會差。這場美國現役軍隊對美國退伍老兵的維穩行動，美國歷史倒是沒有迴避，因為這麼大的一件事，想徹底從歷史記錄上刪除，未免太輕率了。最聰明的辦法就是，弄很多說法混淆視聽，其暴力等級、傷害程度、傷亡人數都算是美國歷史中一個曖昧不清的話題。麥克阿瑟火燒連營，將「補償金遠征軍」在華盛頓的「胡佛村」燒了個乾淨這事倒是公認存在的，中間是不是如傳說中的，對無辜家屬包括孩子使用過刺刀之類的東西，就真不容易追究了。

至於事件之根本是不是左翼共產主義份子在華盛頓策劃的活動，更不用研究了，反正不管胡佛怎麼解釋，也挽救不了自己的政治危機和共和黨的頹敗，一九三二年的大選又來了！

五、輪椅上的美國

海德公園的王子

十七世紀初，歐洲殖民者紛紛越過大西洋來到北美。出門在外，老鄉最親，在北美擇地而居時，都是以出發地的淵源來抱團。比如現在紐約的哈德遜河谷地帶，當年就是荷蘭移民的一個聚居點。最早參與了北美建立的外來客，很多都生發出巨大的家族，成為美利堅的「本土貴族」。來自荷蘭的這群人裡，後來最引人注目的，就是羅斯福家族。

羅斯福家族最早的移民者落地生根後，到孫子輩，分成了兩支，一支在長島的奧伊斯特灣，另一支在海德公園一帶。

我們熟悉的老泰迪總統，他來自奧伊斯特灣這一支，這一篇我們要介紹他的遠房堂侄子，來自海德公園的佛蘭克林·羅斯福。

作為早期移民，羅斯福家族算是紐約最古老富有的家族。佛蘭克林的爸爸詹姆斯在第一任太太去世後，迎娶了德拉諾家族的大小姐薩拉。德拉諾家族出自法裔，幾乎是來到新大陸最早的胡格諾派教徒（胡格諾派的故事參見《聞香法蘭西》），薩拉的爸爸從早期的印度茶葉貿易到後來的中國鴉片生意，發了大財。作為一位身家顯赫的法國女郎，薩拉小姐在美國上流社會有極高的美譽度和辨識度，她甚至是一種社交風度的代表。

詹姆斯二婚，年齡幾乎是薩拉的一倍，薩拉是帶著百萬美金的嫁妝嫁入羅斯福家族的，當時的一百萬美金，真的是很多錢。由此可見，羅斯福家族的身分地位，還是要超越一位鴉片商人的，不管商人有多富。

佛蘭克林含著金湯匙出世，是這對顯貴父母唯一的孩子，而他同父異母的哥哥，跟母親薩拉同歲，佛蘭克林還有個比自己大兩歲的侄子。大概可以想像，佛蘭克林受到的寵愛關注和他生活品質，不會低於一個歐洲普通國家的王子。

母親薩拉對佛蘭克林影響很大，因為他老爸詹姆斯實在太老了，沒力氣陪他玩耍和成長。王子的教育軌跡都差不多，薩拉終於捨得放手時，佛蘭克林進入了著名的格羅頓學校，這所到現在依然在全美數一數二的私立高中，最大的特色就是每年為哈佛輸送高材生。佛蘭克林當然也就順理成章地進了哈佛。也就是在哈佛就讀期間，他的遠房堂叔，泰迪入主了白宮，而羅斯福家族的所有男丁，不管之前是不是從政的，此時似乎都要以一個政治家族的成員自居了，更有野心的，可能會考慮，羅斯福家族的白宮之路，是不是要延續下去？靠誰延續下去？

佛蘭克林肯定是想過接班的，他奉泰迪為英雄和偶像。一九〇二年，佛蘭克林在白宮遇上了泰迪的親侄女，埃莉諾。在一九〇五年佛蘭克林哈佛畢業進入哥倫比亞大學學習法律後不久，他就強烈要求跟埃莉諾結婚！

佛蘭克林和埃莉諾的故事，應該是美國歷史上最引人入勝的總統夫婦軼事，可能薩拉從一個母親的高度，早就發現了這樁婚姻的「悲劇性」，從一開始就百般阻撓。可惜沒用，埃莉諾還是由叔叔泰迪親手送到了佛蘭克林家裡。後來的美國野史，在佛蘭克林和埃莉諾兩口子的各種緋聞之外，還有第一家庭各種婆媳矛盾的插曲，這些八卦故事我們說完正事之後再聊。

上帝很公平，沒有人能擁有完美的一生。一九二一年，在加拿大度假的佛蘭克林遇上了一場森林大火，他參與了滅火行動，火災撲滅後，他跳入海中游泳，加拿大東部海岸冰涼的海水，正適合烈火灼烤後的肌膚。

爽是挺爽，代價太大。上岸後不久，佛蘭克林就感冒發燒大病一場，最後發展成了「脊髓灰質炎」，也就是我們常說的「小兒麻痹症」！這位王子正當壯年，卻永遠不能正常行走了，甚至連站立都需要扶持！

疾病是世界上最平等的東西，不會因為權勢金錢和地位，就繞開某些人，到一九五四年，「脊髓灰質炎」才被研發出相應的疫苗，在佛蘭克林的年代，他除了漫無目的毫無結果地花錢建各種醫療機構、水療中心，似乎也沒有別的辦法。

老泰迪有個能獵熊的好身板，可侄子佛蘭克林站都站不住，他能延續羅斯福家族的事業嗎？他不僅延續了，他甚至是複製了叔叔的成功之路。一九一三年，佛蘭克林就在威爾遜的政府裡擔任了海軍助理部長，一九二〇年獲得了民主黨內副總統的提名。

雖然那年大選民主黨落敗，第二年佛蘭克林身體還癱瘓了，這沒妨礙他的政治道路順利。一九二九年到一九三二年，坐著輪椅的佛蘭克林作為紐約州州長，領導著紐約人與經濟危機戰鬥。

新政

一九三二年大選對共和黨來說，是一場必輸之局。經濟危機沒有任何遏止的跡象，當年有四分之一的勞動人口失業，幾乎沒有銀行營業，支票都沒地方兌現。紐約的聯邦儲備銀行都不敢開門，因為受不了民眾的擠兌。

對於民主黨來說也是個難題，雖說大家都有把握，民主黨內隨便拎一個人出來競選都足夠幹掉那位在白宮愁眉苦臉的胡佛總統，但接下來的事呢？這樣深重的危機，這樣毫無希望的蕭條，會不會把民主黨也拖進深淵，說不定下一任總統，會被罵得比胡佛還噁心，而這一屆，民主黨已經取得了兩院的多數，也就是說，如果幹不好，民主黨要背下所有的責任，沒得推搪，可能會死得更難看。

如果非要找一個有點靠譜的候選人，那就紐約州長吧，因為整個大蕭條的四年，紐約州各項指標都還沒有崩潰，幾乎沒有銀行倒閉，比起其他地區，這已經是非凡的成功了。

羅斯福就這樣成了新的美國總統。如果放在現在這個媒體發達的時代，國家已經是一艘破船了，再找個殘疾人船長，大多數人肯定不幹。

不過羅斯福是最早重視媒體關係的政治人物之一，他跟記者保持著良好的交往，記者們懂事，從不公開他在輪椅上的畫面，在電視沒有被發明出來的時代，羅斯福成功地掩飾了自己的身體狀況，好多美國人是很多年後才知道，自己的國家是由一位輪椅上的總統領導的！即使是現在，存世的羅斯福輪椅拐杖照，都不算太多。

美國的政權交替有個大 bug，也就是新總統當選和舊總統到期之間，有四個月的時間。這段時間是相當尷尬的，因為新總統絕對不會插手給自己找麻煩，而舊總統因為已經是昨日黃花，更不敢造次，尤其在大蕭條的日子裡，出現這四個月，幾乎是個迷茫的真空期，經濟崩潰的速度似乎加劇了。

這四個月中，胡佛屢次向羅斯福求援，畢竟國會現在是控制在民主黨手裡的，他最後的任期想稍微挽回點兒聲望更是難上加難了，只有羅斯福願意幫忙，他才可以走得不那麼難看。可羅斯福並沒搭理他，這樣不倫不類地插手前政府有什麼意義呢，總統是新的，一切都是新的，當然是在萬眾期待的就職演說中盛大登場嘛！

一九三三年三月四日，羅斯福的就職演說也被列入名人堂，成為美國總統演講稿中的名篇，其中的名言是：除了恐懼本身之外，沒什麼需要恐懼的！

羅斯福在競選時就承諾，要給美國人民「新政」，新在哪裡？

演講不足以抵抗恐懼，但是酒精可以的，所謂喝酒壯膽嘛！羅斯福一上臺就解決了多年懸而不決的禁酒令問題，憲法第二十一修正案頒布，酒精含量低於百分之三・二的含酒精飲料，可以釀可以賣可以喝。生活這麼苦，還不讓喝酒，太不人道了！而一個修正案廢掉另一個修正案的憲法，聽上去比喝酒還爽呢。

有酒喝了，大家情緒穩定了，政府就可以解決問題了。第一個要面對的是，國家金融系統瀕臨崩潰，沒有銀行敢開門營業了，在新總統入主白宮的那天，連紐約證券交易所和芝加哥商品交易所都關門了！

三月六日，上任的第二天，羅斯福宣布，所有銀行關門四天，等國會討論銀行改革的事。

羅斯福的幕僚們很聰明，知道時局混亂，政治對手和群眾情緒都不會給總統的新政以空間和時間，而這種時刻，最是謠言、小道消息肆虐的時候，最容易造成不可控制的危害。坦誠和透明是消滅謠言最好的辦法，比轉發五百條謠言就坐牢要有效多了。所以羅斯福選擇當面跟所有的國民分析經濟局勢，解釋政府的行為，感謝當時美國已經普及了無線電廣播。

總統很淡定，思路很清楚，說話很親切，態度很真誠，美國人還有什麼不放心的？反正也沒工作沒事做，喝點小酒，聽總統閒聊也能打發個時間。從此後，羅斯福特別喜歡廣播講話，恨不得兼職一個電臺DJ，而他的幕僚們就覺得，總統親自主持的電臺節目，總要有個名目吧，為了顯得親民和諧，就叫：「爐邊談話」吧。名字是溫馨的，就是不知道有幾個聽眾能點得起爐子買得起酒！

就在四天的銀行假期中，國會通過了緊急銀行法案。如此快速高效地通過一項法案凸顯了一黨獨大的好處，總統是民主黨的，國會也是民主黨的，當年的胡佛和現在的歐巴馬都羨慕不來的。

緊急銀行法主要工作是防止大銀行被小銀行拖垮，清查所有的銀行，沒有能力維持的小銀行倒閉，能繼續營業的大銀行，由政府擔保其存款安全，並因此成立相應的聯邦儲蓄保險公司。

經濟危機後，所有人都不相信銀行了，有點儲蓄也拿回家藏起來了。「緊急銀行法案」通過後，羅斯福總統在「爐邊談話」節目裡打廣告了：把錢存回來吧，放在重新開張的銀行裡，肯定比藏在床墊下面安全。」

要不怎麼說媒體是有魔法的呢，就這節目一結束，美元就如潮水般回到了銀行，聯邦系統內四分之三的銀行重新開業，一個月內收到了十億美元的現金和黃金！

既然有錢了，就要解決一下關於錢的問題。

這時，我們必須要提到一個金融著名詞彙：金本位。

所謂金本位就是說貨幣的本位是黃金，不管鈔票印什麼面額，它的價值總是以相應的黃金為基礎的。簡單說，你有多少黃金，你就印多少鈔票。

金本位這個制度，本來是一八六一年英國人確立的，而後全世界大多數國家都這麼辦了。本來印紙幣是個挺容易的事，可如果非要跟黃金掛鉤，就不好亂印了。而且黃金這個東西，它儲量有限，又經常被攥在少數幾個大國手裡，這讓黃金儲量小的國家就很被動。隨著資本主義經濟發展，商品極大豐富，消費越來越多，對流通的要求越來越高，全世界黃金的儲備又沒跟著增長，這樣一來貨幣就不夠用了。

第一次世界大戰時，各國都要錢買軍火，有黃金才能有貨幣，每個國家都控制自家的黃金不准外流，既然黃金是貨幣的保障，貨幣的意義就在於流通，流不通，就不好玩了。

英國人一想，這個事是我自己搞出來的，自己訂的規則自己完全可以打破。一九三一年，不列顛一不做二不休，果斷宣布放棄金本位，英鎊隨便印，而後大幅度貶值，給所有被貨幣困擾的國家指點了一條明路。

這條路，胡佛不敢走，羅斯福敢，銀行恢復後的四月十八日，總統發布行政命令，讓美元與黃金脫鉤，美元也開始貶值。不管貨幣貶值的利弊有多少種說法，可以肯定的是，對出口商品是有利的，能增加本國商品的海外競爭力，對一個經濟危機的虛弱國家來說，這應該是很補血的。

上任一個月就基本穩住了飄搖欲墜的金融業，國民對羅斯福信心大增。再往後的工作，就很順手了。

「農業調整法」立時推出，政府要限制農業生產，重新分配主要農產品的種植面積，防止過剩，以保障價格。

這項法規落地實施時，已經是秋收季節，來不及從頭調配了，面對過剩的豬和作物，怎麼辦？老辦法啊，多的豬殺掉銷毀，多種的棉花全拔掉，多出來的牛奶倒進密西西比河。雖然美國政府知道，此時此刻，好多的美國百姓，吃不飽穿不暖，嚴重營養不良中。

美國政府不管怎麼作為，他的性質決定了，對經濟領域的動作幅度是有限的，但就是這有限的調控，一九三四年，就產生了明顯的效果，當年農產品價格回升，而此後的三年，農民收入增長了一倍。

急劇下滑形同崩潰的工業經濟似乎問題更大，解決起來難度更高。政府再次顯示了神一般的效率，一九三三年六月，「國家工業復興法」通過。

法案規定了最低工資，縮短工作時間，確定工資應該隨著物價上漲，工人可以組織工會跟資方談判，還要落實各種生產規章制度，不准用童工，杜絕血汗工廠。只要工人的利益能保障，他們就有穩定的收入和消費意願。

這招難道不是胡佛用過的嗎？胡佛沒辦法讓國會通過他立法啊，他只是提倡而已。而羅斯福這種立法可是有明確的執行機構的，專門為此成立了著名的國家復興署。

雖然是法案，美國政府也不能用槍指著資本家令其執行。國家復興署的署長想出個帶點宗教性質的做法，他設計了一個圖示，一頭藍鷹，這頭藍鷹代表著你認可「國家工業復興法」並願意配合執行。同意合作的雇主，將這個藍鷹標掛在窗戶上，宣布自己是國家復興大業中的一個志願者，要和國家共度難關。

不要小看這個藍鷹標誌，在那些艱苦的歲月裡，這個標誌帶著點兒自願犧牲的悲壯，因為在當時的情況下，按工業復興署的要求維持一個企業，難度非常大，願意接受藍鷹，實實在在是種愛國精神。

工業復興計畫對整個美國工業的影響是巨大的，大家想想，之前胡佛所有的挽救危機方式都畏手畏腳，小心謹慎的，為什麼呢？因為美國是個自由資本主義的國家，這個性質是絕對不會變的。政府不能直接插手干涉經濟領域的運行，如果政府的權力可以立法來調控經濟了，那還是資本主義嗎？那是社會主義，那是蘇維埃俄國，是美國人民必須防範和杜絕的！

其實，大家看出來了，從羅斯福上臺這段所謂的新政來看，他根本就是在搞社會主義了。社會主義好，人人要吃飽。雖然最低工資能保障，但找不到工作的還是失業啊，雇主們能力有限，就算貼上了藍鷹，他也不能雇傭自己發不出工資的工人啊。

對於大量的危機人口，直接救濟很重要，但社會主義也不能養懶人。授人以魚不如授人以漁，雇主提供不了工作機會，政府想辦法提供，公家投資開工程，大量招募失業勞工。這個做法，就是著名的「以工代賑」。

還是胡佛那一套嘛，難道羅斯福想建個羅斯福大壩？沒那麼簡單，羅斯福建的，是個堪稱典範的巨大的國家工程——田納西河流管理局，簡稱TVA。

田納西河是全美第八大河流，發源於阿帕拉契山脈，注入俄亥俄河，全長一〇四六公里，流域面積一〇．五萬平方公里。

河流上游落差大，河道狹窄多急流，中游多險灘，加上流域內降水非常豐沛，這種特徵的河流一般都挺禍害的，洪澇災害時有發生，以至於主要流域內的田納西州，是美國最窮的一個州。

很早就有人討論過，田納西河流域，發展水電開發森林漁業資源是大有潛力的，但投入大見效慢，私人的電力企業一時光顧不到這裡，不如國家出面開發它，還能保證附近大面積地區的供電。

在共和黨當政的時代，這個事基本沒有討論餘地。經過二〇年代的咆哮時代，共和黨的無為而治讓巨頭們更巨，自然讓共和黨跟大資本家和各種寡頭成為盟友。電力大佬們都知道，國家出面的電力公司，自然是低價供電，那些私人電力公司的高電價還不被人罵死？

羅斯福的新政就將國家工程的落點放在了這裡。正好一九三二年，有個電力巨頭因為腐敗醜聞曝光而倒閉，激發了老百姓對電力公司的極大不滿，民間大聲呼喚公共電力設施的建立。

一九三三年六月，田納西河流管理局通過。像這樣跨州的國營企業，在美國可是個新鮮玩意。一方面是總統領導下的政府職能機構，董事會直接向總統和國會負責；另一方面，田納西流域管理局又是一個獨立核算的大企業，獨立法人資格，人事權獨立，直接從事全流域的各種項目運營，比如森林的保護和開發，水土保持，防洪防澇等等。

田納西河流管理局建設了水壩和排水系統，基本排除了洪澇災害，周邊從來沒用過電的貧困地區都通上電了，更重要的是，它的電費定價成為了一個標準，其他的私營電力公司，再也不能想怎麼收就怎麼收了。

以上這些事，基本都在羅斯福進入白宮不到四個月的時間內發生的，一定要再次提名表揚美國國會，沒有一個全力配合絕不拆臺的國會，這個效率幾乎是不可想像的。第一年就確定了新政的大框架，剩下的就是看效果了。

第二新政

效果並不好，至少沒有達到所有人希望的效果，雖然羅斯福的個人威望空前高漲，可不能否認的是，蕭條還在蔓延中，復甦的跡象似乎並不明顯。

羅斯福新政是改革，自然規律，改革就要遭遇兩派，一派是保守的攔著不讓改，一派是說你改得不到位。在美國，很明顯是共和黨和他們的幕後大佬們，對這種社會主義入侵深感憂慮，等看到新政效果不佳，爭先恐後地跳出來攻訐，希望藉著打擊羅斯福和新政，重新拿回失去的江山。

過去的八十年間，雖然看著兩黨你來我往的勢力均衡，其實，共和黨佔據國會控制大局的時間更多，經濟危機和一九三二年大選讓共和黨被閃了一下腰，可他們在美國的勢力和由他們主導的美國社會的某些習俗是不容易改變的。

一九三五年開始，社會上抨擊羅斯福的聲音嘈雜了，著名說法是：「羅斯福的新政充滿了共產主義我國的臭味」。

既然第一輪新政沒達到效果，為了應對越來越激烈的民眾指責，羅斯福預備開啟他的第二新政。

這年五月，來自波蘭的猶太人謝克特兄弟將國家工業總署告上了法庭。

謝克特兄弟倆在紐約布魯克林區經營家禽生意。這兄弟倆可不是販雞殺雞這麼簡單，他們的家禽店只做猶太人生意，雇員也都是猶太人和專門的猶太屠夫。因為是猶太規矩的生意，要遵從猶太的禮儀和規矩，所以這裡的價格比別處高一點兒。

復興總署的工作是要限制競爭控制價格啊，猶太人的雞鴨店為啥價格比別處高呢？政府對賣雞賣鴨有規定，消費者不准隨意挑選的，除非你一次買走一籠子。謝克特兄弟只好按國家規定賣東西，他的主要消費者猶太人肯定不答應，影響了生意，謝克特兄弟跟復興總署發生了爭執。這個復興總署是政府衙門，是新政下的政府衙門，權力可以很大的，原來政府管不到的大小生意，現在復興總署都可以管的，拒不接受整改是吧，好，我告你！

總統和國會是一條心了，最高法院還沒「淪陷」，還能獨立公正。這場小官司越打越大，終於來到了最高法院。估計是大法官等這一天等很久了，最後的裁定居然是，國家工業復興法違憲！不能不說，這場官司是美國精神的勝利，在羅斯福新政那個隨時可能將國家導入專制和獨裁的時刻，獨立的司法系統有效地遏制了這個危險的方向。此案後，羅斯福非常之氣急敗壞，他覺得高院不整改，再多的新政都沒用。他花了大量的時間和精力通過各種辦法將他支持的新政派法官「填塞」進最高法院，到一九四一年，最高法院的九位長老中，有七位是羅斯福欽點的人馬。羅斯福身後的歷史評價雖然很高，但他對最高法院的動作，讓他留下一個不小的政治污點，受人詬病。好在強大的美國司法獨立，還是最終得以保全了。

復興法案允許工人們組建工會跟資本家談判的。大蕭條時期，歐洲各國的工人運動是如火如荼的，美國工人既然能組織工會了，相應的工人運動自然也就應運而生了。復興法案是被廢除了，可組織起來的工人就不容易解散，全國的勞資糾紛似乎有越演越烈的跡象。

為了緩和這些矛盾，羅斯福只好又簽署一項法案，「全國勞工關係法案」又叫「瓦格納法」，該法規定：雇員可以組工會、可以跟雇主平等談判；雇主不得壓制工會，不得禁止罷工，不得歧視工會會員；設立全國勞工關係局等。

這才是整個羅斯福新政中最亮眼的法案，直接確定了美國經濟社會的勞資關係。前一陣美國好萊塢的編劇們集體罷工要求增加薪水，就讓老楊很鬧心，生怕這幫人真撂挑子，好多美劇看不到結局了！所以它是整個美國歷史上最重要的法案之一！

四年彈指即過，忙碌而充實。美國還在大蕭條中掙扎著，但彷彿美國人已經習慣了節衣縮食，溫飽難續的生活。百分之九十的家庭都貧窮，還有大量家庭純靠政府救濟過活。羅斯福的新政也許沒產生作用，可共和黨的反擊也沒產生作用，一九三六年的大選，美國人還是投票給羅斯福，給他的第二新政一個機會。

第二新政沒什麼新鮮的，羅斯福只是將美國拖上自己的輪椅，踉踉蹌蹌地躑躅而行而已。他也知道，常規藥物肯定是治不了這場病入膏肓的惡疾了。這個病是個世界範圍內的傳染病，現在抬起頭來看看其他國家是怎麼治病的吧！

六、中立也痛苦

愛上日本人

這一篇要補上之前的章節沒有寫到的重要內容，美利堅和我天朝（大清「帝國」）之間的關係。

美國一八九八年不惜吃相猙獰地取得了菲律賓。到底菲律賓對老山姆來說有什麼價值，老山姆需要大量菲傭？當然不是，他的終極目標再明顯不過了，就是加入歐洲對大清的分食，路有點遠，菲律賓是個跳板。

從鴉片戰爭開始，在天朝大地上搗亂的壞蛋，數得著的全是歐洲人，老山姆不敢強出頭，跟著敲邊鼓也撈了不少好處，搞到了所謂「最惠國待遇」，為他家的在華貿易服務。

等到他家把菲律賓捯飭清楚了，要對大清下手時，歐洲列強固然是排排坐好，據案大嚼，連海上那個小島國日本，也盤據了一張大桌子，賊眉鼠眼吃了一嘴油。

老山姆可不能乾看著流口水，他努力擠進來，給英德法俄意日六個吃貨發了個照會，你們吃你們的，但不要妨礙我美國人做生意，要讓中國「門戶開放」，所有這些國家在華貿易機會均等，所有利益均沾，除了不用考慮大清的感受，最好互相都關照一下，不要有人吃肉，有人啃骨頭，還有人只能喝湯。

美國人是很聰明的，歐洲列強加日本，在中國動輒就要操傢伙教育清政府，那點好處很多都是打出來的，美國人摻和的群鬥比較少，盡量跟著後面遛達，人家有的，他一口都不少，吃得也挺爽。

全世界都盯著中國是塊肥肉，最痛苦的除了大清政府（也沒看出多痛苦），就是隔海的鄰居日本。

明治維新後，小島子像吃了興奮劑，雄起得有點找不到北。他也不關心哪裡是北，他天天盯著西邊。

高速發達的資本主義經濟被擠在小島狹小的空間裡，那憋得是相當難受。對日本人來說，西進的那片大陸，是日本人美好的未來，想要爭取那個未來，除了富國，更要強兵，而後大大方方地踏上大陸，日本人的空間將驟然開朗。大清政府不可怕，就是歐洲來的那幫子蠻夷討厭，現在連太平洋對岸的都跑過來了！

瓜分天朝的盛宴中，大部分人都好商量，最讓日本人煩躁的是北極熊——俄國（日俄的糾結，請大家參看《最冷和最熱的俄羅斯》），對於後面擠進中國的美國，日本給了個很友善的笑臉，因為可以跟老山姆聯手遏制老毛子。

對俄國佬的厭惡，其他國家都有，日俄戰爭一開打，英、法、德當然還有美國都上趕著借錢給日本，鼓勵他揍死北極熊。

日本人竭盡全力拼了一架，看著像是贏了，可要把北極熊完全放倒，還是差點兒。這時候，上一個羅斯福，也就是泰迪冒出來了，他充當了日俄戰爭的調停人，自說自話地在咱們東北的地面給兩家分贓，明裡暗裡都是幫著日本人的，他還給自己搞來一座諾貝爾和平獎！

列強對日本人的支持，讓日本堅定了侵華的信念。而後日本在中國步步為營地推進，到跟袁世凱達成的二十一條，美國人看著都挺鬧心，因為日本有點違反了「機會均等利益均沾」的分贓鐵律，加上「一戰」後，歐洲列強顧不上東亞，日本人有點坐大想獨吞的意思。

大家都是強盜，出來混，花花轎子互相抬。日本人跟美國人沒仇，美國在華的利益，日本人絕對不會妨礙，你美國人也別管我在這片土地上怎麼行動了。美國人聳聳肩，好吧，只要美國的貿易正常，你隨便吧。

一九三一年，日本人毫不客氣地發動「九．一八事變」悍然佔領了咱家的東北。美國人著急不？急啊，不小心中國就落日本人手裡了！必須阻攔日本人，怎麼攔？出兵打他？那怎麼可能，美國人不喜歡打架，最好連制裁都不要，把日本人逼急了，他們下手更狠。

日本人對美國態度好啊，你不就是要門戶開放嘛，我保證你門戶開放。你們都看著共產主義俄國礙眼，我大日本帝國不怕費事，替你們擋在中國東北的前沿，隨時盯著他們，不准共產主義「氾濫成災」！

正如英法各國的「綏靖」姑息了法西斯德國的壯大，美國對日本的姑息，也為亞洲培養了一頭惡魔。

到一九三四年，日本人就不願意再提「門戶開放」了，因為「日本對於中國有特殊地位」，其他國家不要插手，最好「連技術和財政援助都不行」，你美國人不是有個門羅主義嘛，我日本人也搞一個「東亞的門羅主義」，這片地區，是我大日本帝國罩的，你們就別費心思了！

一九三七年七月七日，盧溝橋事變，日本全面侵華戰爭啟動，就到此時，美國人還在為日本提供戰爭物質，當然美國同時也關照著蔣介石政府。經常給日本人發照會，大意就是，你打你的，我美國在華的工商利益，你要保全！

全世界都知道，日本人英語學的不好，估計美國政府對他們的友愛和善意，日本人一點兒也沒看懂。

一九三七年十二月十二日，美國炮艦「帕奈號」在長江被日本戰機炸沉！

美國戰艦怎麼跑長江去了？是啊，自從鬧了義和團，歐美列強都覺得，必須有槍有炮有軍隊保護自家的在華業務，美國人組建一支叫長江巡邏隊的艦隊，遊弋於長江，號稱是保護美國油輪。

一九三七年十二月，日軍迫近，眼看南京就要失守。美國人恐怕是預計到了，日本人一旦攻陷南京，就會撕下人皮露出野獸面孔，所以趕緊調度「帕奈號」到南京幫著撤僑。裝滿了美國商人、傳教士、新聞記者後，「帕奈號」緊急逆流而上，自以為找到個安全的地方避開了戰火。結果日本人還沒到南京就先對「帕奈號」下手了，在那個江南冬日的午後，晴朗的星期天裡，「帕奈號」緩緩沉入江中，艦上三人死亡，二十七人受傷。

這個數字對美國人的刺激太小了，羅斯福雖然很光火，但大部分美國高官都認為，那是人家誤炸，跟之前的「緬因號」事件不可同日而語，讓日本人道歉賠償就行了，他們忙著呢，別打擾人家了。

日本人當然會道歉賠償，心裡說「誤炸你妹啊，你們船上掛的美國國旗比耶誕節還花哨，你當我們日本人近視啊?!」這次試探，讓日本人堅信，大洋彼岸看著挺財大氣粗的那幫人，都是些孬蛋，比「支那人」強不到哪裡去，虧得以前還對他們那麼客氣。炸一艘船真不過癮，等過幾年有空了，我們去他家本土看能不能炸掉一個艦隊！

不想打架

歷史上，天災人禍總是並肩接踵而行。在美國大蕭條的這幾年裡，先是西部粗放的耕植破壞了水土，遇上一九三〇年的乾旱，就演變成漫天的風沙。一九三四年的沙塵暴，幾億噸的黃土被一路風捲，從德克薩斯、奧克拉荷馬州一帶蔓延到了美國東部的紐約華盛頓，甚至連海上的貨輪都沾上了內陸的沙塵。

整個三〇年代，幾百次的沙塵暴，讓大量中部農民走上了向加州謀生逃荒之路，在那個經濟大蕭條的年代，這無異於雪上加霜。

一九三八年九月，就在全世界都在關注希特勒把英法請去開會，通知他們德意志想要對捷克下手的關鍵時間點，一場颶風襲擊了美國東部長島、紐約和新英格蘭地區。

後來被命名為「長島特快」的颶風，最高時速達到了近三百公里，海面上捲起九至十五米高的海浪，幾乎是正面襲擊了紐約。好在有長島這個屏障稍微阻擋了一下，讓這個新興的大都會逃過一劫。風災造成了七百多人死亡，六萬多人無家可歸，直接經濟損失按現在的物價算，大約是四百五十億美金。

到一九三九年，總算有點好事，美國同時開了兩個世界博覽會，一個在三藩市，一個在芝加哥。羅斯福總統陪著來自英國的貴賓到處轉悠，這位英國貴賓出身高貴氣質優雅，就是說話不利索，是個結巴，但誰也不好笑他，因為他來自倫敦的白金漢宮，他是大不列顛的國王——喬治六世。

羅斯福一九三三年進入白宮，也就是這同一年，希特勒成為了德意志至高無上的元首。同樣是面對國內的經濟危機，羅斯福守著自家的一畝三分地抓破了頭皮也沒找到解決辦法，而希特勒則是用一個快捷有效的辦法解決了德國的問題，那就是大力擴軍而後一統歐洲。

「一戰」後在美國佔主導地位的孤立主義隨時提醒美國人：美國之外的世界，就算鬧翻了天，美國人也只是圍觀，絕不摻和，不結盟也別結仇，中立加孤立，遺世而獨立。但同時，威爾遜時代的進取，也讓美國政府偶爾也會想想，自己是不是應該提升在國際上的說話分量。把這兩個意思綜合起來看，就是美國的外交態度了：絕對不惹麻煩上身，但在重大事務上，美國人也不能置身事外。當然最好是光撿便宜不擔責任。

從二〇年代開始，美國政府最熱衷的事，就是把世界幾大國招呼在一起開裁軍會議。各種軍備，如果削減到最低配置，大家自然就相親相愛不打架了。可惜這些傢伙都不給美國人面子，羅斯福上臺後不久，先是德義，而後日本都陸續退出了裁軍會議。

退出裁軍會議，其實就等於說，堅持戰爭不放棄。美國人一看，不好啊，這幫人可能會隨時開打哦，怎麼辦？一九三五年，美國國會通過了中立法，隨後的三六年、三七年，不管國際風雲如何變換，義大利入侵了衣索比亞、西班牙內戰、羅馬—柏林軸心成立，日軍大規模侵華，美國人拍拍心口：「好怕好怕，幸好我們是中立的！」

不光美國人怕，英法也怕，希特勒把英法兩家叫去開會，當元首謙遜地說出，捷克的蘇台德地區，是「我在歐洲需要的最後一片領土」時，英國首相張伯倫和法國總理達拉第眼淚都差點流出來，元首太客氣了，只要他拿回蘇台德地區，他將賜予全歐洲和平和安寧！

當慕尼黑協議這個綏靖政策的恥辱文件正式出臺後，遠在華盛頓的羅斯福也歡欣鼓舞啊，戰爭威脅終於消除了！

第二年的三月，希特勒全取了捷克並威脅波蘭，在與蘇聯達成了邪惡的「合夥」協議後，發動了對波蘭的全面進攻，英法被迫宣戰，不管美國人願意不願意，世界大戰在一九三九年底，正式開打了！

這次必須是真正中立！「一戰」的時候，就因為美國人想發戰爭財想瘋了，湊得太前，所以稀里糊塗被裹挾進了戰場，這一次看戲或者賣東西都不准到前排去。

但無論如何，生意還是要做吧，尤其是英國參戰了，羅斯福總統說：「國家保持中立，但我不要求每個美國人在思想上保持中立。」意思很明確，從總統到平民，大部分的美國人還都是喜歡盟國，還是傾向於能幫就幫人家一把。

一九三九年，中立法稍微改改，美國船不要進入戰區，軍備物質的貿易必須是「現金＋自運」，就是要買美國人的軍火，帶現金和自己的船來提貨。

開戰後沒有美國人想的那麼嚇人，戰爭壓力似乎不大。到一九三九年底，雖然英法兩國哆哆嗦嗦咬著牙跟德意志宣戰，可並沒有真的戰。波蘭淪陷英法也不敢上去幫忙，希特勒順便掃清了丹麥和挪威，而蘇聯藉此機會一舉佔領了拉脫維亞、愛沙尼亞、立陶宛三個波羅的海小國。美國人表示了憤慨，號稱要對蘇聯採取某些「禁運」。

英法美的態度一點都不重要了，元首淡定地從北歐轉向了西歐。一九四〇年的初夏，幾個星期的時間，德意志就輕鬆佔領了法蘭西，並將這個曾經的歐洲霸主一分為二，切割統治。

法國淪陷給美國的刺激大了，不管多好的想像力，戰前他們都預計不到那個叫希特勒的傢伙這麼悍！從收音機裡天天聽到德國軍隊在歐洲大陸上的摧枯拉朽所向披靡，美國人終於兔死狐悲了，大多數人開始擔憂，那個說話咬牙切齒的德國人（美國人從收音機裡聽過希特勒演講）要是統治了歐洲，大有可能打到美國來啊！

未雨綢繆的美國人開始呼籲美國政府，趕緊幫忙吧，不能讓英國也亡國了。

到一九四〇年，戰與不戰的爭論似乎有點兒勢均力敵了，而這一年，又是大選年。美國人不傻，這個節骨眼上，隨便給白宮換人，禍福難料，還不如讓羅斯福繼續頂著，總要等歐洲的戰事打出個眉目再說吧。

雖然前任的美國總統們彷彿是暗中立下了約定，兩個任期後就不再競選，羅斯福還是勇敢地挑戰了這個暗約，他再次參選，並第三次獲勝。

而此時，美國的立場已經有了鮮明的轉變，雖然打不打還在猶豫，但希特勒是條毒蛇，美國人應該站在同盟國一邊拯救歐洲大陸這個思路是統一了。美國現在能做的，就是增加對盟國的援助。

一九四〇年底，英國雖然沒有淪陷，但已然破產，「現金＋自運」這種採購形式，他家是實在負擔不起了。這時美國政府想出了一個慷慨的援助辦法——「租借法」，所有的軍備，主要是武器，英國沒錢買，就先租借，先用著，打完了還給美國就行。一九三九年六月，德意志突然對蘇聯動了手。美國人原來是對蘇聯頗為嫌棄的，可面對嚇人的德國軍隊，這個不招人待見的國家居然選擇了死磕不降，而且幾乎是憑一己之力牽住了整個德軍！美國人立時被感動，蘇聯是同盟國的戰友，也是需要援助的國家了，也適用「租借法」。

辦法固然好，可這些東西運上英國也是個大工程啊，如今大西洋底到處是德意志的潛艇，狼群戰術，野狼密集出沒。羅斯福認為，好事做到底，送貨送到家。美國就應該用艦隊護送軍需物質上歐洲大陸。

這麼大張旗鼓地用武裝商船發送軍備物質到同盟國，還堅持說自己是中立的，德國人表示很受傷很氣憤，所以在海上，美國旗號的商船也成了德軍目標，美國的船隻當然不會挨打不換手，大西洋上，雖然沒有宣戰，美國和德國已經動了手。

前篇說到美國的「帕奈號」被日軍炸沉，那段時間，被日軍轟炸的戰艦不光只有美國的，英國戰艦也沒有倖免。事後，雖然美國人號稱是原諒了日本，但私下開始和英國軍方接觸，雙方都認為，小日本是瘋了，英美兩個正常國家應該理性地合作，保障自家在太平洋上的權益。

這次私下接觸，打開了英美軍事合作之門，後來談了幾次，越談越熱乎，越談越親密。如今太西洋上又出了個瘋子，為了保障英美兩家在大西洋的利益和安全，更要談談了。

一九四一年八月，在加拿大紐芬蘭島的一艘英國軍艦上，英美兩國首腦，羅斯福和邱吉爾祕密會面了，此時的邱吉爾，只揣著一個強烈的盼望，就是美國人再組遠征軍，重上歐洲大陸，幫著抵抗希特勒。羅斯福沒鬆口，不敢給予這個英國「遠親」任何軍事上的承諾，不過他答應一起譴責法西斯，並與邱吉爾聯合發表了著名的「大西洋憲章」，號召全世界人民團結起來，摧毀法西斯暴政，重建和平。

這篇宣言一發布，對希特勒的打擊是巨大的，因為他知道，這份東西就是通知他，美國或早或晚一定會加入戰團，就差一個下場的契機了！

七、珍珠港

到一九三八年，百分之八十的美國居民家裡都有收音機。收聽廣播節目，是當時的主要日常娛樂活動。

這一年萬聖節前夜，十月三十日晚上八點，哥倫比亞廣播公司的新聞節目突然被插播新聞打斷。當時正是慕尼黑協定簽字不久，歐洲局勢依然詭譎，廣播節目插播突發新聞也是很正常的。只是今晚這個突發新聞太驚人：一個巨大的、熾熱的物體跌落在紐澤西州格羅弗嶺附近的農場。現場的記者繪聲繪色地描述了體型像熊，眼睛像蟒蛇的外星人從太空船裡爬出來的情形。外星人一登陸就殺人，先期到達的員警四十人被殘忍地殺死，國民警衛隊七千多人也瞬間沒了命！記者顫抖的聲音無比驚悚，就是不知道為啥外星人不幹掉他。

節目太逼真了，好多美國人當時就嚇傻了，清醒得比較早的，已經將自家的值錢物品裝上了貨車，預備向西逃跑；有些愛國的愣頭青，找出老獵槍，一臉悲壯地要到格羅弗嶺去抗擊外星侵略者；還有一些人當然是進入教堂，詢問上帝，這就是您老確定的末日?!

如果美國人多讀些書，會發現這些情節出自英國的科幻小說大師的《世界大戰》。哥倫比亞廣播公司裡著名的水星劇團為自己逼真的演繹得意時，也為造成的恐慌程度和恐慌規模如此出乎意料而嚇壞了，雖然這期間他們不停地解釋，這是廣播劇，不是事實，可那種不可遏制的末日慌亂真正是讓全美失控了幾個鐘頭，即使沒有造成死亡，但經濟損失還是產生了。

不管是惡作劇還是模擬被襲擊，在缺吃少穿世界大戰一觸即發的敏感關頭，這種玩法顯得美國人特別沒心沒肺，也證明了沒有「廣電總局」這種單位，媒體真會闖禍。

一九四一年十二月七日，當哥倫比亞廣播公司的新聞播報裡，再次驚現播音員歇斯底里的聲音，說美國太平洋艦隊的基地珍珠港被日本轟炸了時，好多美國人都表示了藐視：「切！又來了！上次是外星人，這次是小日本？越編越不靠邊了！」

這次是真的，科幻大師編不出這樣血淋淋的現實。美國人不是天天盯著希特勒嗎？怎麼日本人就突然打上門了？

進入四〇年代，日本人氣勢如虹，似乎全取中國指日可待。美國人知道，這幫島國人是不能再縱容了。美國人對日本人，其實一直有個心理上的優勢，他們覺得自己可以不戰而屈人之兵，因為美國卡著日本人的喉嚨呢。

日本是怎麼膨脹到小島子住不下非要出來折騰的，我們在日本卷裡再詳細說。可他一旦出來折騰了，要維持這樣大規模高烈度的戰爭，他家有個瓶頸，那就是資源，其中最重要的，就是石油。

日本的石油有三大來源，自家產的大約佔總需求的百分之五左右，從東南亞地區進口的佔百分之十，剩下只由一個國家進口，那就是美國。

話說小日本不是輕鬆佔領了咱家的東三省嘛，在偽滿洲國裡管事的日本人，還不乏勘探高人，他們感覺到，這東三省的凍土下，似乎應該可能會有石油。於是，整片黑土地敞開懷抱由著日本人隨便蹂躪，井架也立了不少，油井也鑽了不少，最後的結論，不行，這疙瘩沒油，晦氣啊！佔這麼大一片地，一滴油都打不出來！

北上去蘇聯的西伯利亞地區試試？諾門罕戰役（參看《最冷和最熱的俄羅斯》），大日本皇軍被蘇聯紅軍虐得很慚愧，算了，那地方更凍得厲害，估計也打不出油來，放棄吧！

如果日本人再堅持一會兒再偏執一點兒，他家就提前把大慶油田開出來了；日本人再狡猾一點變通一點，跟希特勒聯手兩線夾擊蘇聯，西伯利亞油田也能分杯羹！可他不要啊，他簡單的小腦袋只想到了一個解法，南下，佔領東南亞！

法國已經被解體了，日本人覺得，既然大日本帝國是軸心國的一員，天經地義可以接收法國留在亞洲的殖民地。法國在亞洲的殖民地叫印度支那，包括現在的越南、寮國、柬埔寨三國。

一九四一年七月，日軍佔領了印度支那北部，也就是現在的越南。

中國政府在南京淪陷後，遷入重慶抗戰，獲得了來自盟國的物資支援，也是美國租借法案的受益國。隨著日軍佔領區的擴張，外界向重慶政府給養越來越難，而越南是非常重要的「援蔣通路」。佔領越南並設立基地，不僅切斷了一條中國抗戰的補給線，也可以以此為基地向盛產石油和橡膠的馬來西亞、印尼前進。

隨著日軍對越南的進攻，羅斯福政府多次提出了嚴正警告和禁運，但似乎都沒有阻擋日軍的兵鋒。在日軍終於對印尼發起攻擊後，羅斯福忍無可忍，凍結了日本在美國的全部資產，並實行全面的貿易封鎖，石油只能通過許可證方式出口，也就是說，不管日本誰來買石油，必須拿到美國政府的許可證。而日軍看在眼裡的馬來西亞和印尼是英國和荷蘭的地盤，這兩國當然跟上美國的節奏，也對日本實行了凍結和禁運。

羅斯福從一九三九年開始就枕戈旦待地預備對希特勒的戰爭，雖然他也視日本為敵，但絕對沒想到太平洋會率先成為戰場。他卡住了日本人的喉嚨，而他的幕僚們分析，即將面對的，肯定是曠日持久的各種談判，而最後，日本會低頭，會按美國人的要求，撤出越南，撤出中國！打到這個程度，日本人絕對不會就此收手的。不就是石油嗎，全取東南亞，瓶頸問題就迎刃而解，但不可避免地與美國、英國、荷蘭成為死敵，並引發戰爭。

好吧，大日本帝國誰都不怵，要打就打。美國地大物博有資源有錢，真要長期作戰，日本肯定不利。最好的辦法就是，先下手為強，打掉他家的太平洋艦隊，日本至少擁有對太平洋的控制權，戰局就大為有利了。

夏威夷州的歐胡島，是夏威夷群島的第三大島嶼，島上有州首府火奴魯魯，島的南岸有一個深水良港——珍珠港，是北太平洋島嶼中，最大最好的泊船口岸，自然成為美國海軍太平洋艦隊的基地。

日本聯合艦隊的司令是我們都不陌生的山本五十六，一個身高不足一米六的「神奇小子」。他的神奇不是本書的討論範圍，我們只需要知道，就是這個傢伙，一手策劃了「偷襲珍珠港」。

一九四一年十二月七日，一個夏威夷冬天周日的清晨。七點零二分時，珍珠港海軍基地的兩個雷達兵，清晰地發現雷達監控圖像中出現了密集的亮點，他們上報領導後，得到的答覆是，不用大驚小怪，那肯定是從加利福尼亞飛來的自家飛機。

直到第一波攻擊的一百八十三架日本戰機飛臨珍珠港的上空，基地大兵們還在計畫一個悠閒自在的周末。日本人經過了調查研究，知道美國大兵的周末是最鬆弛的。

第一波攻擊在七點五十三分結束，日軍指揮部收到了「虎、虎、虎」的暗號，表示偷襲成功，無驚無險，於是第二波一百六十八架戰機跟著起飛，再次光臨那一片火海，火上澆油。

都看過好萊塢大片《珍珠港》，老楊就省掉了描寫珍珠港被轟炸結束後災難現場的篇幅。點算一下損失吧，八艘戰列艦，四艘被擊沉，其他都受重創；六艘巡洋艦，三艘驅逐艦嚴重受損，一百八十八架戰機被炸毀，兩千四百名美國人喪生，數千人受傷。

在反應過來受到攻擊後，軍人的本能也不會坐以待斃。混亂中，有人用高射機槍還擊，幾架美國戰機頂著蝗蟲般的轟炸起飛，成功升空後，擊落了幾架日軍戰機。不過，在這場整個艦隊幾乎被打廢的襲擊中，日軍損失了二十九架戰機和五十五個飛行員，可以說是微不足道。

第二波攻擊成功，第三波攻擊的飛機應該起飛了。可這時，直接指揮這次行動的突擊編隊指揮官南雲忠一卻下令攻擊停止，大家下班回家了。

珍珠港已經一片火海，損失難以估計，太平洋艦隊看著像是完蛋了，這次「奇襲」計畫完美無匹，必將載入史冊，見好就收，不要給這個華麗的勝利增添任何瑕疵了。

也許是日本人沒有看到瑕疵，也許是他們膽怯了，但，此時停手，還太早了。珍珠港應該是個航母艦隊的基地，本應該停泊著三艘航母，大周末的，這三個大傢伙不知道跑到哪裡去了！

航母找不到不要緊，珍珠港上有兩大重要設施可就擺在那裡沒地方跑。一個是油庫，一個是造船廠。油庫的重要性不用說了，珍珠港離美國本土有兩千多海浬，島上也不產油，大量燃油都需要從加州運來，費時費錢。油庫裡當時存有四百五十萬噸重油，如果被引爆，那個畫面絕對比已經發生的慘狀慘烈十倍。造船廠呢，船廠就是艦隊的醫院啊，就算戰艦被炸沉，只要有醫院，撈出來還是能治好再上戰場，但如果炸掉了醫院，艦隊才是真趴窩了。

按常識分析，第三波攻擊，應該是炸掉油庫和造船廠，可日本的南雲中將就提前下班了，而那麼遠見卓識的山本五十六竟然也不管他！

不分析日本人了。珍珠港事件爆發了，炸掉戰艦飛機都不值錢，最值錢的，是點燃了美國人同仇敵愾的怒火。第二天，羅斯福沒有坐輪椅，在兒子的攙扶下艱難地走進了國會，宣布，十二月七日是永遠標誌著恥辱的日子。國會兩院以三百八十八票對一票的優勢，批准了美國對日宣戰。三天後，德國和義大利如約而至，向美國宣戰，美國當然表示，樂意奉陪，就這樣，資本主義世界第一大工業帝國加入了世界大戰的戰團，戰場局面將大為改觀。

珍珠港被偷襲的故事，也是世界歷史的幾個重大謎團之一。日本方面的爭辯焦點是：珍珠港是被奇襲，不是被偷襲，日本人沒有違背武士道精神不宣而戰。而美國方面爭論核心是：究竟珍珠港事件，是不是羅斯福的苦肉計？因為國內孤立主義的阻攔，美國遲遲不能參戰，珍珠港被炸，而且是被偷襲，孤立主義還敢說話嗎？

關於日本和武士道精神就不好說了，他家的確是派了個代表團在華盛頓談判。收到了國內關於談判結論的指示後，也是第一時間給華盛頓方面回饋了，要命的是，日本來的指示太長，等翻譯電碼的人員翻譯完打字謄寫清楚送到羅斯福手上時，日本戰機已經炸完回家了。而他家號稱提前發出的宣戰書，也不知道怎麼就晚了九十分鐘才送到華盛頓。至少從表象上看，坐實了日本人偷襲的名聲，據說這個事讓山本五十六一輩子都耿耿於懷。日本人三觀不正，轟炸珍珠港時，日本飛行員對平民和民居的蓄意傷害好像沒讓他耿耿於懷。

而羅斯福的苦肉計呢？他自己絕對不承認，死傷幾千人啊，對一個民主國家，人權至上的國家，這種懷疑太過分了。

可各種資料顯示，襲擊發生前，各個方面截獲的日軍電文都預知了這次行動，連蔣總統麾下的中統情報人員都截獲並破譯了非常精確的行動計畫，美國怎麼可能不知道？英國首相邱吉爾也收到了這份「提前通告」，據說他是壓下沒跟羅斯福說，這其中的緣由，耐人尋味。

更耐人尋味的事還有，比如，那個周日，三艘航母為什麼沒留在船塢裡，去哪了？那天之前，島上奇怪地出現了很多醫務人員和醫療物資，是為什麼？美國燒傷科醫生的醫學會議怎麼那麼巧正好在歐胡島上召開？襲擊後，緊鑼密鼓地打撈沉船和修補破船時，怎麼正好技工手頭有現成的圖紙和配套的材料等等。

好多歷史書寫到美國參戰時，喜歡說是羅斯福「夢寐以求」的戰爭，美國青年憑著一腔熱血重組遠征軍離開美利堅時，他們可能會突然想到，一九四〇年大選的日子裡，他們的總統似乎說過：美國不會參與任何戰爭，除非我們的國土受到了外來侵略！

八、老山姆在「二戰」

能者多勞，這個時間點下場，勢必立時成為戰場主力。老山姆在「二戰」中，有三個表現卓越，可以評為業務骨幹的重要戰場，一個在太平洋戰區，一個在北非，另一個當然是歐洲大陸。

爭奪太平洋

山本五十六在珍珠港教科書式的勝利，並沒有讓他沖昏了頭腦，他知道日本已經「驚醒了沉睡的巨人」，如果不能在巨人打哈欠伸懶腰的時候整殘他，後果可不堪設想。於是，在所有人見識了希特勒在歐洲大陸上眼花撩亂的閃電戰後，山本五十六再讓大家欣賞了一次更加精彩的海上閃電戰。日軍在越南西貢集結，一路向南，不可思議地分兵多路，一九四二年初，就在關島、香港、婆羅洲、菲律賓等幾處登陸，整個西太平洋被他們輕鬆掌握，小島國控制了全球至少十分之一的面積。

美國人風聞納粹軍隊個人素質極高，小夥子各個高大英挺，英姿颯爽，一般對手往跟前一站，氣質上先差了一截，這樣的敵人是可懼的。至於小日本，美國人還是有心理優勢，在美國的日裔僑民很多，夏威夷地區就有四分之一的日本人，小矮子，蘿蔔腿，見誰都點頭哈腰，毫無氣場。見過他們的軍人嗎？見過啊，一樣小矮子蘿蔔腿，軍裝肥大沒有一件合身的，都像偷來的，有個刻薄的美國人形容的很到位：「像牛皮紙胡亂捲起來的包裹」。

身高一米五九的山本五十六跳起來宣告：打仗不是選美，好看沒用！

戰場上的日軍，的確讓美國人出了冷汗。普通的日本小兵都是神槍手，行軍時身上背四百發子彈五天的乾糧，能靠急行軍製造出閃電戰的效果，一旦戰敗，鮮有投降，高呼天皇果斷尋死，行為經常在人類理解的範疇之外。

日軍的素質讓美國人嚇一跳，更不用說日本武備的先進了。日本的軍艦速度比美國快、火力更強、魚雷性能更好，這都在轟炸珍珠港的過程中見識到了，而美國人印象最深刻的是日本戰機的先進，那天他們出動的四種戰機，哪種都比美國的同類產品強，尤其是由三菱公司研製的零式戰機，更是「二戰」初世界戰機界的絕對頭牌。

唉，美國人窩在西半球，總覺得自己家第一工業帝國，牛大發了，誰知道，隨便得罪一個敵人，就招惹來這麼厲害的貨色！

一九四一年的最後一天，羅斯福任命賈斯特．威廉．尼米茲為太平洋艦隊司令。職務聽起來很響亮，尼米茲聽說後，心裡想的肯定是：「總統閣下說的太平洋艦隊，是珍珠港那些黑呼呼的破爛麼？」尼米茲上任之初，給老婆的信裡就寫道，能幹半年不撤職，就算蠻好了的。

日本人都快混成太平洋的龍王了，美國人不能光修船，啥也不幹吧。

一九四二年四月十八日，美國空軍中校杜立特策劃並帶領實施了一項大膽計畫：美國航母「大黃蜂號」遊弋到西太平洋，陸軍航空隊的轟炸機起飛，去炸日本東京！原來說過，整個「二戰」一期間美國並沒有空軍，空中屢建奇功的，就是陸軍航空隊而後改組為陸軍航空軍。

美國本土被日本人鬼鬼祟祟地炸了，如果不到日本本土去炸一傢伙，這口惡氣怎麼出？珍珠港慘烈，讓美國人的心理上總有些陰影，如果很快能炸回來，對美國人民多少是個交代，提振士氣，激勵更多的美國青年加入到壯烈的反法西斯運動中去！

十六架轟炸機對日本造成的影響實在微乎其微，而因為這些轟炸機不能返回「大黃蜂號」降落，只能向西降落在中國境內。他們降落的地方，沒有中華民國的國軍接應，飛機都被損毀，一半的機組成員或犧牲或被俘。

日本人士氣正旺，打著為天皇而戰旗號的日軍視天皇為神明，美國人怎麼敢往他老人家頭上亂丟東西呢，這是作死的節奏啊！

既然還有航母能把飛機送過來亂炸，說明美國的太平洋艦隊還是沒被清理乾淨。最可氣的是，美國人不敢正面作戰，他們到處跑，山本五十六要好好制定一個計畫，誘出太平洋艦隊，再一舉消滅之！

此時山本五十六看地圖，西太平洋已全在大日本帝國海軍掌控中，中，東部的太平洋早晚都跑不掉。最討厭的是大洋洲的澳大利亞、紐西蘭，這兩個大不列顛留在太平洋上的餘孽很礙眼。既然要圖謀太平洋，佔據大洋洲的某個島嶼並建立基地，是很必要的。

日本人的目標是新幾內亞島東南的莫爾茲比港，這裡是現在巴布亞新幾內亞的首府。

所有一九四二年的日軍行動，都帶著某種悲催的慘意。話說日本人一直覺得自己情報保密工作是不錯的。尤其是啟用著名的 JN25B 艦隊密碼體制後，英美的情報人員對這摻雜著幾萬亂碼構成的複雜的密碼系統一籌莫展。

一月二十日黃昏，有一艘日本潛艇在澳大利亞的達爾文港外偷偷摸摸地鋪設水雷時，遭到美軍和澳大利亞快艇的襲擊，被打沉了。美國人派潛水夫進入潛艇殘骸，抄出來一個被鉛覆蓋的密碼本，經研究，發現這就是讓美國人手足無措的JN25B密碼本！

德國人在歐洲戰場上，最吃虧的就是著名的恩尼格瑪密碼機被英國人早早搞去而不自知，日本人也輸這事上了。他們一直以為潛艇是自身故障沉了，不求甚解地沒有追究，當時的戰局，不管是時間上還是心理上，他們可能也顧不上追究，就這樣，從此以後，日軍所有的行動，美國人都提前了然！

日軍要佔領莫爾茲比港，美國人早早就知道了，「地主們」還記得邱吉爾明明知道德軍的計畫，還讓重鎮考文垂被炸成廢墟的故事，美國人也能裝傻作戲，但莫爾茲比港的地位太重要了，怎麼也不能讓日軍得手啊。

一九四二年五月四日，美日的交火發生在珊瑚海上，這是著名的大堡礁所在地，是世界最美最澄澈的海域之一。兩個太平洋上的大佬，選擇這個地方，為堅船利炮的時代做一個終結，因為這次交火中，海戰的雙方都看不見對方的艦隊，全靠航母老遠站定後，各自出動戰機交戰，這是史上第一次航母對航母的大對決，海戰自此進入一個新時代。

戰鬥持續了四天，雙方艦隊神奇地繞著太極八卦步，前三天誰也沒找到對方，戰艦沒機會發射炮彈或者魚雷，艦載機不斷起降，你轟我一下，我炸你一下。炸的結果是，美軍損失戰機七十架，日本損失一百架，但美國兩艘大型航母幾乎都遭到重創，其中一艘不得已被美軍自己擊沉，防止被日軍撿走，而另一艘航母則傷痕累累，勉強撤回家。日軍僅有一艘小型航母被擊沉，一艘大型航母傷得不算重。如果整體清算戰損，日本人應該算是戰鬥勝利。

可這場大對決的終極目的不是炸沉對方的航母啊，是日本人要佔領莫爾茲比港。此戰後，日軍覺得這個目標暫時難以實現，就收手了。美國人達到了保住港口的目的，所以，這場著名的珊瑚海海戰，獲勝方是美方！而這一戰也讓太平洋艦隊試探了日軍的真實實力，這幫傢伙雖然強，但也不是沒有弱點。

珍珠港事件後，美國軍方清點自己的損失時，非常老實地交代了自己的折損情況。這事在山本五十六看來有點不可思議，他還氣得夠嗆：「損失這麼嚴重還敢說實話，這樣的對手就應該狠狠的揍！」此時的山本五十六，除了三觀不正外，其自信已經到了暴躁的程度了。

日軍不會不擔心密碼洩露，但他們有防範的方法，就是不斷升級。珊瑚海海戰前後，密碼就該升級了，因為軍方有更大的行動計畫，怕影響行動運作，就推遲了升級時間，如此，山本五十六精心策劃的狠揍美國人的大行動，又被預知了。

根據日軍情報，他們這一輪的進攻方向是一個代號為「AF」的地方。「AF」到底是哪裡，是困擾美軍最大的難題。天才的美軍情報人員根據各種資料推測，日本人的目標應該是中途島，但華盛頓方面不認可，覺得阿拉斯加附近的阿留申群島也可能是目標，那裡能就近登陸美國本土。

美軍情報人員想出了很聰明的試探辦法，他們用淺顯的英文向華盛頓發了一個申請（太深奧的英文怕日本人看不懂），說是中途島上的淨水系統出了問題，要求給解決一下。很快，被截獲的日軍情報就要求進攻部隊出發前預備好淨水設備。

確定了，就是中途島，太平洋的東西航線的中間，距離夏威夷九百零三海浬，這裡美軍修建了空軍基地和潛艇基地，它是夏威夷的西北屏障。

山本五十六將這次中途島行動命名為「米」。他的思路是，以中途島為餌，引出太平洋艦隊，一舉殲滅，將太平洋置於膏藥旗的覆蓋下，並圖謀美國本土。

行動有點孤注一擲，日本全部的海軍和海軍航空兵出動，這是山本五十六的一場豪賭（山本五十六是世界上著名的賭徒之一）。

日方的勝算很大，艦隊實力對比上，美國人是非常可憐的，航母只有三艘，日本人預備了八艘，至於其他的各種戰艦，美國統統處於劣勢，更不用說日本還有最先進的戰機和更訓練有素的軍人。

中途島海戰是世界上最好看的戰事之一，很值得好好研究，可惜本書受篇幅限制，只能說個大概。

山本五十六海戰土豪，手頭寬裕，容易想得太多。他並不知道美國人已經清楚了他的計畫，所以他自以為非常謹慎地將艦隊分成好幾個部分，為了安全互相還不聯繫。有兩艘航母被派到阿留申群島去佯攻，他自己親自領導一個部分藏在暗處，等太平洋艦隊出擊的時候，他好衝上去下黑手，所以真正對中途島發動攻擊的，只有南雲中將領導的以四艘航母為核心的編隊。

南雲中將收到的指令很糾結，第一是要求他把中途島詳細炸一遍，預備陸戰隊登陸，又同時要求他，看見美國的艦隊，一律衝上去揍他們，這樣一來，南雲的轟炸機就需要掛兩種炸彈，一種是用來轟炸地面目標的高爆炸彈，一種是用來打航母的魚雷。

天皇保佑的計畫應該是這樣：第一波攻擊，轟炸機把中途島炸成廢墟，最要緊的是將島上所有的戰機炸毀；這時太平洋艦隊肯定受驚出動了，第二波攻擊，魚雷機將美國人的航母炸沉。

一九四二年六月四日清晨四點三十分，發動攻擊的時間到了，微弱的晨曦中，日本戰機從航母上次第起飛，日本人打仗有儀式感，壯觀的戰機編隊繞艦隊一周，在日本人大呼小叫的助威聲中撲向中途島。

炸過珍珠港的飛行員愛死了這種感受，地面上所有的設施、風景、人類，在自己舉手間就化為灰煙，這是神才有的大能啊。

咦！不對啊，雖然炸得很過癮，那些油庫爆起來也很熱鬧，可最重要的目標——美國飛機呢？炸珍珠港時，美國飛機可是排得整整齊齊等待日機的炸彈啊，中途島上的飛機怎麼不原地列隊以待呢？

中途島上的戰機當然是提前起飛了，都在高空等待呢，那邊日軍飛機一起飛開炸，美國飛機就下沉鑽出雲層俯衝著向日本艦隊飛去。

美國人被珍珠港的仇恨點燃了，轟炸機一般都要在戰鬥機的護航下工作的，可美國的護航戰機很容易就被日本戰機纏上，美軍的轟炸機飛行員都義無反顧地選擇，在沒有任何保護的情況下，向日本戰艦俯衝，大部分結局都很慘，對日本艦隊的損傷，也幾乎可以忽略不計。

第一波攻擊結束，日本飛行員發現，中途島上的飛機跑道似乎還需要再炸一輪，珍珠港炸得不徹底，他們接受教訓了。雖然飛機沒找到，只要炸毀跑道，飛機也回不來了。返航的飛行員向南雲中將申請第二輪轟炸，而此時，美國的艦隊還沒出現。

航母的甲板上，掛著魚雷的轟炸機預備起飛，既然美國航母還沒找到，南雲中將改了主意，要求轟炸機從甲板降下去，把魚雷卸下來，換成高爆炸彈。

正換著呢，偵察機報告，發現美軍艦隊！南雲中將最關心的是，航母在不在其中啊？收到的回答是，十艘軍艦，沒有航母。沒有航母就不怕，戰機繼續換炸彈。

報告又來了，隱約好像是看見有航母跟在美軍艦隊後面呢！既然航母來了，炸彈要卸下來，把魚雷換上吧！不行，別折騰，先等等！此時的南雲中將煎熬啊，日本人也沒個提前情報，南雲所有的現場指令，都只能從偵察機的探察結果中來，偵察機沒個準譜，南雲中將的指令也沒個準譜，「坑爹啊，到底是有還是沒有啊！」一會兒炸彈一會兒魚雷，航母上混亂得不像話，魚雷和炸彈堆在甲板上，也沒人收拾。

日本人是最整潔的，整潔的人不能亂，一亂就要出事。中間你來我往的作戰細節乏善可陳，最慘烈的就是美國轟炸機一架架飛蛾撲火般的犧牲。

又有三十二架美國轟炸機從「企業號」航母上起飛了，因為南雲的艦隊改變了航向，轟炸機編隊一時失去了目標。幸運的是，有一艘落單的日本驅逐艦充當了嚮導，他指引這些轟炸機飛臨了日本航母的上空，此時，因為長時間的搜尋，這些轟炸機的燃油已經很難支撐他們飛回「企業號」航母了。

當時的日本航母剛剛調整位置到迎風的方向，艦上一團混亂，魚雷炸彈堆著不說，這邊戰機要起飛，天上的戰機還預備降落，正塞車呢，而整個艦隊的上空，一架護航的戰機也沒有！美國人不考慮飛回母艦的事了，他們堅定地選擇了轟炸。

就是這三十二架轟炸機，用了十一分鐘時間，將日本三艘航母擊沉。

其他的戰損就不用說了，不管從哪個角度算，日本海軍就遭受了慘敗。但根據山本五十六的道德觀，這麼大的損失，絕對不能如實說，否則會被「狠狠揍」。日本海軍發回國內的，是大勝的消息，日本民眾為了慶祝勝利，還舉行了一次提燈遊行。

如同史達林格勒戰役對整個歐洲戰場的作用，中途島海戰的勝利，成為盟軍太平洋戰爭的轉捩點。美國人找到了自信，太平洋戰場的局勢發生了逆轉。

山本五十六要求南雲中將安排兩艘航母去阿留申群島佯攻，但到底是不是佯攻，還有待考證，很多行家都說，佔領阿留申對日軍登陸美國西岸顯然是很有利的，所以，這是一次真正的進攻，不算是中途島海戰的配戲。

阿留申群島屬於阿拉斯加，日軍在一八四二年六月佔領了其中兩個島，逼得美軍在尚未成為正式州的阿拉斯加建立軍事基地，並在一年後，奪回被佔領的島嶼。為了關照阿拉斯加的美軍基地，美國人用七個月的時間修建了一條從阿拉斯加聯通加拿大到美國的公路，這條公路就成了阿拉斯加迄今為止跟美國本土連接的唯一陸上通道。

美軍打太平洋戰爭鬧心，老楊寫太平洋戰場一樣鬧心，我們都面臨都一個難題，太平洋上怎麼這麼多島！

家門口那幾個島，可能地理老師教過一點兒，西太平洋、南太平洋那一片片的群島，一個個小島，誰搞得清楚，地圖上也不好找啊。好好的美國青年，突然有一天，被發了一件軍裝後，就被戰船千里航行送到這些島上去了，大多數島，連名字都叫不清楚，更別說給配備詳細的軍用地圖。好多島嶼，要上島後，自己一步步勘探出個大概。

現在跟美國人說起南太平洋那些島嶼，先想到的是陽光沙灘和膚色性感的熱帶美女。「二戰」期間，那裡可不是度假選擇。有土著人的地方禍福難料，而無人的荒島，常年熱潮，樹木落葉後，在泥地裡腐爛發酵，到處充斥著惡臭，還有讓人染上瘧疾的毒瘴。美國青年都認識暢銷書作家傑克．倫敦，他曾經根據自己的遊歷寫下：如果我是國王，懲罰敵人最嚴厲的辦法就是把他送到所羅門群島去！

戰爭是不能選擇的，中途島的失敗，讓日本的軍艦止步於中太平洋，無法東征，他們只好重拾原來的計畫，打掉美國和澳大利亞之間的運輸線，最終拿下澳大利亞。

要想佔領澳大利亞，肯定要先全取所羅門群島建立自己龐大的基地，而如果在瓜達爾卡納島建立一個空軍基地，則日軍的轟炸機可以隨時由這裡出發，到附近幾個美國基地去炸一圈。

一九四二年六月底，兩千七百人的施工隊進入瓜島，機場以驚人的效率在八月初步成型。日本人建機場的時候，美國人已經決定了，瓜島絕對不能落在日本人手裡，趁他們機場還沒徹底竣工，趕緊去搶回來。

在這之前的日美較量，基本都是日軍進攻，美國防守，而這次奪取瓜島的「瞭望台」計畫，則是實實在在的反攻計畫了。這一次，美國要出動海軍陸戰隊奪島登陸，實地演習一次兩棲作戰。

一九四二年八月七日清晨，南太平洋登陸艦隊三十二艘各種船隻在三艘航母的護持下，接近瓜島。晨曦微露，島上的日軍還在睡夢中，突然地動山搖，濃煙四起，周圍的人立時血肉橫飛。美國人的轟炸持續了兩個鐘頭，而後，美國的海軍陸戰隊開始登陸。

這算是後來很拉風的美國海軍陸戰隊頭次亮相，非常神氣，沒遇上任何抵抗就上島，佔領了日本人即將竣工的機場，當然還沒收了倉皇逃竄的日本人留下的設備、物資、工程材料、補給，還有不少日本啤酒和一部製冰機！

日本軍人沒這麼慫，瓜島上逃跑的，都是工程兵和來自朝鮮的勞工。稀里糊塗被打懵了，他們也沒想過要投降，而是逃到島上叢林中躲起來，等待日本戰友的支援。

八月七日當天，有一萬一千名陸戰隊員上島，隨行的二十三艘運輸船還在不斷地放下人員和物資裝備。

地面戰鬥似乎很容易，很美好，可在空中，那可是一點兒不輕鬆。日本人在地面沒有防備，空中卻一直有戰機在戒備，雙方戰機一遭遇就又是一場大戰。

正如山本五十六戰前預測的，雖然在某些軍備性能上，日本暫時佔據優勢，但美國人豐富的資源強大的工業能力，一定會在最短的時間內趕上並超過日本。也許珍珠港時期，美國人還望日本戰機興歎，此時再戰，海面上補充了最先進的戰列艦，空中的戰機也都有了不同程度的升級，再遇上零式戰機時，美國飛行員自信多了。而且，經過這一輪交手，美國人確信，日本最優秀的戰機飛行員，都在中途島死得差不多了。

美國航空隊在空中沒有吃虧，地面上的密集炮火也打下來不少戰機，但日軍的轟炸還是讓美國人看著膽寒。現在整個太平洋艦隊只有三艘航母，都集中在瓜島附近，萬一日軍的轟炸機大舉來襲，航母可是打沉一艘少一艘啊，於是美軍的航母居然就撤退了。

八月七日午夜，預備以迅雷不及掩耳之勢奪回瓜島的日本艦隊開到了目的地。八艘艦隊這樣快速破浪而來，美國的艦隊還茫然不知，而他們還一直號稱自家的雷達挺不錯。

不錯的是日本人的夜視光學設備，四十分鐘準確無誤地打擊，四艘美國巡洋艦沉沒，還有一艘巡洋艦兩艘驅逐艦重傷。

日本人不注意情報收集，他們打得氣勢如虹，卻心裡沒底，指揮官還認定美國航母就在附近，偷襲得手趕快撤，等天亮航母睡醒了，就該來轟炸了。於是，雖然海灘上和海面上還有大量的美軍物資、登陸部隊和運輸船，日本人也不炸乾淨就跑了。

美國運輸船膽子就更小了，戰艦都被打沉了，沒人保護了，趕緊撤吧。瓜島上的美國陸戰隊，茫然地看著遠去的戰艦：「我們被甩了?!」。

美國損失的四艘戰艦，沉沒於瓜島、薩沃島和佛羅里達島之間的海底，在那裡他們並不寂寞，此後的半年裡，兩國的戰艦爭先恐後到海底去開 party，後來這片海域就得了個「鐵底灣」的名字。

島上的美軍成孤兒了，不能自怨自艾，要保住自己保住小島。他們擦乾眼淚，開始一邊構築工事，一邊拿起日本人留下的鏟子、榔頭繼續修機場，以後這是美國人的機場了，改個名字叫「亨德森機場」吧，為了紀念中途島海戰中英勇的美軍飛行員，亨德森少校。

幹掉了海面的艦隊，日本人也預備登陸了。山本五十六吃準了美國人勢必會發兵過來雪恥，決定在所羅門以北的海域列下戰陣，等美國艦隊上來血拼。

這是世界海戰史上又一次著名的航母對決戰。日本人派出一隻輕型航母引誘了美國的轟炸火力，而後自家的轟炸機向美國海軍的主力航母——「企業號」發動了進攻。

「企業號」不是浪得虛名的，這麼大的身軀居然在海上做各種規避動作，艦上五十三架戰機沒有輕易起飛，貿然加入戰場。當其他航母上的戰機將日本那艘誘餌航母炸得差不多後，所有的戰機在「企業號」上空等待日本戰機來決鬥。

「企業號」的炮火，加上周圍護衛艦的炮火和天空戰機的火力交織在一起，海天一片混亂，這種打法，真擔心有多少美國戰機是被自家人打落的。

日本戰機一架架墜入大海，在炮火中僥倖保全的也開始撤退。這樣混亂的戰場，「企業號」這個龐大的身軀太容易遭到傷害了。前後有三發兩百五十公斤的炸彈，穿透層層甲板，在艦體內爆炸，「企業號」嚴重受損。

維修人員立了頭功，他們以最快的速度給了「企業號」基本的護理，不僅能讓這艘重傷的航母返回基地，還讓空中的戰機安全降落在甲板上，最大限度地減少了損失。也算是上帝保佑，日本戰機因為對「企業號」念念不忘，看它重傷後，想趁它病要它命再來炸一圈，幸虧「企業號」因為舵機故障，偏離了航道，以至於日本戰機居然沒找到它，逃過了一劫。

返回珍珠港基地後，經過兩個月的維修，「企業號」重上戰場，日本人永遠失去了打沉它的機會。

就在所羅門海上翻江倒海艦船對戰時，日本人忙著將登陸部隊送上瓜島。可日本人又犯了考慮問題不周詳的錯誤。要麼就專心幹掉美國人的航母，要麼就專心送人上島，兩邊同時進行的結果就是兩頭都不到岸。

海戰失利後，艦隊一撤，登陸部隊根本不是島上美軍的對手，而增援的船隻失去了保護又暴露在炮火裡，被打得七零八落，讓之前的已經上岸的日軍，更加危險。

此後所羅門群島一帶就熱鬧了，「亨德森機場」已經建成，盟軍的戰機在瓜島安家，因為這個行動被盟軍命名為仙人掌，所以島上的戰機中隊就被稱為「仙人掌航空隊」，在後來的瓜島保衛戰中，這支航空隊創下了可歌可泣的戰績。

對瓜島的爭奪，你來我往持續了六個月，雙方大小海戰三十多次，像上面介紹的大型對戰就有六次，想像一下，「鐵底灣」裡，有多少破銅爛鐵。

瓜島上，陸戰隊員們經受一輪輪考驗。島上條件艱苦，雙方的補給都很難上島，日美的戰士們都要面對缺吃少穿和疾病，面對精神意志似乎更強大的日本人，美國大兵居然也遇強則強了。半年裡，日軍一次次進攻，被一次次打退，戰事結束後，日軍的傷亡人數居然十倍於美方。

一九四三年一月，在瓜島大海戰再次失利損失慘重後，日本人終於決定放下瓜島放下澳大利亞，二月一日，二十艘日本驅逐艦經過三個夜晚的趕運，終於將一萬兩千名餓得瘦骨嶙峋的日軍撤出瓜島。還算是天皇開恩，本來這些即將餓死的日軍預備以集體自殺的方式撲向美軍陣地做最後一搏的，因為日本軍人餓死在掩體裡，未免太丟人了。

六個月天空、海面、陸地上的惡鬥，是整個太平洋戰爭最煎熬的半年。其實從海上的戰鬥來看，似乎日本人還稍許佔一點上風，可我們依然說他們慘敗。因為對日本人來說，這半年的損耗是驚人且致命的。美國人不管打掉多少軍艦戰機都能迅速補充，人力更是源源不斷，日本呢，那個可憐的小島，本來就啥都不富裕，雖然佔據了中華大部，可中國沒有美國那樣的工業條件給日本人幫忙啊。日本的國力根本不能支撐他的戰爭損耗，戰機和戰艦已經是奢侈品，更不用說航母。瓜島一役損失的精銳的艦載機飛行員，更是無法補充的損失。基本可以說，瓜島後的日本，已經迅速滑向沒落，從此是盟軍掌握了南太平洋的主動權。

瓜島之後，美國在太平洋上兩條戰線並進，中太平洋海軍的尼米茲上將向西進逼，西南太平洋上，陸軍的麥克阿瑟上將則由澳大利亞向印尼、菲律賓發動跳島作戰。

跳島作戰顧名思義，就是跳過某些島嶼。西南太平洋上的島嶼啊，星羅棋布，看著都眼花。大小島嶼上都有日本人，如果美國大兵一個個攻佔並登陸，要累死好多人。麥克阿瑟很聰明地接受了參謀長的建議，加速進逼日本本土，只佔據那些戰略價值高的島嶼，其他顧不上的小島，海空封鎖讓他們自己癱瘓吧。

日本人也知道盟軍的目標是自家本土，所以軍方公布了一個所謂「絕對國防圈」，以為是孫悟空給唐僧畫個圈，妖魔鬼怪就進不來了。日本人到現在都迷信畫圈子，以至於他家覺得只要畫一條「島鏈」，就能把咱們天朝鎖住不敢動彈了。

尼米茲跟咱家一樣不信邪，他還就看中了這個圈。中太平洋上，日本國防圈的最周邊，就是馬里亞納群島。

馬里亞納群島因為那條著名的海溝為大家熟悉，這也是個小島密布的地方，第一大島是關島，第二大島是塞班島。

為什麼馬里亞納群島是日本不能放棄的國防圈，而美國人又對這裡如此看重呢。

太平洋戰爭打了好幾年了，要想戰爭早點結束，就是要摧毀日本人的工業。他再造不出飛機艦船，也就只能束手待斃了，況且，美國人念念不忘的不就是到日本本土去炸個痛快麼。

B-29轟炸機，江湖人稱「超級空中堡壘」，當時世界上最大最強的轟炸機，這大傢伙一九四三年服役，為轟炸日本預備，他需要一個靠近日本的基地來起降，馬里亞納群島就是最佳選擇。

瓜島戰役末期，山本五十六要親自到所羅門群島前線去鼓舞士氣，行蹤被美軍探知，斬首行動，他的座機被擊落，當場死亡。接任他的傢伙，第二年又死於飛機事故，馬里亞納群島戰役時的日本聯合艦隊司令，叫豐田副武，他安排小澤治三郎中將負責這場戰事，這位小澤後來接任豐田成為聯合艦隊司令，是這支艦隊的末代司令。

美軍來襲，小澤戰術思路清楚。日軍的戰機比美軍的航程遠，而且馬里亞納群島上，又有現成的機場。他的想法是，日戰機提前起飛，先找到美國艦隊，轟炸，而後返回，全部回到島上的機場降落加彈，而在這個航程裡，美軍的戰機根本找不到日本的艦隊。

馬里亞納群島的機場裡，是有不少日本飛機，真要飛起來，小澤的思路是可以實現的。可憐的是，美國人早先在塞班成功登陸後，把島上的飛機，能炸都炸了。前司令山本五十六不是最恨人實話實說，受了損失還敢說出來嗎，所以島上的守軍司令居然向小澤隱瞞了這個事實。

岸基飛機指不上，艦載機還有四百多架，提前起飛，四個波次，一輪輪衝過去，找到美國艦隊，閉著眼睛炸！

第一批起飛的七十一架戰機，很快出現在美國艦隊上空。美國的戰機當然是升空應戰。日本人驕傲的零式戰機升級版對決美國新出爐的F-6F，也叫地獄貓戰機。

跟B-29戰機一樣，地獄貓戰機也出自大戰期間，如火如荼快速發展的美國航空業，比起珍珠港時代的美國戰機，地獄貓戰機已經有了強大的改進，而且它正是為對抗零式戰機設計的，身軀龐大而結實，零式戰機上的機槍，根本奈何不了它。

美國戰機升空後，空戰開始。戰場態勢一面倒，就看見空中帶著濃煙跳海的，全是日本戰機。隨後的第二波、第三波、第四波攻擊，幾乎都是這個局面，有一個時間，大約十幾架日本戰機同時墜海，蔚為壯觀。美國飛行員都沒想到，能玩得這麼high，他們大叫：這簡直就是古代打獵殺火雞嘛！從此後，馬里亞納群島的海戰，被稱為是「馬里亞納群島獵火雞」。

小澤派出的三百二十六隻「火雞」有一百三十架飛回了航母，加上島上被炸的，跟著航母沉沒的，共損失了「火雞」三百一十五隻（火雞肉要漲價了），可憐小澤能派上馬里亞納戰場的戰機，總共才四百多架。空戰中美國人損失了戰機二十三架。

海面上艦船對決也很精彩，此時的美國艦隊，實力已經強於日本太多了，參加此戰的美國航母有十五艘，日本人砸鍋賣鐵湊了九艘航母應戰，結果一傢伙就被打沉三艘，其中兩艘還是被潛艇發射魚雷打沉的。要知道，一般海戰中，潛艇打沉航母並不是太容易的事。

兩天的戰鬥，美國軍隊攻佔塞班並建立穩固的陣地，取得了西太平洋的控制權。這麼大規模的戰鬥，美軍僅七十六人陣亡，一百二十三架飛機損毀，四艘軍艦輕傷。而這些人機傷亡，很大一部分是最後時刻追擊撤退的日本艦隊，返航時燃油耗盡墜毀或者是降落航母甲板時的混亂造成的。

大家可能納悶了，就算地獄貓戰機比零式戰機先進，空戰的成績也不至於這麼離譜吧。原因很簡單：整個戰中，美國人一直是進步狀態，日本飛行員在珍珠島和中途島的優異表現，刺激美國人狠下功夫培養飛行員；而日本呢，他們捉襟見肘，人力物力都跟不上戰事的發展，飛行實習生就要開艦載機上天肉搏，當然就只能淪為「火雞」了。

一九四四年，美國在太平洋戰事順利，讓羅斯福比較頭痛的是，這個區域的戰場上有兩位老幹部，經常意見不合，有點麻煩。兩位老幹部一位是海軍上將尼米茲，一位是陸軍上將麥克阿瑟。從反攻開始，兩位大佬就堅持不同的進攻方向，羅斯福對指揮作戰心態健康，不亂訂規矩，你們各自行動，按自己喜歡的方式前進吧。於是尼米茲漂亮地組織了馬里亞納群島獵殺火雞的行動，麥克阿瑟在西南諸島上，跳得很歡暢。

隨著接近日本本土，由不得兩位大佬隨性，是時候要統一思路了。目標肯定都是先切斷日本的東南亞運輸線。東南亞的資源是日本戰爭的血液，只要卡掉東南亞和日本、中國、朝鮮的聯繫，日軍無法獲得戰爭物資，就蹦躂不了幾天了。

切斷血管也有不同的辦法，尼米茲的想法是佔領臺灣，而後重點打擊運輸線，麥克阿瑟則堅持佔領菲律賓。一說到菲律賓麥克阿瑟就激動，他叼著煙斗，忍不住地陷入了回憶：

一九〇三年，第一次登上菲律賓，麥克阿瑟還只是個少尉，而後步步高升，似乎都是菲律賓這塊土地在關照他。一九三五年，從陸軍參謀長的位置上退休，菲律賓人還是邀請他成為高薪的軍事顧問。「二戰」爆發，美國成立遠東司令部，麥克阿瑟就在菲律賓走馬上任為總司令，不久他就獲提升為陸軍中將。

一九四一年十二月，珍珠港遇襲的第二天，菲律賓受到日軍轟炸。麥克阿瑟本來是自信滿滿地要組織一場防禦戰，可到第二年初，他就不得不宣布放棄，帶兵退守巴丹半島，由著日本人佔領了馬尼拉。

巴丹半島的戰役，可以算是「二戰」中出名慘烈的戰事之一，華盛頓經過分析後，認定，守不住了，但又無路可撤，而此時的麥克阿瑟已經是四星上將，他要是被日本人抓去，損失有點大，丟人也丟得狠，所以羅斯福下令，把麥克阿瑟撈出來，送到澳大利亞去，領導盟軍在西南太平洋作戰。

麥克阿瑟帶著老婆和小兒子乘坐魚雷快艇連夜出逃，一路凶險萬分也狼狽不堪，上帝保佑他，海上密集遊弋的日本艦隊，還就是沒發現他。

總司令跑了，還有七萬多美菲聯軍呢。麥克阿瑟將他們交給自己的副手溫斯特，以為只要這群人老實投降，就能換個暫時平安。

日本人的做事方法經常在人類的範疇之外，尤其是進軍菲律賓的日本軍官，還曾經在中國的南京被激發過獸性。他們組織了一場「壯觀」的「巴丹死亡行軍」，要求這些又累又餓筋疲力盡的戰俘，行軍到六十五公里外的戰俘營去。菲律賓的四月，天氣酷熱，這一路，不給食物，甚至不給水喝，押解的日本軍人由著性子毆打開槍。七萬多戰俘，死在途中的有一萬五千多人，進入戰俘營後，被各種折磨，活下來的也不算多。

麥克阿瑟躲過了這一切，在澳大利亞安全落地後，說了一句名言：我脫險了，但我還會回去的！這成了整個戰爭中，最鼓舞美軍士氣的一句名言。美國人的確是沒心沒肺，一個司令官在關鍵時刻，拋棄自己的軍隊獨自逃生了，他居然還好意思說名言？

回憶結束，麥克阿瑟下定決心，就算是跟尼米茲打一架，也要美國軍隊先拿回菲律賓。可能這樣的恥辱感，羅斯福也有，於是，菲律賓成為下一戰首選目標，計畫在萊特灣動手，登陸萊特島。

萊特灣海戰被後世稱為史上規模最大的海戰，也是太平洋戰場的收官戰。可這個收官戰，實在算不得完美，因為日美兩邊都犯了錯誤，還是到現在都說不清白的錯誤。

整個海戰涉及到的海域範圍有一百三十萬平方公里，美方出動了十七艘航母和十八艘護航航母，飛機有一千五百架，其他各種船艦布滿海上，浩浩蕩蕩看不到頭，既然是預備大規模登陸並拿下菲律賓的，陸戰隊員和各種補給運輸船，肯定是更多了。

日本方面呢，日本人還是承繼了山本五十六的賭徒性格，每次作戰都會押上全部身家，日本人也知道，如果真被切斷了血管，那些身家留著也沒什麼用了。只是現在的日本人，全副身家拿出來也比較可憐，只有航母四艘，艦載機兩百多架，臺灣和菲律賓還有岸基起飛的飛機五百架。可日本人並不怵，他們根本不迷信航母，他們還是覺得，威力強大的戰列艦才是真正的海上主宰，他們手上還有世界上最強大的戰列艦，比如著名的「武藏號」。出戰前，日本的戰艦終於裝上了雷達！整個太平洋戰爭打了快三年，到這個時候，才想起給艦船裝上雷達，夠可憐的！

戰鬥從一九四四年十月二十日開始，美國海軍陸戰隊在海天一體的掩護下，在萊特島強行登陸。日美海軍遭遇在海上，第一場大型衝突發生在十月二十四日。狹窄的錫布延海，日軍的戰列艦被美軍的戰機鎖定，作為艦隊主力的「武藏號」，格外受到關照，前後遭到六波攻擊，身中十七枚炸彈和十九枚魚雷，壯烈地沉沒了。

美軍的損失也不算小，一艘輕型航母「普林斯頓號」被擊中，兩百多船員死亡，還有兩百多人受傷，最後也掙扎地沉入海底，找「武藏號」作伴去了。

此戰，日軍已經沒有戰機幫忙，全靠水面艦艇獨立支撐，應對美國天上、水面、海底的各種攻勢，能幹掉一艘美國航母，已經是了不起的勝利了。

整個登陸戰，美軍的兵力是這樣構成的，尼米茲麾下的哈爾西率領航母等各種戰艦為登陸護航，麥克阿瑟麾下的金凱德率登陸部隊登陸作戰。

日軍的防禦部隊也有兩巨頭，中路艦隊由栗田健男率領戰列艦，與美國艦隊作戰，北路艦隊由小澤治三郎率領，在北邊不知道忙什麼。

海軍的哈爾西上將也不是普通人，瓜島戰役時組織了多次水面大戰，他也有一句「二戰」中流傳甚廣的名言：殺死日本佬、殺死日本佬、殺死更多的日本佬！他說到做到，殺掉了最牛的那個日本佬——山本五十六。這項居功至偉的斬首行動，就是他一手指揮策劃的。這夥計軍中聲望甚高，被稱為「蠻牛」。

錫布延海戰結束後，蠻牛負責封鎖聖貝納迪諾海峽，保護美軍登陸。這蠻牛不肯閒著啊，海戰勝利，他心裡卻總突突。日本人出戰的都是戰列艦，他家的航母去哪了?!

美國人打仗，航母為重，尤其是蠻牛出名喜歡轟炸機，所以他覺得，只要沒有打掉日本人的航母，心裡總歸是不踏實的。

小澤率領的北路艦隊跑哪去了？人家沒跑，在恩加尼奧角列陣等待呢，蠻牛尋找的航母都在，不過航母上只有可憐的一〇八架艦載機。

找到了北路艦隊，蠻牛就不喜歡封鎖海峽了。錫布延海戰，栗田健男率部撤得很快，一時半會肯定不會捲土重來的。這個空檔，蠻牛帶著自己的航母編隊，全速北上，一舉消滅小澤的北路艦隊，打沉日本所有的航母，那日本還敢說自己有海軍麼？

蠻牛就是蠻牛，他打定主意，他也不跟與他配合的金凱德商量，就放棄自己的崗位，全速北上了。他可能是覺得，我們海軍做事，為啥要跟你們陸軍商量呢？

來勢洶洶的美國艦隊沒讓小澤失望，手起刀落，嘁哩喀喳，把北路艦隊壓著氣都喘不上來，在馬里亞納群島戰役，擊落日軍戰機是個娛樂，這次海戰，打沉航母更是娛樂，日本僅剩的四艘航母，以一個不像話的效率，前後沉入大海。蠻牛在艦橋上一邊看航母沉海，一邊想像著自己立下這不世奇功，戰神在世，將來回到美國，絕對紅得發紫啊。

四艘航母消失在海面，小澤的心情幾乎跟蠻牛一樣，他居然也是快樂的！他很快叫人給中路艦隊的栗田健男發報，只有一行字：我們的計畫，成功了！

出什麼事了？什麼計畫？此時最衰的是登陸部隊的司令金凱德。栗田的艦隊不是撤了麼，怎麼這麼快就撲上來了?!

登陸部隊只有可憐的幾艘護衛航母，雖然也叫航母，不過是海上一個飛機平臺罷了，甲板很薄，遇上日本的戰列艦，只有挨打的份，艦上起飛的，也多以反潛機為主。大量的運輸船，登陸艦以及水中岸上幾萬美國士兵，可能全部隨著戰艦的發射的大炮化為灰煙，損失將不可估量。好在金凱德此時並不知道，蠻牛的艦隊全部離開了封鎖地區，北上打私架去了。所以，金凱德也敢以他手裡的區區兵力，對抗日本艦隊。倒是尼米茲收到開戰的信號，正預備調度艦隊時，發現蠻牛失蹤了。這麼大一個艦隊，怎麼說沒就沒了。

實力一邊倒，金凱德的確是盡力了，他指揮驅逐艦自殺式地發射魚雷，只求爭取時間，讓護衛航母上的飛機升空。艦上的戰機很少，大部分功能是反潛，此時起飛執行這麼艱苦的作戰任務，顯然是支撐不了多久。隨著美國的戰艦和航母開始沉海，只要栗田健男此時下令，艦隊撲向萊特灣，則整個美國的登陸部隊危殆，登陸行動也就徹底失敗了。

誰知，這個節骨眼，最讓人摸不著頭腦的事發生了，栗田健男突然下令，艦隊北撤，退出戰場！

讓我們梳理一下戰局，現在我們大約可以知道，日軍的原定計劃應該是這樣的：第一次交火後，栗田艦隊佯退，而小澤艦隊則在北方引誘蠻牛的艦隊上去火拼，栗田艦隊趁著登陸部隊沒有艦隊支援掩護時，一舉消滅他們。

不能怪蠻牛長了個笨腦子，一般人誰也不會想到，日本會用他家全部的航母做誘餌，讓美軍上當。對任何一個美軍統帥來說，有機會幹掉日本海軍的全部航母，這個機會都不會錯過的。站在日本人方面考慮，菲律賓之戰，生死存亡，如果菲律賓失去了，日本海軍甚至航母存在也沒什麼意義了，還不如拿出來賭命一搏。

計畫成功了，蠻牛被調虎離山，登陸部隊是砧板上的魚，煮熟鴨子，唾手可得。栗田怎麼了？為什麼拒絕這麼重大的勝利？

問題出在哪裡，是事後軍事研究者的熱門話題。最被接受的說法是，小澤向栗田發報，說計畫成功，可這麼重要的電報，栗田並沒有收到，所以他一直不清楚，到底蠻牛的艦隊有沒有離開。因為沒有飛機，失去制空權，當然也沒有人幫他偵查，海面上前後左右都是船，天上也飛著美國戰機，到底是蠻牛的艦隊還是金凱德的艦隊，他一點兒底都沒有，僥倖打沉幾艘美國船後，他就覺得挺好了，見好就收，趕緊撤吧。

栗田沒有理解日本海軍計畫的真諦，四條航母的自盡，目的不是為了栗田的海戰勝利，而是不計任何代價地阻止美國人登陸。如果栗田明白這個道理，當天，不管他能否確定美軍是個什麼狀況，他都應該以自殺似的決絕，帶著他的戰列艦，不管不顧地衝向萊特灣，將美國登陸部隊幹掉。

事後日本人當然是責怪栗田，想想後怕的美國人更責怪蠻牛，差點葬送了好多人。但蠻牛就是蠻牛，即使後來的戰犯小澤親口闡述了他們引誘蠻牛的計畫，蠻牛還是死不認錯，他堅信是小澤說謊，構陷他。

萊特灣海戰就這樣結束了，美國人實現了目的，日本已經沒有能力打任何一場海戰了，所以這是太平洋上最後一場海戰。

剩下的都是美國的登陸戰，步步向日本推進，美國大兵即將正面應戰日本軍人，人與人的戰鬥總歸要比飛機戰艦對殺更殘酷，更觸目驚心，尤其是眼看就要戰敗的日本人，都陷入了比他們平時那種瘋子狀態更加癲狂不可理喻的狀態。

日軍開始啟用神風特攻隊，日本飛行員喝一口「斷頭酒」，綁一身炸藥，啟動飛機，向盟軍的軍艦直撞過去，著實嚇人。

一九四五年二月，硫磺島登陸，當天美軍就陣亡兩萬人。沖繩島戰役，歷時九十六天，日本出動自殺戰機兩千三百多架次，英美盟軍死傷七萬多人，損失戰機七百六十多架，戰艦近四百艘才順利登陸。代價太大了，所以到現在，美國人留在沖繩就不捨得走。

一九四五年六月，美國的轟炸機開始掃蕩日本本土，再後來……

太平洋戰場的主要戰役就是這些，但有一個部分的戰鬥，雖然沒有海天大戰這麼精彩，也一定不能忘卻了，那就是滇緬戰場和駝峰航線。

一九三八年，面對日軍在華的迅疾攻勢，蔣介石已經清楚地看到，中國的東部一線必然不可守，未來只能退守西南。為了不被日軍全境封鎖，未雨綢繆地搶修了一條從雲南到緬甸的公路。

大家都看過那九曲十八彎的著名公路了，這裡的山區，地質堅硬，地形險要，要跨越最湍急的河流，蜿蜒千餘里。在極短的時間內，在嚴重缺乏機械設備的條件下，二十萬中國勞工創造了讓日本人都驚訝的工程奇蹟，公路真的修通了，而且真的就成了抗日戰爭最艱苦的時期，中國與外界接觸的生命線。源源不斷的海外援華物資從這裡進入中國戰場，支撐了中國人民對日軍的抵抗。

太平洋戰爭爆發後，日本人終於切斷了這條唯一的生命線，已經和中國軍隊並肩作戰的英美盟軍要設計另一條線路為中國戰場送補給。

唯一的解決辦法，就是空中航線。越過雲南四川高低參差的山脊，尤其是，跨越喜馬拉雅山脈。

複雜的地形地貌，惡劣的天氣，有些山峰高聳的地方，當時飛機到不了那個高度，只能在風雪的山谷中穿行；有的地方狹窄得就像要擠過去，沒有導航，沒有雷達，所有情況都需要飛行員的目測和快速反應，這比特技飛行玩命多了。但，這條航線還是誕生了，中美兩國的飛行員用生命和熱血聯手為飛行界打造了一個神話，這條著名的「駝峰航線」是世界上持續時間最長，條件最艱苦，損失最大的一次空運行動。

三年的空運中，僅美國飛機就損失了一千五百架，飛行員近三千人，損失超過總投入的百分之八十。那些航線經過的高山峽谷，冰川雪峰間，每到天晴，能看到刺眼的反光，都是當年墜毀的各種飛機殘骸，因為他們布滿了山谷，那裡被稱為「鋁谷」。

老楊曾經熱衷於研究駝峰航線的歷史，我詫異於美國人會在萬里之外的異國他鄉，為一群他們完全不認識不了解的人付出生命。難道是美國人天生具有一種偉大的國際主義精神？

後來研究的資料多了，了解比較多面。美國人的性格中，有一條是非常珍貴可敬的，那就是樂觀。這種樂觀讓他們顯得隨性而自由，這真是大部分國家都沒有的一種國民精神。穿越喜馬拉雅山谷的飛行，分明是送死，他們也怕死，不過他們的樂觀產生的自信，讓他們認為，就算大部分人都機毀人亡，這事也輪不到他們自己。當然，犧牲精神是肯定有的，但在老楊看來，樂觀自信地迎接挑戰肯定比隨時預備悲壯赴死強多了，所以美國人最後能打敗日本佬！（雖然是美國史，這一句必

須加上：美國人能最終戰勝日本人，是中國牽制了日本大部分的兵力）

去北非

美軍在太平洋戰場三年大戰，酣暢淋漓，精彩紛呈，是「二戰」最精彩的篇章。相比之下，歐洲戰場的美軍，開場得稍微暗淡了一些。

大家還記得，本書中麥克阿瑟的第一次出場是在一九三三年，華盛頓「補償金遠征軍」事件中，作為陸軍參謀長的麥克阿瑟出兵鎮壓這一「惡性群體事件」，跟在他身邊的，是他的副將，助理艾森豪，「二戰」的美國的歐洲戰場，就從他開始。

艾森豪一直是以麥克阿瑟的小跟班形象出現的，珍珠港事件後，之前盯著歐洲的人，都改為盯住太平洋，憋著揍日本佬報仇，麥克阿瑟也被派到了對日戰場的前線。此時的艾森豪不再跟著麥克阿瑟了，他有了獨立見識，他認定，歐洲戰場還是最主要的。

一九四二年這一年，史達林同志喉嚨就叫破了，希望盟軍立即在歐洲開闢一個戰場，分擔他東線的壓力，羅斯福和邱吉爾都滿口答應，說馬上辦，可就遲遲不動手。直到這年六月，才慢吞吞地給歐洲戰場的美國軍隊任命了一個總司令，讓美軍在倫敦先蹲著，伺機而動。

這支美國「二戰」遠征軍的司令，就是艾森豪。

一群美國大兵駐紮英國，無所事事，英國沒有德國佬啊，德國佬都在對岸呢，既然是來打仗，總要先過海上岸吧。

空有豪情壯志沒用，此時英美聯軍加上戴高樂可憐的「自由法國」的「小分隊」，真要對著德軍迎面衝過去，是標準的找死。

美國大兵往哪裡打？邱吉爾說，我們打法國去吧！他說的法國，是指法國在北非的殖民地，阿爾巴尼亞、突尼斯、摩洛哥那一片，現在他們屬於半個亡國奴——維希法國的屬地。

英國卷和德國卷裡都介紹過，北非戰場開始是沙漠之狐隆美爾的天下，隨著英國的蒙哥馬利降臨，打了幾場漂亮仗。第二次阿拉曼戰役，是盟軍「二戰」後第一場輝煌的勝利，沙漠之狐威風盡失，步步退守。

雖然美軍一九四二年底才有機會跟德軍交手，可隆美爾實實在在是早就輸在美國手上了。因為北非戰場進入一九四二年，德軍是越打越窮，直到山窮水盡，英軍倒是越打越富，補給源源而來。對，那些來自美國的物資是盟軍勝利的關鍵，順便說一句，這批進入北非的美國物資，本來是計畫送到咱們的滇緬前線，支撐咱家的遠征軍的。（美國歷史，盡量不提咱們的悲慘往事了）。

邱吉爾要求先入北非，明顯是帶著私心的。對英國來說，非洲埃及太重要了，死也不能放手，而此時英國艦隊牢牢控制地中海，北非的蒙哥馬利已經獲得了主動，攻佔北非，並以此為基地從義大利登陸歐洲，是危險最小的辦法。這種打法的缺點就是浪費時間，也就是說，需要蘇聯人獨立在東線跟全歐洲的軸心國軍隊死磕。

同盟歸同盟，要說英美對蘇聯沒有惡意，估計他們自己都不信，至少，在蘇聯人越打越少這個事情上，羅斯福和邱吉爾的同情心，都不算太強烈。

美國人同意了，北非登陸。這是人類歷史上第一次跨海登陸作戰，後來盟軍一直不斷練習這種玩法。

一九四二年十一月八日，由美國港口和英國港口分頭駛來的運輸船會合後，在地中海上幾乎沒遇到任何阻擾，就順利靠岸並登陸。這次行動被定名為「火炬行動」，總指揮是艾森豪中將。

艾森豪一直跟在陸軍參謀長身邊，先是麥克阿瑟，後是喬治．馬歇爾，在美軍統帥部見多了紙上談兵，自己還從沒領導過任何一場大戰。這次一下場，就跑到異國他鄉組織史上第一次跨海登陸戰，不能不說是盟軍的一項冒險，而且，英國的將領，比如蒙哥馬利之流，似乎對這位出身微末的美國人有些許輕視。

艾森豪將軍表現出來的才幹首先是政治上的。登陸地點屬於維希法國的屬地，說起來是德國的小弟，艾森豪堅持先和當地的法國首長談判，說服了法軍對盟軍的投誠。於是一登陸，戴高樂的「自由法國」就受降了西北非的法國軍隊，實力頓時壯大，並讓當地居民站在了盟軍這邊。盟軍在非洲西北方向的登陸計畫，也沒有遭遇阻滯。

北非登陸讓希特勒猝不及防，他意識到前期是的確有點虧待隆美爾，所以趕緊組織了一些物資發送到突尼斯，讓北非軍團頂住。

因為蒙哥馬利的優柔寡斷和隆美爾的頭腦清晰，德義聯軍在非常不利的情勢下，居然還有條不紊地撤退到了突尼斯，並跟援軍會合。不過，隆美爾更清楚地看到，北非大勢已去，再打下去也只是掙扎而已。

希特勒老大是不輕易批准撤退的，更不能允許投降，但又不能有效地支援補給，無奈的隆美爾還為病痛所苦，犯了嚴重的白喉。為了「沙漠之狐」的名譽，隆美爾預備發起一場漂亮的戰役，為自己的非洲生涯寫個結局。

英美兩軍從東西兩個方向夾擊突尼斯，隆美爾隨意試探後就發現，蒙哥馬利的軍團還算合格，但初出茅廬，初上戰場的美國軍隊，著實是一群菜鳥。於是，隆美爾預備了一個跟他老大歐洲戰場一樣的計畫，兩面出擊，一支軍隊牽住蒙哥馬利，另一支全力打擊美軍第二軍，幹掉美軍後，掉頭再跟蒙哥馬利決戰。

一九四三年二月十九日，攻擊開始，第二天，菜鳥美軍就潰不成軍，慌不擇路地撤退，把大量物資，好些都是沒開封的傢伙，留給了德軍。

這一戰打了六天，隆美爾根據當時的情況分析，再打下去也無利可圖，引得盟軍大舉增援，反而不利，於是德義聯軍，分段撤退。美國大兵對德國大兵的第一戰，有六千三百名美國士兵死亡、受傷或失蹤，四千零二十六人被俘，而傳說中的德國虎式坦克更讓美國人開了眼，盟軍葬送了一百八十三輛坦克，一百九十四輛裝甲車，五百一十二輛各式車輛。不能不說，真是一場慘敗。

這是隆美爾的非洲謝幕戰，艾森豪痛定思痛察覺現在這個狀態的美軍，送上前線定是炮灰，好在不慫的美國將軍，還有幾個。於是，他果斷地為美軍第二軍更換了一個長官，巴頓將軍走馬上任了。

一部好萊塢史詩大片《巴頓將軍》在一九七一年獲獎無數，奧斯卡更是斬獲七項大獎，引起了全世界的關注，巴頓將軍成為回顧「二戰」時，知名度最高的明星，相信很多完全不了解「二戰」的人，對巴頓將軍也不陌生。

巴頓性格火爆張揚，有悍將的氣質，深得馬歇爾賞識。德軍的裝甲部隊八面威風時，美國人在一九四〇年也開始組建自己的裝甲師，巴頓參與組建了美國第一支坦克部隊。北非登陸戰，巴頓帥四萬美軍在摩洛哥上岸，收拾了當地的德軍後，被任命為美國駐摩洛哥的總督。

美軍突尼斯第一戰慘敗，巴頓臨危受命接掌了第二軍。

巴頓火爆的作風帶給了美軍新氣象，美國的性格決定了，他們不會是德軍那種紀律嚴明整齊刻板的部隊，所以巴頓上任第一件事，就是整頓軍紀。

美國大兵還是很受教的，被德國人教育一回，又被巴頓整理一回，總算找到了遠征軍的心態，這是打仗來了，不是出國旅遊的。

本來巴頓和蒙哥馬利雙劍合璧，盟軍的戰力就大為提升。而在三月九日，絕望的隆美爾離開了非洲。同是裝甲部隊長官的巴頓一直有一個夢想，就是跟裝甲界的天王巨星隆美爾來一場正面對決。聽說隆美爾離開，巴頓鬱悶壞了，只好和蒙哥馬利毫不留情地欺負留在突尼斯負隅頑抗的德義聯軍。

一九四三年五月，最後一部分德軍被趕出非洲，大約二十五萬德義軍隊被俘，盟軍取得了「二戰」第一個戰場的大勝，並制定挺進歐洲的計畫。

歐洲戰場

之前的幾部歐洲歷史，老楊已經把歐洲戰場描述過好幾遍了，這部美國卷實在寫不出什麼新意了。為了不沉悶無聊，不如我們就跟隨電影《巴頓將軍》的情節，從美國人的角度重溫一次吧。作為一部老電影，《巴頓將軍》除了節奏過於舒緩，場面不夠壯觀（不能跟現在的好萊塢大片比），其他各方面看，至今還算得上是一部優秀的電影。

電影從上篇說的，突尼斯卡塞林山口的美軍第一個敗仗開始，然後是巴頓在摩洛哥胡里花哨的儀仗隊表演中，成為摩洛哥總督，他說，他更願意去突尼斯打德國人。

如他所願，巴頓接手了慘敗後的第二軍，雷厲風行地整飭軍紀，通過閱讀隆美爾的著作，戰勝了隆美爾留在非洲的軍隊。然後，盟軍就要考慮如何越過地中海，進入義大利了。

按邱吉爾的說法，整個歐洲的德軍是甲殼堅硬的鱷魚，但它的下腹部卻是柔軟的，下腹部就是指義大利和希臘南部這個區域。盟軍內部有同感，納粹是不可戰勝的，義大利是可以輕易收拾的。

成功登陸西西里島，是因為盟軍完美的「肉餡計畫」（參看《德意志是鐵打的》）。英美兩個集團軍分別在西西里島東南和西南登陸，遭到島上的德義聯軍頑強抵抗。

出發前說好，由蒙哥馬利的第七集團軍登陸後就一路北上，佔領西西里島東北端的墨西拿，預備直接進攻義大利；巴頓的工作是從南到北將守軍分割，並消滅西北部的敵人。這個作戰劇本顯然蒙哥馬利是男一號，巴頓淪為男二號，這讓巴頓相當不爽。正好德國人也收到這個劇本，所以火力的焦點對準了蒙哥馬利的軍隊。

巴頓一看蒙哥馬利被陷住，馬上就開始圖謀墨西拿，搶這個頭功。都說巴頓是個古典軍人，所謂古典的軍事統帥，如同在冷兵器時代作戰，見血就亢奮。這夥計是道地戰爭狂，他自己不怕死，手下的將士們就不能惜命，他在戰場上一直保持興奮，帶出來的兵也像打了雞血。同樣遭遇德軍阻攔，巴頓的軍團更捨得拼命，所以在這場目標為墨西拿的賽跑中，巴頓贏了，提前入城，收穫了他希冀的各種虛榮。

盟軍西西里島登陸導致墨索里尼倒臺，新政府與英美祕密談判，願意棄暗投明加入盟軍。雙方在談判條件上都比較磨嘰，盟軍也客氣，不說好絕對不動手，以至於從西西里島登陸的一九四三年七月足足談到九月才算談妥投降方案，此時再進入義大利，當地的德軍已經獲得了增援。

美軍在義大利登陸後，希特勒就第一時間解除了義大利軍隊的武裝，並佔領了羅馬。不久後，他又救出被監禁的墨索里尼，在義大利建立一個傀儡政府，繼續跟盟軍作戰。美軍在義大利的征途上，吃盡了苦頭，一直不能攻克，也許是因為，帶領美國大兵作戰的，不是巴頓。

巴頓被閒置了，因為進入墨西拿後，他在視察醫院時，打了一個疑似裝病躲在醫院的士兵。用手套抽耳光，這在美國可成了大事了，又加上巴頓為人張揚，嘴上沒把門的，喜歡說些極端的言論，作為懲罰，他失去了領導軍隊登陸義大利作戰的機會。

一九四四年六月，盟軍千辛萬苦收復羅馬，再過一年，盟軍對德國本土發動攻擊後，義大利戰役才算結束。傳說中間戰事不利時，義大利美軍想找巴頓幫忙，一想到這廝的性格人品，又打消了這個念頭，寧可和德軍膠著消耗。

巴頓是美軍不可多得的悍將，盟軍知道，德軍更知道。德軍的指揮部裡，有專人研究巴頓，而巴頓的行蹤，也成為德軍重點打探的情報，因為在他們看來，巴頓的位置，就是美軍主力的運動方位。電影中，巴頓賦閒的歲月，經常帶一幫子美國訪客參觀地中海沿岸，像個導遊地陪，其實就是為了迷惑德國人。巴頓雖然滿嘴粗話，可的確是個酷愛讀書的人，涉獵甚廣，他在地中海一帶做導遊，如果安心本職工作，能賺好多小費。

一九四三年八月，美英兩國政府首腦終於善心大發決定第二年在法國登陸，開闢第二戰場分擔史達林的壓力，同年底德黑蘭會議，面對忍無可忍的史達林，羅斯福保證，第二年一定會啟動名為「霸王」行動的登陸計畫，這次說話算數，絕不黃牛！會後，盟軍最高領導層決定，任命艾森豪將軍為這一重大行動的總指揮。

巴頓聽說，高興壞了。之前作戰，巴頓總是要聽命於英國上級，如今自家的長官說了算，終於熬出頭了！巴頓也通人情世故的，他立即從西西里給艾森豪送去兩隻火雞，火雞帶去的信息是：老大，巴頓還在當導遊呢，給換個工種吧！

艾森豪的確想給巴頓換個工種，但是絕對不是集團軍群司令，領導登陸戰，而是繼續給德軍當嚮導。

諾曼地登陸前，最複雜的工作就是迷惑德國人，讓他們認為盟軍的登陸地點是加萊，為了達到這一目的，各種戲都演全了，巴頓也是這場大戲的重要角色。德國人認定，登陸戰必是血戰，盟軍方面定會選擇作風最硬朗的巴頓領兵。巴頓的動向，很有可能是準確的登陸地點。

巴頓被解除西西里島的職務調到倫敦，給他「虛擬」配置了幾個師的兵力，假辦公室、假電臺、假情報，做戲做到十足，一切都指向加萊。巴頓只能鬱悶地履行他的新職務，並更鬱悶地看著，他曾經的下屬，一直跟隨他作戰的布雷德利成為司令，領導巴頓一輩子都在等待的，浩大而壯觀的諾曼地登陸。

德國人預計應該由巴頓領導登陸戰，但因為巴頓狂躁衝動如同一把利劍，艾森豪不敢選擇他，諾曼第行動實在是太重大了，不容有失，謹慎淡定的布雷德利似乎更妥當。布雷德利的上位，跟他一直在巴頓手下很有關係，他看熟了巴頓的戰法，算是巴頓的嫡傳弟子。

艾森豪知人善任，他知道，比起穿越海峽風暴，建立灘頭陣地，與德軍近距離血戰，巴頓留在英國的價值更高。後來巴頓還真就讓德國的主力十五集團軍被釘在加萊不敢妄動，給諾曼第的登陸部隊減少了很大一部分壓力。

巴頓是一流的軍人，服從命令從不猶疑。諾曼地登陸後，艾森豪終於答應巴頓上戰場了，他將到法國，領導布雷德利麾下的第三集團軍。以前的手下變成自己的上司，一般人都會尷尬，可對巴頓來說，能重上戰場，給他當排長都行，他興高采烈地去了，倒是布雷德利知道自己老上司的能耐，怕自己的位子坐得不夠名正言順，經常防備著巴頓。

新組建的第三集團軍大部分是來自美國的新兵，巴頓從頭教導，在最短的時間內，訓練出了一支精兵。

如果要評價「二戰」所有參戰國的軍隊素質，精銳當然是德軍和日軍，英軍也還勉強及格，而美國大兵，他們最得意的是自家財大氣粗，裝備充裕，至於軍人自身的素質，大家就不屑於評價了。

「二戰」進入後期，一流的德軍和日軍都死絕了，英軍也打疲了，倒是美軍在戰爭中學會了作戰，素質明顯提高。到「二戰」末期，能算是精兵的美國軍隊，不光是巴頓指揮的那一群，還有一支部隊獲得了極高的讚賞，他們是一支空降部隊，胳膊上有一頭嚎叫的老鷹標誌，他們是一〇一空降師。

空降部隊是挺危險的，其他軍隊至少還是一群人協同作戰，空降部隊被從空中丟在敵後，很多時候，能把所有的隊員找齊就不錯了。

一〇一空降師在「二戰」中組建，完成訓練後就參加了諾曼地登陸，諾曼第的登陸部隊在幾個灘頭分頭登陸，需要進入法國後找個安全的地方會合，一〇一空降師就提前佔領並死守了這個會合地，進行了不少著名的苦戰。

接手第三集團軍的巴頓，作為第二梯隊衝上歐洲大陸後，像是終於被放歸荒野的獵豹，撒著歡預備大幹一場。可是，登陸後的盟軍日子並不好過，這麼大的軍隊上岸，補給成了重要的問題，好多作戰計畫都因為物資匱乏，不得不延後。有限的物資無法公平分配，蒙哥馬利、巴頓、布雷德利為了補給還要經常勾心鬥角。

一九四四年的希特勒，日子更難過，登陸後的六個月，德軍似乎只有退敗，雖然很多德軍將領已經看到了帝國的末日，可元首不甘心啊，他要組織他最強悍的裝甲戰隊，對盟軍發動一次大戰，重新奪回西線戰場的優勢。

比利時的阿登山區，不管這個地方如何被兩次大戰德軍的閃電突襲關照，盟軍還是不放在心上。此時比利時的安特衛普港，是盟軍物資補給的重要港口，支撐著歐洲大陸這麼大的戰場，不容有失。比利時阿登山區這一線，以美軍為主駐守，恰恰是整個東進戰線裡最薄弱的，兵力少，裝備差，新兵蛋子一大堆。

一九四四年十二月十六日，經過希特勒煞費苦心的前期準備（參看《德意志是鐵打的》），他最精銳的黨衛軍所屬的裝甲部隊開動了。低地海邊的冬日，酷寒，暴風雪施虐。這樣的天氣，正好進攻，因為盟軍的飛機不能起飛照應。

美國菜鳥大兵們，蜷縮在睡袋裡睡眼惺忪地受到了攻擊，轟隆隆碾碎了一切是殺奔過來的，就是傳說中的虎式坦克嗎？跟這個龐大的神器相比，美國的謝爾曼坦克竟是如此弱不禁風。

輕易穿透了美軍防線的德國裝甲部隊，突進了六十多公里，相對於德國防線，形成了一個突出部，所以，這場「二戰」中最大的陣地反擊戰，又被稱為突出部戰役。

這是一場惡戰，也是史上最著名的幾次坦克大戰之一，既然兩邊的坦克性能高下懸殊，戰場環境可想而知了。

為了增援，美軍部隊四面八方趕來，最快到達的，自然是空降師。十二月十七日，一〇一空降師奉命進入戰場，並強佔了阿登東部公路網的中心，巴斯通。為了拿回這個要塞，德軍不斷增兵，將此地切斷封鎖，最多的時候，有五個師圍攻，都被守軍打退。一〇一空降師經歷了美軍整個「二戰」最血腥最慘烈的戰鬥。

德軍打煩了，乾脆勸降，一〇一空降師的代理師長麥考利夫收到勸降信後，就回了一個字「Nuts」，這個詞就此大火，不僅這封信因為字數最少上了金氏世界紀錄，研究這個詞的意思，也成了課題。

英漢字典的基礎解釋是：胡說、發瘋、狂亂的、狂熱的、或者乾脆俐落就一個字「呸」。考慮到麥考利夫當時的處境，更多人認為，他的意思應該是：「去你媽的！」

這個解釋巴頓將軍最喜歡，因為他自己就喜歡爆粗口。血戰不降，還能爆這麼帥的粗口，深得巴頓的欣賞。所以巴頓自告奮勇馳援一〇一空降師，而且承諾了一個幾乎不可能實現的目標：兩天，雪地行軍一百多英里，還要與遭遇的德軍作戰，到達目的地後，沒有休整，直接參戰。

所有人都不信，巴頓實現了，這是急行軍史上的一個紀錄。行軍途中，巴頓的小吉普在十幾萬人的漫長行軍路線中來回穿行為大兵們鼓勁，有時他下車踩著沒膝的積雪跟戰士們共同跋涉，長官的精神力量是美第三集團軍能演繹出這場進軍傳奇的重要因素。

一九四四年十二月二十六日，美軍殺進了巴斯通，救出了一〇一空降師，巴頓乘勝追擊，向德軍的進攻基地發動攻擊。十二月三十一日，眼看就是一九四五年的新年，殺得興起的巴頓在當晚的午夜十二點整，指揮第三軍所有火炮，整齊地向德國陣地開炮二十分鐘，以一個巴頓的方式送走了殘酷的一九四四年。

巴頓自己評價，這一戰中，他的第三軍比歷史上任何國家的任何軍隊都前進得更遠、速度更快、且在最短的時間投入更多的兵力。實際上，在當時整個歐洲戰場，巴頓的軍隊的確是跑得快跑得遠的主力，不可否認還是戰鬥成績最好的部隊。

一〇一空降師也名垂青史，因為對巴斯通的死守，整個空降師獲得了「優異部隊嘉獎令」在美國陸軍史上，第一次整個師獲得這項殊榮。

突出部戰役幾乎是「二戰」最後一場大戰，戰場的主力是美國人，他們收穫了最後的光榮，這讓邱吉爾都有點酸溜溜的。

既然時間已經來到一九四五年，歐洲戰場，也就沒什麼好說的了。這一篇結束，主角也跟著結束吧。

年底，巴頓將軍在一場車禍中，死於德國。這場離奇的車禍，因為疑點頗多，當時就引發暗殺的猜測。而且，熬過這麼多血戰，死於車禍，真不給巴頓面子啊！直到二〇〇八年，一本名為《目標：巴頓－刺殺喬治．巴頓將軍的密謀》的書出版，證實了猜測，巴頓果然是死於被軍方的滅口，據說是因為他掌握了艾森豪在指揮上的重大失誤，而且以他大嘴巴的性格，鐵定會爆料。

不管是布雷德利還是艾森豪，他們脫下軍裝，依然可以在辦公室裡玩心眼。巴頓不行，他只能為戰場而活，沒有了戰爭，沒有了軍隊，他就可以離去了。他堅信輪迴，他堅信自己在輪迴的每一生都是最優秀的戰士和統帥，下一世輪迴，不知道他會出現在哪個戰場……

曼哈頓計畫

上面基本講完了美國軍隊在第二次世界大戰主要戰場的表現，美國人都慶幸，外面都快打翻天了，還好沒有戰爭是發生在美國本土的，其實，美國本土恰恰是「二戰」最重要的一個戰場，除了要用比打仗還高的強度和效率為全球的盟軍生產並運輸戰備物資，還要趕緊快跑，爭取搶在軸心國前面研究出更高端的武備，甚至能快速結束戰爭的大殺器。

大殺器，要從愛因斯坦說起。

一八七九年，愛因斯坦出生在一個德裔的猶太人家庭，大家一看到這個組合，就知道命運多舛。愛因斯坦是公認的天才中的天才，他的成才故事就不用贅述了。一九二二年，因為對「光電效應」的研究，四十三歲時獲得了諾貝爾物理學獎。

對於猶太人專出天才這個事，我們已經見怪不怪了，事實上，根據歷史經驗，猶太人幹出任何事，我們都不奇怪，這個種族只能用「神奇」來解釋。

顯然希特勒認為自己才是世界上最「神奇的天才」，對於他莫名憎恨的猶太人，他希望能以「滅族」來對待。一察覺希特勒的敵意，大量歐洲的猶太學者就以最快的速度跑去美國了，希特勒專業是學畫畫的，你跟他講，物理學家能改變世界，他可能不信，猶太的物理學家，他更不原諒了。

愛因斯坦在三〇年代變成了美國人，好多猶太科學家都變成了美國人。那陣子主流的物理學家都在研究相對論和量子力學。這兩門學科啊，不管用多麼通俗的語言解釋，聽起來都像是神話故事，還是特枯燥特沒勁的那種。尤其是量子力學，專門研究些微觀世界的東西，原子、分子、中子啥的，這些東西看不見又摸不著，他們卻能研究得熱熱鬧鬧。

作為二十世紀最偉大的物理學家，愛因斯坦創建了一個非常重要的公式，讓物理學研究進入一個新里程：$E=mc^2$，質能公式，E代表能量，m代表質量，c代表光速，這個公式說明質量和能量是可以相互轉換，一個物質能釋放出比自己質量大得多的量能。比如一個很重的原子核被裂變成兩個質量稍小的核時，就會產生強大的能量，當然，前提是這個原子核要夠重。

德國的物理學家看到這個公式就反應到，在這個原理上，如果找到合適的物質，讓它通過裂變釋放巨大的量能，那可是威力驚人的武器啊。

一九三九年四月，六名德國物理學家被召到柏林，元首首肯了這項原子彈的研究計畫，並下令，捷克領土上的鈾礦，禁止出口。鈾是自然界能找到的，最重的元素，它當然有一個夠重的核。德國的原子彈研究就開始了。

逃到美國的物理學家，將這個驚人的消息傳到了華盛頓。物理學家們都知道，一旦納粹先研究出原子彈，那是全人類的災難，想阻止這個災難，盟國必須先掌握原子彈的技術，可這項「神話」，從想像到造出實物，期間需要消耗的人力物力都是無法估算的，只有美國這種財雄勢大本土還沒有炮火的土豪才有可能。

華盛頓的官僚對物理學家們的焦躁很不以為然，以為他們已經將「神話」上升到「胡說八道」的高度了。這時，幾位物理學家預備聯名上書羅斯福總統，為了表達自己沒有「胡說八道」，他們聯絡了愛因斯坦。

愛因斯坦的簽名，讓請願信價值倍升，羅斯福終於了解到其中的利害，他果斷下令，立即啟動研製原子彈的計畫。這項計畫因為最初的研究總部設在曼哈頓，所以被稱為「曼哈頓計畫」，羅斯福為此項目祕密撥款二十五億美元，全球的有關的物理學家都被招募到美國，最多的時候，各種研究人員超過十萬，科研負責人叫做羅伯特．奧本海默。

奧本海默是生在美國紐約的猶太人，而且居然也是德裔！美國的德裔猶太人不用擔驚受怕，各顯所能地致富，奧本海默就是個富二代，他以榮譽學生畢業於哈佛時，他父親獎勵他的畢業禮物是一艘帆船。

出身優渥的科學家可能更容易攀上科學的頂峰，家裡的物質條件讓他們心無旁騖，研究時腦子裡不用思考如何將項目變現，更不容易被人收買，以科技為禍人間。奧本海默如果知道他的研究最後造成了什麼樣的結果，他一定不會加入這個計畫，只是當時，作為一個喜歡研究梵文的物理學家，他接受任務的原因，一定是他覺得，自己在拯救全人類。

曼哈頓計畫是美國的絕密，就算不是絕密，他們的研究咱們也不懂，我們只看風景，整個曼哈頓計畫的研究小組，有一道風景是很亮麗的，那就是奧本海默最滿意的弟子，來自中國的女物理學家吳健雄。

可能是因為與諾貝爾獎擂肩而過，讓這位幾乎可以在科學史上與居里夫人並列的女科學家少了些鋒頭。

這位中國歷史上罕見的理科才女出生於蘇州太倉，大學畢業於當時的中央大學物理系，現在的南京大學物理學院的同學們可以稱她為學姐。在美國的加州柏克萊大學獲得物理學博士學位，必須說，那個時代的女人，連女博士都很優雅，吳健雄有兩個酒窩，笑顏如花。

吳健雄是普林斯頓大學第一位女講師，之前美國的頂級高校，是不接受女先生的。

一九四四年三月，因為吳健雄在有關學科上的突出表現，被邀請加入了「曼哈頓計畫」。她主攻的方向是濃縮鈾。自從伊朗開始將「濃縮鈾」三個字掛在嘴上，歐美國家就像被踩了尾巴的貓一樣一驚一乍，可見對整個核武器的體系來說，濃縮鈾是多麼重要的組成部分。

像奧本海默和吳健雄這樣的科學家，「曼哈頓計畫」裡真不少，這些頂尖人物的聚合，會產生比聚變還強大的能量。再看德國，頂級的科學家都跑了，科研經費嚴重不足，最重要的是，元首在等了幾年沒看到結果後，認為原子彈這個東西只存在於幻想中。希特勒一生有很多憾事，其中之一就是沒看見原子彈爆炸。

那是一九四五年七月，希特勒已經自盡，德國投降，只剩下日本還在頑抗。這年四月，羅斯福突發腦溢血逝世，慌慌張張沒任何準備的杜魯門成了總統，被通知到波茨坦開會，跟史達林、邱吉爾討論德國戰後和了結日本人的問題。

杜魯門冷不丁從打醬油被提到了世界舞臺的中心，心裡特沒底，好在有人告訴他，不怕，咱家那個大傢伙，成功了！

大傢伙的所有事，杜魯門做副總統的時候一無所知，就算成了總統，他也懵懂，但他決定將波茨坦會議推遲，等這個大傢伙試爆一次，讓他知道自己手裡到底握著什麼樣的籌碼。

一九四五年七月十六日，新墨西哥州的沙漠裡，一道比太陽還炫目的閃光差點亮瞎了在場四百多位科學家的眼睛，一大朵蘑菇雲彷佛是巨大的怪獸，籠罩大地。雖然是自己殫盡竭慮研究出來的東西，經過無數次的預想和推算，可真爆炸時，在場的科學家都想不到其威力是如此驚人。奧本海默有點顫抖了：如果這種武器用於戰爭，自己會不會罪孽深重？

波茨坦會議上，新手總統杜魯門一點不露怯，他的得意溢於言表，他希望看到史達林聽說原子彈後豔羨和震驚的眼神，可作為一個比他老道得多的政客，史達林的反應讓杜魯門好一陣失望。

美國成功地生產出三枚原子彈，分別命名為：大男孩，小男孩和胖子。從波茨坦會議的場面來看，邱吉爾是胖子（後期被更換），史達林是大男孩，杜魯門是小男孩。

原子彈是為日本人準備的，也是為蘇聯人準備的。之前美軍的沖繩登陸，日本軍隊的決死掙扎讓美國人不寒而慄，面對即將展開的日本本土登陸戰，日本人更是打出了「玉碎」的條幅。對美國人來說，只要不登陸日本，跟瘋子拼命，什麼辦法都要試試。而此時，本來說好蘇日中立的蘇聯，突然對日本變臉，進入東北攻擊關東軍了，這是要搶奪勝利果實啊，戰後論功動，蘇聯人不僅是對德主力，還是終結日本人的功臣了，那他家還了得？

不想這麼多了，必須炸！

一九四五年八月六日，美國的B-29轟炸機帶著原子彈「小男孩」起飛，這枚原子彈的主要裂變物質是鈾，它準確地落在廣島，造成十四萬人的死亡和百分之七十的建築損毀。

日本人死強，出這麼大的事，還不肯投降接受波茨坦公告，日本軍界居然封鎖消息，號召全體國民，「繼續玉碎」！

三天後，B-29又來了，這次丟下的是「胖子」，它的內部物質是鈈，「曼哈頓計畫」特意選取了不同的材料來試驗爆炸的威力，事實證明，「胖子」比「小男孩」威力大多了。幸虧首選的轟炸目標小倉天氣不好，「胖子」被迫在長崎爆炸，長崎周邊的丘陵地貌阻止了爆炸衝擊波，雖然炸彈的威力更大，造成的危害卻是比廣島稍微小一點。

日本人再悍再蠢，也知道再無力回天。「二戰」，終於結束了，太平洋上的美國大兵們，感謝上帝讓你們活著，回家吧！

也許別的國家被原子彈侵害，我們多少總會陪著哀悼一下，感歎原子彈的屠殺無情，可面對日本，一定要對這家人表達出真誠的同情，我們又實在偽裝不出來！愛因斯坦在後悔，奧本海默在後悔，原子彈用於人類戰爭到底應該不應該，讓其他人去討論吧。

九、最後的總統

戰中的社會

一九四三年十二月二十八日，羅斯福總統在一次記者招待會上說：自一九三三年以來，「新政大夫」這個內科專家把美國的急性內科病醫治好了。可這個康復了的病人在一九四一年十二月七日，因一場嚴重意外事故折斷了骨頭，「新政大夫」於是就把病人讓給「勝利大夫」這個外科專家。

羅斯福親自宣告「新政」死亡，可見「新政」已經沒有存活的必要了。大蕭條時期的所有症狀：失業、通膨、工業凋敝，在進入戰爭，尤其是美國成為盟軍總兵工廠後，全部自癒。

GDP由一九三九年的九百九十億美元直線上升到一千六百六十億美元。收入增加，美國人生活品質並沒有明顯提高，為了維持對全球戰場的供應，民用消費品的生產必須削減，美國人有了工資也買不到東西，也沒時間消費，只好存銀行。戰後，這筆錢一拿出來進入市場，又是一輪對經濟的強勁推動。

「二戰」中，因為珍珠港遭襲，西海岸成了敏感地帶，為了防護太平洋沿岸，美國必須在西部大力發展工業。政府前後向西部提供了總額近四百億美元的基本建設投資，奠定了強大的工業基礎，讓西部成為戰中發展最快的地區。尤其是對加州的投入，使之成為西部的中心，原來洛杉磯只會拍電影，現在洛杉磯是美國石油化工、航太電子等產業的最大基地，而矽谷又讓它以「科技之城」聞名於世。

雖然羅斯福享有很高的聲譽，以至於在一九四四年的大選，健康狀態極差的他，居然還能贏得大選，再次成為美國總統。但對他新政的說法就見仁見智了。

一九三六年，英國著名經濟學家凱恩斯的大作《就業、利息和貨幣通論》出版，凱恩斯理論主導了很長一段時間西方資本主義國家的經濟。凱恩斯的理論簡潔成一句話就是：政府應該直接干預經濟。

這不就是羅斯福的新政嗎？對，看起來很像，不過羅斯福本人不會承認，因為凱恩斯面見過總統，羅斯福沒覺得這個英國人有什麼值得看重的。羅斯福不知道所謂的凱恩斯理論，他的新政也沒照任何書本操作，不過現在的經濟學者一研究凱恩斯就拉出羅斯福，一研究新政就帶上凱恩斯，這似乎已經成了習慣了。既然凱恩斯的理論經常遭到批判，羅斯福的新政自然也在其中，從自由資本主義的角度看，很多人都認為，如果沒有「二戰」，新政的實施會讓美國陷在經濟危機中更漫長。

全美大生產，壯丁在輸出，「二戰」中，美國社會的各種生態也在劇烈變化著。

一九四三年，國會廢除了執行半個世紀的《排斥華人法案》。

華人移民潮開始於十九世紀中期的加州淘金熱。中國人嘛，既然願意遠走他鄉討生活，就什麼苦都能吃，什麼氣都能受，勤勞勇敢，腦子還都比較聰明。這樣的勞工，在當年的美國西部，是多麼受人歡迎啊。但時間長了就不好了，金子挖完了，鐵路也修好了，一切都平靜了，白人一看，怎麼到處都是華人呢，就業指標就這麼多，老闆都喜歡雇華工，白人吃什麼？而且，不能不承認，因為咱們的生活習慣教育環境等因素，當年的華人甚至是現在的華人，在某些生活細節上都不太講究，隨地吐痰亂丟垃圾大聲喧嘩等等，既然現在還是痼疾，當年可能更嚴重，美國白人，尤其喜歡以來自歐洲有教養的傳統紳士自居的白人，肯定是越看越生氣。

氣急敗壞的美國人只好下作了，出臺了史上針對移民最無恥的《排華法案》，主要內容就是說，沒入境的中國人不得入境，入境的中國人也不能取得身分。

「二戰」後，中國和美國有了共同的敵人，而中國軍民拼全國之力抵抗著強大的日本侵略者，多少讓華人的形象在美國人心目中有改善，當時美國兵工廠需要大量勞工，勤勞的中國人走出唐人街，跟美國人一起為戰爭努力，這也促使美國政府不能不重新考慮華人的地位。

雖然法案是廢除了，但對華人的歧視並沒有消除，華人移民美國也會遭到各種阻力，直到二〇一二年六月十八日，美國國會才終於放下身段，為《排華法案》道歉，不管他們是不是出自真心，至少是迫於壓力了，也說明華人的地位真是提高了。

戰中華人被「赦免」，日本人就遭了殃。那段時間裡，對日本人的憎恨，美國人不比中國人少。奇怪的是，戰中，美國人對德國人的嫌棄，都沒有對日本人這麼厲害。「二戰」很多宣傳資料裡，日本人經常被評價為：邪惡、殘忍、狡猾，珍珠港事件後，美國人更看美國的日裔僑民不順眼，最後他們居然決定，將日裔拘禁！

一九四二年年初，政府下令，所有的日本人，拉家帶口，離開自己的家園，到政府給他們安排的「遷移中心」居住，要讓這部分日本人盡快美國化，不要跟他們在島上的同胞一樣淪為惡魔。

持續了兩年的拘禁日本人行動，大約扣留了十萬日本人。說是拘禁他們，條件比集中營可是好多了，至少還保證了他們的最低生活需要，不會餓死凍死，更不會被拉去做細菌試驗、活體解剖。既然人家已經離開日本投奔美國了，這樣的做法多少有點不合適，美國人改得很快，一九四五年，被扣留的日本人就回家了，儘管周圍的美國人還是瞧不上他們。到一九八八年，美國國會決定給這幫人一點兒補償，但對日本人來說，這些都不重要了。

永遠的總統

一九四五年四月十二日下午一時，一位女畫家預備給羅斯福總統畫像，突然總統雙目緊閉，說頭痛，然後腦袋猛地一歪，沒有了呼吸。當時在場的都是女士，有的打電話給醫生，有的找附近的特工，只有一位女士帶著哀痛欲絕的神情，快速離開了現場。

這位女士名叫露西，作為總統的情人，這個重大的時刻，她絕對不能讓第一夫人發現自己在場。可這並不是祕密，後來好多野史，都說羅斯福是死在露西的懷中。

不管什麼層次的美國歷史書，羅斯福總統的私生活都不是祕密。

一九〇五年和埃莉諾結婚後，就接二連三生孩子，到一九一七年，兩口子生了半打孩子，其中第三個孩子夭亡。

從存世的照片看，埃莉諾不算美女，據說她聲音粗狂，有點女漢子，肯定不是有傳統魅力的女人。埃莉諾是婦女解放的先驅代表，即使是嫁給羅斯福這樣的男人，她也努力維持著自己的生活空間並積極參與社會工作，是羅斯福在事業上最忠誠可靠的幫手。

從一九一六年開始，兩口子就是分居狀態，那時並沒有感情破裂，而是用禁欲的辦法節育。因為埃莉諾受不了接連生孩子的生活了。因為宗教的關係，羅斯福家族這個層次的高端人群是不能採用人工方法避孕的！

「一戰」開始，作為海軍部副部長夫人的埃莉諾更加發現了自己展翅的天空，她投入了諸如紅十字會等更多的社會工作，五個孩子的媽媽實在照應不過來，埃莉諾就招聘了一個社交祕書幫自己處理來往公文。

露西來到羅斯福家是一九一四年，這個出身於落魄名流家族的女孩，舉止優雅，微笑甜美，讓周圍的人都如沐春風，很快就征服了埃莉諾的孩子們，隨後，又征服了埃莉諾的老公。

以埃莉諾這樣的女人，發現老公找小三，她是不太會撒潑打滾的，她提出，願意成全羅斯福和露西。

這時候，婆婆起了很大的作用，本來羅斯福的老媽薩拉是很不喜歡埃莉諾的，婆媳長期不合，可從羅斯福的前程考慮，在小三出現後，薩拉堅定地站在媳婦這邊，並威脅兒子，膽敢離婚，就別指望繼承羅斯福家的財產，海德公園的祖業也和他不相干了。（這個故事教育原配，要想阻斷小三上位，最強大的武器是婆婆，所以平時對婆婆好一點兒，沒壞處。）

民主黨內已經預備力挺羅斯福上位，更不會由著他為了一己私欲影響大局。在羅斯福的戀戀不捨中，露西離開首都，嫁給一個比自己年齡大一倍的鰥夫。

羅斯福仕途順利，步步高升，但對於露西終是難忘，知道她已嫁作他人婦，還給她寫熱烈的情書，兩人保持著漫長的異地戀，到一九四一年，兩人又恢復了見面。

露西不在身邊，羅斯福也沒閒著。癱瘓後，照顧他的女祕書補上了空缺，瑪格麗特．萊漢德，大家都叫她米西。

米西是羅斯福身邊服務時間最長的祕書，也是服務他時間最長的地下情人。羅斯福甚至說，他和米西加上小狗法拉，是他的第二個家庭。羅斯福死後，居然有很大一部分遺產留給了這位女祕書。

作為一個身體有殘疾的人，不論是對戰爭還是對女人，羅斯福總統都表現出了他堅強的意志，除了老婆、露西、米西這三位，跟羅斯福傳緋聞的女士還包括《紐約時報》的前出版商和「二戰」時在美國避難的瑞典公主瑪薩。一九四一年，羅斯福五十九歲了，他還能吸引一位年輕的北歐公主，不能不令人感歎。

為了羅斯福的事業，或者說為了羅斯福家族的榮耀，失去了愛情的埃莉諾，必須更堅定地保留羅斯福夫人的頭銜。兩口子都是理性而智慧的人，他們突破傳統夫妻關係的模式，升級為戰友和事業夥伴。而對埃莉諾來說，不用再追究丈夫小三小四的那些破事，自己的空間更加開闊，世界原來這麼大。

埃莉諾一邊配合羅斯福的政治工作，一邊發展自己的事業，她最大的成就在於對人權方面的貢獻，羅斯福政府受人歡迎，熱衷推廣民權運動的第一夫人加了很多分。

在女性權利的爭取上，埃莉諾做了大量工作，不可避免，她會認識一些優秀進步的女性，其中有幾位，是女同性戀者。美聯社的明星記者，也是美國第一位女性的體育記者羅瑞納．希科克成了埃莉諾的頭號閨蜜。

不管有多少史書認定羅瑞納和埃莉諾其實是同性戀人，在沒有確鑿證據出現前，即使是深愛八卦的老楊，也不能認定埃莉諾就是個「拉拉」，和閨蜜有過肌膚之親。女人和女人的關係是有很多層次的，就算兩人曾經有過肉麻兮兮的情書，就算兩人曾睡在一張床上，也不能證明什麼。

這些傳聞的好處就是終於讓我們知道，為什麼埃莉諾面對羅斯福這樣一個老公，沒有沉淪為一個怨婦。

羅斯福死後，埃莉諾成為美國駐聯合國唯一的女性代表，並在隨後的幾年，執掌聯合國人權委員會，參與起草了《世界人權宣言》，也許她不是羅斯福完美的老婆，可她是稱職的第一夫人，是美國歷史中偉大的女性。

美國總統，四年換一任，八年換一任，美國人民習慣了走馬燈，而且因為美國傳統小政府的格局，對於美國總統，美國人沒有太大的崇拜或是愛戴甚至依賴。華盛頓是國父，林肯帶領大家走過了內戰，這兩位地位稍微特殊些。

羅斯福不一樣，從一九三三年到一九四五年，他是十二年的美國總統，好多美國人，從初通人事到成家立業，只認識這一位總統。在這十二年間，從大蕭條到「二戰」，美國人的生存窘迫，容易對國家領袖寄予與和平時代不同的感情，而羅斯福新政，讓政府對社會各方面的干預增加，總統權力大了，個人形象也就跟著高大了。所以，在很長一段時間，即使是羅斯福已經逝去，說到美國總統，大家想起來的，只有羅斯福，總統已經成為他終身的名銜，他是永遠的美國總統。

十、美國硬漢

從十九世紀末到「二戰」結束這段時期的美國人，他們的經歷有點跌宕，先是慘烈的「一戰」，突然迎來幾年紙醉金迷的日子，剎那又跌入深淵似的蕭條，然後是更慘烈的「二戰」。不要說中間大蕭條歲月，就說人一生遭遇兩次巨大的戰爭，那是種什麼樣生活，我們後人是無法理解的。經歷了所有這些，走過來的人，心理和精神上是一種什麼樣的狀態呢？

讓我們講三個美國男人的故事。

第一個故事：弗雷德里克·亨利，高大英俊會說義大利語的美國青年，「一戰」中，他自願加入了義大利軍隊作戰，在義大利北部駕駛救護車。他認識了一位有點神叨叨的英國姑娘，叫凱薩琳，壓抑的戰場氣氛，讓亨利想找個姑娘談戀愛玩。

一次執行任務，亨利被炸傷，送到後方米蘭醫院就醫，居然在這裡跟凱薩琳重逢，她是個志願者護士。再次相遇後，兩人真正相愛了，在後方的醫院裡，享受了美好的時光。亨利痊癒後，必須回到戰場，此時的凱薩琳懷孕了。

義大利的軍隊在兩次大戰中的表現堪稱笑話，回到前線的亨利也感覺到了義大利軍中瀰漫的畏戰厭戰情緒，面對德軍強悍的攻勢，亨利的隊伍潰不成軍。許多義大利軍人脫掉軍裝，卸下標誌，逃離戰場，義大利前線的憲兵隊開始緝拿逃兵並就地處決。

亨利跳進冰冷的河水中成功逃亡，他發誓從此永別戰爭，永別武器。他找到凱薩琳，等待孩子出生過上平靜的生活。可亨利畢竟是逃兵，義大利憲兵還是要追捕他，他不得不帶著凱薩琳逃到了中立國瑞士。

凱薩琳在瑞士生產，產下死胎，而她自己也在大出血後亡故。亨利在雨中走回自己的旅館。

第二個故事：傑克．巴恩斯，旅居法國的美國記者，參加過「一戰」，因為受傷，喪失了性功能。當時的歐洲，有一批跟傑克一樣的英美青年，在戰後留在歐洲大陸到處遛達，縱飲無度，夜夜笙歌，今天不想明天的事，生活過得亂七八糟。

傑克愛上了一個英國女郎勃萊特。她熱情性感，風流招搖，離過兩次婚，愛上了傑克，可又不能控制地愛上別人。傑克的愛情無奈且病態，他滿足勃萊特的任何要求，由著她跟自己的朋友鬼混，還在西班牙旅遊時，為三十四歲的勃萊特拉皮條介紹了一位年僅十九歲的鬥牛士。

勃萊特跟鬥牛士同居，當發現鬥牛士癡迷自己想結婚時，她良心發現，自己老牛吃嫩草，對嫩草很不公平，鬥牛士是大好青年，不能像自己一樣墮落。

離開鬥牛士後「處境不佳」的勃萊特給傑克發了電報。傑克以最快的速度趕到了勃萊特的身邊，「送一個女人跟一個男人出走。把她介紹給另一個男人，讓她陪他出走。現在又要去把她接回來，而且在電報上寫『愛你的』」傑克自己總結這趟歷程，而後愉快地摟著勃萊特暢想著「我們要能在一起該多好啊」！

第三個故事：羅伯特．喬丹，在大學裡教授西班牙語，對西班牙頗有感情。西班牙內戰爆發後，他志願到西班牙參加了政府軍，並深入敵後，聯繫山中的游擊隊，預備炸毀一座大橋。

在老嚮導的幫助下，羅伯特和游擊隊長接上了頭。游擊隊長在反法西斯的鬥爭中，一直表現得堅毅剽悍，有領導風度，可羅伯特見到他時，卻發現戰爭已經讓游擊隊長變成了一個安於現狀，不敢惹事的膽小鬼。對於羅伯特炸橋的計畫，他非常抗拒，怕惹了事，以後山裡也混不下去了。

游擊隊的壓寨夫人倒是個熱血的女人，她覺得游擊隊就應該為共和國戰鬥。在大家的努力下，終於壓服了游擊隊長的懦弱，及時完成了炸橋的計畫。羅伯特在撤退的過程中負傷，他勇敢地要求留下來斷後，最後獻出了自己的生命。

從羅伯特找到游擊隊到炸毀大橋，也就是不到三天的時間，就在激烈的三天裡，羅伯特不僅要跟游擊隊長鬥爭，策劃爆破，還愛上了一位姑娘瑪麗亞。短暫愛情結束的非常淒美，受傷決定就義前，羅伯特命令瑪麗亞離開「只要我們倆有一個人活著，就有我們兩個」。

臨死前羅伯特想到：「我為自己信仰的事業戰鬥了一年。我們如果在這裡獲勝，就能在每個地方獲勝。憑著最後這幾天，你過的一生比誰都不差。」

在松樹林裡，羅伯特希望在死前能多打死幾個敵人，遠遠地他看著敵方的中尉策馬而來，「他感覺到自己的心臟抵在樹林裡的松針地上怦怦地跳」……

這三個青年都是他們身處那個時代的代表，可如果組合在一起，他們就代表一個人，他叫海明威。以上三個故事，出自海明威的三部著名作品《太陽照常升起》、《戰地春夢》和《戰地鐘聲》。雖然是三部小說，但這三個主人公的經歷，作者大部分都有。

海明威出生在伊利諾州一個頗有情趣的醫生家庭。七個月時，舉家遷往密西根的瓦隆湖。海明威在湖邊的農莊長大，最愛打獵、釣魚、露營、親近大自然。

求學期間，海明威德智體美勞全面發展，高中畢業，他居然放棄了大學，進報社當見習記者。

海明威去上班的報紙是《堪城星報》，是美國當時非常有份量的紙媒。六個月的記者生涯，海明威最大的收穫是，學會用簡潔生動的新聞筆法寫小說，這個特點貫穿了他其後的創作，成為海明威最鮮明的文學特徵。

美國進入「一戰」，海明威熱血沸騰想參戰，因為眼睛有問題，只好做後勤，他到了義大利開救護車。在一次執行任務時，海明威負傷，在米蘭醫院，他的身上取下了兩百多塊碎彈片。那時候，海明威還不到十九歲，他應該是從此留下了嚴重的戰爭創傷。

一九二一年結婚後，海明威作為星報的外派記者常駐巴黎，在這裡，碰到了對他的文字生涯頗有影響的女人。

「女地主」們大約都讀過亦舒的著名長篇小說《玫瑰》，亦舒長篇很少，《玫瑰》比較醒目，中間有一句話讓人印象深刻：玫瑰是一朵玫瑰是一朵玫瑰。

亦舒受的是英國教育，她做不到瓊瑤那樣，舉手就能拿「才下眉頭，卻上心頭」，或者是「心似雙絲網，中有千千結」這樣的古典詩詞來點綴，但她會引用英語名句，「玫瑰是一朵玫瑰是一朵玫瑰」這句話，在英美文化中的知名度，絕對不低於中國文化中，瓊瑤引用的那幾句。這句名言，出自格特魯德．斯泰因，美國史上地位非常特殊的女作家和詩人。

斯泰因是生於美國的德裔猶太人，人生大部分時間旅居法國，她在法國巴黎花園街二十七號創立了一個著名的文化沙龍，收集新銳的藝術作品。斯泰因眼光獨到，見識卓絕，她是天才的藝術鑒賞大師，她的沙龍在當時的「左岸」地區，有巨大的影響力。她定期組織藝術家文學家聚會，使她的沙龍有聖殿感，讓許多有藝術理想的年輕人趨之如鶩。於是，經她點評鑒定過的畫匠、文人，慢慢地都走上了大師之路，比如畢卡索、馬蒂斯、海明威。

為什麼斯泰因是最能發掘大師的，因為她是先鋒派教母，她的先鋒不僅領先於她的時代，甚至可以說領先於我們的時代，二十世紀初，斯泰因就和她的同性戀人高調地出雙入對，甚至兩人還舉行了婚禮。

二十三歲的海明威拿著自己的作品誠惶誠恐地送到斯泰因面前，斯泰因犀利地指出：你們都是迷惘的一代！這句話對海明威來說如佛旨綸音，他恭敬地將它放在第一部長篇小說《太陽照常升起》的扉頁上。從此，海明威和費茲傑羅這撥喜歡描寫花天酒地生活的作者們，就以這個光榮稱號自詡了。

斯泰因曾說：英國文學締造了十九世紀，美國文學締造了二十世紀，而我，締造了美國二十世紀的文學！這說法也許囂張也許狂放，但不能不說，從海明威身上看來，斯泰因和她指點的這幫人，的確是打開了現代藝術的氣象。

海明威在名聲鵲起後離開巴黎，回到了美洲，在佛羅里達州和古巴兩地生活。「二戰」前他到了非洲，那段經歷促成了著名小說《乞力馬札羅的雪》誕生。

西班牙內戰開始，海明威以戰地記者身分進入前線，「二戰」爆發，他活躍在歐洲戰場和太平洋戰場，再次負傷，再次親身經歷硝煙和殘酷。

一九四〇年，海明威出版了小說《戰地鐘聲》，儼然已成為大家。其後，海明威奇怪地蟄伏十年沒有精彩的作品出現。一九五〇年，海明威寫出《渡河入林》——反映「二戰」後威尼斯的作品，招惹罵聲一片，都知道這個老夥計健康狀況不佳，精神也不太爽利，猜想定是江郎才盡了。

被批評壓抑得相當難受，兩年後，海明威在古巴拿出了他的雪恥之作，他的最後一部小說，偉大的《老人與海》！

一位老漁夫，獨自出海，八十四天無所獲。第八十四天，他釣到一條巨大的馬林魚，比他的小船還長兩尺，為了征服這條「巨獸」，老漁夫進行了兩天兩夜的纏鬥，終於將魚刺死，拴在船頭返航。返航時，他遭遇了鯊魚，再次殊死搏鬥，結果大馬林魚還是被鯊魚吃掉，老漁夫拖著魚骨架回到家。

結合海明威當時的境況，這故事一看就是寫他自己。不管生活（大海）給他什麼樣的困難，也許八十四天都一無所獲（十年沒寫出作品），打了一條巨大的魚（《渡河入林》），還被吃得只剩骨頭（慘遭批評）。但是，老漁夫還是拖回了骨架，告訴所有人，拼過了，贏過了，「人可以被摧毀，但不能被打敗」。

名著這東西，一萬個人讀有一萬種理解，《老人與海》是個中篇，解構它的文字加起來至少有它百倍厚度，大海象徵什麼、馬林魚象徵什麼、鯊魚象徵什麼，都能解讀出無限多的意味，我打賭海明威寫的時候，絕對沒想到這麼多。

有人過度解讀是好事，《老人與海》就是那條大馬林魚，不過海明威完好無損地把它拖回家，贏得漁村一片喝采。因為這部作品海明威獲得一九五三年的普利茲獎，一九五四年的諾貝爾文學獎。

都喜歡老漁夫的角色，因為他堅韌硬朗死不服輸，是個硬漢，大家聯想到，其實海明威塑造的所有角色，都挺硬漢的。亨利勇敢地逃離了戰場，帶著心愛的女人找尋一個安全的地方是硬漢；傑克在紙醉金迷的生活中身殘志堅，一直知道自己要什麼，很堅持，也是硬漢；羅伯特不用說，更是硬漢。再聯想到海明威自己，參加兩次大戰，獲得過十字獎章、銀質獎章、紅色英勇勳章，身上有兩百七十三處傷痕，經歷四次婚姻，他本身就是硬漢啊！

喜歡塑造硬漢的美國作家有兩個，海明威和傑克・倫敦，這兩位給硬漢最好的注腳就是能控制自己的命運，尤其是死亡。

一九六一年七月二日，海明威將自己最愛的鑲銀雙管獵槍放進嘴裡，扣動了扳機。

海明威是歐美文學界的大宗師，對後來的中外文人影響巨大，關於寫作，他提出了一個冰山理論：冰山運動之雄偉壯觀，是因為他只有八分之一在水面上。八分之一是作者看到的，八分之七雖然沒有寫出來，但是讀者也能感覺到。老楊理解為，點到即止引發讀者無窮聯想即為美。所以海明威的作品，一直以簡潔凝練著稱。也許對於海明威的故事和作品，我們也只是了解冰山一角而已。

十一、搖擺時代

不如跳舞

在通俗音樂產生前，欣賞音樂還是有等級和壁壘的。比如上流白人喜歡古典音樂，如歌劇和交響樂，下層民眾尤其是黑奴自己唱點家鄉小曲。爵士樂終於讓社會各階層的品味統一了，音樂只有好壞之分，沒有高端和低級的區別。流行音樂似乎是能覆蓋多種族各階層的一種文化氛圍，所以在它誕生後，被拿來成為時代的稱謂，二十世紀二〇年代的美國是爵士樂時代，其後的三〇至四〇年代，被稱為搖擺樂時代。

爵士樂也分很多種，既然已經出現了現代舞蹈，肢體可以隨性而舞，不需要僵化地服從芭蕾或是社交舞的規則，那麼伴奏的音樂就需要更律動更解放了。爵士樂中有一種「熱爵士」，可以讓人跟著音樂扭擺身體。到了三〇年代，大蕭條開始，人們更加需要情緒宣洩。黑白爵士樂者各展所長，開始將一些老爵士曲改編，加入更多的樂器更多的節奏變化，聽上去節奏活躍帶著點兒挑逗，讓人身體忍不住跟著swing的搖擺樂（swing）就出現了。

蕭條和大戰中的壓抑氣氛，使搖擺樂迅速風靡全美，打仗不如跳舞，吃飯不如跳舞，談戀愛不如跳舞，「沒有搖擺，生活毫無意義」這是當時的一句著名歌詞。

班尼．固德曼的樂團，是搖擺樂時期最紅的流行天團，固德曼本人更被稱為「搖擺樂之王」。爵士樂成為白人的玩意兒後，總想把黑人排斥在外。固德曼率先啟用黑人樂手，讓自己的樂隊呈現獨特的黑白配，而黑人的音樂表現力是怎麼遮掩都藏不住的，漸漸地，其他樂隊也開始雇傭黑人上場。

四〇年代有首搖擺樂的作品非常紅，王家衛在電影《重慶森林》中用來做過插曲，來自格倫．米勒樂隊的 *In the mood*，網上可以搜到，大家一聽就熟悉，《重慶森林》絕對不是唯一借用過的作品。這首曲子在四〇年代，是當之無愧的美國神曲，格倫．米勒在慰問軍隊過程中不幸喪生，更為他的作品增加了特殊意義。

爵士樂風行全國，不僅在酒廊在舞廳，大家隨著音樂搖擺，好萊塢更是要緊跟浪潮，將流行音樂融入電影中。

電影最早誕生時，只有連續的圖像。史上第一部有聲電影出現在一九〇〇的法國巴黎，聲音和畫面實現同步搭配的有聲電影，二〇年代後在美國出現，正式開啟了有聲電影時代。既然有聲音了，對電影裡的音樂就有要求了。

一九四四年，一部好萊塢大片問世，讓觀眾大呼過癮，這部老電影，現在看都絕無過時感，它是米高梅公司出品的《出水芙蓉》。

《出水芙蓉》是一部愛情喜劇。流行音樂作曲家史蒂夫被派到加州創作《水上慶典》的音樂，史蒂夫一到加州，就和花樣游泳的教師卡洛琳一見鍾情並閃婚。史蒂夫的經紀人怕史蒂夫耽誤了工作，就讓一個過氣女演員帶著三個孩子自稱是史蒂夫的家屬，大鬧婚禮。卡洛琳氣急而去。史蒂夫為了追到卡洛琳跟她解釋，進入只有女學員的游泳學校上課，鬧出很多笑話，最後兩人冰釋了誤會，《水上慶典》也如期完成，卡洛琳成為主演，電影在一場美侖美奐的盛大水上歌舞中結束。

除了劇情討喜，畫面養眼，《出水芙蓉》最突出的特色就是配樂，影片改編了幾首世界名曲，與劇情完美契合，相得益彰，很多改編都成為後世的經典，啟發了大量的電影音樂人。

對一九四四年的電影技術來說，能拍攝這樣一部大型音樂歌舞片，讓所有人驚豔。《出水芙蓉》是中國最早引進的幾部好萊塢大片之一，九〇年代前後，我們看到這部電影時，除了電影那些高貴學院派的配音腔，更讓我們記住的，是女主角埃斯特．威廉斯的泳裝造型，雖然穿得保守（當時還沒有比基尼），身材卻是完美絕倫，尤其是那個時代流行的小豐滿，胖胳膊粗腿正表現出少女健康的活力，一定能讓現在以瘦為美的嫩模們相形見絀。

根據統計資料，自從電影誕生以來，它受經濟危機和社會蕭條的影響不大，很多時候，越是經濟形勢不好，電影產業還能取得顯著發展。不光電影，文化產業都有這樣一種特徵，人在鬱悶不得志時，尤其需要娛樂產品的安慰。

從大蕭條開始到「二戰」結束，好萊塢電影取得了非常大的成就，好電影不少，大明星更是如雲。老明星比較優勢的是，我們只看到她們留存於影像中驚人美麗的容顏，沒看到歲月這把殺豬刀對她們的蹂躪，二〇年代活躍在好萊塢的英格麗．褒曼、葛麗泰．嘉寶、麗塔．海華絲、加里．格蘭特到現在依然是毫無爭議的「女神」「男神」。

電影不光是漂亮面孔撐起來的，貌不驚人的演技派更是中樞。在有聲電影時代，背景音樂和臺詞為角色增加了很多魅力，但在無聲電影時期，要想表現角色，純靠演員的肢體和眼神，那才是最見功夫的表演。

一九一四年，電影《陣雨之間》中的一個角色引起了關注。片中主要人物是個叫夏爾洛的流浪漢，他帶著小禮帽，穿著皺巴巴的短上衣，肥大的褲子，大頭皮鞋，拄著拐杖，邁著八字步，明明是個吃了上頓沒下頓的流浪漢，還總端著個紳士範兒。

這個形象一說大家都知道，這是卓別林啊。對，這就是卓別林和他的經典形象第一次為美國人民所認識，他是一九一二年，才從他的出生地英國倫敦到了美國，並留在好萊塢成就了一個喜劇大師的事業。

卓別林年幼喪父，母親還是個精神病患者。卓別林塑造的流浪漢形象生動鮮明，是因為他成長時漂泊潦倒的各種經歷。這個流浪漢伴隨著卓別林電影的成長，讓卓別林的主要喜劇影片成為夏爾洛的系列，也成為永恆的喜劇經典。

一九一八年，卓別林自己的電影公司落成，卓別林放棄了硬搞笑，他開始為他的電影帶入思想，幼年時的遭遇和他看過的人生百態，在他有能力之後，必然是要抱怨一下的，從此他的電影就帶著明顯的批判現實主義特色。

卓別林是在電影有聲到無聲時代過渡的重要人物，他的最後一部默片是《摩登時代》，緊接著就是第一部有聲電影《大獨裁者》，這兩部電影在影史都有豐碑般的地位。尤其是他最成功的作品《大獨裁者》中，卓別林塑造的搞笑版希特勒的形象，至今深入人心，無法超越。而默片演員出身的卓別林，在電影中「開口說話」後，模仿希特勒的口音誇張地表達，讓人看到了他天才的表演功力。這部電影誕生在一九四〇年，希特勒勢如中天，卓別林雖然沒有指名道姓地諷刺，但用了大量地顯而易見的影射，表達了自己的立場和態度，一位有立場和態度的演員，就不再是普通演員了，他必須是藝術大師。

流浪漢夏爾洛很像一個漫畫形象，當時的配套產業不發達，卓別林完全可以以夏爾洛為主角開發出漫畫系列以饗讀者，當時的人可能是覺得，漫畫動畫啥的，是小孩玩意，沒價值的。

其實，一九二七年的好萊塢，有套動畫電影挺賣座的，叫《幸運兔子奧斯華》，作者華特・迪士尼，來自堪薩斯的天才畫家。

兔子很幸運，迪士尼卻不幸運，他的發行人見有利可圖，就想把兔子據為己有，迫使迪士尼降低薪酬創作，因為發行人擁有兔子的版權，如果迪士尼拒絕，他將永遠失去這隻「幸運兔子」。

迪士尼被擠兌後，下定決心設計出只屬於自己的動畫形象。他想到他早年在堪薩斯的卡通設計公司打工時，條件艱苦，經常有老鼠跳上桌子，吃他的東西。他回憶著老鼠的形象，不知不覺就加入了自己的感覺和表情，大家的老朋友米奇老鼠就這樣問世了。

以米老鼠為主角的第一部卡通是《飛機狂》，雖然是無聲動畫，也讓米奇一炮而紅。有聲時代的第一部米老鼠動畫，我們都看過，叫《汽船威利號》，小時候，周日傍晚六點，中央電視臺會給我們半個小時的幸福時光，《米老鼠與唐老鴨》開場的第一幕，米老鼠站在一艘船上轉著舵，就是《汽船威利號》，不過那時候的米老鼠尖嘴猴腮，沒有他「整容」後憨態可掬，親切可愛。

當時的動畫片，都是在正式電影放映前放一小段，純為暖場消遣。一九三七年，迪士尼公司拍攝了史上第一部動畫長片《白雪公主和七個小矮人》，終於將孩子們拉進了電影的主要消費群體中。

米老鼠帶給迪士尼的事業成功簡直不可想像，迪士尼出品的經典電影更是多不勝數，那些故事、角色、音樂陪伴我們少年到青年到中年，估計老楊老的時候，還是會去影院追迪士尼的新電影，在我認為迪士尼的公主系列電影已經青黃不接的時候，二〇一三年的3D大片《冰雪奇緣》又展現出了迪士尼公司全新的創意，再造一個輝煌。

一九五五年的七月十七日，在加州的阿納海姆，第一座迪士尼主題樂園落成，此後，迪士尼樂園就成為大小孩子們的朝思暮想。世界上最辛苦而又甘之如飴的事之一，就是烈日當空下，在迪士尼樂園各項目門口排長隊。新興的大都市，都希望能在城內擁有一座迪士尼樂園，以提高城市競爭力。咱們的上海已經動工開建，中國的孩子們不用再出國去探訪米奇和唐老鴨了。

意識流裡漂

文化產業發達不光是唱歌跳舞看電影就夠了，沒有智慧手機、平板電腦時，出門在車上、睡前在床上、廁所蹲馬桶上，還是要看書的。這是海明威的時代，其他的大家也不少，雖然他們的作品你不一定想看。

二十世紀初，美國有個心理學家叫威廉·詹姆士，一般認為，這個夥計算得上是第一位美國本土的哲學家了。詹姆士研究的那些東西，怎麼講都不好懂，他創造了美國心理學會，他的心理學著作是現在美國大學裡的標準課本，前面說到的先鋒派女王斯泰因，就是詹姆士的學生，從這個學生的作派看，老師自然也不是省油的燈。

《論內省心理學所忽略的幾個問題》是詹姆士的著作之一，看書名我們就沒勇氣研究它的內容了。在本書中，他寫了這麼一段話：「意識並不是片段的連接，而是不斷流動著的。用一條『河』或者一股『流水』的比喻來表達它是最自然的了。此後，我們再說起它的時候，就把它叫做思想流、意識流或者主觀生活之流吧。」

這就是「意識流」的來歷，以意識流受推崇的程度來看，詹姆士教出來的牛叉學生，肯定不止斯泰因大媽一位了。

從意識流這個說法誕生到四〇年代，是歐美意識流文學的一個巔峰，出自法國作家馬塞爾・普魯斯特之手的七部十五卷皇皇大作《追憶似水年華》幾乎是這個流派的代名詞。在意識流的發源地美國，當然也少不了跟普魯斯特一樣，會用「斷片兒」的方法寫小說的人。

威廉・福克納扛起了美國意識流文學的大旗。因為出身於南方豪門，祖上曾是種植園主，福克納的作品帶著深刻的南方痕跡，也就有了美國南方文學的說法。

南北戰爭前，南方是傳統地主老財的天下，他們奉行歐洲的貴族騎士傳統，在娛樂方面也假惺惺的，對於文字的偏好，首選也是來自歐洲抑揚頓挫的詩歌。隨著戰後南方傳統被擊潰，也出現了一些作家開始寫小說。

南方有種植莊園裡大宅門故事，有黑白人之間的種族故事，還有戰敗後不少世家「貴族」沒落的故事，帶有天然的悲劇美，題材吸引，素材繁多，很適合寫小說。

福克納的作品既然被冠以南方文學，他寫的，也大概就是這些內容了。一九二九年福克納最成功的作品《喧嘩與騷動》出版，就是講訴一個沒落南方家庭的故事。

關於一個大家族中許多人物的故事，我們讀過不少，作者功力稍微差點，讀者就會因複雜的故事和交織的人物頭暈，而要讀一部用意識流的手法寫成的這種小說，挑戰更大。《喧嘩與騷動》還不算是福克納最複雜的作品，公認最深奧的作品是《押沙龍·押沙龍！》。這兩部神作，老楊都沒有讀過，作為一個偏頭痛患者，老楊對意識流的作品敬而遠之，本書也就無法詳細介紹了。

一九四九年，福克納獲得了諾貝爾文學獎，也就是說，不管你能不能讀懂他的作品，人家的江湖地位已經擺在這裡了。

福克納最轟動的作品《喧嘩和騷動》出版時也就印了一千餘冊，證明當時美國的讀者，像老楊這樣的偏頭痛很多。南方文學那麼多好題材，怎麼就不能寫點通俗易懂隨大流的作品呢？《飄》來了！福克納一輩子寫了二十部長篇小說和近百部短篇小說，瑪格麗特·米契爾一輩子就寫了這一部。

新世紀之初的一九〇〇年米契爾生於南方名城亞特蘭大的一個律師家庭。一八六四年十一月十五日，謝爾曼將軍放的那場大火，成了所有亞特蘭大人最銘心刻骨的歷史。幼時的米契爾就喜歡聽有關那段日子的各種傳說，她很好奇，她專門找老兵一起騎馬散步，就為打聽那個戰爭歲月的細節，她率真而野性，假小子性情。

世紀之交時，美國的女性們開始為自己的權益爭取，米契爾的外婆曾是亞特蘭大最激進的女性組織的負責人，經常在公共場合站在凳子上演講，伸張女性權益，公開批評男人的不作為。米契爾的媽媽也遺傳好拋頭露面的性格，有機會就喜歡公開演講，還時常帶著女兒一起去。

十八歲時，米契爾出落成一個嬌小玲瓏的南方美女，情竇初開，愛上了英俊儒雅的年輕軍官亨利少尉。不幸的是，殘酷的「一戰」奪去了亨利的生命，從此米契爾的生命裡就永遠有一位她深愛卻又得不到的男人。

第二年，一場流感奪去了母親的生命，家裡似乎失去了支柱。米契爾不得不從大學退學，回到家裡主持家務，她成了幾個男人的主心骨，她必須堅強。

米契爾堅強的方式是變得不羈和放縱，藐視規矩，特立獨行，為所欲為，對一個大家閨秀來說，難免不遭人非議。

在南方的社交場上，「壞女孩」米契爾很快跟「壞男人」互相吸引，厄普肖是個名聲不佳的私酒販子。所有人都反對米契爾的選擇，可米契爾就是堅持嫁給厄普肖。不被長輩看好的婚姻一般都不長久，沒多久，厄普肖就拋棄米契爾而去，失敗的婚姻再次讓米契爾飽受創傷。

米契爾是幸運的，她雖然「作」，愛她的男人卻還在等她。這個叫約翰．馬什的男人是米契爾前夫的朋友，在米契爾嫁給厄普肖之前，他就暗戀她。馬什雖然是個廣告人，但他獨具慧眼發現了米契爾的文學才華，在他的支持鼓勵下，米契爾進入《亞特蘭大通訊》，成為一個報紙專欄作家，而且在不久之後，成為該報的著名作者，亞特蘭大著名女報人，大牌記者。

上帝的安排總是奇妙的，一九二六年，米契爾駕車外出遭遇車禍，弄傷了腳踝。她不能去報社打字，這個好強的女人只能賦閒在家，日漸消沉。馬什一邊養家糊口，一邊還要照顧妻子的情緒，他發現最開始妻子還靠閱讀打發時間，最後漸漸讀書少了。有一天馬什對米契爾說：圖書館沒有你喜歡的書了，乾脆你自己寫一本來讀吧。

就這樣，馬什為米契爾打開了一扇大門，敞開了一條全新的道路。從一九二七年到一九三六年，馬什白天上班，晚上審核米契爾的書稿，他從不會因為經濟上的拮据讓米契爾分心，雖然壓力挺大，他自己的事業也並沒有耽誤，馬什在當時的亞特蘭大算是成功的廣告人。十年的辛苦，互相扶持，不斷鼓勵，這份愛情的結晶就是《飄》的隆重問世。米契爾引用美國詩人歐尼斯特・道森的一句詩，將小說的題目改為*Gone with the wind*（「隨風而逝」漢譯名為《飄》）。

這樣一部流行到世人皆知的作品，本書就不贅述它的內容了。讀者們已經發現，郝思嘉的經歷似乎就是米契爾本人經歷的翻版。一個有點兒傲嬌有點兒虛榮的南方小姐，經過離喪、戰亂、失戀、失婚、創業、重建各種磨難，一步步激發出她內心的強大和堅韌，戰勝自己野蠻生長，最後終於擺脫所有的束縛和枷鎖，讓女性的自我價值充分實現，這個結局，也許正是米契爾的外婆和媽媽最想看到的。也因為這個，郝思嘉成為古今中外文學史上最令人著迷的女性形象。

《飄》出版後，米契爾獲得的，是巨大的成功。到一九三六年末，《飄》已經銷售了一百萬冊，最瘋狂的時候，日銷量達到五萬冊，一年達到兩百萬冊。根據一九九〇年的資料，《飄》的總發行量超過兩千八百萬冊，這中間的盜版還不知道有多少。它應該是美國史上前無古人的爆熱暢銷書。好萊塢第一時間高價買下了版權，並開始策劃投拍電影。

跟其他所有的暢銷書投拍一樣，選角是最大的難題。郝思嘉和白瑞德，在讀者心目中如同天上嫡仙，哪個凡人自不量力敢接演呢？

在兩年的時間，好萊塢有點姿色的女演員都參加了試鏡，最後，「郝思嘉」落在一位來自英國，名不見經傳的小演員費雯麗頭上。電影公司對這個選擇心裡沒底，但又找不到更合適的人選。

根據原著小說，郝思嘉有一雙綠色的眼睛，費雯麗的瞳孔不算嚴格意義上的綠色，但在最華彩的亞特蘭大大火那場戲中，在沖天火光映襯下，費雯麗的雙眸宛如一對綠寶石般熠熠生輝。據說就是這個，讓費雯麗最終成為了郝思嘉。

至於克拉克蓋博，他出演的過程沒那麼複雜，從最開始，很多人就看好，蓋博那種帶點邪氣的性感不羈正是白瑞德。

距一九三九年耶誕節還有十天的時候，終於拍攝完成的《亂世佳人》公演，華納公司特地將首映地選在亞特蘭大的洛伊大劇院。當天的亞特蘭大洋溢著節日的氛圍，從演員們下榻的酒店到劇院，沿途飄灑著彩紙屑，內戰時的南方歌曲響徹全城。

費雯麗和克拉克蓋博的出現，已經讓現場觀眾尖叫瘋狂，可更大的轟動還出現在作者米契爾出現的時段，也許在大多數讀者心目中，米契爾才是真正靈魂意義上的郝思嘉。

這對一般人來說，《飄》的出版是夢想都不可企及的巔峰，但如果你當時告訴米契爾，這就是她一生的最高處，她肯定不願意接受。事實是，《飄》如此的成功，透支了米契爾所有的才華和精神，她後來的人生都為《飄》所累，她無法再寫出其他的作品。

一九四九年，還不到五十歲的米契爾去看電影的路上，被汽車撞倒在地，流血過多而死。馬什和米契爾只留下《飄》這一個孩子，他們沒有精力再培育撫養另一個孩子。

十二、誰啓動了冷戰

一九四五年四月十二日，收到羅斯福死訊的埃莉諾第一時間接見了副總統哈里·S·杜魯門，埃莉諾通知杜魯門，總統仙逝。杜魯門說：我已經知道了，有什麼能為您效勞嗎，夫人？而埃莉諾反問他：我們有什麼能為您效勞嗎？現在最困難的是你！

埃莉諾看著杜魯門，該剎那應該是帶著些同情的，這麼大的一個國家，這麼紛亂的時刻，涉及全世界各種事務，都要一股腦砸在這枚看起來資質平平腦袋上了，而他還一副毫無準備稀里糊塗的模樣。

杜魯門一輩子忙了很多事，對他各種評價都有，爭議也大，但他有一點是公認優秀的，那就是很會穿衣服。因為他的第一份事業是小服裝店的老闆。據說他加入民主黨的原因是因為共和黨的財政政策導致了他的小服裝店倒閉。

傳說在羅斯福第四任競選時，民主黨內權衡各種關係，給他配備了一個中規中矩溫和無害的副總統杜魯門。但我不相信民主黨沒有考慮過，一旦健康狀態極差的羅斯福，撐不過這一任期，副總統是否能接下羅斯福的「王位」。

所以，雖然杜魯門只做了八十二天副總統，他甚至都沒機會跟羅斯福交流，但他出人意料地並沒有弄砸了羅斯福剩下的任期。

美元遏制「紅流」

不用熱身，杜魯門一上臺就很熱，他果決地送了日本二顆原子彈，逼日本投降，從而避免了美國大兵的登陸戰和日本人的「一億玉碎」，以極高的效率先結束了「二戰」。

但如果說到總統和關鍵字，那麼跟杜魯門搭配的，肯定是冷戰。他是一結束熱戰就開啟了冷戰。

到底冷戰是怎麼開始的，這是兩種意識形態可以爭論到下個世紀的話題，如果其中的某一方沒有被消亡的話。

以咱家的立場，那是資本主義對共產主義的天生敵意和恐懼，使他們必須將共產主義扼殺，而以杜魯門這個積極激進的反共份子為甚，所以他一旦獲得權力，必定對共產主義下手。

既然是美國歷史，我們看看美國人怎麼說。

跟英國人一樣，如果非要在德國人和蘇聯人之間選一個朋友，大部分人會選擇德國人，即使德國人墮落為撒旦。作為副總統的杜魯門不掩飾這個想法：如果德國比蘇聯強，我們就幫蘇聯；如果蘇聯比德國強，我們就幫德國；盡可能讓他們自相殘殺，儘管我不希望看到希特勒獲勝。這是德國進攻蘇聯時，杜魯門的公開講話，當然他隨後趕緊收回來並澄清了。

「二戰」中美蘇英三國首腦聚會了好幾次，羅斯福最後幾乎是被史達林氣病了，但這麼多年處下來，羅斯福還是感覺，史達林不是不可理喻，這老夥計偶爾是可以講道理的。

杜魯門不敢苟同，因為對於史達林領導蘇聯在「二戰」中的浴血奮戰，他顯然沒有羅斯福那麼感同身受的理解，在杜魯門看來，蘇聯就是個強盜國家，史達林自然是個強盜頭子。以至於在他初出茅廬，頂替羅斯福去波茨坦開會時，他覺得，要沒有原子彈在手，他都沒辦法跟強盜頭子溝通。

原來說過，共產主義有個特點，它是一項全球事業，所謂國際共運。它的目標不是一城一地，而是全球遍插共產主義的大旗。在這個思想指導下，蘇聯讓東歐大面積「染紅」後，還預備對希臘、土耳其下手，也許西歐也是目標，看起來這就是是一種「侵略擴張」，似乎跟希特勒也沒什麼不同。公平地說，被「二戰」那樣摧殘過的蘇聯，就算史達林有這麼大的野心，他也沒這麼大的「侵略擴張」能力，美國人想多了。

一九四五年四月二十五日，三藩市國際會議上，五十個國家共同起草了聯合國憲章，聯合國成立了。美國國會以極高的效率通過了並加入了聯合國，成為了五大常任理事國之一。大家還記得威爾遜想要加入國聯時國會的糾結，這次國會居然這麼配合，證明了在全球範圍內血戰四年後，美國戰前的孤立主義已經徹底被打成渣了。

羅斯福在世時，曾有「一個世界」的夢想。羅斯福沒想過美國要統治全球，但他希望維持戰中的一個形勢：美國為全球提供商品，全世界都對美國「門戶開放」，這本可以成為孤立主義的替代品，成為美國對外政策的主要思路。

但杜魯門看來，有蘇聯人在，羅斯福「開放的新世界」的夢想就只能夢想了，歐洲現在面臨「紅魔」入侵，而既然美國一直佔據道德制高點，就應該是全人類的楷模，希特勒囂張就打希特勒，史達林太張狂，就應該遏制他。

一九四七年三月，在一次國會會議上，杜魯門公開發表了他的「新世界夢想」：美國的政策必須是支援各自由民族，他們抵抗著企圖征服他們的掌握武裝的少數人或外來的壓力……，我們必須幫助自由民族通過他們自己的方式來安排自己的命運……我們的幫助主要是通過經濟和財政的支持，這對於經濟安定和有秩序的政治進程來說，是必要的……

這個東西大家不陌生，這就是著名的「杜魯門主義」，正式宣告，美國要出山「主持正義」，要遏制共產主義在全球的擴張。怎麼遏制？不就是工人運動嘛，工人生活不好才運動，生活好了誰運動啊。只要西歐各國盡快走出戰爭陰影，恢復工業，恢復正常的資本主義「腐朽」生活，「紅魔」自然退避。

經過「二戰」，不論是經濟還是金融，美國都擁有強大的力量，任何國家望塵莫及。雖然人口只佔全世界的百分之七，可他擁有全球百分之七十五的黃金、百分之五十八的鋼、百分之六十二的石油、百分之八十的汽車，佔有整個世界一半的生產力，人均收入一千四百五十美元，領先瑞士、加拿大等第二集團一倍還多。

如果算上國家地位和手中掌握的原子彈技術，美國此時不是土豪，他家是頂級的權貴。

權貴做事有權貴的風範，一手甩錢，一手強權。

一九四七年，杜魯門委任了比較符合他要求的國務卿，在「二戰」中運籌帷幄的參謀長馬歇爾。

馬歇爾上任了，「馬歇爾計畫」就隨之而來了。一九四八年二月，捷克的「二月革命」，捷共取得了政權，讓美國國會不敢再磨嘰，馬上批錢，趕緊去歐洲佈施。

隨後的三年，一百二十億美金流入歐洲，到一九五〇年，歐洲的工業生產總值增加了百分之五十。歐洲的復興最大的受益國是美利堅，因為歐洲恢復了市場，又有了錢，他們可以繼續購買美國商品了。

美國看蘇聯很強勢，其實蘇聯也有hold不住的時候。比如南斯拉夫有個刺頭叫鐵托，雖然也是共產主義陣營的同志，可他就不願意受制於蘇聯，受制於史達林。連南斯拉夫這種鐵杆同志都會起異心，史達林就害怕，他和美英法共同佔領的德國東部地區，更是不穩定的（四國佔據德國的故事參看《德意志是鐵打的》）。從蘇聯佔據東部德國和東柏林，每年穩定地從這一地區獲得幾十億美金的收入，這個寶貝金疙瘩可不能丟。

為了乾脆直接囫圇吞下柏林，史達林在一九四八年六月封鎖了通向西柏林的道路，切斷了電力供應。

這在西方世界看來，史達林是亮出了刺刀，美國也預備好原子彈，要不要讓歐洲再次變成戰場？經過兩次大戰的政客們都學會了控制，美國選擇用彰顯空中力量的方式讓史達林收回野心。史上最壯觀的空運行動——柏林空運開始了。在十個月的時間裡，美國空軍向柏林投放各種物資兩千五百萬噸，維持了兩百多萬人的生命，如此的實力如此的財大氣粗，而柏林人對空中美軍飛機親人般的深情，終於迫使蘇聯放棄了封鎖，不久，德國正式分裂成兩個國家。

如果這也是一次戰爭，成本真是有點高，還辛苦，下次再有這種「亮刺刀」時刻，還是應該以暴制暴，直接訴諸武力，因此歐洲需要一支制衡共產主義國家的軍隊。

一九四九年，北大西洋公約組織成立，總部設在巴黎，艾森豪再次走馬上任成為盟軍最高統帥。十二個歐洲國家，打了幾百年，終於在此時願意攜手聯合在一起了。蘇聯趕緊也搞一個華沙公約組織表示了態度。

冰與火之歌

一九四九年，讓美國人鬧心的事很多，最大的一件，應該是蘇聯的原子彈成功爆炸了，美國人的核壟斷夢碎，杜魯門著急上火第二年就啟動了氫彈項目。其實氫彈或者更高端的武器，對人類已經不構成威脅了，因為只要捨得下手，原子彈已經足夠將地球打回蠻荒。

第二件傷心事也在這前後，一九四九年八月，美國國務院發表了《中美關係白皮書》，沉痛宣告：世界上最大的國家落入了共產黨之手，美國將停止援助中國國民黨。

羅斯福時代，美國人勾畫的自由、民主、開放的美好世界版圖中，中國是必不可少的一塊，那時美國政府對中華民國政府的支持是很真誠的。前後有二十億美元的各種援助進入蔣介石的政府，即使是國民政府敗局已定，大勢已去，杜魯門都不肯重新扶持一個「協力廠商」勢力，來挽救美國對中國的既定規劃。

美國人失去了中國，更需要在遠東地區扶持一個對抗蘇聯或者未來中國的力量，被打斷了脊樑的日本進入了美國人的視線。美國人很快放開了對這個戰敗國的各種限制，曾經懷著玉碎之心要與美國人同歸於盡的日本，感戴著美國恩典重生並騰飛。

一九五一年九月八日，日本與美國陸軍第六軍司令部在三藩市簽署了一份軍事同盟條約，全稱是《美利堅合眾國與日本國之間互相合作與安全保障條約》，也就是我們熟悉的《美日安保條約》，從此兩國正式結為同夥，美國公開罩著日本，日本可以舉著美國的「虎皮」到處得瑟。

面對這麼多的「外部威脅」，杜魯門感覺，有必要全面審查美國的外交政策，著名的 NSC-68 報告出爐了。報告指出，蘇聯人用國民生產總值的百分之十三・八投入國防，相比之下美國顯得太寒酸，以後美國人年國民生產總值的百分之二十用於同一用途，美國人要做到，不需要其他任何國家幫忙協助就能抵抗共產黨；在非共產黨的國家裡，建立美國的領導地位；不惜任何代價，利益和領土，也要阻擋共產擴張。

這份報告被國會批准後，美國向外的方式就完全不同了，於是美國在全球範圍內就有了幾百個海外軍事基地，百萬各種駐軍。

其實在一九四九年初，美國人對亞洲的態勢，頭腦還是清晰的。麥克阿瑟對記者公布了美國在亞洲的防禦邊界，他說，以前美國人就覺得防禦美國西海岸就行了，現在既然太平洋是我們美國人家的內湖，那我們的防禦圈子就要擴大一點了：沿著亞洲的海岸，從菲律賓開始，通過琉球群島，主要據點是沖繩島，然後彎回來穿過日本和阿留申群島到阿拉斯加。

這應該是島鏈概念的雛形，後來企圖禁錮中國出海的第一島鏈成型於五〇年代初，它是由日本群島、琉球群島、臺灣島、菲律賓構成的，其中臺灣島是核心。

麥克阿瑟公布「防禦邊界」時，蔣介石還沒有退守臺灣，美國人對臺灣和蔣介石的前途還沒有過多的考慮，所以臺灣在防禦圈之外可以理解。但，南朝鮮也被留在圈子外面，就很傷人心。

一九四五年，為打擊日本人，美蘇的軍隊都進駐了朝鮮，還都捨不得走。於是沿北緯三十八度線，大家平分了半島，被這倆大哥一折騰，又是兩個不同形態的國家。

一九四九年，蘇聯人先撤，可因為美國人還在，所以將一個擁有蘇聯裝備的，還算強大的軍隊留給北韓政府。半年後，美國人撤退時，扶持了對美國忠誠可靠的李承晚政府，美國方面感覺，他沒必要保留太強大的軍力，真有很強悍的軍隊他也不見得會用。

一九五〇年六月二十五日，金日成將軍就真的對南韓動手了，他決定消滅李承晚反動政府，將半島統一在主體思想的光輝下（主體思想正式提出是在一九五五年）。

金日成「悍然」出兵，肯定是得到了史達林的首肯，也許還得到了蘇聯方面的戰前策劃，想必蘇聯方面是不會承認的。

也有人說毛澤東支持金日成，證據是，當年咱家內戰時，有五萬朝鮮人加入了林彪的四野部隊，被編成三個朝鮮師參戰，一九四九至一九五〇年毛澤東先後將這三個師送還，此舉被認為是對金日成的鼓勵。冤枉了，首先是金日成強烈要求這三個朝鮮師，其次，毛澤東當時的主要考慮是北朝鮮可能會受到打擊；況且人家朝鮮人，早晚要回家的。

但不能不說，之前的朝鮮軍隊簡直不值一哂，拿出去主動挑釁鐵定自取其辱。這三個朝鮮師帶著生猛新鮮的硝煙味回國，其作戰經歷和作戰經驗可能是讓金日成果斷出擊的重要原因。

一九五〇年前後，新中國最大的軍事計畫和軍事行動，就是對東南部增兵，預備一舉解放臺灣島，在這個節骨眼上，毛澤東沒有任何理由慫恿金日成在半島動兵。

朝鮮出兵了，而且還驍勇得很，三天之後，就佔領了首爾。事後有史料表明，對於這次「不宜而戰」，中國政府跟美國政府知道的時間差不太多。

杜魯門在收到消息時的第一反應居然是將第七艦隊開進了基隆、高雄，防止解放軍解放臺灣島。美國一邊通知駐紮在日本的美國空軍協助韓國抵抗，一邊向聯合國要求，組建聯合國軍，去朝鮮伸張正義。

五大常任理事國，當時代表中國的是臺灣政府，所以能阻擾這支聯合國軍組建的，只有蘇聯那一票。可偏偏蘇聯的代表不在場，因為他們抗議臺灣政府代表中國，憤而離場了。在當時的情況下，到底是聯合國軍隊即將出戰朝鮮重要，還是中國政府的聯合國地位重要，相信蘇聯人自己也並不是拎不清，只是，史達林就這麼決定了。

史上第一支聯合國軍由十七個國家組成，美國軍隊是主導，麥克阿瑟是美國遠東軍的司令，自然就是這支聯合國軍的總指揮。

一九五〇年九月十五日，完美的仁川登陸，從後方被切斷的朝鮮軍隊立時潰了，幾天後，美軍就收復了首爾。

將金日成趕回三八線是舉手之勞了，問題是，打過三八線之後怎麼辦，是順理成章幹掉老金，將北韓收歸到民主世界來嗎？

當然，美國政府對麥克阿瑟微微點頭。唯一擔心的就是，中國政府怎麼反應，會不會開過來給老金幫忙？

麥克阿瑟認為，可能性很小。這是大部分美國人的分析，中國人幹嘛要過來呢，真要幫忙，老金一開動的時候，老美剛登陸的時候，都是中國人加入的良機，如今聯合國軍隊佔了上風，中國人幹嘛蹚這渾水呢？

這真是一塘渾水，但不蹚行嗎？美軍既然已經越過三八線，行動的性質就變了，這是美帝在剿殺一個共產主義陣營的兄弟，金日成在求助，史達林在施壓，美國的戰機已經在鴨綠江畔轟炸，那些捎帶的小破壞，誰知道是故意還是無意呢？若是北韓也淪為美帝的附庸，中國如何自處呢？不管我們現在怎麼分析，在一九五〇年底那個劍拔弩張心驚肉跳的時刻，毛澤東決定出兵朝鮮幫忙，我們還是要報以最大的理解。

對於打敗了被美國武裝的國民黨軍隊的「中國農民軍」，美國人其實是完全不熟悉的。美國人分析蔣介石之敗，全在於政府之腐敗，內部之混亂，對於「農民軍」的戰力，他們不想自己嚇自己。

隨著中國人民志願軍浩浩蕩蕩跨國鴨綠江，聯合國軍隊的潰敗就開始了，沒幾個星期，經過三次主要戰役，志願軍就越過了三八線，重新佔領首爾，一九五一年一月，志願軍停止追擊開始休整。

初出國門的中國軍人讓西方世界見識了他們的風采。國家初建，物質匱乏，入朝軍隊前後超過兩百萬，其衣食武器的供應很是艱難，朝鮮半島的隆冬時分，天寒地凍，一把炒麵一把雪是主要的能量來源，而這期間驚人的傷亡數字，也讓美國人膽寒，失去了首爾的美國軍隊，開始理解並同情蔣介石了。

趁著中朝聯軍休整期，物資補給不足，美軍發動了反擊。這是朝鮮戰場的第四場戰役，歷時八十七天，雙方傷亡慘重，但美軍向北推進了一百公里，中朝不得不保存實力撤回三八線以北。雙方你來我往的，都沒有收穫實質上的優勢，戰局在三八線附近膠著。

對於志願軍來說，將十七國聯軍阻擋在三八線外，已經基本完成了作戰目的。可金日成不高興，因為他的目的是統一半島，中國人為什麼不能一口氣幫他打到釜山去？更震怒的是麥克阿瑟，中國出兵已經在他預想之外，還出了這麼驍悍硬朗的軍隊更在他意料之外。作為一個統帥，此時他只想取勝，不惜任何代價，所以他申請，要對中國領土內的重要目標發動轟炸。

軍爺看事情簡單，政客們可不能跟著發瘋。三大戰役後，杜魯門就要求進入談判程序，因為如果真把共產黨的中國拖入戰爭，事態就嚴重了，美國人可能會稀里糊塗陷入一場「錯誤時間、錯誤地點和錯誤敵人的錯誤戰爭」了。

麥克阿瑟想將在外，軍令有所不受，杜魯門無奈之下，只好解除了他的職位，將朝鮮戰場的指揮權，交給李奇威將軍。

百分之六十九的美國人為麥克阿瑟叫屈，回國後，麥克阿瑟受到大批粉絲的歡迎。於是這位服役五十年的老兵又留了一句名言：老兵永遠不死，只是慢慢凋零！如果這傢伙不是預備著把咱家沿海地區炸個遍，老楊會給他一個很高的評價，現在，讓他慢慢凋零吧。

李奇威將軍是志願軍最強勁的對手，因為他發現了中國軍隊一個大bug。在研究了前面幾次戰役後，李奇威發現，志願軍的每一輪攻勢都只進行七天，第八天都一定會中止。這是為什麼？他很快想明白了，長途征戰還來回奔襲的志願軍，身上只能攜帶七天的糧食彈藥，也就是說，美國軍隊只要能咬牙頂住七天，局勢就會逆轉。隨後，李奇威又發現，志願軍為了躲避美國的空中打擊，喜歡在夜間發動攻擊，而夜戰不能摸黑啊，必須藉助月光。尤其是月圓的前幾夜，月亮會在午夜越發明亮。這就是著名的「禮拜攻勢」和「月夜攻勢」，勘破這兩大祕密後，美軍很快挽回了劣勢，這也是第四次戰役，中朝軍隊失利退守三八線的原因。

在更為慘烈的第五次戰役結束後，中國軍隊真是有點強弩之末的感覺了，聯合國軍隊也筋疲力竭，此時，中美都有了停火之心，在板門店開始嘗試接觸。可這場戰事不能全由中美控制，蘇聯人對這場惡戰似乎還沒看夠。在各種外部因素攪和下，韓戰還是且打且談延續到了一九五三年。

大家都知道，三年的血戰打下來，朝鮮半島的局面基本沒變化，雙方依然隔著三八線敵視。中國呢，失去了解放臺灣的機會，還因為這一戰跟西方主要國家結仇，被孤立了很多年；更不用說，現在的老金家還統治著朝鮮，隔三差五地跳出來讓大家難堪；美國人呢，剛剛結束「二戰」，好多回家的大兵，熱乎飯還沒吃幾口，又被派到亞洲受二茬罪。誰是受益方？蘇聯人賣了大量軍火，咱家欠他好多錢。日本人提供了好多物資，工業生產欣欣向榮。

客死異鄉的各國戰士到底有多少？不知道，所有的資料數字都不一樣，華盛頓朝鮮戰場老兵紀念碑上的數字是僅美國軍隊就傷亡五萬四千人，最近又說這個數字有誤。至於咱家到底有多少年輕志願兵的熱血拋灑在異鄉的冰雪中，不深究了吧。至今還有大量遺骸流落在朝不能歸鄉，不論這場戰爭的意義是什麼，未來有沒有其他的定性，這些戰士將永遠是最可愛也是最可憐的人。

民主黨潰敗

美國軍隊在朝鮮煎熬，談判又遲遲沒有結果，杜魯門的日子絕對不好過，時間還這麼緊，怎麼一轉眼就到一九五二年了，又是一個大選年。

八年對杜魯門來說太短了，他真忙了不少事。給西歐送錢，幫南韓打架，美國這個帶頭大哥的地位算是確立了。別忘了，還有一個重要區域需要美國去建立秩序呢，戰後上升最快的明星地域，就是中東，那裡滾滾地出產石油，已經成為美國越來越看重並依賴的地區，美國要在這裡扶持他最鍾愛的小弟——以色列。

猶太人在世界各地流浪了兩千年，這些無根的野草在歐洲各地被隨意踐踏，歷經若干次的驅趕，和各種規模的屠殺，這個民族幾乎成了被迫害的代名詞。

在十九世紀前後，猶太人終於明白，沒有屬於自己的國家，悲催的命運是不會更改的，不論這些聰明的猶太腦袋能創造出多麼驚人的財富和偉大的成就。

世界之大，哪裡可以為猶太人提供一片建國的土地？沒有，誰家都不富裕，猶太人在落寞中，總是要走到他們起源之地，上帝應許他們的地方——耶路撒冷，漸漸地，那裡形成了猶太人的聚居區，也成為世界各地猶太人的歸宿，尤其是「二戰」後，從集中營裡出來，劫後餘生，心中悲涼的猶太人。

巴勒斯坦地區擁擠了兩個民族，猶太人和阿拉伯人，都說這片土地是自家的。本來就是臥榻之旁豈容他人鼾睡，更可怕睡的還是異教徒。

聯合國出面調停，出了個笨方案，將巴勒斯坦地區分治，阿拉伯人一塊，以色列人一塊，還分得不太公平。阿拉伯人憤慨反對，以色列人倒是興高采烈，以極高的效率，最快的速度成立了猶太人的國家——以色列。就在以色列宣布成立後十幾分鐘，杜魯門的政府就宣布，承認這個國家，而後開始大手筆地對這個新國家提供不遺餘力地支持，一直到現在。至於以色列成立第二天中東就變成了戰場，那是後話了。

杜魯門力促以色列立國的主要動機是非常明顯的，猶太人已經成為美國政治經濟中一股不可忽視甚至主導的力量，猶太人的金錢是政黨不可或缺的支持，而猶太人的選票更是重要。

取悅猶太人還不夠，杜魯門是民主黨人。即使是到現在，美國民主黨和共和黨還是有一個很明顯的區別就是，民主黨比較在意人權平等方面的事，特別著意於社會福利的提高，比如歐巴馬天天念叨的全民醫保之類的東西。而以保守主義著稱的共和黨則覺得，過高的福利養懶人，而人的社會本來就是有高下優劣的，人權平等之類的東西，順其自然就好，不需要太執著。

經過內戰，黑人不用當奴隸了，還取得了投票權，但要讓美國人真正接受黑人，還早著呢。尤其是南方，嫌棄黑人是白人骨子裡攜帶的基因，什麼藥都治不好。法律說了，黑人和白人要平等，不要緊，我們努力跟他們隔離嘛。

於是在南方主要的公共設施中，就有了專門針對有色人種的活動區域，公車上黑人只能坐後面幾排，洗手間用黑人專用的，候車室也黑人候車區。黑白人不准握手，黑人不能從前門進入白人家庭，黑白通婚？那簡直是天方夜譚了。

而在就業方面，南方地區的公務員崗位，或是醫生律師這些「高尚」職業，休想看到一個黑人。

杜魯門要選舉了，他需要黑人的選票，南方他是不敢要求的，但作為軍隊的統帥，他可以先取消軍隊中的種族隔離，並向國會提出一系列民權法案，包括公平就業和取消公共場所及交通工具的種族隔離制度等等。

民主黨內來自南方的那股勢力不滿了，什麼情況？要幫黑人翻天？沒門！南方人憤而退黨，成立了所謂「州權民主黨」，我們稱他們為南方民主黨，他們推選了自己的總統候選人，預備跟杜魯門爭奪大位。

雖然杜魯門任內對黑人的地位，只是給予了些許的改良，但畢竟是讓他們看到了希望，總有更強大的人來完成這件事的。

（美國在一九五一年通過第二十二條憲法修正案，任何人被選為美國總統都不得超過兩屆。）

十三、兩個老頭的帝國

一進入大選年，候選人就被扒皮，從祖宗十八代開始被晾出來清算。杜魯門的自我操守沒什麼大問題，但在他的任期內，發生了政府官員貪污受賄的大案，尤其是涉及國稅局的案子，導致一百六十多人被解雇或者辭職。而總統本人也被掀出，早年第一夫人收受過他人贈送的高檔冰箱，那時候冰箱應該還算稀罕物，高檔冰箱就不知道高檔到什麼程度了？

到杜魯門這輩，民主黨執掌朝政二十年了，不能指望不出問題，其實在之前的國會選舉中，共和黨已經戰勝了民主黨，為收復白宮打下了堅實的基礎，而杜魯門又遭遇了一個強勁的對手。

雖然美國總統號稱是全國武裝力量總司令，可真真實實在戰場上當過總司令的總統，只有這一位，就是戰勝了杜魯門的艾森豪。

美國軍界不准參政，以第一五星上將退役的艾森豪去哥倫比亞大學當了校長，在很多人攛掇下，他加入了共和黨，滅了杜魯門。

既然加入政界，不用統帥三軍了，我們就可以稱呼總統的小名了，那比較容易，他叫艾克。

美國人的「白色恐怖」

戰後，國際上共產主義的紅流四處奔湧，美國人嚴防死守不惜對抗，但，這種思潮不可能不進入國內，如果美國國內發現了共產主義勢力冒頭，美國人預備怎麼辦呢？

「二戰」剛剛結束那一年，美國經濟並沒有完全恢復，只有崩潰前最高水準的一半。打仗時大家都懂事，戰事結束，生活的艱難就擺在面前了，而工人運動又是戰後的一股熱潮，所以美國工人上街了。其實工人運動只是個表象反應，從羅斯福時代，政客們就敏感到，政府內部，一定有些共產主義份子在行動，究竟是不是間諜，或者對國家造成了什麼程度的損害，就需要查一查。

美國有共產黨，也出來參加過競選，只是沒成氣候。杜魯門時代，美國共產黨也不到十萬人，對美國社會根本不構成有效的影響，就杜魯門本人的態度來看，這都不算個事兒。

杜魯門是民主黨人，民主黨人的想法跟共和黨不一樣。共和黨是保守派，從十月革命開始，共產主義就讓共和黨寢食難安。最重要的是，共和黨發現，杜魯門不在意的「共黨之禍」，在四〇年代末期，冷戰開始的思維下，是對付民主黨的一個重要武器。

在蘇聯的問題上操弄了幾次後，自由民主的美國公民對蘇聯產生了共和黨需要的態度，大部分人認為對蘇聯的政策不能軟弱。而藉著這個思潮，共和黨一舉拿下了一九四六年的國會期中選舉，重新控制了國會。

杜魯門馬上敏感到，對共產主義的態度，著實會影響自己的前途，他不能再被動，為了防止共和黨抓住自己政府裡的有關把柄，他主動提出建立「聯邦雇員忠誠調查臨時委員會」。

忠誠不忠誠，自己說了可不算，根據蘇聯、東德的經驗，一定要祕密調查，互相監督，互相揭發才有用。祕密調查就需要一些鬼鬼祟祟的配套機構，蘇聯有契卡，東德有史塔西，美國有嗎？

當然是鼎鼎大名的聯邦調查局。為了偵辦跨州的聯邦案件成立的調查局，在一九二四年，在約翰·埃德加·胡佛成為局長後，偵破解決了多起國家級大案要案，抓住不少聯邦要犯，尤其是戰中，對間諜的捕獲，使調查局成為真正的聯邦員警，影響力日增。它的大號FBI不僅是英文簡寫，更代表它的三大信條：忠誠（Fidelity）、勇敢（Bravery）、正直（Integrity）。

胡佛自己就是個反共份子，杜魯門一說要「忠誠調查」，他就如同嗑了藥。FBI頻頻高調發聲，都是在強調「赤色份子」對國家的危害。

FBI出手，效果立時顯現，一九四五年，就有六名地位顯赫的「通共洩密」份子被逮捕。一九四八年，投案自首的美國共產黨黨員錢伯斯指控一位高級官員阿爾傑·希斯是間諜，曾祕密搞了不少情報送到蘇聯去！

阿爾傑·希斯可不簡單，背景良好，形象體面，風度翩翩，個人發展也堪稱典範。他曾陪伴羅斯福參加重要國際會議，又就任聯合國美國代表團首席顧問，還是卡內基和平基金會的主席，在羅斯福的政府裡，這是個不能被忽視的人物，也算是民主黨的明日之星，完美的天之驕子。

揭發他的錢伯斯呢？中年胖子，有前科，他自己都承認自己就是個流氓混混，和阿爾傑·希斯站在一起，一個是雲，一坨是泥。

阿爾傑·希斯受指控後，不得不放下身段，多次與錢伯斯辯論，但在一九五〇年，他還是獲罪，被判五年徒刑。出獄後，天之驕子就算被毀了，餘生只剩上訪喊冤了，這個案子到現在也沒個各方面都能接受的說法。

希斯這樣的人物都能被拉下水，投機政客就發現，這一輪「反共大潮」，完全可以利用。其實大部分政客跟鳳姐一樣，只要自己不怕醜，總能站上屬於自己的舞臺。

這位美國政壇的「鳳姐」，大名叫麥卡錫。

麥卡錫是來自美國中北部的威斯康辛州，退伍後成為共和黨參議員。隨著一九四六年共和黨國會選舉的勝利進入參議院。麥卡錫絕對不是共和黨的驕傲，投機、酗酒、納賄，公認是個品質低劣的政客。知道自己名聲猥瑣，為了保住參議員的位置，他需要抓住點什麼。

一九五〇年，麥卡錫到西維吉尼亞惠林公開發表了一個演講，讓他一炮而紅。他說，美國「每一張床下都躲著共產份子」，政府裡有至少二〇五名共黨份子和間諜網成員，現在還在國務院擔任重要的工作，為國家制定著各種政策。麥卡錫演講時，手裡揮舞著一張紙片，據他說，那上面就是二〇五名「共黨份子」的名單！

這張紙片到底什麼內容，誰也沒見過，但麥卡錫的確製造了轟動，隨後他在其他城市發表同主題演講時，還是這張紙片，不過名單人數變成五十七個了。

從二〇五到五十七，這個空洞的數字沒引起大家的注意，所有人的關注點就是：美利堅的國務院已經被共產份子掌控了！

麥卡錫一夜成名，立時化身為美國國內反共產主義的領袖，帶領了一輪又一輪對共產份子的揭發、清查、抓捕。從麥卡錫的人品來看，這一輪他主導的清理行動，說沒有迫害就見鬼了。當然，共和黨將他作為武器投向民主黨的政府，也是他可以這麼張狂的原因。

反共的行動升級了，尤其是在蘇聯成功爆炸原子彈後，蘇聯如何竊取了美國絕密資料的質問甚為喧囂。只要肯查，總有線索。FBI很快逮捕了曾在美國核武器研究基地工作的羅森堡夫婦。羅森堡夫婦是美國共產黨，坐實了間諜指控。羅森堡夫婦拒不認罪，但以當時國內的氣氛，他們也無力自保。一向號稱公平公正的美國法院，在證據嚴重不足的情況下，判處了羅森堡夫婦死刑。

判決在當時引發了全世界範圍的抗議，愛因斯坦等科學家都辯解說，就算沒有美國人的資料，蘇聯人也搞得出原子彈，甚至羅馬教廷都出面替羅森堡夫婦求情。但此時的美國社會已然瘋了，扛不住這股瘋狂大潮的艾森豪，在就任後堅持了死刑判決，一九五三年六月，羅森堡夫婦被電刑處死。

麥卡錫鋒頭暴漲，成為該時段美國最有權勢的人，不管是杜魯門還是艾克，雖然打心眼裡看不上麥卡錫，可兩人誰也不敢得罪他，甚至對他唯唯諾諾的。

被麥卡錫攻擊還戴上帽子的人可不少，都是大名赫赫，比如前國務卿馬歇爾、原子彈之父歐本海默、著名喜劇演員卓別林、作家馬克．吐溫等頭面人物。中國人民的老朋友記者埃德加．史諾．斯諾和在美國工作的錢學森都在其中。

麥卡錫是共和黨的武器，如果共和黨掌握了白宮，麥卡錫還有價值幾何？

小人得志不能持久，有一個很大的原因是，小人不懂節制，不知道界限，容易玩過火。這幾年在政界、文化界、娛樂圈裡的清算，雖然讓很多大人物毀在他手裡，可漸漸的，美國民眾也感覺到了事情有些失控，尤其是麥卡錫的張揚，讓他逐漸為大眾鄙視，只是他自己並不知道。

麥卡錫預備更上一層樓，準備將威風擴展到軍界，讓那些胸口別滿勳章的軍爺們向自己低頭。一九五四年一月，麥卡錫突然開始指控陸軍部長，最後發展到陸海空三軍都有份。感謝那時電視機已經發明了，國會為這個指控召開了一個聽證會，這個著名的陸軍—麥卡錫聽證會被要求電視直播。群眾的眼睛是雪亮的，麥卡錫猥瑣的人品終於在電視鏡頭下被無限放大，他傲慢自負，威脅證人、隨意構陷，且證據單薄，都讓美國觀眾看清了一個小丑的真面目。一九五四年十二月，參議院通過了譴責麥卡錫的不信任案，這傢伙在政界消失得比他爆紅得還快，三年後，他無聲無息地死了，原因是酗酒無度。

麥卡錫這麼迅速的倒臺，應該歸功於美國特有的「糾偏機制」，因為一九五四年的選舉，共和黨失去了參議院。而麥卡錫的突然崛起，寫就美國歷史上很難看的一篇，好像也是這種機制的結果。也許胡佛私下的一句話是整個麥卡錫瘋狂時代的最好解釋：「如果不說共產黨有嚴重威脅，我怎麼弄到國會撥款？」

「和平演變」之父

老楊這一輩「七〇後」的「老夥伴」，思想經歷有點坎坷。我們初入社會時，第一堂政治課就是咱家首都發生了一件事情，不久西邊那個叫蘇聯的巨大國家突然解體了。我們的知識儲備不足以看懂這些事情，老師教我們：社會主義國家的孩子，一定要防備「和平演變」。

「和平演變」顧名思義，就是不用武力不用強力，不知不覺中你就變了。比如有個小朋友淘氣不聽話，怎麼改變他呢，揍他肯定是不行的，他叛逆了會越來越難教，而且總揍他，自己也累啊。最高明的教育方式是，找一些乖孩子跟他一起玩，在他周圍打造一個和諧美好的氛圍，逐漸讓他知道，聽話不調皮是一件多麼讓人喜歡的行為，他之前的種種惡習是很不合群很不符合價值標準的。逐漸的，潛移默化中，這個小朋友就慢慢變好了，也許一年兩年看不到成果，但只要堅持時間長了，小朋友總會知道對錯的。

對於我這個比喻，很多讀者可能會覺得不適當，但我相信美國人是這麼認為的。

「和平演變」這個思路，是美國政客想出來對付社會主義國家的辦法。中蘇已經是強大的存在，東歐還有一片，靠打，肯定是打不盡的，但如果從思想上不斷滲透，或者是利用人性的弱點逐漸腐蝕，從內部摧毀共產主義的信仰，再爭取從外部攪亂社會主義國家的經濟，早晚能達到目的。也許第一代共產黨人不受誘惑，第三代第四代呢，那些紅色的孩子真得能保持紅色嗎？

我們必須承認，是「和平演變」的戰略幹掉了蘇聯和東歐，這辦法似乎比原子彈還毒，想出這個辦法的傢伙，絕對是個「西毒」，他叫杜勒斯，他是艾森豪的國務卿。

其實對社會主義國家的「和平演變」思路在「二戰」後就出現了，在杜勒斯手裡被清晰化系統化，一說到「和平演變」之父，我們想到的就是杜勒斯。既然中歐和蘇聯的共產主義都被摧毀了，從美國人的角度看，這老頭是夠神的了。（現在盛傳的，當年中情局祕密檔中，有針對社會主義國家的「十條誡命」，本書的篇幅受限就不一一列出。）

老一輩的國人眼中，杜勒斯是混蛋的美帝陣營中最大的混蛋，在資訊那麼不發達的五〇年代，這個外國老頭在咱家有巨高的知名度，原因是一九五四年的日內瓦，在朝鮮問題的第一次會議中，談判間歇，咱家的談判代表周恩來偶遇美方談判代表杜勒斯，主動跟他握手，居然被拒絕了！

這個著名的握手事件，史料也有很多說法，究竟現場是什麼情況也沒個定論，但大部分國人接受，美國佬驕傲自大，當眾不給咱總理面子，於是，杜勒斯就混蛋了。

如果這個事是真的，不管出於任何想法，杜勒斯至少是沒禮貌沒修養的一方，而以他的出身看，似乎不應該出現這種受人詬病的外交硬傷。

杜勒斯出身於教會家庭，杜勒斯的外祖父和舅舅都曾是國務卿，到他這輩，可能當國務卿是家族傳統了。在艾克的任期內，國務卿的名號肯定比總統響亮，而杜勒斯成為一個強悍的國務卿，離不開他弟弟的配合。當年杜魯門為了各路情報收集查閱方便，成立了中央情報局，杜勒斯的弟弟艾倫（當然大名也是杜勒斯），是中央情報局史上任期最長影響最大的局長。兄弟同心，這兩個杜勒斯一個在明一個在暗，攪動了全世界的風雲。

既然咱家這麼恨他，就從他主導的對東亞的政策開始吧。

艾克總統的當務之急是，美軍還陷在朝鮮半島呢，先弄回家吧。一九五三年七月二十七日，僵持了兩年的談判局面終於有了改善，兩年談判中，戰爭的強度一點不小。這一天雙方終於決定先停戰，從現在的作戰前線也就是北緯三十八度線後撤一．五公里。大兵們先下班休息，第二年，也就是一九五四年大家到日內瓦去找各路街坊開個會，討論一下朝鮮未來。

這次日內瓦會議的焦點就是，杜勒斯沒握周恩來的手，因為其他的事，根本沒談出任何結果。或許是在會議上中美雙方唇槍舌戰得太厲害，杜勒斯用一個無理的舉動表達了他的立場，挺有個性的，充分彰顯了周總理的淡定儒雅。

朝鮮已經停戰，雙方再深仇大恨也有限，可這次會議還有一個焦點在印度支那。

前面提到過的印度支那，是法國留在亞洲的那塊可憐的殖民地，「二戰」中被日本人佔領，日本被打跑了，亡國又復國後的法國殖民之心不死，還總惦記著這塊遙遠的海外領土。寮國和柬埔寨都好商量，就是越南讓美國人鬧心，因為有個叫胡志明的共產主義份子，在越南北部成立了一個民主共和國，號召越南人反抗法國，爭取獨立。作為冷戰的一部分，美國人不能眼看著越南被染紅，所以配合法國人，支持越南末代保大皇帝在西貢登基立國，南北兩邊，打了九年。美國態度上支持，並沒有出兵，主要是法國軍隊對抗胡志明，而胡志明依託背後新成立的中華人民共和國的支持，在戰爭中逐步取得了上風。

一九五四年初，一．二萬法軍在奠邊府被圍，法軍自知大勢已去，在日內瓦會議上，無奈地承認了越南獨立。獨立歸獨立，往哪邊獨立啊？解決不了，跟朝鮮半島一樣，沿北緯十七度線，又分出兩個國家，南部由美國幫助建立了越南共和國，扶持一位叫吳廷琰的反共份子成為首任總統。由這時起，美國人就代替法國接管了越南的事務，最重要的工作就是肅清胡志明的北越。

日內瓦會議是一次分裂的大會、退步的大會、一點不和諧的大會，與會的主要雙方在冷漠、暴躁、敵對的氛圍裡處了幾個月，最後決定，先散會回家。

話說一九五〇年年中，中國人民解放軍已經在福建前線集結了十五萬精銳，海陸空齊備，預備跨海追剿蔣介石。初步計畫在當年八月發動總攻，就在臺灣島舉手之間就能回歸的關鍵時刻，韓戰爆發了，美國艦隊進入了海峽，徹底打亂了這一重大計畫。

好不容易等到朝鮮的事暫停了，中國政府當然要再圖臺灣。一九五四年九月三日，中國人民解放軍炮轟金門的國民黨軍隊，第二年一月，就佔領了大陳島周邊的江山島。

由第七艦隊進入臺灣海峽開始，北京政府對臺灣動武，臺灣方面的反應已經不用考慮了，完全看此時的臺灣的老闆——美國人的反應。

美國人本以為退守臺灣的蔣介石就算過氣了，沒有扶持的價值，現在發現，在東南亞遏制中國，臺灣還真能派上用場，逐步又恢復了對蔣介石的關注和援助。這次共產黨開炮，美國人也看出來了，美國人不出手，蔣介石立時完蛋，好吧，權衡再三，給臺灣一個安慰吧，一份《中（華民國）美共同防禦條約》就出爐了：臺灣我罩的，我會支持並發展它，誰要想在西太平洋對我兄弟下手，我一定幫忙打架。

說是幫忙，中美彼此是有默契的，都知道如果發展到正面開打，對誰都沒有好處，各讓一步適可而止吧。美國下令，臺灣撤出大陳島，中國軍隊也收手暫時放過臺灣本土。歷史上這被稱為第二次台海危機。

那份《中美共同防禦條約》也許當時讓臺灣安心多了，不過根據條約，臺灣進攻大陸也需要美國佬簽字批准，這份條約在中美建交後的一九七九年被廢止，大家都知道，條約存在的二十四年中，臺灣不是沒有「光復大陸」的機會。

一九五八年八月二十三日，在福建沿海三十公里的海岸上，解放軍萬炮齊發，攻擊金門。怎麼又發炮了？對北京政府來說，收復臺灣不用理由更不用選日子，可這一年的夏天，真是好日子，因為美國的全部注意力被吸引到中東去了。

「八二三炮擊」讓美台好一陣手忙腳亂，美國政府急忙從中東調集艦隊救急，甚至考慮對廈門實施原子彈攻擊。臺灣有幫手，北京政府也有幫手，蘇聯老大哥當時還沒跟咱們翻臉，所以在美國預備使用原子彈的問題上，只有蘇聯的回應，能讓他們收手：原子彈蘇聯也有，你嚇唬誰啊？

隨著美國的大炮導彈陸續運抵金門，解放軍想封鎖金門的目的是難以實現了，中美相視一笑，今天到這裡，改天再約吧！這是第三次台海危機。

一九五八年真是世界歷史上比較熱鬧的年份，在毛澤東把全球目光拉到台海之前，中東是視線焦點。因為建國晚，美利堅之前沒機會摻和到關於耶路撒冷的各項神聖事業中去，「二戰」後，特別想在中東把歷史遺憾找回來。

美國公司很早就巨額投資中東的石油開採，隨著石油的戰略地位越來越高，石油巨頭們就要求美國政府，一定要在中東控制住局面，不要影響生意。五〇年代初，看著伊朗的總理想把國內的石油公司收歸國有，美國人惱了，出動中情局，將被總理放逐的國王找回家，重登大寶，建立一個獨裁的君主制國家。石油公司雖然是保住了，不過民主的美國政府扶持了一個獨裁的極權政府，不好自圓其說啊。

而在埃及，美國人就沒控制住。戰後，埃及人納賽爾發動起義，推翻了舊君主，趕走了英國佬，成立了獨立的埃及國家。

剛成立的埃及面臨一個工程困局，就是尼羅河上英國人在十九世紀末建立的阿斯旺大壩（亞斯文水壩）。它當初的設計已經遠遠不能滿足需要，最好的解決辦法就是在舊壩上游造新的。

阿斯旺大壩是世界級的工程，埃及新政府實在玩不起這麼大的活兒。這時候美國人很客氣地湊上來，上趕著要給埃及貸款。可到一九五六年，納賽爾的政府承認了中華人民共和國，並且建交了，美國人很不爽，錢不給了！

沒錢大壩也要建的，納賽爾決定，把蘇伊士運河收回來，只要運河回家，埃及還愁錢嗎？

英國人當初是含著淚撤出了埃及，可蘇伊士運河是繼續由英法控制的，這是絕對不能鬆口的，一聽說埃及人要收回運河，英法立時炸了，邀上本就有仇的以色列，對埃及動武。

美國是想懲罰納賽爾，可沒預備翻臉。英法以色列都是美國的盟友小弟，這樣子結夥打架，很容易把阿拉伯世界都推到蘇聯那邊去了嘛，而且蘇聯已經說了，他家預備在適當的時候加入干預一下。如果蘇聯加入戰局對英法動手，根據北約的約定，美國不能不給英法幫忙，那可真要引發第三次世界大戰了。

第三次世界大戰終於沒打起來，美蘇大佬都克制，美國出面批評了小弟，壓服其撤軍。乘美國調教小弟的工夫，蘇聯親切地拉著納賽爾的手，答應幫助他完成大壩的工程。從此，蘇聯和埃及相親相愛了，埃及因為此戰在阿拉伯世界地位大漲，微露領袖風範，此後就是對抗以色列的大哥了。

蘇伊士運河戰爭，美國沒有幫忙，讓英法，尤其是法國對美國有了芥蒂。美國也敏感到自己的權威受影響，為了鞏固在中東的地位，一九五七年，艾森豪向國會提出了關於中東的特別諮文，主要內容是：由國會授權總統動用兩億美元給中東國家經濟和軍事上的援助；總統有權應這些國家的請求提供武力援助，只要這些國家面臨「國際共產主義控制的任何國家的武裝侵略」。這一條，我們稱之為「艾森豪主義」。

有了「主義」，處理事情就簡單了。黎巴嫩的總統是個親美派，支持「艾森豪主義」，但他的民眾卻是埃及納賽爾的信徒，上街遊行讓總統下課。黎巴嫩總統一求救，美國的艦隊就趕到現場，五千海軍陸戰隊隊員在貝魯特海岸登陸。

咱家炮轟金門，就發生在這個節骨眼上。毛澤東其實是在聲援黎巴嫩的革命行動呢。

黎巴嫩局勢危機了三個月，中立派的新總統被選出來，穩定了局勢。既然美國扶持的舊總統沒得手，就說明，美國這次入侵，似乎作用並不大，最後只好自行撤出。

光顧著到東半球開展業務了，自己的西半球都顧不上了。根據門羅主義，美國人的援助和支持，首先關照的必須是拉美地區啊，現在美國人的心思都去了別處，可他們的公司在南美地區還攫取著資源，享受各種特權，憑啥啊？

古巴，美利堅的緊鄰，在這個鄰里位置上，是最不容易脫離美國實現獨立的國家。而就是這個美國認為自己控制起來毫無壓力的小鄰居，給了老山姆一記響亮的耳光。

古巴的政府本來是美國扶持的，很配合，古巴的經濟發展迅速，美國在此有不少企業，控制島上大部分的資源。一九五七年，世界歷史數一數二的英雄人物卡斯楚崛起了，他向美國控制的政權發起了挑戰，並在兩年後成立了新政府。

美國人真喜歡卡斯楚啊，這哥們硬朗有型，如能為美國所用，比以前那個廢物省心多了。能被人所用的，就不算真英雄了。卡斯楚發動了土改，要沒收外國公司的資產，收回被外方佔據的資源。更要命的是，卡斯楚很快表現出，他是一位熱誠的共產份子，跟蘇聯對上了眼，沒經過眉來眼去就如膠似漆了。

貿易制裁沒收到效果，艾森豪使出了最後一招，跟古巴斷絕外交關係，並由此時起，美國歡迎所有的古巴流亡份子，並交給 CIA 嚴格訓練，美國政府下定決心，早晚必收復古巴！

環球這麼多事，說到根源，還是美蘇之間的對抗。也許艾克政府還很強硬，但赫魯雪夫卻比史達林柔和開放多了，赫魯雪夫要求去美國串個門，美蘇首腦面對面試試能不能改善關係。

赫魯雪夫如願去美國旅遊了，感觸頗多，就對艾克說「我們約會吧，去巴黎」，美蘇決定召開巴黎高峰會而後艾克回訪蘇聯。美國人辜負了赫魯雪夫的深情，一九六〇年五月，就在巴黎高峰會之前的十五天，一架U2的高空偵察機被蘇聯擊落，U2這麼高級的飛行器，自然是美國人的，他家不久前在巴基斯坦白沙瓦建立了一個基地，專為起飛U2，到蘇聯境內搞間諜活動。

蘇聯人也不是不知道，美國的U2在蘇聯的天空搞鬼，可這偵察機實在飛得太高了，蘇聯的戰機夠不著這個高度，無從攔截，無奈的蘇聯人只有發射導彈，終於打下來一架。

美國人拒不承認派出過間諜飛機，只是飛行員還健在，人贓俱獲，不承認也不行。艾克作為一個老軍爺，堅決不跟蘇聯人道歉。於是，事先說好的美蘇高峰會取消了，本來約好的艾克蘇聯遊，也不准他去了。難得的和解機會被導彈打散，美蘇的關係如U2般墜落，降至冰點。

有人說，蘇聯早就知道U2在空中亂飛，怎麼早不打晚不打，偏偏就在美蘇高峰會前打下來一架呢？其實關於高峰會的結果，赫魯雪夫根本是悲觀的，國內國外的各種壓力，都不允許他交好美國佬，此時打下飛機，讓高峰會黃了，是他無奈的選擇。

歐、亞、非、拉美都說到了吧，美國非要擔負的這項「全球責任」，任務可真重。杜勒斯成為艾克的國務卿時，已經六十五歲了，這麼複雜詭譎的國際局勢中，就看見這老頭的飛機在滿世界亂竄。他的辛苦沒有白費，整個艾克任期，艾克幹了什麼不知道，所有的事，大家似乎都在關注杜勒斯的動作。擔任總統的時候，老艾克也六十三歲了，也就是說，兩個加起來一百三十歲的老人家，主持著全世界的各種事務，比起養生、跳廣場舞、逗小孫子，這個到底算是驕傲的晚年還是悲催的晚年呢？

十四、甘迺迪家的美國夢

拼爹是王道

進入六〇年代，世界整體有點兒躁動，突然年輕人就覺得壓力山大，突然就質疑自己周遭的環境。美國也躁動，對外，自以為是世界頭號大國，要對全世界的「安全」負責，可那個叫蘇聯的大傢伙也很強大，而且似乎更強大，美國的控制地位總是在岌岌可危中；對內，經濟高速發展沒有惠及底層百姓，貧富之間的差距，是繼續發展的隱患；除了窮人不高興，黑人更不高興，他們終於忍夠了，開始用各種手段爭取自己的權益和地位，黑白關係空前緊張，社會氣氛很不和諧。

這是需要激情衝動的六〇年代，是需要改革和發展的六〇年代，這絕對不應該是由老人家主導的時代，所以，一九六〇年大選，兩黨都默契地選擇了正當壯年的候選人。共和黨的候選人是艾克的副總統，四十七歲的尼克森，民主黨精心推出了四十三歲的約翰．甘迺迪。

這對候選人，不僅年齡相當，經歷也相當，都是愛爾蘭後裔，都曾在海軍服役，都是非常激進的反共份子。應該說，這兩位在國會上升得很快，都得益於對當時盛行的麥卡錫主義的積極配合。

艾克的政府沒什麼硬傷，尼克森做了八年副總統，而且年齡多少大一點，似乎顯得更靠譜，但，這次大選，重要的不是拼候選人的實力，而是拼爹。

尼克森他爹是誰？不知道，也不重要。可約翰．甘迺迪的爹，可不是普通人，他大號叫約瑟夫．P．喬．甘迺迪，江湖人稱「喬老爹」。

第一代甘迺迪一八四八年從愛爾蘭來到波士頓。不管這個家族後來如何顯赫，初入波士頓，甘迺迪不過是個打工仔，而且因病壯年早逝。第二代甘迺迪從碼頭搬運工起步，賺了點錢後，成為小酒館老闆。對政治的熱衷可能是攜帶在甘迺迪家族的基因裡的，雖然只是個小老闆，也開始混跡政壇，還通過跟富家女的通婚，超越了自己的出身，不僅有了錢，還有了像樣的地位。

第三代甘迺迪就是喬老爹了。他可是以富二代的身分降生的，他的人生軌跡肯定是經過周密安排，他是哈佛大學的畢業生。

喬老爹當然也想從政，他看得清楚，在美國，玩政治第一離不開錢。酒店賺錢有限，必須混入金融界才來錢快呢。喬老爹也拼爹啊，他爹真就讓他進入一家銀行成為董事，喬老爹很快就以美國最年輕的銀行董事自居了，那時候他要開微博，肯定是個相當得瑟的大V。

甘迺迪家的第一謎團就是喬老爹的巨額財富來源，他既然是來自金融業，主營業務也許是放債，其他還有股票投機、造船等，傳言他還有黑道生意，跟黑手黨有大量的業務往來。總而言之一句話：喬老爹發家發得不明不白。

手頭寬綽了，為了兒女的前途，喬老爹舉家從波士頓遷入了紐約，並計畫投資一門更大的生意。

咱家戰國末期有個跟喬老爹一樣成功的商人，叫呂不韋，他就領悟到，找到合適的人，扶持他成為一國之君，是這個世界上收益最高的生意。他發現在趙國當人質的秦王子子楚是一件好貨，可以囤積居奇，在他的操作下，子楚終於成為秦王，還生下了秦始皇。

喬老爹也發現了自己的「奇貨」，名字叫佛蘭克林．羅斯福。羅斯福成功入主白宮，肯定要依靠各路投機客的金錢支持。喬老爹雖然錢沒少花，收益卻比呂不韋差遠了，羅斯福只答謝他一個駐英大使。

駐英大使的位置不算很牛，可對喬老爹來說，意義不一樣。來自愛爾蘭的甘迺迪家族，是羅馬天主教徒！歐洲基督教世界的歷史糾葛，老楊已經在歐洲幾家的故事裡講不少了，大家應該知道愛爾蘭的天主教徒對英國人意味著什麼。

顯然是喬老爹在政治上的野心和他的能力不太配套，當了三年的駐英大使，他就被召回國了，並沒有其他的職位安排，喬老爹的仕途，似乎就這樣偃旗息鼓了。

喬老爹不光會賺錢，他還會生孩子，有四個兒子五個女兒。喬老爹感覺自己在政治上是沒戲了，就把全部希望寄託在兒子身上，四個兒子，基數大，成功的機率應該很高。

大兒子也叫約瑟夫，各方面都很優秀，本是喬老爹重點栽培的對象。為了給兒子的資歷上添上重要的一筆——軍功，小約瑟夫從軍成為飛行員，表現驍勇，可惜，在大戰中犧牲了。

家族的政治理想落在老二約翰身上。約翰的問題在於，他身體非常差。三歲時得了猩紅熱，十三歲時得了一種叫愛迪生氏症的疑難雜症，原發性的腎上腺功能不足，一輩子免疫力低下，不能中斷注射類固醇類的藥物，實在不能算是正常的人。

在以選舉為主要入仕途徑的美國，約翰這樣的病人打打悲情牌加上老爸的金錢，進國會是可能的。但喬老爹的目標不是參議員的爹，他的終極目標是總統的爹。一個身體羸弱，離不開醫生的人，想搬去白宮住，聽起來就有點難。當初以羅斯福總統那樣高的聲望，他也需要盡力掩蓋自己身有殘疾的真相。

喬老爹決定把約翰的健康狀況當祕密掩飾住，這一點他有經驗。他的大女兒，約翰的大妹妹，天生弱智，為了怕給家族丟人，喬老爹就一直把她藏匿，後來甚至讓她做了前腦葉白質的切除手術。本來甘迺迪家的大小姐僅僅是弱智，手術後，她幾乎談不上任何智力了，在醫院裡渡過了漫長的餘生。

能把健康狀況掩飾好，剩下的事按部就班。

首先是一張哈佛的文憑。約翰比一般的哈佛生畢業時風光多了，他的畢業論文被整理成書，命名為《英國為什麼沉睡》出版，居然一問世就成了暢銷書，讓約翰先奠定了一個作家的基礎。出版和成為暢銷書肯定是喬老爹砸錢的結果，而這本「暢銷書」到底是不是約翰本人寫的，是不是喬老爹找人代筆，也被很多人質疑。鑒於老爸幫忙代筆的事，到今天都是說不清楚的謎案，甘迺迪肯定也無法「自證清白」，我們也就不執著於真相了。

戰爭爆發，甘迺迪家的子弟必須火線鍍金，約翰在太平洋戰場上了魚雷艇。他的表現比喬老爹要求的還好。魚雷艇被日軍攻擊後沉沒，約翰積極救人，成了美國媒體競相報導的大英雄，還獲得了紫心勳章。相信戰中，這類搶救戰友的事應該不少，約翰被鋪天蓋地的報導，還是因為老爸幫忙啊。

「二戰」結束，喬老爹為約翰累積的資源足夠他出征了。隨後的十二年，約翰從眾議院到參議院，在政壇冉冉上升，終於在一九六〇年，代表民主黨成為候選人，走到了白宮的大門口。

即使有老爹雄厚的財力和他布下的資源人脈，約翰也並不是沒有軟肋。第一是年輕，史上還沒有這麼年輕的總統，靠譜嗎？第二，最不能逾越的問題，甘迺迪家族的天主教信仰。都知道美國是怎麼起源的吧，天主教在美國地位總有點尷尬。史上這麼多美國人參選過美國總統了，在約翰之前，信羅馬天主教的也就一位。

有軟肋也有優勢。約翰人是個高富帥，風度翩翩談吐得體，作為甘迺迪家族的「太子爺」，有範兒有氣場，到哪都不露怯。

當時的美國社會，電視機已經不算稀罕物了。一九三九年，美國人在英國發明家貝爾德的研究基礎上，推出了第一台黑白電視機，一九五四年，彩色電視機也問世了。到一九六〇年，全美百分之八十八的家庭，都有一台電視機。電視節目對美國觀眾的「洗腦」作用，已經挺明顯的了。這次選舉，候選人之間的辯論進入一個新紀元，他們上電視直播，當著全國選民的面吵架。

喬老爹對媒體的控制駕輕就熟，不管是時政節目還是娛樂節目，都要求人物養眼。在照相化妝方面下點功夫，男神和魯蛇都能自由轉換，更何況，約翰的底子就比尼克森強，兩人一亮相，誰管他們吵什麼啊，約翰指點江山，逸興橫飛，那個叫尼克森的就是個灰禿禿的背景啊。

一九六〇年的選舉，是美國選舉史上得票差距最小的一屆，甘迺迪贏得並不光彩，因為到今天還有人說，這次選舉，喬老爹不僅操弄了周邊，也操弄了選票，通過各種明暗不一的手段，終於將兒子送入白宮，甘迺迪家的美國夢終於實現了。

我有一個夢

甘迺迪家的美夢是成真了，作為總統的約翰，他以後的任務是幫更多的人圓夢。貧困問題是甘迺迪最先關注的，其中包括醫保、教育、就業等內容，可當年的甘迺迪跟現在的歐巴馬一樣，他的美好理想要受到國會限制，要受到政府財政赤字的限制。甘迺迪任內，已經將改善貧困上升到政府必須面對解決的問題，但，改善的收效並不大。

窮人再窮，只要是白人，還能安慰自己，我們就算不錯了，總算沒托生為黑人。是，這時的美國，黑人的日子更不好過。

憲法第十五修正案給予黑人投票權，此後的美國總統候選人，偶爾必須把黑人的權益放在心上。

前面說過，白人對待被解放黑人的辦法就是惹不起躲得起，我跟你隔離，別挨得太近。公立中學裡，有白人的孩子，就不能接受黑孩子了。

一九五四年聯邦法院在判決一次黑人案件後，取消了公立中學中關於種族隔離的限制。

一九五七年，在阿肯色州的首府小石城，有九名黑人被同意進入中央高中就讀。開學時，該州的州長居然出動了國民警衛隊，封鎖學校，不准黑人學生進入。政府部門都這麼狠，其他白人同學的態度更加可以想像了。法院出面調解，州長撤出了國民警衛隊，可所有白人的怨氣被激發了，他們開始製造暴亂。最後發展到，艾克總統出動了美國軍隊的精英——一〇一空降師一千人佔領了小石城，控制國民警衛隊，才讓九個黑孩子進入學校。

上個學驚動了軍隊打「內戰」，大家可以想像一下，這九個黑人學生當時的壓力，更可以想像，他們入學後的處境，在這種壓力下，還能堅持上學，這九個孩子真是好樣的，值得所有一上課就想翹課的孩子們學習。

小石城事件中，這九個孩子堅定地走入學校，標誌著黑人對他們處境的抗爭正式開始了，黑人們需要一位能代表他們的領袖。

馬丁·路德·金，出生於亞特蘭大的牧師家庭，聰明好學，獲得了神學的博士學位，如此我們就可以將他尊稱為金博士，以防止好多「地主」總覺得這位老兄是不是去德國主導過宗教改革。

金博士取得博士學位那一年，阿拉巴馬州蒙特馬利市有位黑人女士，因為在公車上拒絕向白人讓座，第二天居然被拘留了。

為了抗議，金博士組織人們抵制公共汽車，三百八十一天的抗爭，聯邦法院裁決阿拉巴馬州違憲，公車限制被廢除。

違憲對阿拉巴馬州不算大事，大家應該還記得，在南北戰爭中，阿拉巴馬州的蒙特馬利市曾經是南方邦聯國的首府。這地方的白人大哥們，是寧可跟聯邦血拼散夥都不能接受黑人獲得正常地位的，所以，黑白抗爭的很多著名事件都發生在這裡。

金博士已經預備將黑人的人權事業作為職業了，他也必須找地方進修一下。他去了印度，知道了拉·甘地，也知道了「非暴力」這種抗爭方式。回到美國，他為美國的黑人也定下了非暴力的基調。

不管黑人暴力不暴力，南方白人是預備暴力鎮壓黑人運動的。一九六三年，在阿拉巴馬州的伯明罕市，金博士發起了一系列遊行示威，伯明罕的警察局長親自督陣，率領員警驅散示威者，使用了包括警犬、催淚彈、電網和消防水龍頭。示威隊伍裡有不少孩子，這些衝突都被當時的電視轉播曝光。

阿拉巴馬州的州長更瘋狂（他本來就是因為瘋狂當選的），他叫囂要站在大學門口，阻攔任何黑人學生入校。美國的首席檢察長，帶著法警出面，才讓這個瘋子找回理智。但在當天，美國有色人種協會的一位官員被殺。

一九六三年八月二十八日，金博士在首都華盛頓組織遊行，吸引了超過二十萬人追隨。在林肯紀念堂前，金博士發表了人類歷史上最著名的一個演講：I have a dream——我有一個夢。演講的後半部分，金博士用了一串以"I have a dream"開頭的排比句，激昂動情，現場歡呼聲排山倒海，直衝雲霄。

甘迺迪總統對黑人是有點同情的。他大選時，曾幫助被羈押的金博士獲釋（民權運動份子，入獄是家常便飯），所以大選中，他獲得了不少黑人選票。在這個著名演講之前，甘迺迪總統已經提出放寬美國《民權法案》的要求，而這次的演講，如果不是甘迺迪默許支持，想必金博士也不能在首都中心組織這麼大的群體活動。

不幸的是，甘迺迪注定不是那位可以跟《民權法案》一起名留青史的人，在金博士演講三個月後，甘迺迪遇刺身亡，好多事都壯心未已。

好在對《民權法案》的修正已經箭在弦上，甘迺迪的遇刺成為國會一種必須妥協的壓力。一九六四年，美國歷史上最完整的《民權法案》獲得通過，該法案立法要求消除各地各行業存在的種族歧視和種族隔離。

固執堅硬的南方從來是上有對策下有政策的。一八七〇年，黑人獲得投票權後，南方政府就是通過自己在州權上的自主，為黑人選舉設置了大量門檻，比如文化程度、財產狀況，甚至有的地方要求，只有祖父有投票權的，本人才能獲得投票權。太坑爹了，哪個黑人的祖父不是奴隸啊？

所以即使黑人法案通過，金博士還要關注南方黑人的選舉權，因為他知道，只有南方黑人真正可以投票，南方的政客才不敢公開使勁欺負黑人了。又是一輪示威遊行，黑白衝突，迫使《選舉法案》出臺。

爭取了選舉權，還要為爭取改善黑人的經濟狀況，還要鬥爭。常在河邊走，哪有不濕鞋的。對頑固的白人來說，金博士是眼中釘肉中刺，在他的戰鬥生涯中，收穫的各種威脅無數，最後一次終於成真。

一九六八年四月四日，金博士被自動步槍射殺。那前後，被射殺的名人真不少。

金博士是大腕，但美國黑人有今天的地位，絕非金博士一人之功。金博士號召非暴力運動，而面對白人的暴力，黑人能忍住嗎？

馬爾科姆．X，好多姓馬的都是穆斯林，這位馬先生也是。馬先生屬於浪子回頭改邪歸正的好青年，雖然年輕時荒唐過，出獄後脫胎換骨，成為一個高尚的人，純粹的人，立志為社會進步貢獻自己力量的人。

馬先生的思路認為，黑人對白人，不是要求地位平等的抗爭，而是黑人本來就比白人強，黑人不要將自己的命運寄託在白人身上，黑人要主導自己的命運，約束自己，要比白人更優秀。馬先生認為他本來的姓氏來自奴隸時代，是恥辱，所以為自己改姓「X」，紀念黑人祖先來自非洲的不知道是什麼的姓氏。

在底特律，黑人穆斯林組建了自己的「伊斯蘭國」，馬先生善於表達，有鼓動能力，很快成為這支運動的中樞。

當然，他也是招人恨的，一九六五年，在紐約，遇刺身亡。

也許大家對馬先生不是很熟悉，但在黑人的抗爭史上，他擁有跟金博士差不多的地位。

馬先生其實沒提倡暴力，他的中心思想是，黑人遇到暴力，不要逆來順受，要自衛性反抗，還算柔和的。在他死後，更激烈的黑人團體出現了，他們是黑豹黨。

黑豹黨是個準軍事組織，既然有槍桿子了，那他們的鬥爭就帶著革命性了。黑豹黨人心中有一個指引他們道路的紅太陽，那就是東方的毛澤東。

六〇年代的氣氛中，毛澤東思想是閃著金色光芒的，很多歐美的青年都是毛澤東的擁躉。而著名粉絲團黑豹黨則是通過向學生們販賣紅寶書——《毛主席語錄》來籌集經費的。

我們對美國黑人能理解毛澤東思想不抱任何幻想，但對他們來說，知道核心概念就行了：槍桿子裡面出政權。於是黑豹黨喜歡舉著槍桿子炫耀武力，美國員警自然沒有不處理他們的道理。

所有這些黑人兄弟的抗爭，不管手段對錯，過程是不是值得探討，結局還是成功的，既然現在的美國總統都是黑人了，他們的鬥爭價值就不用多說了。現在美國社會對黑人或者有色人種的歧視依然存在，但相信，越來越多的有色人種會實現他們的美國夢。

古巴惡夢

甘迺迪任期內，努力讓很多人實現美國夢，總統自己的美國夢是什麼呢？甘迺迪年輕就知道，自己早晚是總統，他就算對自己沒信心，他對老爸還是有信心的。如今，年紀輕輕就入主白宮，下一步，他夢什麼？

當然是維持一個強大的美帝國，並讓其繼續上升。這樣一個預備引導全世界的帝國，如果連鄰居都搞不定，未免丟人。甘迺迪只擁有可憐的三年任期，我敢說，這三年，他朝思暮想最鬱悶的事，就是消滅卡斯楚，將古巴收回美利堅的羽翼下。

美國的古巴夢以CIA（中央情報局）為中心。卡斯楚上臺後，很多跟他理念不合的古巴人逃出國境流亡，最好的庇護所，就是美國。

選那些下定決心要推翻共產政權的強硬份子，CIA訓練他們，把他們打造成一支復國戰隊。CIA應該沒和卡斯楚的軍隊正面戰鬥過，但他們就堅信自己調教出來的流亡份子，可以打回古巴去，甘迺迪也跟著信了。

一九六一年四月十七日，一千多名流亡份子在古巴的豬玀灣登陸。流亡份子是流亡份子，美國人公然加入，那就變成侵略了，所以配合這些流亡份子行動的，是幾架美國戰機百無聊賴遠遠地在空中轉圈。

倒不是美國人托大，用一千多人的軍隊叫板卡斯楚。美國人是高估了美國在古巴的地位，他們還以為，只要流亡份子一登陸，就會受到各界歡迎，而後引發針對卡斯楚的大規模暴亂。

豬灣這場好戲，上演了兩天，古巴國內沒亂，卡斯楚的軍隊更不亂，幾乎是不費力氣就解決了這小股盲流。有一千多人被俘虜，美國人手忙腳亂救走了五十個。

回首往事，美國承認慘敗，原因還是當時的總統年輕沒經驗啊，這時年近九〇的卡斯楚叼著雪茄輕蔑一笑：「豬灣那年，老夫才三十四歲！」

甘迺迪對卡斯楚的恨絕對比不上恨蘇聯，因為如果不是蘇聯的援助和撐腰，小古巴不敢這麼犯渾。作為一個激進的反共份子，甘迺迪跟赫魯雪夫就算是見面，也沒有好好說話的機會。

對赫魯雪夫來說，古巴算什麼，西柏林還在美帝控制下，好多東德的人撒丫子向西柏林跑，警告無效。氣急敗壞的赫魯雪夫只能下令，砌牆，把東西柏林徹底分割，柏林牆在某一天突然就聳立起來了。

古巴的事加柏林牆的事，對甘迺迪、赫魯雪夫和卡斯楚來說，都是一個考驗，在極大的對抗壓力下，情商不高的人，容易失控。

一九六二年十月，甘迺迪收到了確鑿的證據，蘇聯正偷偷摸摸地在古巴部署核導彈，配套的四萬兩千名蘇聯軍隊和技師已經陸續到達，根據諜報，蘇聯要求在十二月份，完成五十枚戰略導彈的部署，這些導彈一旦啟動，十七分鐘內，可以摧毀美國本土主要防禦。

這個消息比日軍炸了珍珠港嚇人多了，年輕的總統幾乎可以說是當場嚇傻。如果全世界當時都知道這個消息，了解到這意味著什麼，都會被嚇傻：蘇聯真要啟動導彈襲擊，美國必然還手，北約會在歐洲打擊多個目標，那不僅是第三次世界大戰，還是一場全球核戰。

這是人類歷史上離毀滅最近的一個瞬間，好在，年輕的甘迺迪，比赫魯雪夫這個冒失鬼冷靜。

在權衡了各種處理方式後，總統向全世界公布了這個情況，在國際上取得了支持，隨後，用比較柔和的辦法，下令封鎖了古巴的海域，不准蘇聯船隻進入；要求蘇聯趕緊把自家的東西拆走，否則美國有進一步的行動。

在加勒比海上，封鎖古巴的美國戰艦遭遇了蘇聯的艦隻，可能一個眼神不對就能引爆戰局，幸好，衝動的赫魯雪夫找回了理智，他答應了美國人的條件，拆掉導彈走人。

美蘇共同的隱忍讓地球恢復了平靜，可這兩位大哥都沒照顧卡斯楚的情緒。按老卡後來的說法，他本人並沒有主動要求赫魯雪夫在古巴部署導彈，但既然老大哥這麼做了，也是替自己出頭，他心存感激。雖然擔心會是玉石俱焚的結局，他也預備跟蘇聯共進退，「歸根到底它是個榮譽的問題」。

蘇聯人說來就來，老卡稀里糊塗就被支在導彈架上了，當老卡咬牙抱了捨命酬知己之心時，老大哥說撤又撤了，老卡直接摔地上，非常丟人。老卡很生氣，蘇聯還要忙著安撫，赫魯雪夫這一輪衝動落得兩頭不到岸，裡外不是人。

當然，赫魯雪夫不是無緣無故就找回了理智，他還是從美國那裡獲得了他需要的讓步。美國人被迫撤走了部署在土耳其的導彈；蘇聯的四萬兩千人一直留在古巴，沒有撤走，以後就專門訓練古巴的軍隊，事後證明，蘇聯訓練出來的古巴人，比中情局訓練出來的古巴人，戰力強多了。甘迺迪還向赫魯雪夫保證，以後訓練流亡份子打回古巴的事，不會再發生了。

卡斯楚雖然委屈，可他的確成為這次危機某種意義上的受益者，他對抗強權的形象驟然高大，成為共產主義陣營的新偶像，而不論是赫魯雪夫和甘迺迪都想不到，這個古巴刺頭會看到他們無法想像的風景：一位黑人成為美國總統和強大的蘇維埃政權轟然解體！

總統收復古巴的美國夢，看來是個惡夢。但他將世界從史上最大的危機中解救出來，算是個英雄，縱然是古巴還是落在共產份子手裡，但美國人民對甘迺迪的愛戴和支持卻增長了，愛他足以害死他？

甘迺迪詛咒

雖然甘迺迪總統生涯只有三年，但因為這位帥哥總統的私生活活色生香，所以，他的任期，可以算是美國歷史上最香豔的一章，《世界歷史有一套》是世界上最俗的歷史書，這樣的故事，那必須是要好好爆一爆的。

香豔故事都有小三，先要把正室請出來安慰一下。

跟其他哀怨棄婦黃臉婆不同，甘迺迪的正妻，絕對是人類歷史上所有女人中的佼佼者之一，如果要給精緻優雅的女人做個排行榜，賈桂琳·鮑威爾應該可以排名前二十。

甘迺迪自己也必須承認，老婆絕對不是糟糠，因為賈桂琳是喬老爹親手為兒子選擇的配偶，根據喬老爹的野心，這個兒媳婦在各方面都一定要能提亮兒子前途的。

賈桂琳並沒有錢，她來自沒落家庭，父親在大蕭條時期失去所有的財產。父母離婚後，母親雖然改嫁一位大亨，但繼父並沒給賈桂琳她應得的公主生活，一九五一年，賈桂琳在華盛頓大學取得藝術學位後，還是要找工作維持生計。

家庭沒落了，賈桂琳卻是富養長大的女孩，她的氣質優雅而文藝，可能是來自於她身上四分之一的法國血統。

都說是賈桂琳先迷上甘迺迪，而後用盡手段倒追了這位美國最有前途的男人。也有人說是喬老爹見過賈桂琳後，幾乎是命令約翰迎娶了她。事實證明喬老爹慧眼識珠，賈桂琳真是上帝送給美國人的一份禮物。

跟之前幾位影響力比較大的第一夫人不同，賈桂琳不關心政治，她有點小女人。一搬進白宮，她就發現，這大屋子實在是寒磣。賈桂琳遊歷過歐洲，對於白金漢宮或者凡爾賽宮這些地方，她肯定是欣賞過的。就算白宮不是皇宮，可稍微有點品味有點生活品質的人家，屋裡總要有些古董字畫吧，白宮清白得像初等公務員的辦公室。

賈桂琳搬家後第一件事就是發起成立了一個委員會，專為裝修白宮籌款，並收集那些源自美國的藝術品，那些經過嚴格篩選進入白宮的家具和字畫，立即讓這棟有點年頭的老房子煥發了新的生機，怎麼說呢，它看起來像是賈桂琳這樣一位女主人的家了。

能收拾家，更要能帶出去。賈桂琳絕對是該時段，最拿得出手的第一夫人，跟隨總統出訪的旅途上，全世界好多政要為她傾倒，其中還包括法國的戴高樂總統。

為什麼特地點名戴高樂呢？因為他是法國男人。不管美利堅多麼強勢發達，在西歐老牌帝國看來，不過是土豪。法國人、英國人、奧地利人等還是覺得，新大陸上那些鄉巴佬腳跟上的泥巴還沒洗乾淨呢。

賈桂琳的出現改變了歐洲人對美國人的看法，這個美國女人從頭到腳一絲不苟地精緻，她的自信高雅彷彿她代表的是一個有悠遠歷史的皇室。不要小看第一夫人的魅力指標，說賈桂琳直接提升了美國的國家形象，絕對不過分。

遺憾的是，世上最成功的第一夫人主持白宮的日子實在太短暫了。

一九六三年十一月二十二日，為了給來年的競選預熱，總統伉儷到訪德克薩斯州的達拉斯市。儘管歷史上已經有幾位總統或總統獲選人遭遇不幸，可在恐怖份子沒有成為熱門話題的時代，對美國總統的保安工作，馬虎得可憐。

十二點三十五分，車隊經過榆樹街，隨著三聲槍響，甘迺迪倒在賈桂琳懷中，頸部和頭部血流如注。一位狙擊手在街旁德克薩斯州教科書倉庫大樓的六樓上刺殺了美國總統，三發子彈都沒有落空，兩枚擊中甘迺迪，一枚打傷了德州州長。

中午一點，甘迺迪被宣布死亡。一個半小時後，達拉斯員警就抓獲了槍手，他是一位二十四歲的前海軍陸戰隊戰士，神槍手——李·哈維·奧斯瓦爾德（簡稱小李）。小李是美國軍人，可狂熱地嚮往蘇聯，後來終於讓他到了蘇聯並成為公民。在蘇聯成家立室兩年後，小李又跑回美國，一門心思要為共產主義事業而獻身，在達拉斯教科書大樓找到工作沒多久，他就成功地刺殺了美國總統。

小李到底是激情犯罪還是受人指使，是個亙古的謎，如果他落在有關部門手裡，慢慢審總能問出究竟。可惜的是，兩天後，在他預備被轉移到其他地方時，一位夜總會老闆，傑克·魯比，居然大大方方地走進達拉斯警察局的大樓，掏出手槍，當著一屋子員警的面，打死了小李。小李被遞解的過程，電視現場轉播，魯比在警察局殺人的畫面也被大部分美國人親眼目睹，這應該是史上殺人場面的第一次現場直播。

魯比自己說，是為了他敬愛的總統報仇。至於一個夜總會的老闆為何能自由進出警察局，達拉斯的員警需要開個民主生活會來自我批評一下了。

每個人都認為，魯比的行為有點殺人滅口，但他拒不交代，只好終身監禁。魯比後來因為癌症死於獄中，死前他認定是有人下毒導致他得了絕症。

失去丈夫，是賈桂琳這一年的第二個打擊，三個月前，她剛剛失去了小兒子。如果賈桂琳知道，她嫁入甘迺迪家族就要與甘迺迪家族的子弟一起承受一個莫名的詛咒，不知道她還敢不敢走進這家門，還為這個家族繁衍後代。

在甘迺迪死後第五年，弟弟羅伯特（喬老爹的三兒子）再次來到白宮大門前。而就在這時，他被暗殺了。

又過了一年，一九六九年，四公子愛德華必須接過哥哥們的大旗，繼續向白宮挺進，他很有希望在一九七二年參加大選。就在當年，愛德華帶著金髮的女祕書開車落水，安德華逃出來，女祕書不幸身亡。為了掩飾這個事件，愛德華做了不少手腳，被披露後，名譽盡毀，失去了角逐總統大位的資格。

喬老爹的兒子都玩完了，只看孫子了。羅伯特倒是有三個兒子，有兩個吸毒，其中一個還吸毒致死。不吸毒的那個，在瑞士滑雪意外身亡。

最後，甘迺迪家族的直系男丁就剩下甘迺迪和賈桂琳的獨子，小約翰·甘迺迪。他比老爸更帥更神氣，健康陽光有希望，承載著甘迺迪家族的全部夢想。有一張著名的傳世老照片，甘迺迪的葬禮，三歲的小約翰向父親的靈柩敬禮，讓好多人淚如雨下。他是甘迺迪家族的又一位受萬眾矚目的王子，可在一九九九年，小約翰乘坐私人飛機時，墜海身亡。

愛德華在二〇〇九年才去世，不算善終，他死於腦癌。

這麼多的離奇死亡，讓人不得不懷疑，這個顯赫的家族是不是受到了詛咒。有人說，喬老爹發家發得不明不白，很可能是將靈魂出賣給了撒旦。

如今甘迺迪家族最有希望的政治人物就是喬老爹的外孫女婿，阿諾．史瓦辛格，可能是因為他不是甘迺迪家嫡系，所以沒受詛咒之苦，身強力壯大塊頭，當完明星當州長，州長卸任又當明星，年近七十還跟另一個老頭史特龍混動作片。最近他號稱要努力讓美國修憲，使這位奧地利出身的終結者，有機會參選美國總統。難以想像，那時候他會老成啥樣。

其實在一九六八年，羅伯特遇刺，賈桂琳就敏感到了「甘迺迪家族的詛咒」，她將孩子帶離了美國，嫁給了希臘船王亞里斯多德．歐納西斯，不是所有的寡婦，都還有本錢能嫁給一位世界頂級富豪。

賈桂琳這次改嫁讓她的形象很受損，高貴優雅的第一夫人，是為了錢委身那個外國老頭嗎？外界不看好，實際上也不好，第二次婚姻不算幸福，好在時間也不長，七年後，船王死去，根據婚前協定，賈桂琳沒有得到船王的遺產。後來，賈桂琳進入一家出版社成為文學編輯，一九九四年，六十四歲的賈桂琳在紐約死於淋巴癌。

如同其他紅顏一樣，賈桂琳是薄命的，回顧她的一生，幼時父母離異，家道中落，失去兒子，成為寡婦，並兩次成為寡婦，犯惡疾而終。她幾乎遭遇了一個女人害怕遇上的所有不幸。哦！還漏了一件，女人最大的不幸，嫁給一個不忠的丈夫，每天生活在背叛中。

瑪麗蓮·夢露

甘迺迪任期雖短，形象大好。他突然遇害，全美都陷入悲痛。甘迺迪的葬禮是當時極重大的國際事件，九十二個國家的代表團到訪。美國人當天守著電視機看了十個小時的實況轉播。為了紀念他，很多地名改成了甘迺迪，比如甘迺迪角、甘迺迪中心、甘迺迪機場、甘迺迪大道等等。財政部還鑄造了五千枚甘迺迪頭像的硬幣，都被大家用於收藏了。

中國人對一位政治人物的愛戴，總是以他沒有污點，操行完美為標準的，歐美的政治首腦似乎沒被要求那麼高，尤其是一位四十三歲年富力強的英俊總統，他私生活豐富點兒，還能加分。直白地問吧，甘迺迪有多少情婦？沒有人知道，甚至有人說，比白宮的房間多！白宮有大小一百五十個房間！

內容比較勁爆的，第一個要介紹的是朱迪絲·坎貝爾（簡稱朱小姐）。

朱小姐之前，要特別提一下，當時美國娛樂圈的大腕，天皇巨星法蘭克·辛納屈。這位跨界巨星能演能唱，三次斬獲奧斯卡獎，在二十世紀的娛樂明星排行榜上，他應該是可以跟貓王或者披頭四比肩的人物。他不僅是一流的藝人，還是成功的老闆，有自己的電視節目和唱片公司。

辛納屈一九九八年去世後，美國出版了這位巨星的傳記，其中，有他跟甘迺迪交往的故事。甘迺迪還不是總統，兩人就是好友。一九六〇年，辛納屈在拉斯維加斯演出，參議員甘迺迪前往捧場，通過辛納屈的介紹，認識了朱小姐。

朱小姐看起來天真純情，背景卻很嚇人，她居然是黑手黨芝加哥的大哥，薩姆·詹卡納的「女朋友」。

全世界最知名的黑社會組織——黑手黨，起源於義大利，流傳到北美後，在大蕭條時期發展壯大。在很長一個歷史時期內，黑手黨和美國政府是一種曖昧的互相利用而又偶爾互相傾軋的組合，尤其在二十世紀中期，黑手黨的勢力在美國是異常強大的，可以左右不少國家事務。

美國好萊塢拍了那麼多優秀的電影，到現在為止，公認的最強作，就是系列電影《教父》。這是為什麼呢？因為早年好萊塢幾乎是黑手黨控制的，拍自己的老闆，當然是誠惶誠恐。而關於黑手黨種種，《教父》電影是很好的了解教材。

辛納屈是好萊塢巨星，他幹嘛要把自己老闆的女朋友介紹給甘迺迪呢？詹卡納是教父，教父眼光更遠。前篇說到，有人懷疑，喬老爹發家，跟黑手黨很有關係。黑道生意帶給喬老爹多少經濟效益不知道，但甘迺迪的競選肯定是少不了黑手黨大力支持。既然教父預備出手，首先當然是保證，他能控制自己扶持的總統，將朱小姐放在甘迺迪身邊是個臥底，隨時跟教父通報情況。

甘迺迪也不傻，朱小姐的背景，他多少知道點兒，成為總統後，他非常俐落地斷絕了跟朱小姐的聯繫，同時，為了洗清自己跟黑手黨那些甚囂塵上的傳聞，他在就任總統後，任命弟弟羅伯特為司法部長，對黑手黨發動了一輪打擊和清洗。

在六〇年代，一個外國人提到美國，首先想到的，肯定是兩個標誌物，一個是可口可樂，一個是瑪麗蓮．夢露。

現在的可口可樂是個胖罐子，它傳世的經典形象應該是凹凸有致的棕色性感瓶子，而這個瓶子的三圍比例號稱全世界最美妙的女性三圍，就是來自瑪麗蓮．夢露，每一個持有可口可樂瓶子的人，都可以感覺自己握住了瑪麗蓮．夢露的纖腰。

夢露原名諾瑪，是一位精神分裂患者的私生女，精神病的媽媽幾乎逼瘋全家人，家自然被整散了。諾瑪童年時進出過十二個寄養家庭，還在孤兒院裡待過二十一個月。十六歲那年，諾瑪不得不嫁給一個比她大很多的男人，以躲避再次進入孤兒院。

貧窮卑微的底層生活沒有泯滅夢露天生的璀璨華光，她的美貌性感藏都藏不住，漸漸有人找她拍雜誌照片。

一九四九年，為了掙五十美元，諾瑪拍攝了一組裸體照片。這些照片最後落在出版商休．海夫納手裡，他是著名雜誌《花花公子》的創辦人，於是諾瑪的裸照就上了《花花公子》創刊號，諾瑪是史上第一位花花公子女郎。

跟大部分女明星需要遭遇的潛規則一樣，諾瑪的上升之路，除了白天辛苦工作，還需要晚間的各種服務。

在一九五一年下半年，以瑪麗蓮．夢露這個藝名發展的諾瑪，終於獲得了福克斯的賞識和力捧。幾部重要作品後，瑪麗蓮．夢露成為好萊塢乃至全世界的性感女神。一九五五年的《七年之癢》是當年票房最高的電影，其中有一幕，在深夜的大街上，夢露的白裙被吹起走光的鏡頭，幾乎成為了好萊塢的標誌。現在這個形象被鑄成巨大雕塑擺放在美國的主要大街上，飛揚的裙裾在雨天成了行人避雨的好地方。

夢露在這時迎來了她第二次婚姻，嫁給了棒球明星迪．馬喬。在體育歷史上，迪．馬喬的名頭，絕不低於夢露。迪．馬喬是個保守的丈夫，他不能接受一個走性感路線的老婆，夢露此時已經不用為五十元出賣自己的身體，可她還是喜歡給《花花公子》拍各種裸照，她的每一部影片主要的賣點，似乎還是「胸器」。

婚姻甚至沒有持續一年，兩人就離婚了。體育明星思想保守覺悟不高，就找個文化人吧，第三次婚姻，夢露嫁給了劇作家亞瑟·米勒。三年後，米勒可能是覺得做夢露的老公，不是一般男人能承擔的工作，而且夢露的生活，也不是一個文人所能理解的。

傳說就是在第三次婚姻前後，夢露認識了甘迺迪，根據野史對甘迺迪的描述，他是稍微體面點的女人都不會放過的，更何況是全球公認的性感尤物。

事實證明，甘迺迪喜歡女人完全出於身體本能需要，他誰也不愛，夢露可能夢想過成為第一夫人，甘迺迪和他的家族都不會給她這個機會。因為夢露和總統的關係不夠保密，當時這兩人的緋聞，甚至比古巴事件更讓美國人關注。

甘迺迪對他弟弟羅伯特有種特別的愛護之情，什麼東西都要和弟弟「分享」。在感覺總統對自己的冷淡後，夢露投入了羅伯特的懷抱。

跟其他所有小三一樣，夢露的理想是被扶正，連體育明星和劇作家都不能忍受的女人，甘迺迪家族怎麼可能接納呢。夢露懷上了羅伯特的孩子，還威脅羅伯特，要將總統兄弟跟她的故事公開。

一九六二年五月，在麥迪遜廣場花園舉辦了甘迺迪總統四十五歲生日晚會，當夜，夢露身穿一襲銀光閃閃的緊身衣（這件著名「戰袍」後來被佳士得以一百三十萬美金的天價拍賣），風情萬種地演唱了一首《生日快樂，總統先生》。以夢露的氣質，她就算低眉斂目也風騷入骨，更何況她穿那樣的衣服還那樣唱歌。現場氣氛香豔旖旎，圍觀的人群都在心裡說：這女人要說跟總統沒有一腿，鬼都不信！當天夢露的表現幾乎是當眾承認了和總統的特殊關係。

三個月後，夢露被發現裸死於她在洛杉磯的公寓裡，死因是過量服用安眠藥，那一年，她才三十六歲。

當時說是自殺，後來FBI的揭祕資料又說是暗殺。夢露不過是個頭腦單純的女子，她將自己陷在一群政客中，淪為玩偶，還奢望愛情和結果，也是一位紅顏薄命。

死後才知道，誰最愛她。迪．馬喬，這個多次要求重婚無果的前夫，漫長的歲月裡定期地向夢露的墓地送上紅玫瑰，對自己這位頗多故事和爭議的前妻，迪．馬喬高尚地選擇了什麼都不說，什麼都不寫。

並不是所有人都能守住祕密。幾年前，一位六十六歲的老大媽寫書爆料，說自己當年在白宮當實習生期間，成為甘迺迪的祕密情人，私情維持了十八個月到甘迺迪遇刺身亡。

守了四十一年的祕密，一定要對得起出版商承諾的巨額版稅。老大媽很有料，說當年甘迺迪曾讓她跟朋友上床，還將她轉贈過弟弟羅伯特。從那以後，白宮的女實習生成為美國政治的一個敏感詞。

如果甘迺迪真有超過一百五十名情婦，歷史作者就累死了。對甘迺迪的研究中，有一個方向幾乎是跟研究他的情婦一樣熱門的，那就是甘迺迪的死因。

小李是獨立作案，為了他共產主義的信仰，魯比也是獨立作案，為了他愛國愛總統的信仰。為了信仰，激情犯案，就這麼簡單？

有願意出大錢的出版商，就一定有願意揭祕的當事人。比較著名的是黑手黨方面的爆料，承認甘迺迪總統和他弟弟羅伯特都是死於黑手黨的暗殺。因為甘迺迪競選時，私下對黑手黨承諾，當選後會放寬對黑手黨的約束，還能讓詹卡納擔任司法部長。

甘迺迪就算是瘋了，他也不敢把國家的司法系統交給黑社會啊，所以他不僅毀約還翻臉了，任命了弟弟羅伯特為司法部長，上任三把火就是清理黑手黨揚威。

黑手黨安插在總統身邊的臥底不光只有朱小姐，據說夢露也是黑手黨的工具之一，她也上過黑手黨教父的床。

自從咱家流行《貨幣戰爭》這本書後，所有人都信了書上說的，甘迺迪因為要將貨幣發行權收歸政府，被華爾街利益集團暗殺。

其他說法還包括，一，古巴和蘇聯聯手策劃；二，事源於越南的局勢；三，甘迺迪任內得罪了FBI的局長胡佛，胡佛下黑手；四，副總統詹森野心勃勃，幹掉總統直接上位；五，詹森和胡佛聯手的行動；六，甘迺迪是外星人，完成任務回家了，所以在他任內，美國啟動了太空計畫。

十五、偉大社會

深受愛戴的年輕總統遇刺，全美國人民都變身柯南，他們會放大解構主要嫌疑人——副總統詹森的一舉一動，找到他是凶手的蛛絲馬跡。

大家這樣懷疑詹森，並不是沒有道理。大部分副總統都是陪襯，任何時候都不能搶了總統的鋒頭。詹森不一樣，因為他嫻熟而靈巧的政治手腕，讓他在國會一直是地位不可小覷的議員，不論哪個黨當家，他都能選擇主流站隊。跟隨羅斯福的時代，就被總統視為是接班人之一。

詹森本來是甘迺迪在民主黨內的競選對手，黨內選舉他敗給了甘迺迪。令人意外的是，他居然接受了做甘迺迪的副總統，為他打醬油。詹森在南方的支持率很高，甘迺迪以微弱優勢戰勝尼克森，如果離開支持詹森的南方選票，甘迺迪根本進不了白宮。

美國正副總統之間這種有點殘酷的繼任辦法，似乎讓每一位副總統都有害人之心。相比參加一次水深火熱的競選，殺人在技術上似乎更容易。所以，每當有總統遇害，副總統肯定少不了嫌疑，尤其是詹森這種有野心有能力有資歷的老牌政治家。

美式大躍進

自從大蕭條，美國社會出現許多問題，開始美國就進入改革時代。從羅斯福「新政」，而後杜魯門提出了「公平施政」，到甘迺迪提出了一個旨在消除貧困，平等人權的「新邊疆」概念。「新邊疆」包括很多內容：減稅、民權法案、教育、醫療等。可惜國會一點不同情年輕的總統短暫的任期，他提交的法案在國會阻滯重重，到他被刺殺，也沒弄出結果。

詹森縱橫參眾兩院多年，在兩黨左右逢源，政治手腕要比甘迺迪高出許多。歷史上的副總統都很悠閒，詹森卻從來不是擺設，在三十五個月的副總統生涯中，他參與了甘迺迪很多的決策，非常清楚甘迺迪的思路。中途接班的他非常聰明地選擇打甘迺迪牌，似乎是告訴大家，他只是在運行一個後甘迺迪時代。

接到詹森提交的甘迺迪曾經的提案，國會壓力太大了。甘迺迪任內慘死，是全民心中的悲情英雄，他當年想帶給美國人幸福的夢想還沒實現呢，國會議員們再否決這些議案，還是人嗎？還有同情心嗎？甘迺迪總統屍骨未寒呢，沒走遠呢，在國會房樑上蹲著盯著瞧呢！

國會議員們一邊擦冷汗，一邊總是抬頭看房樑，加上新總統詹森會做人，跟大家關係都不錯，別跟死人較勁，通過吧！

詹森促成的第一項立法是減稅，降低個人所得稅和公司稅。稅收少了，投資自然增加了，促進了就業。大企業和高收入人群因為減稅政策獲利最多，這些美國社會的中堅力量向民主黨陣營傾斜了。

黑人的問題也是甘迺迪未盡的事業，詹森一上臺就承諾會全力以赴，他甚至說，寧可讓參議員停止工作三個月，也要通過《民權法案》。他得到了馬丁・路德・金的感激，當然也得到了大部分黑人的心。

一九六四年又是大選，詹森需要迎接一項對他是否能勝任美國總統的年終終結，可也就是在他接手甘迺迪任期的一年多裡，甘迺迪留下的五十二項立法提案，他讓其中的四十五項在國會通過了！

詹森自己是個實幹家，還舉著甘迺迪的大旗，繼承著甘迺迪未盡的事業，他繼續主持白宮，活人死人都會滿意，所以這一年，詹森以壓倒性的優勢，名正言順地成為美國總統。一九六四年五月，在密西根大學畢業典禮的演說上，詹森提出了自己的施政目標：美國要走向一個偉大的社會。甘迺迪是偶像派，詹森毋庸置疑是實力派，一個實幹的總統，提出了目標，就要大幹快上。詹森時代的國會是很可憐的，這位總統對待國會的方式就是疲勞轟炸，用一個又一個密集的提案將國會累暈，最後實現自己構建偉大社會的目地。

偉大社會第一當然是沒有貧困的，詹森的口號是：向貧困宣戰。

詹森的改善貧困計畫可圈可點，包括四個方面：

1. 兒童與青年教育。對貧窮來說，教育可以治標，對貧困家庭和貧困學生的支援和補貼，是這項政策中心。

2. 職業訓練與再訓練計畫。為十六到二十一歲失業失學的男女青年提供兩年的職業培訓。這個計畫的閃光點是一批自願者，願意到窮鄉僻壤和少數民族地區，為當地提供服務。

3. 社區行動計畫。這是整個反貧困計畫的核心。在貧困的社區，由成員自己計畫並管理救助項目，讓他們在中間獲得行政管理的經驗。計畫在印第安人地區取得了非常不錯的效果。但項目也有許多不能克服的硬傷，比如貧困社區會為了自己的利益影響其他地區，或者是地方政府管理起來有困難等。在實施了幾年後，它失敗了。

4. 改善落後地區狀況。在貧困地區修路、治水增加基礎設施投入等。

詹森已經承諾給黑人們一個交代，他兌現了，在他任內，《民權法案》和《選舉權法》都獲得通過。

總統看似輕鬆地讓一個個法案落地施行了，對他來說，最艱難的，應該是醫療衛生領域的改革。醫療照顧法案和醫療救助法案，讓詹森和美國醫師協會交鋒無數次。美國醫師協會雇傭二十三人組成的專業遊說團在國會活動，每天的活動經費超過五千美金。詹森一邊要跟醫師協會唇槍舌戰，一邊還要賠小心，經常請這些說客們到白宮吃飯喝酒（詹森夫婦是最好客的白宮主人，任內他們宴請過超過十萬的各種客人）。

惠及全民的醫療保險計畫是從杜魯門時代開始醞釀的，一九六五年七月，詹森特地選擇杜魯門的故鄉，邀請杜魯門現場觀禮，他簽署《醫療保險和醫療補助法案》，八十一歲的杜魯門露出了欣慰的笑容。醫療補助主要是針對六十五歲以上的美國人，大約有十六萬老人獲益。

在社會福利方面，美國起步比歐洲晚，有點落後。現在作為資本主義國家的龍頭老大，必須盡快趕上並超過歐洲老牌福利國家啊，詹森在任五年，推出一百一十五項提案，國會通過了九十項，這簡直可以說是立法大躍進了。

大躍進的核心就是花錢。詹森當了五年總統，到一九六八年的年度赤字就達到兩百五十一億美元。有「地主」說：切！二〇一二年美國年度赤字都一兆了，二百五算啥啊?!

之前說過，美國兩黨最大的一個區別可能就體現在對赤字的忍耐程度上了，漢彌爾頓發現可以欠債，但也不能欠債沒節制，美國政府還是堅持節儉辦事，除了幾次無奈的戰爭時期，美國基本可以做到，欠債還錢，國債有增長，但也有幅度不小的降低，在幾個共和黨執政的年代，還有盈餘呢。

應該說是在詹森手裡，美國的聯邦財政性質終於變壞了，破罐子破摔了。此後的美國政府發現一個真理，如果這個世界上還有一樣東西是永恆的，那就是財政赤字，它只會增加，永遠不會減少。

政府花錢吧，如果真是都砸老百姓身上了也是好事，詹森任內最大的財政支出的確是投資國民福利，但還有一項支出也是不能忽視的，數據相當龐大，它就是國防開支，核心就是跟蘇聯展開太空競賽。

「二戰」後的幾任美國總統都有共同的焦慮症，總擔心那個叫蘇聯的國家跑到自己前頭去了。可有些事，你越怕它就越會發生。

史達林在「二戰」結束時下手快，從納粹德國的各種高端計畫中，挖角了大量德國科學家和工程師，讓蘇聯軍事工業有了爆發式的發展。原子彈、氫彈陸續爆了，在美國四下搜捕哪位蘇聯間諜偷了美國技術時，一九五七年十月四日，一顆重八十三公斤的人造衛星被蘇聯人送入了環繞地球的軌道，第二個月，一顆更大的五〇八公斤的人造衛星，又上天了！

這個事美國人可不好意思抓間諜了，因為美國人在一九五八年才把一枚十三公斤的衛星送進軌道。

衛星的大小雖說不是衡量優劣的指標，但在大部分美國人看來，這就是輸了，這就是被蘇聯人強壓了一頭。一九六〇年的大選，政府不作為，成為甘迺迪的民主黨打擊前任總統和共和黨的利器。對共和黨的艾森豪來說，將來要不要跟蘇聯打仗是不知道，但我艾克運作的政府，就是不能亂花錢。

甘迺迪一上臺，他公子哥出身，不計較金錢。他命令副總統詹森全權負責「太空計畫」，要在地球之外的地方，快跑趕上並超過蘇聯。甘迺迪不怕花錢，詹森更不怕，軍事大躍進也開始了。

蘇聯人太可氣了，一九六一年四月，這邊甘迺迪剛搬進白宮三個月，總統一家還沒安頓好，那邊蘇聯居然把一個活人送上了太空軌道，這簡直是打甘迺迪的臉嘛！

總統真急眼了，我們就算送出太空人也晚了一步，這丟失的面子找補不回來了，另闢蹊徑，找蘇聯人還沒辦成的事情。我們繞月，而後讓美國人在月亮上登陸，最好是宣布月球以後就屬於美國了！

甘迺迪向國會提交了「阿波羅計畫」，要求十年之內，把某個美國人送到月亮上去。整個六〇年代，這項瘋狂的計畫消耗了五十億美金，總算在一九六九年七月二十日，由阿波羅十一號，載著阿姆斯壯和奧爾德林降落在月球，阿姆斯壯在月球上留下了第一枚地球人類的腳印，並大聲宣告：對於我本人來說，這只是一小步，可對全人類來說，這是巨大的飛躍。

蘇聯人做不到，半個世紀過去後的今天，人類經過了好幾次巨大飛躍後，蘇聯人還是做不到，沒有俄國人能登上月球，所以，這個項目，美國人終於贏回了面子，而且是贏回了好大一個面子。

當二〇一三年有一位叫斯諾登的「美國叛徒」在俄羅斯住下後，他證實了一個流行了半世紀的猜想，很多人都認為，當年那個全球電視轉播的月球登陸畫面是偽造的，登月計畫，美國人根本沒有成功。斯諾登說，他相信是蘇聯人第一個探索月球。斯諾登有沒有可能為留在俄羅斯拍俄國人的馬屁呢？有可能，美國人有沒有可能為跟蘇聯人PK造假呢？也有可能。這個登月計畫的真相，等待未來的人揭曉吧。

到一九六五年，詹森的偉大社會進展得還不錯，當一個領袖專注於改善民生建設和諧社會時，他自己就是偉大的。可是，詹森突然讓自己從偉大的道路上抽離了，他覺得有更重要的事情，值得他全神貫注。

內有大坑 後果自負

迫使詹森在「偉大社會」征途上嚴重分心的，是越南。不論是美國政府還是所有的美國人當時都想不到，千里之外這個陌生的彈丸小國，居然是一個這麼危險的大坑，美國大兵義無反顧地跳進去，好長時間爬上不來。在美國陷在另一個大坑——阿富汗之前，越南戰場是美國蹉跎得時間最長付出的代價最大的戰爭，對美國歷史、中國歷史甚至世界格局的影響，都是巨大的。

十九世紀中，越南、寮國、柬埔寨都淪為法國殖民地，被合併為印度支那，從此被法國文化侵蝕得不倫不類。

「二戰」開打，曾經的法蘭西帝國以神奇的速度淪亡。投降的國家太多，希特勒的精力實在有限，所以他允許法國保留了半壁江山，最仁慈的是，還讓這個傀儡的維希政府保留法國之前的殖民地，北非和印度支那。

為了全面封鎖中國，「二戰」日本人進駐了越南。是進駐不是攻佔，因為越南是維希法國的地盤，維希法國又是希特勒罩的，作為軸心國的戰友，日本人對越南頗為客氣。於是整個戰中，越南的大街上，有吊兒郎當的法國員警，也有荷槍實彈的日本軍隊，兩層主子，雙重荼毒，在全世界僅此一家，悲催至極。

兔子逼急了還咬人呢。被逼急的兔子，叫胡志明。

胡志明原名阮必成，出生於越南的一個知識份子家庭。一九二〇年，他在法國成為越南的第一個共產黨人，十年後，他在香港組建了越南共產黨，而後又升級為印度支那共產黨。一九四一年，「二戰」中，胡志明成立了越南獨立同盟會，簡稱越盟，正式豎起了大旗，上寫八個大字：統一戰線，抗日反法。

豎什麼旗啊，人家胡志明同志不是山大王。也差不多了，越盟也是貓在村裡，打游擊的。不過呢，裝備肯定比山大王強多了，越盟碰上了一個大贊助商。

太平洋戰爭爆發了，東南亞的所有對日行動幾乎都唯美國馬首是瞻。老美既然是全球抗擊軸心國的兵工廠，東南亞的抗日活動又是太平洋戰爭的一部分，當然也應該被支援。美國的中央情報局前身叫戰略情報局，擔負了對越盟的訓練和支持。情報局訓練出來的組織，總感覺不甚大器，鬼鬼祟祟的，忠誠度也不高。老楊並沒有謬論，請大家記住戰略情報局對越盟的支持，因為後來的中央情報局還訓練過比越盟收拾美國人更狠的組織。

整個「二戰」，越盟和美國保持友好的關係，胡志明原本是把越南獨立的期望都押在羅斯福總統身上了。

押寶羅斯福並沒有錯，羅斯福總統的確是反對殖民主義的。「二戰」即將結束時，法蘭西復國了。法國人沒有基本的榮辱心，他們自己剛剛自由了，就預備奴役別人。戰後戴高樂到處求人，希望能有艦隊幫忙他把法國的軍團送到印度支那，繼續殖民統治。

法國亡國期間，為怕他家的艦隊被德國人收編，英國人果斷地將其艦隊炸沉。所以，「二戰」結束，法國軍隊想出個門，要到處找人蹭船。

羅斯福壓根沒想過要讓法國人再回到印度支那去，沒搭理戴高樂。而後，羅斯福在戰爭沒有結束時，就死翹翹了。

法國復國後，日本人不給駐越法軍面子了，將法國人關進集中營，接管了越南。越南的末代君主保大皇帝宣布脫離法國保護獨立，並加入日本的「大東亞共榮圈」，末代皇帝都是窩囊廢。

杜魯門上臺最著急的，就是蘇聯軍隊率先攻入了柏林。戰爭的性質從那時起逐漸轉變。對杜魯門來說，德軍已是秋後的螞蚱，最大的威脅是來自軍威極盛的蘇聯。想在歐洲遏制蘇聯的步步西進，美國人鞭長莫及，英倫三島也隔著海峽，唯一能抗住蘇聯擴張的，只有復國的法蘭西。所以，有必要快速恢復法蘭西，不僅在經濟上，還要在政治上，幫助法蘭西重建他家往日的輝煌。如此，海外殖民地對保留法國人的臉面就至關重要了。

日本軍隊投降，盟軍司令部要規劃他們的投降細節，全球戰場這麼亂，向誰繳械是個問題。在越南，美國人規定，北緯十六度以南的日軍向英軍投降，北緯十六度以北呢，向蔣介石的中華民國國軍投降。

關蔣介石和英國人什麼事呢？美國人為什麼不安排全越南的日軍對越盟投降？權力要靠自己爭取，就在一九四五年八月，日本人宣布投降的當口，胡志明發動了「八月革命」，趁著越南地界上的權力真空期，一舉奪取了政權，保大皇帝退位。胡志明宣布成立越南民主共和國，號稱推翻了封建專制和殖民統治，越南人民從此站起來了。

毛澤東在天安門喊，中國人民從此站起來了，把全世界都嚇一哆嗦。胡志明喊這一嗓子，基本沒人理他。英軍和中國國民黨還是按美國人的指令分別進來受降，而隨著英國同來的，還有法軍，他們迅速「收復」了越南南部，又成了主人。原來的法國主人是個有點文藝範兒的花花公子，被德國人調教後，學了些「精緻的淘氣」，對於不聽話的南越人，法國人複製了淪陷時，德國人調理法國人的辦法（人不能被打滅自尊，沒有了自尊，什麼事都能幹出來——老楊送給法國人的箴言）。

美國人是明白地將越南北部交給了蔣介石，可顯然此時的委員長的心已經被毛澤東佔滿了，他沒工夫計算，越北這片江山收在國軍麾下，到底有何價值。胡志明非常清楚蔣介石的心思，他退一步海闊天空，竟然宣布解散印度支那共產黨，委員長當時心裡肯定想：要是毛潤之也能這麼懂事多好啊！

國軍不久撤出了越南北部，將其留給了法軍。法軍輕而易舉就佔領了全境，將胡志明趕出了河內，重新把保大皇帝請出來，建了個傀儡政權。

頭痛的是，越盟這種團體，不需要依託大的城市，他們進村了，並很快將越南面積廣大的鄉村控制在手裡，跟法軍玩起了眼花撩亂的游擊戰，法國人根本無法在越南建立有效的統治。

法軍跟越盟的戰鬥，英國人是支持法軍的，兔死狐悲，如果法國人不能壓住越盟收回越南，英國人對馬來西亞等地恢復統治也會遭受挑戰。

而美國人呢？他們不好下手，因為胡志明不知道自己被美國人拋棄了，還左一封右一封給美國總統寫信，要求協助呢。

法國開始跟越盟動手，就算掉在泥坑裡了，三年了，沒打出結果，戰場形勢又發生了巨變。

一九四九年，強大的鄰居中華人民共和國成立了。伴隨著新中國成立的，是中國人民解放軍第四野戰軍追擊國民黨殘部到了中越邊境。

胡志明帶著破破爛爛的越盟武裝在荒山野嶺餐風露宿，冷不防看見中國解放軍，那可是見到了親人了。法國用腳後跟想都知道，中國共產黨不幫忙越南共產黨是不可能的，但他家還是小心地想避免中國直接下場參戰。當時有一股國民黨軍隊逃進了越南，法國人嚇得，趕緊把這幫人關進了集中營，他們生怕四野打著追擊國軍殘部的旗號進了越南。

真心想幫忙，辦法有的是。中國政府以最快的速度表達了誠意。一九五〇年一月，北京就宣布，承認越南民主共和國，是國際上第一個承認胡志明政權的國家。隨後，胡志明祕密訪京，毛澤東給他吃了定心丸，武器糧食軍事顧問，只要開口，隨時奉送。可憐咱們剛剛解放百廢待興，牙縫裡省出的錢支援越南兄弟啊！

對美國人來說，到此時，他還是以隔岸觀火的心態為主，讓他轉變態度的，是朝鮮戰爭爆發了。

法國也是聯合國軍之一，韓戰時，他家咬著牙從越南戰場抽調軍隊北上，多少減輕了對越盟的壓力。

朝鮮戰爭打得美國人有苦說不出，再看陷在越南的法國軍隊，頓時同病相憐。一九五三年艾森豪上臺，美國不得不結束韓戰，讓朝鮮半島維持原狀。

雖然是停火了，對共產黨領導的中國，美國人有了新認識。之前美國人光顧著遏制蘇聯了，現在看來，中國也很可怕，艾克總統發表了他對東南亞局勢的新看法，著名的「多米諾理論」，大意是說，雖然大洋對岸的東南亞小國看上去不起眼，但都是多米諾骨牌的一張牌，一張被共產主義推倒，會以極快的速度波及其他牌，最後全線崩潰。所以，美國的新東亞戰略就是，將南韓、日本、臺灣、越南聯繫在一起，對中國構成一個半月形的包圍圈。

法國人高興了，美國大佬終於願意幫忙了。剛打完韓戰，美國人不會隨便下場動手，給你物資吧，也是多多益善。到一九五四年，法軍百分之八十的軍費都是老美給報銷的。

越盟經過幾年鏖戰，加上背後有了大哥撐腰，在越南北部建立了大片根據地，儘管主要城鎮還是在法國人手裡。一轉眼打了八年，法國人也累啊，乾脆，找個地方，讓胡志明出來決戰，畢其功於一役吧，誰贏誰獲得越南。

法國佬托大，他們選擇的決戰地點，居然是越盟根據地的中心，一個靠近寮國的小鎮，奠邊府。這裡四面環山，是法軍在北部的主要軍事基地。

既然是決戰，雙方都布下了戰陣。法國人沒想到的是，越盟的軍隊經過了中國的武裝，有了炮兵和各種大炮，對於奠邊府這種四面環山的盆地平原地形來說，對手有了炮，太致命了。

越盟的武器是中國提供的，連軍事思路都來自北京。逐層推進，分割包圍這種戰法，被中國的軍事顧問命名為「剝竹筍」，事實證明效果很好。

一九五四年三月到五月，奠邊府戰役打了五十五天，越盟就算有了大炮，也是一支專業的游擊軍，本來法國人以為，終於能跟越盟打一場敞亮的陣地戰，可越南人還是控制不住地挖地道，逐層掘進，終於讓法軍被包圍在一個小小的口袋陣裡。

九年了，再打下去，越南人也不會降服，法國人也殺不光越南人，法國人打起了白旗，來，拉我一把，我要出去！

法軍擦著眼淚，撤離了越南，沒有公德心啊，自己跑出坑了，就沒想到豎個牌子立在邊上，寫上：內有深坑，小心勿入。

在奠邊府還打得熱鬧時，朝鮮戰爭結束時約定的日內瓦會議召開了。本來重點是討論朝鮮問題，現在越南問題也是會議焦點。隨著奠邊府的戰鬥結局逐漸顯露，與會國家都做出了各自不同的反應。美國人最鬱悶：這麼多援助都打了水漂，法國這些沒用的東西，幾個越南農民都清理不了！而法國呢，他們跟周恩來握手了。最後，日內瓦協議達成了一個初步的解決方案，以北緯十七度線暫時分割越南，法軍撤出北部，兩年後，越南舉行大選，當選的領導人領導統一的越南。

胡志明率領他的軍隊，走出深山，回到河內，執掌了北部。

法國將南部移交給保大皇帝，保大皇帝任命吳廷琰為首相。雖然法國人有點嫌棄吳廷琰，但他的出現，的確是說明，美國勢力已經自說自話地填補法國人留下的空檔。

吳廷琰，出身於越南的官宦世家，在越南如果是個官二代，百分之九十是天主教徒，因為法國是天主教國家。

一個小國政客的道路我們就不回顧了，在法國、日本、美國幾大權力中，吳廷琰最終選擇倒向美國，並在美國進行了三年的政治遊學，在美國政客圈子混了個臉熟。如果美國人預備取代法國人遙控越南，吳廷琰當然是個很好的代理人。

吳廷琰不滿足於做首相，他搗鼓了一次全民公決，以難以想像的高支持率，廢掉了保大皇帝，成為總統，成立越南共和國。吳廷琰和他的家族控制了南越政權，雖然配置了法院和國會，但對吳家來說，都是擺設，在南越，他們就是皇帝，美國是太上皇。

一九五六年，是日內瓦協議規定的大選年，美國和南越都迴避了這個約定。道理很簡單，胡志明同志，餐風露宿打游擊，打完日本打法國，滿臉鬍子瘦成乾，對所有的越南人來說，他是最名副其實的領袖。至於吳廷琰，油頭粉面小白臉，看見外國人就諂媚，一家子腐敗囂張太霸道，形象惡劣。真要大選，整個越南都歸了共產黨，這是絕對不能發生的畫面。

不選就不選，分治吧。分割之初，雙方說好自由走動，於是在北方的所有天主教徒都跑到南方託庇在天主教徒的保護下了，幾乎是差不多數量的南方人也遷移到北方，享受解放區的天是明朗的天。這一輪走動，並沒有讓兩邊門戶清淨。在南越，還有繼續鬥爭爭取全國統一的革命者。美國對吳廷琰政府最初的武裝，就是針對這些南越革命黨。北越方面不能不援助在白區戰鬥的同志，大量的越共軍隊向南方滲透。

美國源源不斷地向南越送裝備，但他們非常聰明地堅持了，絕不下地開戰，短兵相接的事，都由南越自己負責。美國人很小心，防止自己掉坑裡。

坑，不見得是胡志明挖的，有的時候，不怕神一般的對手，就怕會挖坑的戰友。吳廷琰是個熊孩子，一有人寵溺他，他就闖禍。

吳家是天主教徒，在南越，除了越共地下黨，他們還有一個天敵，就是數量佔總人口百分之七十至百分之九十的佛教徒。為了讓佔少數的天主教徒「淨化」規模龐大的佛教徒，吳廷琰在南越推行明顯的歧視政策。天主教徒在政府部門、軍界都享有特權，公共設施、土地分配、稅收優惠等方面，政策都赤裸裸地向天主教徒傾斜，吳廷琰公開地表示，想在南越發展，改變信仰是必須的。

對於這種公然的宗教歧視，佛教徒當然是要抗爭的，只是他們的抗爭方法，有點激烈。一九六三年六月十一日，一名僧人，在西貢的十字路口，淡定地自焚而死。現場的美國記者拍下了過程的照片，這位著名的廣德和尚，在熊熊的烈火中，沒有掙扎沒有喊叫，平靜得如一尊佛。照片的拍攝者因此獲得了普利茲獎，全世界都被這張「殉道圖」震撼。

吳廷琰的家族有個重要人物，女人，江湖人稱龍夫人，她是吳廷琰的弟媳婦。因為吳廷琰未婚，吳氏政權幾乎是吳廷琰的弟弟吳庭儒主持大局，龍夫人相當於越南的第一夫人。

在僧人自焚震驚了世界的敏感時段，龍夫人眉開眼笑地公開表達了看法：「如果和尚還想吃燒烤，我願意送上汽油！」

這個女人的愚蠢和冷酷簡直讓全世界都傻眼。美國總統甘迺迪更是在白宮氣得捶桌子。美國人預計，早晚要和北越一戰，可像吳廷琰這樣的蠢貨，他真能領導未來的戰鬥嗎，他現在形象比狗屎還臭，南北真打起來，所有人不都跑到胡志明那邊去了！

一九六三年十一月一日的午後，南越軍隊幾位軍官發動了政變，十四名將軍和七位上校聯名發布討伐吳廷琰宣言，攻進了總統官邸，吳家兄弟橫死，全身都是彈孔，吳廷琰還被捅了幾刀。

瘋狂的龍夫人正好在美國遊說，希望重新獲得美國的支持，她逃過一劫，隨後她反應過來，認定這個政變就是美國人策劃的，甘迺迪就是要除掉她的丈夫和哥哥。

二十一天後，甘迺迪死於謀殺。所以，前面羅列的總統死因中，有一個嫌疑是來自越南。可能是吳家支持者的報仇。

吳家倒了，其後換了幾任南越領導，對局勢的控制，還不如吳廷琰。美國人發現要不全力幫南越頂住，北越南下統一是必然的事。

到一九六三年，大約有一萬多美軍駐紮在南越西貢。此時的美國大兵完全不知道他們將在越南遭遇什麼，每天除了將南越軍隊從空中丟進山中的小村子，讓他們到處找共產黨，其他時間幾乎就是度假。在西貢，各軍不同的兵種都有自己的俱樂部，抽煙喝酒泡妞，在大兵們的努力下，西貢逐漸向一座社會風氣不怎麼高尚的美國城市進化。這些大兵帶給越南的重要財富是，留下了許多可以參加國際選美的混血美女。

美國大兵悠閒，南越軍隊任務太重，在南越清理越共真是麻煩事，這些革命黨都不穿軍裝，老百姓打扮，在鄉野、在樹林，他們像風一般地穿行。美國人只好飛機偵查，而後定點打擊，最後燒掉村子，摧毀越共有可能發展成根據地的敵方。燒掉村子後，沒有通共的無辜村民何處安身呢？美國人匪夷所思地建立了很多戰略村，將村民們集中封閉管理，宵禁，隨時查證件，集中勞作，作物也統一收藏分配，其實就是巨大的勞改農場！

詹森接班，基本延續了甘迺迪時期的內閣以及政治經濟外交政策，更多的軍事顧問被送到南越。一九六四年大選，共和黨候選人口口聲聲要對越南直接開戰，雖然詹森擺出了溫和態度，但他已經感覺到，對越共動武，永久消除越南的共產威脅，幾乎不可避免了。

一九六四年八月，詹森突然對國會說，在北部灣巡邏的美國驅逐艦遭到了北越的魚雷攻擊。這個說法到底是怎麼來的已經不重要了，國會馬上授權，總統可以採取一切手段，擊退對美國的所有武力威脅。於是，詹森放開了手腳，他們的工作不限於調教南越軍隊了，戰機終於飛躍了十七度線，開始轟炸北越。這個轟炸一開始就收不住，斷斷續續炸了十年才停手，美國空軍丟在北越的炸彈噸位，超過他們「二戰」全球戰場上投擲炸彈總和。想想看，北越才多大的地方，這裡裡外外都被炸透了。

北越並不富裕，氣候不如南部，土壤也不算肥沃，工業更談不上，到處是村莊和稻田，美國人來來回回地炸，也不知道是要達成什麼目的。而北越的人民，既然決定留在北方跟定胡志明，自然已經放下了恐懼。面對史上最密集的轟炸，他們開發地下空間，照樣結婚生產繁衍，惡劣的生活條件中，頑強對抗美軍。

越共沒有能力跟美國對炸，但他們是游擊隊，他們有自己的報復方式。第二年，越共突襲了美軍的一個基地，七名海軍陸戰隊身亡。一個月後，終於把狼招來了，美國大兵再次熟練地在異國他鄉的海岸大規模登陸，一九六五年三月，在越南的美軍達到十萬人。

美國大兵是預備親自動手了。可因為北緯十七度線橫在中間是個天塹，美國人還是維持轟炸，不敢大規模直接佔領北部。這是朝鮮戰爭留下的後遺症，詹森記得，當初美國大兵就是因為輕率地越過了三十八度線，結局很傷感。

世界上第一流的現代化軍隊對農民武裝的戰鬥正式打響了。基本上是，美國飛機炸一輪，越共的小分隊就潛入南越對美國的軍事基地實施一次突襲。你過來炸一次，我就過去開一次殺戒。美國人的數學和越南人的數學不是一個老師教的，不在一個課本上。美國人就覺得，我一次殺你一百個，你每次過來殺我十個還搭上自己幾個，這個數據永遠不會改變的，你的人只會越死越多，又沒有反攻的實力，這種仗，幹嘛還要堅持打呢？

美國人對這場戰爭的理解是純軍事的，而越共的理解是完全不一樣的，對於北越的軍民來說，只要有一個人戰鬥到最後一刻，就不算輸。雖然每天要面對巨大的傷亡，還是源源不斷地向南部白區補充兵力和軍需。

就算美國幾乎是瘋了一般向北越丟炸藥，詹森還是有幾個顧慮不能放下，在轟炸過程中，重要的城市和重要的交通線，他們就放不開手腳。在北越穿梭的貨車，誰知道是不是中國的，裡面的貨物搞不好還是蘇聯的，給打壞了，會不會把中國解放軍招來？所以，炸藥用了不少，美國人的空襲，還是留了餘地。急眼的時候，又有人說要把核武器運出來，詹森趕緊把這些人嘴捂上了。

一九六八年一月三十一日，越南的農曆春節。美國人頭腦簡單，他們覺得，這麼大的節日，越南人應該在家吃年夜飯看春晚啊，美國人也正好休個假。你把人家老家都炸成月球表面了，讓人家到哪過年啊？越共在這一天發動大規模襲擊，撲向南越重要的美軍基地，並直接佔領了南方不少重要城市。進入南越後，越共用屠殺南越政權主要官員的形式，為自己唱了一曲《難忘今宵》。

這個著名的「春節攻勢」幾乎耗盡了越共的能量，對駐越美軍來說，心理上的傷害大於實際的損失。美國人以最快的速度，又將越共佔據的城市要塞奪回。越共不怕消耗，但他們也有消耗不起的時候，這一年裡，越共在南越的力量，頹廢了很多。美國也沒有乘勝追擊的氣勢，就在「春節攻勢」幾個星期後的民調中，詹森的支持率下降到百分之三十五，是杜魯門之後的新低，而在全國，掀起了聲勢浩大的反戰浪潮。

But you didn't（但是你沒有）

老楊喜歡詩，自己也胡謅，早就過了讀詩或激動、或悸動的年齡，可是某一天，我突然讀到了一首英文詩，剎那間熱淚盈眶，當時我就提醒自己，寫美國歷史越戰這一章時，一定要把這首詩，跟「地主們」分享。詩名就當它是 But you didn't。

Remember the day I borrowed your brand
new car and dented it?
I thought you'd kill me, but you didn't.
And remember the time I dragged you to the beach,
and you said it would rain, and it did?
I thought you'd say, "I told you so." But you didn't.
Do you remember the time I flirted with all
the guys to make you jealous, and you were?
I thought you'd leave, but you didn't.
Do you remember the time I spilled strawberry pie
all over your car rug?
I thought you'd hit me, but you didn't.

And remember the time I forgot to tell you the dance
was formal and you showed up in jeans?
I thought you'd drop me, but you didn't.
Yes, there were lots of things you didn't do.
But you put up with me, and loved me, and protected me.
There were lots of things I wanted to make up to you
when you returned from Vietnam.
But you didn't.

記得那一次我借了你的新車
我撞凹了它
我以為你一定會殺了我的
但是 你沒有
記得那一次
我拖你去海灘 你說天會下雨 後來真下了
我以為你會說「告訴過你」
但是 你沒有

記得那一次
我與所有的男子調情 讓你嫉妒
我以為你一定會離開我
但是 你沒有

記得那一次
我在你的新地毯上灑了滿地的草莓餅
我以為你一定會厭惡我
但是 你沒有

記得那一次
我忘了告訴你
那個舞會是要穿禮服的 而你穿牛仔褲出現的
我以為你一定會放棄我了
但是 你沒有

是的 有許多許多的事情你都沒有做

而你容忍我、愛我、保護我
有許多許多的事情我要彌補你
等你從越南回來

但是 你沒有

這是一位美國女人，在母親去世後整理遺物時，發現母親寫給父親的詩。在女兒四歲的時候，父親去了越南，再沒有回來。母親終身守寡，養大了女兒。這是一首情詩，可誰說它不是最讓人心痛的反戰詩！

按常規戰爭的標準看，美國人在越南戰場幾乎沒有敗績，取得了所有作戰計畫的成功，可美國政府也不得不承認，自己也跌落在曾經困住法國人的大坑裡了。

詹森終於派美軍登陸親自參與作戰，顯然是被國內各種勢力迫使的，尤其是媒體。《華盛頓時報》、《紐約時報》這些看熱鬧不怕事大的傢伙，在六〇年代初，天天鼓譟，宣揚，美國的威信威嚴榮譽都繫在越南了，在越南打架需要付出很大的代價，但失去越南，代價更大。

不論哪個總統，被這種聲音天天在耳邊叫囂，他也很難保持克制，更何況，這中間還有黨派的利益，國會中的各種關係。

可美國大兵陷在越南沒打幾天，媒體的風向就開始微妙變化了，不論是報紙還是電視，似乎都對政府捲入這場莫名其妙的戰爭有微詞。

這個世界上，沒人會要求媒體忠貞從一而終，但這樣的轉變，總要有些誘因吧。最大的原因肯定是美國青年的死亡。雖然相比較越南人的死亡數字，美軍的傷亡還算溫和，可美國人並不是這麼比。

朝鮮戰爭以來，美國推行義務兵制，到年齡的健康男性，一定要到軍隊服役一段的時間。這種做法很強制，比如現在韓國，有些大明星，鋒頭正盛的時候就被拉去當兵了，等回來時，難以再收穫當初的人氣。而在六〇年代的美國，有錢和有路子的家庭，都能幫兒子逃避兵役，無權無勢家裡的孩子，只好上戰場。還因為學生是可以延緩服役的，所以，大部分的美國兵不是工人就是黑人。

萬里之外去面對一個殘酷的戰場，打一場毫無意義的仗已經很讓人想不通了，還有這麼多的不公平，所以，當時很多人都在考慮如何逃避兵役，一九六五至一九七五年，美國強徵了兩百萬大兵入伍，但還有超過五十萬非法逃避兵役，有不少人逃得比較遠，去了英國和加拿大。

其中著名的例子是拳王阿里，這位在黑人覺醒時代，以黑人英雄的形象崛起於拳壇的天才，在獲得冠軍無數後，就是因為拒絕服兵役，還對美國出兵「大放厥詞」，被吊銷了拳擊執照，被剝奪了拳王的桂冠。

整個越戰，大約有五萬六千美軍死亡，三十多萬傷殘，對一個人口兩億的國家來說，這是一個巨大的數字。美國人每天從電視裡看到一個個的運屍袋帶著東南亞的硝煙被送回國，裡面可能是自己的兒子、兄弟、同學、鄰居，這種刺激天天上演，持續好幾年，誰都會崩潰，就算你沒有親人在戰場，這種壓抑充滿死亡氣味的社會環境，是一種強大的負能量，讓所有人都不自在。

新聞媒體在戰中起到了誰也看不懂類似攪局的作用。新聞自由嘛，也沒個審查，好些不該給美國人看到的畫面公開，也造成了美國人對戰爭的恐懼和厭惡。

比如廣德和尚的自焚照片獲大獎。宗教自由宗教平等是美國人的立國之本，廣德和尚這樣的「殉教」，美國人流淚，更多的美國人指責美國政府，吳廷琰一家，這麼缺德的東西，憑什麼咱們美國人繳稅，千里萬里去支援他們？也就是輿論壓力太大，甘迺迪總統不得不出此下策，煽動政變除掉了吳家兄弟。

越共「春節攻勢」後不久，一個電視紀錄片，記錄了美軍奪回南方城市的戰鬥，其中有一個畫面，南越的某個軍官，看到被俘的一名越共青年，幾乎是毫無猶豫地掏出手槍，打爆了對方的頭。

攝影照相技術，在當時已經算很發達了，關於越戰，我們現在還能看到很多清晰的實錄，不管是南越北越還是美軍，在越南的鄉居田園畫面中，都顯得面目猙獰。而對媒體記者，尤其是戰地記者來說，他們當然更傾向發表會引發大眾更多情緒反應的照片。看到這些畫面，還敢說要堅持作戰的人，真是不惜與全人類為敵了。

因為年輕人是直接受害者，他們最先反抗了。一九六五年，密西根大學就戰爭問題展開了辯論會，隨後，這種辯論就蔓延到美國各校園。到一九六七年底，美國社會上興起了一股強大的政治勢力，那就是以大學生為主體的反戰運動，並引爆了全國的各種運動。

大家還記得，六〇年代，是學生運動的時代，是各國學生們很喜歡上街的時代，而美國的反戰學生運動，正是這股六〇年代的青春風暴中，最聲勢浩大的一股力量。

十六、搖滾時代

垃圾食品肥皂劇

「二戰」結束後的五〇年代，又是美國歷史上一個花樣年華，政治穩定，經濟再次高速發展。一九五六年，美國人的汽車越來越多，政府不得不推出聯邦高速公路法案，撥款兩百五十億美元用十年時間建設了長達四萬英里的高速公路網，從此駕車旅行成為美國人最愛的出行方式。

既然高速公路健全，大家都有車，就不用擠在擁堵的城裡裡居住了，住宅區不斷向郊區延伸，之前不發達的偏遠地區也慢慢地人丁興旺。尤其是西部，「二戰」中為戰爭提供軍需戰備生產而打下了很好的工業基礎，本來這個地區就資源豐富，高速路一通暢，更多的製造企業都向西部郊區遷徙，西部以驚人的速度繁榮。加州和德州石油的開發，吸引大量煉油及配套企業的進駐。西部最閃亮的城市是洛杉磯，戰後到五〇年代初，百分之十的新興產業出自這裡。既然是新興產業的中心，自然而然也就吸引了教育培訓資源向這裡集中，洛杉磯後來成長為高科技產業中心就不奇怪了。

汽車改變了美國人生活格局，在全球的主要發達國家中，美國人使用公共交通的比率應該是最低的，都喜歡自己開車走，一人一輛車，不怕污染，不嫌浪費。在洛杉磯，四個車道的大路，三個車道是普通車道，最內側為「carpool」車道。普通車道就是一人一車，如果你車上有兩人或以上，就可以上「carpool」車道行駛，可在上下班的高峰時段，三條普通車道擁堵停滯，「carpool」暢行無阻，還能保持高速。美國人寧可堵車，也不願意併車，當然他們單人駕駛擁堵也不借用「carpool」車道夾塞插隊，很值得表揚。喜歡開車出門，大部分司機都守規矩，車便宜性能好，漸漸美國就被稱為是「車輪上的國家」，美國旅遊第一件事，租輛車開著先。

既然是「車輪上的國家」了，某些產業就要面向駕駛者服務了。比如原來的街坊超市都是面向社區家庭的，現在住宅都遷去郊區了，住得分散了，購買家庭日用品也不是隨缺隨買了，而是一次購物裝滿一車，回家用好一陣子。於是超市們就改變思路，放棄了鬧市，他們盡量變大，包羅萬有，然後也搬到郊區去。

生活第一重要的是吃飯，有了車，什麼節奏都變快了，好像吃飯也等不起了。從二〇年代開始就有餐廳推出不用下車的訂餐服務，後來又發展到各種速食服務。一九四〇年理查．麥當勞與莫里斯．麥當勞兄弟在加州的聖貝納迪諾創建了「Dick and Mac McDonald」餐廳，不用說，這就是麥當勞的原型了。

一九五五年，「Dick and Mac McDonald」餐廳的行政總裁雷．克洛克以獲得經銷權的形式在伊利諾州開業了第一間快餐廳，五年後，克洛克以兩百七十萬美元向麥當勞兄弟買下了麥當勞餐廳，並以驚人的速度讓它在美國擴散，克洛克得到麥當勞的前後，美國就已經有兩百二十八家分店，他甚至專門在伊州開辦了一所大學，專為麥當勞培訓經理。從此，走遍全世界，我們都能看到黃色的大M標誌，和一個瘦高個子的小丑蜀黍。

麥當勞肯定不是最讓美國人欣喜的東西，四〇至六〇年代，住家美國人最幸福的是看電視。根據一項數據調查，在電視機還是稀罕物的階段，美國家庭買電視的積極性比買冰箱高，證明他們認為看電視比吃東西重要。

美國的電視行業是廣播產業的衍生品，當時全國的三大電視臺分別是：美國廣播公司（ABC）、哥倫比亞廣播公司（CBS）和國家廣播公司（NBC）。到五〇年代末，電視戰勝報紙、雜誌和廣播成為第一媒體。

早期的美國電視節目，大都是贊助商決定的。比如白天的電視節目，觀眾都是賦閒在家的主婦，所以電視臺就放映狗血煽情的長篇連續劇，白人小姐愛上黑奴私奔的，或者兩人相愛發現是失散的兄妹的，諸如此類，師奶們最愛，家務都不想幹了。不幹是不行的，隨劇播放的廣告提醒你趕緊收拾屋子呢，大部分廣告都是針對家庭主婦的清潔產品，跟現在電視裡一樣，如今是各種洗髮精，當時是各種肥皂，於是，白天這些雞毛鴨血的長篇劇集，就有了一個通稱「肥皂劇」（soap opera）。

一九五一年，CBS推出了一部由廣播劇改編的喜劇，叫《我愛露西》，每周一晚上九點播出。這部戲講述一個中產階級主婦和她老公的幸福搞笑生活，露西神經大條還古靈精怪，出各種洋相，令人捧腹，以致劇集大熱。既然受歡迎就一直拍吧，這部戲從一九五一年到一九六〇年，雄霸電視收視的王座，到今天，懷舊的美國人還會租DVD回來重溫，一樣看得哈哈笑。

美劇現在對我們一點不陌生，中國觀眾都開始習慣了從網上追看，而這種周拍的系列劇形式，以及情景喜劇都是由《我愛露西》發源的。

對，我們只能通過電腦看美劇，現在的孩子們無法想像沒有電腦的年代。美國人守著電視傻樂的時候，他們沒想過，有幾個科學家正完善更高端的「娛樂」設備。

關於電子電腦到底是誰發明的這個事，是科技界比較混亂的話題。一九五四年，英國的數學家圖靈在家中服用氰化鉀自盡，床頭留下咬了一口的蘋果。為了向這位電腦之父致敬，賈伯斯讓這個缺口蘋果成為二十一世紀初最時尚科技產品的標誌。一九九五年，比爾‧蓋茲拜訪了德國人楚澤，向這位不懂數學擅長畫畫神仙致敬，因為他也被確定為電腦的發明者之一。

圖靈和楚澤到底誰是真正的電腦之父？都不是，根據一九七三年美國一個法院的判決，法律認定的電腦真正發明者是愛荷華大學物理學教授阿塔納索夫，他和他的研究生在一九三九年發明了一部機器幫他們計算複雜的方程。「二戰」時，電腦被用來破解敵軍密碼。到一九五四年，IBM 公司開始為政府機構或是私人公司開發電腦。個人跟電腦的緊密聯繫，是在八〇年代後才建立的，但在五〇至六〇年代，電腦已經在經濟發展中起到重要作用了。

垮掉的一代

「beat」，在字典中是打、拍打、敲擊的意思，也有打敗、筋疲力盡、疲憊不堪的意思。普通人一生如果經歷過一次「二戰」那種高烈度的戰爭，會不會有「被打垮」的感覺。

被打垮的人看什麼都不順眼，生活如此單調，政治如此壓抑（抓赤色份子呢），到處沉悶乏味。如果碰巧這些人是文人，那就更是一肚子不平之氣要忍不住要「嚎叫」出來：

我看見這一代最傑出的頭腦毀於瘋狂，挨著餓歇斯底里渾身赤裸，拖著自己走過黎明時分的黑人街巷尋找狠命的一劑；

天使般聖潔的西卜斯特渴望與黑夜機械中那星光閃爍的發電機溝通古樸的美妙關係，他們貧窮衣衫破舊雙眼深陷昏昏然在冷水公寓那超越自然的黑暗中吸著煙飄浮過城市上空冥思爵士樂章徹夜不眠；

他們在高架鐵軌下對上蒼袒露真情，發現默罕默德的天使們燈火通明的住宅屋頂上搖搖欲墜；

他們睜著閃亮的冷眼進出大學，在研究戰爭的學者群中幻遇阿肯色和布萊克啟示的悲劇；

他們被逐出學校因為瘋狂因為在骷髏般的窗玻璃上發表猥褻的頌詩；

他們套著短褲蜷縮在沒有剃鬚的房間，焚燒紙幣於廢紙簍中隔牆傾聽恐怖之聲；

他們返回紐約帶著成捆的大麻穿越拉雷多裸著恥毛被逮住；

他們在塗抹香粉的旅館吞火要麼去「樂園幽徑」飲松油；

或死，或夜復一夜地作賤自己的軀體；

用夢幻，用毒品，用清醒的惡夢，用酒精和陰莖和數不清的睾丸……

再引用下去，老楊這本「嚴肅」歷史書就淪為禁書了。這篇看上去滿是酒、性、毒品的文字，就是《嚎叫》。一九五五年十月七日，在三藩市的一次詩歌朗誦會上，一位名叫艾倫．金斯堡的詩人朗誦了他的這首作品，四座驚歎，全世界的詩壇都為之興奮或是驚恐。

這些如同嗑藥以後癔症般的嘶吼，到底是說什麼呢？其實第一句就已經告訴你了「我們這一代最傑出的頭腦毀於瘋狂」，「嚎叫」就是告訴你，我叫得聲音再大，內心也是頹廢墮落空虛的，我們嚮往自由的靈魂和充分的解放，好吧，我們是「垮掉的一代」！

既然是一代人，就不會只有金斯堡一個，「垮掉的一代」這個說法，來自金斯堡的至交好友，傑克．凱魯亞克，兩人是校友，都就讀於哥倫比亞大學。

凱魯亞克是體育生，因為橄欖球被特招進哥大就讀。根據美國宣傳作品對橄欖球運動員的定位，他們大部分都是身材高大，智商低下。凱魯亞克卻是一個有著文藝心的橄欖球員，誰也想不到，他不是個普通的文學青年，他還能成為燈塔感召後世大量的文學青年。

一九五〇年夏，凱魯亞克在新墨西哥城創作他的第二本小說，當時他身患痢疾，靠著大量的安非他命，在三個星期內，抱著一部舊打字機，將被「藥物」刺激的所有靈感和激情宣洩在兩百五十尺長的打印紙上。

《旅途上》是一部關於「流浪」的小說，「我」是個叫薩爾的作家，平靜的生活被一個叫迪安的怪傢伙徹底攪亂，迪安天生是個流浪者，他出生在顛簸的旅途上，一輩子注定無法安定。他放蕩不羈，自由無拘，給薩爾展現了一種全新的生活方式。於是薩爾就被迪安「帶上路」，他們和幾個小夥伴，從東到西從西到東，在美國的大地上流浪。不需要錢，不需要計畫，甚至不需要目的地，他們就這樣流浪在路上，搭順風車，認識不同的人，見識不同的風景，酗酒、泡妞、吸毒，極度放任，無底限瘋狂，他們甚至瘋到了墨西哥。不過，經過四次旅行，從墨西哥回國後，薩爾意識到，作為一個正常人，自己斷不能像迪安那樣放縱，還是要回歸正常的生活中。他穿上正式服裝坐上一輛凱迪拉克去聽音樂會，看著迪安穿著一件被蟲蛀過的大衣又踏上了「流浪」之路。薩爾在心裡想念著迪安……

能在三個星期內寫出來的長篇小說，大都可能是作者的親身經歷，《旅途上》記錄的就是凱魯亞克和他「垮掉」的好友們從一九四七年夏天到一九五〇年秋天四次橫跨美國的旅行。小說中的人物，都可以在現實生活中找到原型，艾倫．金斯堡就在小說中，而主角迪安則是尼爾．卡薩迪「垮掉」派作家中的一位「神仙」。他跟金斯堡和凱魯亞克這些名校驕子不同，他沒受過系統教育，跟著酒鬼父親在各種小旅館和小酒館混跡著長大，他精力旺盛，無法無天，不受任何約束。為了在美國旅行，他偷了五百多次車，被捕了七次。一九五一年，卡薩迪給凱魯亞克寫了一封長信，講訴了自己複雜瘋狂的性愛故事，凱魯亞克越讀越激動，興奮之下，《旅途上》就誕生了。《旅途上》一問世就轟動了文壇，或質疑或嫌棄或眼前一亮，反正是火了。它被稱為是「垮掉一代」的聖經，後來，它成為很多人的「聖經」。

我們光說它在中國的影響力吧，一九六二年，《旅途上》由作家出版社節譯到中國，當時是以神祕的「黃皮書」發行。所謂黃皮書，是在「文革」以前，內部出版了一些資本主義國家的「腐朽」讀物，既然是「內部」，那都是些有覺悟有高度的領導同志，他們讀這些東西，一定是當作反面教材用來嚴厲批判的。這些「反面教材」文藝類的就是黃皮書，政治類的就是灰皮書，相當高端，當時要能讀到一本，是身分的標誌。

「文革」期間，混亂中，部分黃皮灰皮流落民間，中國「文革」後的這幫孩子，比五〇年代的美國青年更「自由」，美國青年叛逆著想要把他們那個現實砸爛卻只能在心底「嚎叫」，中國的孩子們當時已經砸碎規矩，砸碎信仰，想砸啥就砸啥了。《旅途上》到了這幫孩子手裡，醍醐灌頂啊，自由人類原來是這麼玩的！

知青點的知青們也開始組織上路了，不管去哪，一定要上路，在路上能找到什麼或者找不到什麼都不重要，關鍵是心靈被「洗禮」，標誌就是培養出一批詩人。被帶上路的的詩人中，有我們熟悉的北島和芒克。至於被帶上路的作家，那簡直多不勝數，如果你讀過《玩的就是心跳》會認定王朔是在向凱魯亞克致敬，其他諸如王小波、余華甚至連衛慧之流的作品，你都能讀出《旅途上》的影響。「旅途上」不是一部小說，它成為一個象徵，象徵著自由、解放、釋放，很潮很酷很先鋒。

《旅途上》是一本需要趁年輕讀的書，遺憾的是，老楊第一次讀時，已經到了思前想後蠅營狗苟的年齡，這種說走就走的旅行，想睡就睡的愛情肯定無法欣賞了。我一邊讀還一邊想：這些孩子真不負責任，對不起父母對不起學校，趕緊藏起來別給兒子看見，學壞了！

「垮掉的一代」形象太刺激太張揚，他們幾乎統治了美國五〇至六〇年代的文壇，誰也蓋不過他們的鋒頭。其他的作家當然也有，但物以類聚，這個時期的作者，不離經叛道休想出頭，那年月看小說，媽媽肯定是要審查的。

亨利．米勒，美國文壇的「怪傑」，說起來似乎他也算「垮掉派」一路的人物，或者說，他是「垮掉派」的精神導師。他的兩部巨作大家都聽說過，一部《北回歸線》，一部《南回歸線》。《北回歸線》於一九三四年在巴黎出版。能在巴黎出版的東西，不一定能在美國出，「二戰」後期巴黎解放後，英美盟軍進入巴黎，偶爾發現，居然還有這麼一本書呢，競相傳閱，愛不釋手，隨後偷偷夾帶回美國，當寶貝到處顯擺。

這麼受歡迎的書，又是美國人的作品，美國幹嘛不出版？赤裸裸密集的性描寫，太露骨了，太淫穢了，咋一看，地道的黃書，美國說到底是清教徒的國家，哪能這麼放肆呢？

《北回歸線》是米勒的自傳，是他在巴黎和一些僑民、藝術家混在一起的混沌歲月。這幫人湊在一起，到底幹了些什麼？不知道，混亂得很，沒有個清晰的故事線，就是一堆人的吃喝、神侃、遊蕩當然還有嫖妓，周而復始，天天如此。米勒是個思維跳躍的人，他還故意想到哪寫到哪，沒有喝酒或者嗑藥的人，很難跟上他的邏輯。老楊自認為是個閱讀能力合格的人，嘗試幾次閱讀《北回歸線》都沒讀完，讀得胸悶，還偶爾懷疑，是不是自己的神經出了問題。所以老楊非常主觀地判斷，《北回歸線》被傳得那麼熱門，賣黑市賣得這麼暢銷，完全是因為其中的性描寫吸引了不少人。

雖然看不懂，主題其實是清晰的，開篇第一章作者就講明白了：「就『書』的一般意義來講，這不是一本書。不，這是無休止的褻瀆，是啐在藝術臉上的一口唾沫，是向上帝、人類、命運、時間、愛情、美等一切事物的褲襠裡踹上的一腳。」可以理解為，米勒預備用這本書砸碎一個舊世界，顛覆歐美社會傳統的審美、道德、宗教或是哲學，所以，米勒絕對算是「垮掉派」的先行人物了。

米勒在巴黎共創作了三部自傳體小說，《北回歸線》、《黑色的春天》、《南回歸線》。一九四〇年，米勒回到美國，創作了殉色三部曲，《性愛之旅》、《情欲之網》、《春夢之結》。僅從名字看，這幾部書要放在網上，肯定會被有關部門掃黃。

大家別以為當時有點露骨性描寫，小說就驚世駭俗了，還有更先鋒的呢。一九五八年，《紐約時報》的榜首暢銷書，是俄裔作家弗拉基米爾·納博可夫寫的《蘿莉塔》。

在「蘿莉」這個詞橫行的時代，很少人不知道這部小說了。一個四十多歲的老男人亨伯特，因為青春期時代的一場無果戀情，落下了病根，從此只對九至十四歲的「性感少女」有感覺。經過兩次目的不同的正常婚姻後，他終於成為十二歲的蘿莉塔的繼父，並發展為不倫關係。他將蘿莉塔帶在身邊，用食物、玩具、化妝品等物質控制她，直到她成年，直到她忍無可忍離去。三年後，十七歲的蘿莉塔婚姻失敗生活潦倒，懷孕待產身無分文。她給老男人寫信求助，亨伯特希望她再回到自己身邊，被蘿莉塔拒絕。亨伯特瘋狂中找到蘿莉塔的丈夫，槍殺了他。亨伯特因此入獄並死在獄中，蘿莉塔也因難產而死。

中國的小文青喜歡用「君生我未生，我生君已老」來詮釋整個故事。沒那麼美好，亨伯特對蘿莉塔是一種畸戀的控制，蘿莉塔對亨伯特是無知無奈地委身，中間從來就沒有所謂愛情，老楊奇怪怎麼會有人讀出美好和感動來。

因為主題過於「驚悚」，《蘿莉塔》問世後，在多個國家被禁，又是神奇的法國，將它公開出版，讓納博可夫成了當紅作家。在巴黎震動了三年後，《蘿莉塔》才進入美國，當年就成為《紐約時報》榜首暢銷書。

閱讀這個故事時，讀者們心裡想得最多的是，能寫出這樣的故事，作者該不會是有親身體驗吧？文章最讓人印象深刻的，是細膩的心理描寫，場景的細緻描述，尤其是青春期少女一顰一笑的小眼神小舉動，這如果不是盯著看了很久，恐怕寫不了這麼清楚。不過根據史料，迄今為止，還沒發現納博可夫「戀童癖」的有關證據。

好萊塢又在第一時間買下版權拍成電影，為了照顧觀眾的接受程度，女主人公蘿莉塔被定為十四歲，彷彿大了兩歲，這段戀情就正常多了。影片《蘿莉塔》進入中國後，中國給了一個天才的翻譯名，叫《一樹梨花壓海棠》。詩句出自蘇東坡，他嘲弄他朋友張先在八十歲時娶了十八歲的小妾，梨花說的是張先一頭白髮，海棠指的是少女紅顏。那以後只要在一個畫面裡同時看到梨花和海棠，整個人就不好了！

成人的書有成人的主題，成人的世界總是難懂，只是這個時期的成人們，沉溺在「垮掉」的氣氛裡，誰想過青春期的孩子們是怎麼看他們的呢？

一個叫霍爾頓的十六歲「熊孩子」，家庭環境不錯，在名校讀中學。因為五門功課掛掉四科，他「光榮」地被學校開除，這已經是他第三次被不同的中學開除了。在跟室友打了一架後，霍爾頓連夜回到紐約，他不敢回家，住進一個小旅館。

本來霍爾頓認為，他就讀的學校是個假模假式的醜陋之地，可他在紐約的一天兩夜遊蕩中，他發現整個成人世界都是光怪陸離混亂不堪，而且更加假模假式的。他嘗試跟成人一樣墮落，甚至召妓，這讓他更加苦悶。彷徨害怕中，他躲到他曾最尊敬的老師家中借宿，可沒想這位老師似乎對他有不可告人的變態企圖，霍爾頓嚇得落荒而逃。霍爾頓最後決定去西部流浪，想臨走時見他最愛的妹妹菲比最後一面，小菲比居然拎著行李箱跑出來，要和他一起出走。霍爾頓無奈之下，只好帶妹妹去動物園玩了一圈，一起回家，然後大病一場。

這是老楊很喜歡的一本美國小說，《麥田捕手》，作者J．D．塞林格。一九五一年，小說問世時，也引發了不小的轟動，尤其是在青少年族群中。霍爾頓成了半大男生的偶像，反戴紅色的獵人帽，把帽簷放在後面，抽煙、喝酒、粗口、當然也召妓。霍爾頓是個未成年的「跨掉派」形象。

塞林格是塑造一個熊孩子讓其他孩子跟著學壞嗎？當然不是，小說將霍爾頓描寫的淘氣叛逆玩世不恭，其實骨子裡，他脆弱且善良，他小心地想保持一片純真的心理天地，可外界總不能給他任何乾淨的影響。霍爾頓通過種種墮落的行為表示他的抗爭，他的堅持，他對菲比說出了自己的理想：「有幾千幾萬個小孩子在一大塊麥田做遊戲，附近沒有一個大人，除了我。我站在懸崖邊上，職務是守望，要是哪個孩子對懸崖邊跑過來，我就把他捉住。孩子們狂奔，也不知道自己在往哪兒跑，我就從什麼地方出來，把他們捉住。我整天幹這樣的事，我只想當個麥田裡的守望者」。

金色的麥田，就是霍爾頓心目中的純淨天地，在裡面玩耍的孩子心裡一樣純淨，如果他們被外界污染，偏離了方向，「要向懸崖邊跑去」，霍爾頓會把他們拉回來，他希望做這方純淨永遠的守護者。

這是一部關於成長的書，一代代的孩子們似乎都經歷過霍爾頓的困惑和掙扎，不過大部分的我們都不抗爭，我們接受了「人生就是場大家按規則進行比賽的球賽」這個說法，就算真有我們不了解甚至明顯不公的規則，我們也選擇努力適應，咬牙硬扛，將人生憋屈到不溫不火，似乎就成功了。

老楊愛死了霍爾頓這個角色，看到他在考卷中給老師塞紙條，安慰老師，就算不及格也不用「自責」，反正自己早就準備不及格時，甚至為這帥孩子拍案叫好。可如果自己的孩子是個霍爾頓，老楊就愁死了，蠅營狗苟的心，容不下金色的麥田了。

運動了

第二次世界大戰結束後，美國迎來一陣生育高峰嬰兒潮，這些孩子到六〇年代中期，都算是成年了，就算沒成年，也正好是叛逆期。到一九七〇年，三十歲以下的美國人口幾乎佔美國總人數的一半，至少有八百萬人在大專院校就讀，這是史上年輕人最多的時代，這是屬於年輕的時代。

嬰兒潮的孩子有個特點，他們生於戰後，他們的父母親歷了大蕭條和大戰爭，心裡都有不安全感。等自己有了孩子，就生怕孩子再遭自己的罪。這些人兒時的生活品質普遍比父輩高，親眼見到美國成為世界霸主，經歷了前所未有的繁榮和財富，有更多的機遇，當然也面臨更多的挑戰。小時候沒受過挫折教育，稍微大一點，冷戰、麥卡錫主義都讓他們困惑，加上突然要被抓到越南去「送死」，恐懼、無助、孤獨頓時將他們淹沒，有部分人，對整個生存環境產生懷疑，對人類的文明更產生一種幻滅感。

有情緒就要發洩，半大孩子，做事也不會考慮成敗得失，所以，進入六〇年代，此起彼伏，各種各樣的運動就冒出來了。

既然「垮掉的一代」已經被貼上標籤，就不介意讓自己更出位一點兒，戴頂貝雷帽，再留個山羊鬍子。有人稱他們是「Beatnik」，後來翻譯成披頭族，創造這個新詞兒的靈感來源是人造衛星「Sputnik」，當時一提到人造衛星，大家第一時間想到蘇聯，很多人感覺，垮掉的一代披頭族這幫人，是有點共產主義傾向的。

披頭族主要活躍在五〇年代，最早的垮掉派文化運動中心在紐約，隨著金斯堡、凱魯亞克這些人開始向西部流浪，三藩市漸漸成了這幫「叛逆者」的大本營，因為三藩市跟紐約一樣，移民城市，文化和社會氣氛都很包容，直白地說，容易出么蛾子。

進入六〇年代，隨著避孕藥和公眾對墮胎的開放認識，引發了一場轟轟烈烈的性解放運動，加上從五〇年代開始流行的各種毒品，基本勾勒出當時反主流文化的時髦青年形象。

吸毒者側身躺著，髖部突起，自己給自己起個很酷的綽號叫「hips」（hip 是髖部的意思），在垮掉派看來，「hip」這個詞可以代表時尚尖端，先鋒人物，加個尾碼，hippies 就誕生了，對，這就是嬉皮士了。

嬉皮士不是個政治派別，這幫人基本上懶洋洋的，披頭散髮，身上吊著一件麻木裙或是麻木披肩，脖子上掛著念珠，晃晃悠悠的，抽煙喝酒曬太陽。一九六七年，成千上萬這個造型的青年從世界各地，五湖四海，為了一個共同的目的串聯到三藩市。這些青年人有個接頭暗號是頭戴鮮花，在三藩市街上也傳遞著鮮花，顯示這個嬉皮士的聚會，就是為了傳播「愛」。

這就是三藩市著名的「愛之夏」運動，歌曲《三藩市》是個活動的「主題曲」，嬉皮士們在三藩市海特區和金門公園各種出租屋安營紮寨，過上了啥也不幹啥也不想的「共產主義」生活。

如果仔細研究精神實質，嬉皮士運動似乎跟左派運動、民權運動、無政府運動等一系列熱門運動都能扯上關係，所以這幾個運動派系也都願意拉上嬉皮士一起「運動」。「愛之夏」活動得到了不少支持和支援，要沒有這些援助，大部分嬉皮士都餓死凍死了；大量吸毒和性解放活動，自然少不得自願免費醫生的幫助。免費的生活讓嬉皮士感覺他們生活在烏托邦的社會裡，實現了共產主義。根據經驗，烏托邦從來是不長久的，幾萬嬉皮士在三藩市無所事事瞎遛達，肯定是不安定因素，更何況這幫人除了號稱愛與和平之外，對當地毫無貢獻。時間長了，美麗的濱海城市三藩市成了混亂的貧民窟，街頭充斥著暴力、犯罪和永遠清理不完的垃圾。

終於逼著員警清場了，嬉皮士倒也不是頑固的墮落份子，他們看著自己的先鋒形象日益向犯罪份子靠攏，果斷中止了烏托邦實踐。一九六七年十月六日，嬉皮士們組織了一次抬棺遊行，棺材裡放著象徵嬉皮士的念珠、頭巾等，他們這是宣告，嬉皮士已死，以後有事請燒紙。

雖然他們離開了三藩市，也沒說從此就回歸正常人類了，他們化整為零，進入山區，再建烏托邦，繼續自己的生存構想。

嬉皮士是受垮掉派作家的影響，年輕人最容易受影響，所以，每個運動的年代，最亮眼的都是校園運動。

前面說到，六〇年代，美國的學運是以反越戰為主題的，但也有其他思潮，比如為人權，為公平，為種族歧視等。

從一九六二年開始，一些美國名校的學生們開始在密西根集會，他們是想建立自己的民主團體，表達對現實社會的失望，對成長過程中遭遇那些問題的思考還有倡議要政治改革，孩子們都比較激進。

一九六四年，加州大學柏克萊分校的同學為了爭取在校園裡參與政治活動的自由，跟校園員警動了手，還佔領了行政大樓。柏克萊的「暴亂」引發了遍布全美的一系列校園「暴亂」行動，大學生普遍感覺，學校裡不自由，高等教育非人性化，學校裡還充斥腐敗。哥倫比亞大學和哈佛大學這樣的名校，都加入了行動，鬧得沸沸揚揚。

還是在柏克萊分校，將大學內的暴力抗爭運動帶上了高潮。話說加州大學柏克萊分校從州政府裡搞到一塊土地，作為學校擴建的預留地，因為一直沒錢開發，這塊地就閒置下來。學生感覺這裡遍地瓦礫很不好看，就和當地居民一起，種植了花花草草，將這片空地改造成了一個「人民公園」，可以供大家野餐、歌舞，當然還有各種聚會，尤其是反戰運動時，這裡經常有公開演講。柏克萊校方這時手頭寬鬆了，就考慮將這塊地改建成停車場。學生們當然不幹，對他們來說，這裡已經是他們「最後的空間」，是校方瘋狂行動之下的「最後一塊聖地」，他們示威遊行跟校方談判，拒不接受停車場。

當時的加州州長叫雷根，一個強硬的保守派，學生們的行動，看著很像搞「共產主義」，為了淨化校園裡「左派」的力量，他下令員警，該摘花摘花，該拔草拔草，讓柏克萊盡快把停車場蓋起來。

員警動手那天，三千多學生和市民在公園發表演講，抗議政府「暴行」，員警用高音喇叭干擾演講，學生們被激怒了，員警也急眼了，爆發了肢體衝突，員警使用了催淚瓦斯和其他武器。一名學生死亡，一百多名學生受傷。半個月後，近三萬人參加了殉難學生的紀念活動，他們當時的口號是「讓一千座公園綻放」。這樣的代價，終於保留了「人民公園」。現在去柏克萊讀書的孩子們，第一時間應該去這個公園朝聖，感受一下學長學姊們勇氣和精神。

六〇年代後期，各種運動似乎進入了尾聲，沒想到，還有更精彩的收官戰。

前面講過的垮掉派作家群，除了酗酒吸毒流竄等生活習慣，還有一個最大的特點就是，這幫人似乎無法愛上異性，他們大都是同性戀的。金斯堡和凱魯亞克到底是個什麼形態的關係不好評論，但這兩位對卡薩迪應該都有愛慕之情。

之前美國歷史上的名人，比如惠特曼之流，他們的性取向都諱莫如深。到六〇年代，性解放都玩落伍了，同性戀能算啥？在先鋒派的人群中，同性戀不算個事，但美國說到底，還是一個以清教徒為根基的國家，讓他們公開接受同性戀，還是有難度。

一九六九年六月二十七日，紐約的格林尼治村的石牆客棧被員警搜查。紐約的格林尼治村幾乎是個公開的同性戀聚集區，員警對石牆客棧的強制搜查也不是一次兩次了，之前抓走的同性戀男女就很多了。

兩邊積怨已深，這次搜捕，不知怎麼的就動手了。幾百名男女，不管是不是同性戀，聚集到石牆客棧門口，對員警羞辱謾罵，員警毫不客氣操警棍還擊，人群開始投擲石塊和汽油彈，有人在石牆客棧內放火，差點把員警燒死。暴亂向整個格林尼治村擴散，一直鬧到天亮。

這場著名的「石牆起義」是世界同性戀發展史上的里程碑，事件標誌著同性戀解放運動正式開端，同年，同性戀解放陣線在紐約成立。第二年，為了紀念石牆事件周年，紐約舉行了同志大遊行，以後的六月二十七日，就成為同性戀的紀念日。

I wanna rock I wanna roll

校園運動、嬉皮士運動、反戰運動、黑人解放運動、婦女解放運動、同性戀解放運動，再加上地下的各種跟左派、共產主義有關的運動，六〇年代的美國，真是史上最熱鬧的時代，像開 party 一樣。既然是開 party，就不能沒有音樂，如果說，有一個運動，是貫穿了以上所有的運動，並為之提供精神營養的，就是搖滾樂運動。

進入五〇年代，美國的音樂，大約有三種形式，一種當然是爵士，一種是起源於南方農村的鄉村音樂，還有一種則是來自叮砰巷的流行音樂。

叮砰巷就是指紐約第五大道和百老匯之間的第二十八街，因為集中了很多音樂出版公司，每天都有新歌手帶著自己的音樂去找伯樂，街上到處是叮叮砰砰各種樂器聲，就成了叮砰巷。這裡的音樂包羅萬有，赤裸裸商業導向，為流行服務，為好萊塢服務，這裡出爐的音樂，都挺容易廣為流傳的，是流行神曲的製造基地。

雖然當時聽爵士是黑人居多，聽流行音樂是白人居多，中西部老鄉愛聽鄉村歌曲，但音樂只要入耳，很少人會計較，它是來自哪個階層哪個族群，漸漸這幾種音樂的分界似乎越來越小，融合度越來越高，搖滾就是在這個基礎上產生了。

好萊塢是最媚俗的，街上流行什麼，他們一定有相應的電影配合。街上流行學生運動，他們就拍攝一部反應叛逆學生的電影來唯恐天下不亂。

一九五五年，校園電影《黑板叢林》上映，聽名字就知道，黑板下面已經成了野獸爭戰的叢林，可見是講述校園暴力的。電影中的一首插曲，在當時紅透了全美，歌手比爾．哈利演唱的《Rock Around The Clock》（晝夜搖滾），這首歌曲相當於宣告了搖滾音樂時代的來臨，一九五五年被認為是搖滾元年。

用搖滾來稱呼這種新的音樂形式，開始於一九五一年。俄亥俄州克利夫蘭市的音樂DJ艾倫．弗里德，他發現年輕人對強勁熱烈的節奏布魯斯（R&B）特別青睞，當他做音樂節目時，從當時的一首R&B作品《We're Gonna Rock, We're Gonna Roll》提煉出Rock n' Roll這個詞彙，為搖滾樂正式上了戶口。

搖滾樂是以節奏強勁的黑人音樂為根基，似乎總是黑人的聲線表達的最完美，可當時的美國社會，對於黑人是相當嫌棄的，讓黑人成為舞臺的主流，大部分白人都鬱悶。看著流行音樂越來越成為一門賺錢的產業，當時就有唱片公司的老闆說，「給我一個擁有黑人聲音的白人，我立刻就能發成億萬富翁！」

這位老闆的祈禱被上帝聽見，一九五四年，有個叫艾維斯．普利斯萊的帥小夥，發行了他的第一張專輯，一個將鄉村音樂完美融入了黑人節奏的白人歌手，唱歌的時候，還會像黑人一樣扭臀踮腳，表現力十足，立時吸引了廣大聽眾。

老闆並不知道，普利斯萊就是讓他成為億萬富翁的那個貴人，第二年，他將其出售，也就是這一年，專輯《Elvis Presley》在美國著名的公告牌排行榜（Billboard）上蟬聯了十周冠軍。隨後，普利斯萊進軍電影界，一九五六年，由他主演的電影《Love Me Tender》上映，同名主題曲《Love Me Tender》幾乎拿下了美國所有的音樂大獎。這首歌在流行歌曲歷史上的地位，就不需要老楊形容了吧。

普利斯萊出生在密西西比州，南方的歌迷昵稱他為「The Hillbilly Cat」（來自南方鄉下的小貓）。他在臺上造型風騷，扭著唱情歌，台下的女聽眾癡迷得都快暈過去了，就像一隻公貓會吸引大批母貓垂涎，普利斯萊是最受歡迎的公貓，所以，他是貓王。

貓王號稱是搖滾樂之王，史上最偉大的搖滾歌手，但說到搖滾，人們第一個很難想到貓王在臺上扭著身子深情款款，我們最直接的聯想肯定是衣著襤褸，抱著吉他，在臺上嘶吼的那群人。

五〇年代人壓抑，他們的表達方法也壓抑，搖滾都是悶騷型的。進入六〇年代，不壓抑了，要宣洩要釋放要解放，要表達心理渴望和政治訴求，搖滾進入了自由時代。

當搖滾成了某種發洩，太高深就不好玩了，之前玩音樂，都要學鋼琴，大家都知道，搖滾樂隊的核心是吉他。似乎，吉他要比鋼琴接地氣多了。

六〇年代早期，幾支英倫的搖滾樂隊進入了美國，最引人注目的是披頭四（The Beatles）。披頭四先轟動了歐洲，隨後征服了美國，迄今為止，他們應該還是美國銷量最高的樂團，說他們是搖滾樂隊史上地位最高的宗師，肯定是毫不恭維的。

披頭四剛開始看著好像還是挺乾淨俐落的四個年輕人，太乾淨俐落，在舞臺上的表現力就差點兒，跟他們同時代的一樣出名的滾石樂隊（The Rolling Stones）就不一樣了，他們在臺上那種瘋狂和隨性，看起來才是真正的搖滾，對，就是滾石樂隊，奠定了現在咱們腦子裡最直接想到的搖滾表演畫面。

有披頭四和滾石這兩支史上最偉大的樂隊，美國本土的搖滾怎麼努力似乎都暗淡。在美國的流行音樂史上被稱為是一次「英國入侵」。面對入侵，不能不抵抗啊。美國本土有自家的有利條件，不知道什麼時候開始，美國流行一種叫「LSD」的致幻劑，吃下去後，能看到美好的幻覺，進入萬花筒般的美景。五〇至六〇年代，美國的大麻隨便吸，加上致幻劑，性解放，上臺去搖滾時，有奇幻漂流的效果。於是，美國本土就出現了迷幻搖滾。

迷幻搖滾成為熱門主流後，很多樂隊都不能免於對毒品的依賴，披頭四樂隊入鄉隨俗也加入了這個瘋狂的派對，滾石這幫叛逆的壞小子當然更不會逃避「嘗試」。

美國的迷幻搖滾代表，最有影響力是感恩至死樂隊（Grateful Dead），這個成名於三藩市地下樂壇的搖滾樂隊，跟當時三藩市最火的嬉皮士運動牽連甚大，現在一說到感恩至死樂隊，大多數人都會想到嬉皮士。一九六七年，伴隨嬉皮士運動的，三藩市雷蒙音樂節上，感恩至死驚豔亮相，被認為是最好的樂隊。樂隊到一九九五年才解散，巡迴演出的場次無法計算，可能是史上現場演出最多的樂隊，這完全是因為，看他們現場演出，比聽他們的專輯爽多了。

為了宣告搖滾樂對青年的精神統治，一九六九年年初，紐約、波士頓等大城市出現了一份特殊廣告，廣告海報上通知，當年的八月十五日至十七日，在紐約州北方的胡士托小鎮，將舉辦搖滾音樂節，廣告聲稱，胡士托有三天和平與音樂，也是三天真正的自由。

雖然是叫「胡士托音樂節」，可胡士托鎮真不願意配合這些「熊孩子」瞎鬧。最後，活動現場搬到了一個叫亞斯格的農場進行。舉辦者當時認為，應該能吸引五萬人到場，帳篷、食品及相應的生活物質都按五萬人預備。沒想到的是，活動當天，有近四十萬人蜂擁而來，大部分是嬉皮士；老天還不作美，下起大雨，農場一片泥濘。可就在這片泥濘中，史上最壯觀的音樂聚會居然成功舉行了，生活用品都匱乏，到處擁擠不堪，可沒有騷亂，沒有混亂，沒有不可收拾的事故，在毒品大量供應的狀況下，能保持這種秩序多麼難得可貴。

三天中，所有當紅的樂隊都上臺表演。面對四十萬的觀眾，也不是每個表演團體都能隨時遇上的事，聽眾很high，表演者更high，這三天，農場所有的人都是兄弟姐妹，他們組建了一個叫胡士托國的烏托邦，充滿愛、和平、溫馨。雖然是三天條件艱難的日子，對當時參加過的人來說，肯定是最美好的青春回憶。進入七〇年代，嬉皮士文化凋落，胡士托音樂節是他們最盛大的謝幕了。

胡士托音樂節是史上最成功的音樂節，它幾乎不可複製。比如四個月後，滾石樂隊牽頭，就在北加州一個賽車場舉辦了阿爾塔蒙特音樂節。這個音樂節最引人注目的明星絕對不是滾石樂隊，而是被滾石請來維持秩序的「地獄天使」幫。

「地獄天使」成立於一九四八年的加州，是全球最大的哈雷機車幫派，標誌就是騎著哈雷摩托的皮衣車隊，哈雷機車非常高冷，連帶這些幫派份子也比一般的古惑仔有威懾力。

黑幫份子對秩序的要求比保安協警之類的高，喝酒的、嗑藥的、現場作愛的、跳舞難看的，長得黑的，都會不清不楚地遭到毒打。滾石樂團壓軸表演時，「天使」們一點兒沒給面子，他們當場刺死了一名黑人歌迷！

從胡士托到阿爾塔蒙特，代表著搖滾樂整個形象的盛極而衰，阿爾塔蒙特事件後，很多人才覺悟到，搖滾是釋放的自由的，但它也有破壞和暴力的陰暗面。

整個五〇至六〇年代，藝術精神都是搖滾的，視覺表現也呈現出跟以往不同的狀態。如果你要問，美國「二戰」後最令人欣喜的美術作品是什麼，很多人會回答你，三十二罐金寶湯罐頭，現藏於紐約現代藝術博物館。

金寶（Compbell）湯是世界上銷量最好的罐頭湯，中國人雖然不喝罐頭湯，但超市裡的史雲生清雞湯我們是見過的，它就是金寶旗下的產品。

為什麼一幅畫了各種口味湯罐頭的畫，而且是絲印版畫會成為當代名畫？這要從戰後世界藝術傾向說起。

「二戰」摧毀了很多事，很多標準，很多既定的規則。藝術家們看到，周遭已經是商業社會，物質主義橫行，傳統假惺惺的繪畫和設計，一般都來自設計者主觀的感覺和思考，很少想到作品進入市場，觀賞者和消費者如何接受。

倫敦的青年藝術家率先提出，面對快速發展的消費社會，藝術家不是應該迴避「俗流」，而是應該緊緊跟上，並大膽表現，力求藝術品應該通俗化、流行化，最好是能為商業服務。根據「popular」（流行的）這個詞，這一輪藝術創新的產品，我們稱之為普普藝術。

藝術進入這個階段，不管你爽不爽，就是看誰更俗。

來自捷克移民，出生在匹斯堡貧民區的安迪．沃荷，成長期正碰上大蕭條。這孩子從小就敏感自卑，還有精神系統的疾病。長大後到紐約做個商業插畫師，感覺前途就挺好的了。

普普藝術滲透到美國，沃荷敏感到了這股潮流，他大膽向流行文化靠攏。大家比較熟悉的，瑪麗蓮夢露、貓王、賈格爾（滾石的主唱）普普頭像就出自沃荷之手，當然還有他為金寶湯罐頭各種口味創造的的三十二幅絲印版畫。

到底一幅巨大的湯罐頭肖像算不算是藝術品，當時有巨大的爭論，不管是藝術爭論還是明顯炒作，結局是雙贏的，安迪．沃荷一躍成為現代藝術的代表，進入藝術家的行列，金寶湯罐頭，自然也就成為最暢銷的湯罐頭。

二〇一四年二月，沃荷創作的毛澤東畫像在倫敦蘇富比拍賣，以七百六十萬英鎊成交！

在好萊塢賣座大片《MIB星際戰警3》（《Men in Black (III)》）中，威爾．史密斯穿越回六〇年代，在一個時尚派對上見到的髮型誇張的攝影師，就是安迪．沃荷。根據劇情設計，他也是MIB的探員，他在各種商業現場臥底監視外星人，而他的那些作品，是臥底無聊是隨手畫的！（《MIB星際戰警3》是很有內涵的商業電影，它調侃了美國六〇年代很多風物，是大家了解六〇年代美國的一部好「教材」。）

十七、沉默的大多數

好政客的第一要素，就是精準掌握潮流。全美如火如荼地反戰浪潮中，來自東海岸權力中心的大牌議員們，嘴臉變化得很快。當初堅持剿滅越共的那幾個傢伙，突然就出現在反戰的遊行隊伍裡了，各種電視節目中，政客們對美國軍隊捲入戰爭表現出了誇張的質疑和憂傷。

詹森是總指揮，他不敢出爾反爾說自己從來沒支持過戰爭，面對壓力，他唯一能做的是宣布暫停轟炸，而後他要解決巨額的軍費造成的赤字和年年高升的通膨，為了控制通膨，詹森不得不要求國會批准「戰爭稅」，這可與他偉大社會的計畫衝突了，國會很理解，所以從他的偉大社會計畫基金中，毫不客氣削減了六十億。

一輩子左右逢源，深諳政治的詹森明白了自己的處境。雖然根據憲法，他還有資格參加一屆總統選舉，他還是選擇了退出角逐。

一九六八年大選，民主黨最有希望的候選人，羅伯特．甘迺迪遇刺身亡，共和黨的尼克森終於贏得了他等待已久的總統之位。分析尼克森當選的原因，最主要是民主黨的改革雄心讓人們太累了，現在只求恢復正常的社會秩序，恢復所有人平靜的生活。

破冰

先從一個當年在咱家膾炙人口家喻戶曉的故事說起。

一九七一年三月二十八日，日本名古屋舉行了第三十一屆世界乒乓球錦標賽。比賽中，最引人注目的是中國隊。倒不是因為中國人球打得好，而是，經過幾年的文化大革命，中國人已經好久沒出來見人了。

美國隊也比較引人注目，因為隊員的成分很雜，有汽車公司的HR、杜邦的工程師、《體育畫報》的編輯、華爾街銀行的職員等等，其中最引人注目的，就是一位束著紅髮帶的嬉皮士——來自聖莫尼卡大學的科恩。

小嬉皮士科恩嘻嘻哈哈的，沒個正經，第一天就沒趕上美國隊的集合巴士，他無所謂，看見一輛車他就上，車上坐著中國隊員。

冷不防看見一位造型奇異的美國佬上車，中國隊員還是有一剎那的手足無措，好在車上有見過大世面的中國人，著名球手莊則棟，從第二十六屆到第二十八屆，他一直保持世界男單冠軍的頭銜。

他熱情招呼了科恩，還送給科恩一塊杭州織錦做禮物。第二天科恩回贈了莊則棟一件帶著反戰logo的T恤，並熱情擁抱，結為好友。莊則棟邀請美國隊，到中國免費旅遊。

兩個國家的乒乓球手惺惺相惜本是很正常的，可在當時的局勢下，中美兩個年輕人擁抱在一起，是石破天驚的大事。更讓人震驚的是，在通報美國政府後，總統尼克森批准了美國球隊去中國訪問。

作為戰後出生的小孩，科恩肯定是經過麥卡錫主義的，就算他不懂，可那種對共產主義國家厭惡恐懼的氛圍他是可以感覺到的，好在他是年輕人，是嬉皮士，是解放的一代，他完全可以把政治當笑話看，所以，當他經過羅湖橋進入中國深圳（那時還是個小鎮），坐火車北上時，沿途的標語，可能成為他人生一次非常有趣的經歷，標語寫著：全世界人民團結起來，打倒美帝國主義及其走狗！

就在球隊出發去中國的那天，尼克森總統宣布，放寬持續二十年之久的對華貿易禁運。中國方面也表達了善意，周恩來總理親自接見美國球隊，進行了長達一個多小時的談話。總理說，以後美國記者可以分批來看看。

這個信號讓全世界的媒體都大驚小怪，都在猜測下一步，兩邊會有什麼進展。而對尼克森來說，他此時最希望的，是親自去到那個他抨擊了大半輩子的國家看看，親自會會讓美國部分青年崇拜甚至「學壞」的毛澤東。可他也知道，中美兩個大國在外交關係上任何改變都是翻天覆地的大事，國際上什麼反應？盟友們怎麼看？臺灣會抓狂吧？國會那些死硬的保守派要氣瘋了吧？

這一步必須走出去試試，但在沒有成事前，要保持絕密，要派最信得過的人去探探路。

在閣僚中，尼克森最信的，就是季辛吉博士。在成為著名外交家之前，季博士是著名學者，哲學博士，他並不是長期追隨尼克森的死忠。一九六八年大選時，季博士是尼克森黨內對手的外交政策顧問，當時沒少詆毀尼克森。尼克森用一個老牌政治家的眼光，發現季博士是個外交奇才，所以不計前嫌將他帶入白宮，成為國家安全事務助理。

探路人選定了，接著確定祕密通道。季博士總不能大張旗鼓打個飛的就從華盛頓飛到北京去了吧。雙方都在物色能架起橋樑的協力廠商，在當時的世界上，兩邊都能信任的中間人不多，最後被選定參與這場歷史盛事的，就是咱們喜愛的巴鐵——巴基斯坦。

一九七一年七月，美國政府官方宣布，季博士要出訪西貢、泰國、印度和巴基斯坦。在巴基斯坦時，季辛吉和巴基斯坦的葉海亞．汗總統進行會談，談到一半，就說自己不舒服，隨身的醫護人員懷疑他是受不了南亞的氣候，得了痢疾。汗總統體貼地安排季博士到巴基斯坦北部的一個山區休養所去休息幾天，跟隨採訪的記者每天都能看到季博士在休養所裡愜意地行走。

季博士是個勞碌命，哪有休假的時間啊。他在宣布生病的當天半夜，帶著墨鏡大簷帽，偷偷潛入了軍用機場，上了一架神祕的飛機。季博士登機時，他的隨行保安陡然緊張起來，因為飛機上赫然有四個穿中山裝的中國人，表情凝重。

面對這麼重大的祕密外交事件，周恩來總理特意派來的四位接待人員肯定緊張，而季博士一樣緊張。不管他曾經訪問過多少國家，這樣趁著月黑風高偷偷摸摸地進入一個他完全陌生，甚至充滿敵意的國度，他會遭遇什麼？有沒有危險？最麻煩的是，季博士突然發現，自己竟然沒帶合適的襯衣！

美國人對周恩來最清晰的印象，是日內瓦會議上的風度氣派，儘管杜勒斯拒絕了跟他握手。日內瓦時的總理，才五十六歲，雖然手有微殘，但意氣風發，風度翩翩。季博士降落北京後見到的，經歷了文革的總理，蒼老和憔悴了很多，但他儒雅淡定的氣度，讓季博士放下了顧慮。

北京對季博士的盛情款待，讓他在兩天時間裡長胖了，再回到公眾視野裡，倒像是治好了痢疾的樣子。

幾天後，尼克森總統在洛杉磯的伯班克電視臺，發表了著名的四分鐘講話，他宣布，他已獲邀訪問紅色中國，他愉快地接受了這個邀請。對自己的內閣「通氣」時，他說：世界上四分之一的人生活在中國，今天他們並不是一支重要的力量，但再過二十五年，他們就是決定性的，對美國來說，在這時候，在它能做到的時候，不去做，將會導致非常危險的局面。

正如尼克森之前預料的，全世界都懵了。蘇聯心裡打鼓；美國的小弟們都開始修改對華政策，爭取逐步改善跟中國的關係；反應最大的當然是八十五歲的蔣介石老爺子。傳說他罵尼克森不是個東西，猜想還加上了「娘希匹」！

「娘希匹」的事陸續來了，一九七一年十月二十五日，聯合國大會以壓倒性優勢，通過恢復新中國在聯合國的合法席位，並驅逐臺灣代表。現場第三世界國家的代表，中國人民的老朋友，發出了歡呼，有人還甚至當眾跳起了舞。

對於中國恢復聯合國席位，美國肯定是起了作用，至少他沒全力攪局。雖然尼克森已經預備訪華，但他心裡還是希望，最好中國和臺灣都能在聯合國都有一席之地，他一手托兩家，誰也不得罪。後來跟毛澤東接觸過他才明白，臺灣問題，是不可逾越的紅線。

一九七二年二月二十一日，北京寒冷的清晨，美國的總統專機「七六年精神號」（為慶祝美國建國兩百年特意改名的）降落。即使有四百人的儀仗隊列隊等候，現場仍然不能說是隆重而熱烈的，周恩來帶了不多的官員在等候他。

降落前尼克森囑咐，讓隨同不要跟得太近，他希望他和周恩來握手的照片可以清晰地定格在膠片上，他當時已經預想到，這張照片，會是二十世紀最珍貴的圖像之一。

看到尼克森出現在樓梯口，周恩來在原地沒有動，尼克森邁著碎步，一溜煙小跑過來，遠遠地伸出了手，握住了周恩來的手。尼克森是政治家，這個小碎步的設計絕不是現場失控，他後來說，

「當年的日內瓦會議，杜勒斯拒絕了周恩來的手，周一定會感覺到是羞辱，所以這次我要主動伸手過去」。不管誰主動，這一次握手，都是一次偉大的破冰之舉，兩個敵對了二十年的大國，終於願意放下偏見偏執，面對面地溝通，嘗試互相了解。

尼克森落地第一件事就關心什麼時候能面見毛澤東。站立都需要人攙扶的毛澤東沒讓他等太久，下午，尼克森握住了這位東方偉人的手。兩人進行了一個小時的談話，從存世的照片看，氣氛不錯，不過就不知道談了些什麼。

當天晚宴，尼克森喝著茅臺，感覺到了中國人的盛情，席間，周總理對尼克森夫人說，中國將贈送美國兩頭大熊貓，玲玲和興興。對於後來陸續被送到美國並入籍終老的中國孩子來說，玲玲和興興算是先驅了。

尼克森來中國前，惡補了毛澤東詩詞，在歡迎晚宴上引用「一萬年太久，只爭朝夕」，讓主人家十分滿意。尼克森還知道「不上長城非好漢」，所以第二天的行程，他必須去長城。

不巧那幾天的天氣惡劣，北京飄了兩天的大雪，美國代表團本以為不能成行了，他們忘了，毛澤東還有一句名言，叫「人定勝天」。從釣魚臺到八達嶺，八十公里的道路上，沿途北京居民們深夜清晨連續作戰，掃出一條光潔的大道，成全美國總統做了好漢。

整個美國代表團有三百九十一人，成員經過嚴格挑選，最重要的肯定是外交人員，因為接下來，兩國會就重大的問題進行一系列磋商，並簽署《聯合公報》。

尼克森突然宣布訪華，說明之前跟中國已經有過祕密勾兌，這除了讓國會的保守派覺得被耍了，更生氣的，是尼克森的國務卿羅傑斯。

美國國務卿主管外交，這是地球人都知道的事，可總統要訪華這麼大的事，羅傑斯居然也是最後才得到通知。羅傑斯就是傳說中的保守派，而據尼克森說，他選擇羅傑斯當國務卿，就因為這個夥計，不太懂業務，大小事，都可以繞過他交給季博士辦理。

接下來要進行的非常重要的外交談判，當然也是季博士主持，至於羅傑斯，他被打發陪同總統夫人轉悠。中國派出了同樣老牌的外交高手—外交部副部長喬冠華，巧的是，喬老也是哲學博士。

中美之間什麼問題最重大，當然是臺灣。承認一個中國，臺灣是中國的一部分；解放臺灣是中國的內政，美國不得干涉；美國的軍事力量必須撤出臺灣，這是中方必須實現的目的。

季喬會並不容易，季博士和尼克森都不敢想像，如果放棄臺灣，他們將面臨怎樣的指責，這種對盟友的背叛，也會讓其他的盟友心生罅隙，以後關係不好處。可尼克森是頂著巨大的壓力和全世界的關注來到中國，如果什麼結果都沒達成，光帶兩頭熊貓回家肯定是不夠的。所以整個談判過程中，有不能解決的障礙，雙方都選擇一個辦法，「拖」，總有人熬不住的。周恩來此時釋放的態度是：中國不怕拖。三天後的半夜，季博士熬不住了，終於擬定了雙方基本同意的方案。

尼克森從北京飛往杭州遊覽，在飛機上，他收到了新出爐的聯合公告，他和毛澤東似乎都沒大意見，可國務卿看到公告就跳起來了。顯然這份公告沒有讓他滿意的地方，他一口氣提出有十五處必須修改。

這種外交文件，國務卿不同意不行，羅傑斯吃定了這公告最後還要到他手裡，所以明知道尼克森和季辛吉背著他忙了不少事，他還是非常淡定地等到了他終於能發飆的這一天。

在杭州，中方的接待工作依然規格很高，好吃好玩都沒讓尼克森心情好。毛澤東說了，除了臺灣問題，一切都好商量；而羅傑斯糾結的，大部分還就是臺灣問題，美國代表團內部吵翻了天，事態似乎陷入了僵局。尼克森向陪同遊覽的周恩來吐槽自己的難處，黨派、國會多重壓力，總而言之，美國的事沒有中國那麼簡單了。

周恩來一點頭：了然！代表團離開杭州到達上海，剛一下榻，周恩來帶著翻譯逕直去了羅傑斯的房間。周恩來是總理，羅傑斯不過相當於外長，總理主動拜訪他，在外交禮節上，算是給足了羅傑斯的面子。其實，羅傑斯的動作，不過是一種矯情，他被總統冷落，沒有參與重要的活動，連總統見毛主席，全世界最受矚目的元首會面，都沒叫他，更不用說《聯合公報》的談判，幾乎跟他沒關係。他憋著一肚子火，總要發洩出來的。總理這一輪親自造訪，面子找補回來了，還撫慰了他莫名的委屈，什麼問題都好說了。

一九七二年二月二十八日，聯合公報終於發表，因為是在上海簽字，所以又叫《上海公報》。離開前的晚上，尼克森的興奮溢於言表，他說，他在中國的這一周，是改變世界的一周。宣告了尼克森這一次偉大破冰之旅的圓滿成功。

雖然很興奮，當夜尼克森居然還是沒睡著。因為他不知道，回到美國，他將面對什麼，這份《上海公報》會不會讓他被丟臭雞蛋，或者被國會整死？

國會的確會往死裡整他，但，不是因為《上海公報》，第二天回到美國的代表團，受到了隆重的歡迎，美國人對他的北京之行評價很正面，成就了尼克森政治生涯的巔峰時刻。

講完了故事，有人會問了，無緣無故的，尼克森又是個堅定的反共份子，他為什麼會突然頂住這麼大的壓力向中國示愛？這就要從尼克森贏得大選說起了。

季博士外交

一九六八年的大選，選民看重的，就是候選人對越戰的態度。繼續打肯定是堅持不住了，撤軍，美國丟人丟大發了！打不動，撤不動，這題幾乎無解。

參選時，尼克森對越戰擺出了胸有成竹的姿態，說他已經有了一個「榮譽和平」的方案，能保全顏面還能帶來和平，選民愛死他了。

滿嘴跑舌頭這話，就是形容政客的。尼克森在北京的時候，跟咱們多親熱啊，可人家反共的時候，嘴臉是非常惡劣的。尼克森整個政治生涯，跟反共一樣變幻莫測，就是對越南作戰的態度。

法國軍隊被困奠邊府時，曾經向艾森豪求援，希望美國派出地面部隊，幫一把，艾克權衡再三，還是沒讓自己攪和進去，眼睜睜看著法軍慘敗。當時艾克的副總統就是尼克森，他當時就力主美國應該派兵支援的。到詹森時代的，尼克森政治生涯最冷清的日子，參選總統失敗，競選加州州長也失敗，在律所上班，不過是一介平民，他還是不依不饒地批評詹森的軍事行動軟弱無力，尤其是對北部大城市的轟炸居然縮手縮腳，他質問總統，美國的軍隊為什麼不直接進入北越作戰？

全國反戰成為潮流，尼克森又意外重新出山，再次角逐白宮，他打的和平牌，還真讓人不放心。當了總統，總是能自圓其說的。一定會帶給美國人和平的，但，和平是需要爭取的。戰爭拖到現在，就是因為沒打贏，打贏了，自然就和平了。美國願意和北越談判，但先要打服他們再談。

尼克森的越戰思路就是，轟炸—和談—再炸—再談—沒炸夠—談不攏，如此這般往復。

根據這個思路，尼克森上臺就開炸。詹森既然承諾暫停對北越的轟炸，那就換一個思路。新總統下達的關於越南的第一號作戰命令居然是，轟炸柬埔寨！

越南、寮國、柬埔寨，印度支那是一家。脫離法國各自獨立後，都要面對美蘇兩大陣營在東南亞的權力撕扯。越南在內戰，寮國在內戰，柬埔寨內部也不太平，當時執政的西哈努克親王被認定是親共的。

大家看地圖，越南是兩頭大中間細的啞鈴形狀，北越的軍隊、裝備、補給南下進入南越，走自己國家那條狹窄的通道是很難成功的，所以江湖上傳說，有一條神祕的「胡志明小徑」穿梭在越北—寮國—柬埔寨—南越的崇山峻嶺中。這條路雖然崎嶇蜿蜒，高山峽谷，但它的確能祕密運送很多東西南下，而美軍的飛機眼神不好就是找不到。

為了配合補給線，寮國和柬埔寨境內，都會有些驛站，當然也可以理解為越共的軍事基地，所以，尼克森轟炸的目標是，端掉柬埔寨境內的越共據點，同時，支持一個叫朗諾的柬埔寨人發動政變，推翻西哈努克，成立親美的政府。

清理柬埔寨的行動比美國人預想的艱難，四個月，美軍陣亡四千人，平均一個月死一千。不用說，國內的反戰潮又洶湧而來了。

尼克森自己也沒想到這麼大的傷亡，他及時調整計畫。不能再把美國大兵送上前線了，戰爭要「越南化」，就是說，打仗是南越自己的事，必須培養讓越南人打越南人，逐漸把美軍撤回來。一邊安排美國撤軍，一邊開始跟越共和談，美方的談判代表當然還是季博士。

一九六九年五月八日，美越的談判在巴黎開始。這個談判，基本可以說是雞同鴨講，兩邊總調不到同一頻道上。談判受阻，尼克森就增加轟炸的強度，想用巨大的武力壓迫對手屈服。每次作戰都要死人，一死人國內就沸反盈天，國會就找總統麻煩。可如果完全收手不打，停止轟炸，談判時越南更加咬定青山寸土不讓，美國的要求不能達成。此時的美國總統，可以說是被架在火上烤。

其實，解決辦法就在眼前，誰都知道，美國人完全撤出，不看不聽不管，讓越南人自己打出個結果來。對，這是最好的結果，可美國人能答應嗎？

「二戰」後，美國為自己設立了所謂的大國責任全球戰略，要以推廣民主自由幫助弱小國家抵抗強權為己任，他是大哥，他是龍頭，他要說走就走撂挑子不管了，威嚴要不要？榮譽要不要？以後還好意思在地球上混嗎？

緩慢撤軍，回到之前那種出錢出技術不出手的狀態，是個好思路，一九六九年底，撤軍就陸續進行了，到一九七二年秋天，留在印度支那地區的美軍大約從五十四萬人銳減到六萬人。

美國的撤軍，沒讓巴黎的談判更容易。越共對美軍撤退不感冒，他們要求的是在南越政治上的地位。其實說白了，就是美國放手，越南人自己解決內部的問題，南北越是越南內政。

尼克森看出來，這還是打得不夠啊。正好駐越的美國司令彙報，說美軍撤出後，南越軍隊的鬥志昂揚，他們獨立作戰應該是一點問題都沒有。

好吧，拉出來遛遛，如果南越人真能出息點兒，尼克森的處境就輕鬆多了。南越軍隊獨立作戰大考驗，選哪裡做考場？總統欽點，打寮國去！

天上找不到「胡志明小徑」，地面上找去，找出來，毀掉，切斷越共與南方聯繫的生命線。

被美國武裝訓練並報以巨大希望的南越國軍出發了，頭頂有美軍戰友的空中掩護，背後還有美軍戰友的火炮支援。戰爭進行了四十四天，南越國軍潰不成軍退出寮國，根據寮國的戰報，寮國解放軍和南越人民武裝配合，殲敵一萬五千人，有十幾個旅團幾乎被全殲。

南越國軍難道是稀泥巴糊不上牆？也不能完全這麼說。他們跟當年蔣介石的各路諸侯在「剿匪」的時候留一手，不肯出全力一樣。此時南越政權的首腦阮文紹有自己的小算盤。美軍能堅持多久不知道，說不定某天說走就走，把南越甩了，到時候，少不得要跟越共拼命爭奪江山，此時實在犯不著去寮國無謂犧牲。

總統的「越南化」方案顯然是失敗了，季博士非常聰明地要求總統，以稍微緩和點的態度，給予北越新的讓步，巴黎和談再次開啟。誰知，北越對於美國的讓步不領情，主要談判代表在關鍵時刻還突然「病了」。北越氣勢益發硬朗，是因為他們手上的和談籌碼在增加。

一九七一年深秋，南越國軍發動的「真臘二號」戰役進攻柬埔寨，被柬埔寨殲滅；寮國軍民在雨季五個月的戰鬥中共殲敵七千五百多名；一九七一年二月八日，南越人民武裝發動了著名的「九號公路戰役」。戰役歷時四十三天，美軍損失二萬一千餘人和五百餘架各種戰機。

印度支那三國人民愈戰愈勇，戰場形勢也由被動挨打轉變為直接反攻。一九七二年三月，北越發動了一九六八年以來最猛烈的攻勢，人民軍四個整師，在大批蘇製坦克和遠端火炮的掩護下，開始了計畫已久的春季攻勢。越共軍隊直接穿越南北非軍事區，震驚了白宮。

就在北越的談判代表想盡各種辦法拖住季博士的時候，北越正在嚴密策劃這一輪攻勢。

尼克森覺得被越共耍了，大怒之下，忘記了一九六八年，關於停止轟炸北越的承諾，不僅要到北越後方去炸，還要炸當年詹森小心迴避的重要城市河內和海防。

對北越來說，既然軍隊都已經突入了南方，你在北越能炸出什麼結果？如果目標真是中國和蘇聯的補給線，美方當然還是要考慮會引發什麼樣的後果。

尼克森當然不會這麼僵化地得罪人。此時他看明白了，要想美軍體面地從越南脫身，最有用的力量還是來自中國和蘇聯。

於是就有了季博士祕密進入中國，而後促成尼克森訪華的故事。不久，尼克森又訪問了蘇聯，跟勃列日涅夫簽署了兩國遲遲不能達成共識的《限制戰略武器條約》。條約讓蘇聯的勃總很滿意，很張揚，因為，從兩國冷戰開始，美國陷在越南大坑的這幾年，是蘇聯人感覺最爽的幾年，美國人一點都得瑟不起來了。

一九七三年一月二十七日，雖然之前的這個耶誕節，美國還是以一個瘋狂轟炸的態勢配合談判的最後階段，但《巴黎協定》還是簽署了，停火、撤軍、釋放戰俘。可憐的季博士為了這份來之不易的和平，跑了十九次巴黎。

協議是簽了，停火卻不容易，陸地上沒有美軍了，海上還有美國軍艦，所以南越政權又勉強堅持了兩年。到一九七五年三月三十日，西貢被北越軍隊佔領，這場歷時十四年，花費一千六百五十億美金的戰爭才算真正結束，只是，那已經不關尼克森的事了。

尼克森時代的美國，在氣勢上輸給蘇聯一截，不敢托大，所以外交政策上，尤其是對共產主義的遏制上，就不敢過於囂張。尼克森甚至提出，要跟中蘇「實力」+「談判」的新主張。可對於美國的全球戰略來說，就算中蘇不給他添堵，還有大量的第三世界國家讓他鬧心。比如他家最看重的中東。

一九七三年十月，埃及和敘利亞軍隊聯手向以色列進攻。因為埃敘聯盟非常殘忍地選擇了猶太人的「贖罪日」發動戰爭，讓以色列憤怒加倍，反擊也加倍。而這一場著名的「贖罪日戰爭」已經是以色列建國後中東的第四場戰事了。

中東的恩怨，沒有美蘇的推波助瀾就不會這麼慘烈，也需要美蘇出面才能盡量減少損失。雖然美國一如從前，為以色列提供大量的武器援助和軍事技術，但在以色列略佔上風後，美國人壓迫以色列接受停火協議。

此時的美國，對於中東阿拉伯國家石油的依賴程度是非常高的，為了以色列將整個阿拉伯世界得罪光了，後果很嚴重。

嚴重後果很快就來了。石油輸出國組織對支持以色列的國家，主要是美國實行了短期原油禁運，石油價格立時一飛沖天，從每桶不到三美元漲到每桶十三美元。這一輪來自阿拉伯世界的復仇，讓西方主要的資本主義國家都付出慘痛的代價，經濟衰退和通貨膨脹接踵而至，不過，這也不關尼克森的事了。

水門

一九七二年的大選，尼克森贏得漂亮，他算是唯一的一位在長城上做競選活動的總統。對啊，誰說他對中國的訪問不是競選秀的一部分呢。

尼克森雖然是贏得了大選，但在大選年中發生的一件事，讓他嚇出了一身冷汗。

在華盛頓的波多馬克河邊，有一幢漂亮的弧線型建築，這裡叫水門飯店。因為環境優美，內部裝修精緻，在華盛頓的建築中，很引人注目。一九七〇年代，民主黨的全國委員會總部辦公室，就設在這裡。

一九七二年六月十七日晚上，就要下班的民主黨辦公室的雇員，突然發現已經關燈的房間還有亮光，他非常警覺地報告給保安，在保安配合下，五個帶著醫用手套口罩打著手電筒偷偷摸摸的人被抓個正著。

小偷？不是，雖然其中有三個古巴人，但這五個人都曾是「總統競選連任委員會」的成員，還有一位甚至自稱是前中情局雇員。這五個人交代，是有人雇他們，去民主黨總部安裝竊聽設備。

現在我們聽到這種消息，一點驚訝都沒有了，因為美國幾乎已經固化了他家「竊聽」的形象。二〇一三年，藏身俄羅斯的斯諾登以間歇性爆料，讓自己隨時處於世界新聞的頭條，也讓美國總統每天起床第一件事就是打聽，那傢伙昨天又說什麼了？今天輪到哪個國家要抗議？

歐巴馬落下個窺伺他人隱私的猥瑣形象，他很冤，「竊聽」這個美國傳統，還真不是他開始的。惡習可以上溯至佛蘭克林．羅斯福時代，可能是戰爭環境要求，培養了美國鬼祟刺探的愛好，要不然聯邦調查局是幹什麼吃的呢？而後，為了防備來自共產國家的威脅，挖掘共產間諜，似乎「竊聽」就更加必要了。進入二十一世紀，「竊聽」當然是為了抓住恐怖份子，防範恐怖行為。

五個「竊聽者」被抓，並沒有妨礙尼克森贏得本年度大選。第一是因為美國民眾當時對「竊聽」並不敏感，對美國的自由環境感覺甚好，覺得「竊聽」一定是個別行為；第二是，大選年雞鳴狗盜的事多了，各種傳聞滿天飛，真真假假誰分得清呢；第三，也是最重要的，大部分美國人都認為，這種事，肯定跟總統無關，既然其中有古巴人，摻雜的因素就多了，尼克森斷無可能派手下去幹這種噁心事。

美國人沒覺得是大事，國會卻認為，這是大案，必須仔細審。順便說一句，從「二戰」後到尼克森，美國國會絕大多數時間掌控在民主黨手裡，經歷了整整一代人。而尼克森當選後，參議院對他的確是有點虎視眈眈。

審理此案的聯邦法官叫約翰·西里卡，拳擊手出身的法官，以施法強硬毫不留情著名，人送外號「極刑約翰」。約翰雖然是個共和黨人，可從他接手案件開始，就擺出了淡化黨派嚴格中立的態度。而以他的狠辣作風，很難不問出點什麼。

不久，自稱中情局前雇員那位麥科德先招了，根據美國的司法制度，被告可以與檢方達成控辯協議，跟咱家說的坦白從寬一個道理。

麥科德這一招供，如同打開了洩洪的水閘，捲出了白宮官員、總統幕僚和競選時幫忙過總統的各色人等。總統的法律顧問被提去問話後，他直接將禍水引到了總統身上。

尼克森面對兩項指控，第一，水門竊聽與總統有直接關係；第二，事發後，總統涉嫌掩蓋真相，阻礙調查。

就在總統自辯跟水門事件絕對沒有任何牽扯時，又有人爆猛料。說從一九七一年初開始，尼克森就給白宮裝了竊聽器，記錄了他跟手下所有的交談！不僅竊聽別人，他還竊聽自己。

自食苦果了，負責監控水門事件的檢察官麥考斯要求總統交出這些錄音，以作為呈堂證供。

尼克森當然不肯交，不但不交，逼急了，他居然免掉了檢察官麥考斯的職務！這下，尼克森可把自己帶入了事件的高潮。

在欲知後事之前，我們複習尼克森之前的一些故事，讓大家對水門事件的各種根源有個全面了解。

「二戰」後，美國的國家地位變了，總統的個人感覺也不一樣。大權獨攬這種事，對任何領袖都是巨大的誘惑，不管是哪種制度的國家。當我們現在說起三權分立這種制度的弊端時，經常說抱持一個論點就是，效率低下。歐美的政治家會很酷地告訴你，三權分立本來就不是為了效率，是為了杜絕專權。

從「二戰」結束到越戰，美國間歇地處在各種戰爭狀態，戰場局勢瞬息萬變，戰機稍縱即逝，這種狀態下的政府，似乎效率是第一位的，從羅斯福到尼克森之間所有的總統，他們都在爭取比以往的美國總統更大的行政權力。

詹森總統誇張了北越對美軍的威脅，爭取到總統可以發動戰事的許可權。尼克森上任，他把這個許可權用到極致，每一次對越南的行動，他都自說自話，鋌而走險。每次他炸完了，媒體才知道，國會才知道，是挺氣人的。

而尼克森一上臺就戰爭升級，更是在全國掀起新的反戰潮，報刊電視甚至將尼克森定性為「殘酷戰犯」。一九七二年，有一張照片爆炸性地出現在全球各主要媒體頭版：乾瘦的越南小女孩，赤裸著身體在馬路上狂奔，表情痛苦。這是剛被美軍的汽油彈襲擊過的平民，女孩衣裳著火，她只好脫掉衣服，張開雙臂奔跑著逃命，相信所有看過照片的人，耳邊都能響起戰機轟鳴聲中，孩子們稚嫩而慘烈的嘶嚎。這張照片獲得了普利茲新聞攝影獎，得獎者是一位年輕的華裔攝影師，黃功吾，據他自己說，他手上有更慘不忍睹的照片。照片引發的轟動是不可想像的，那幾年，獲得普利茲獎的似乎都是反映越戰的內容，一遍遍刺激著美國人，一遍遍提醒戰爭的罪惡，也一層層升級著各階層的反戰情緒。

為了安撫所有人，尼克森發表了一次重要的演講，演講中，他闡述了越戰中的美國立場和政府難處，演講最核心的段落中，他說，雖然現在上街鬧事的人看起來很多，但，他們並不是國家和社會的主流，真正的大多數，他們選擇沉默，他們是真正的愛國者。國家政策不是滿足大喊大叫的少數人，而是為整個國家利益服務。

這就是「沉默的大多數」這個概念的由來。他還真說對了，真有一個沉默的大多數感激他的認可，所以即使越南戰爭打得那麼狼狽，他還是獲得高票連任。

在尼克森看來，媒體在對待他的事件上，起了很壞的作用，尤其是國會剝奪他發動戰事的權利後，經常有些作戰計畫從國會洩露，被報紙輕率地轉發，導致不可估量的損失。為了防備洩密事件，尼克森不得不組建了自己的反間諜班子，被稱為「水管工」，而「竊聽」就是「水管工」的主要工作辦法。水門事件被當場擒獲的「竊聽」小分隊，就有「水管工」在其中。

尼克森跟媒體關係很僵，尤其是《華盛頓郵報》（以下簡稱郵報），簡直是以批評打擊總統為當時的辦報宗旨，還一點都不考慮修辭，怎麼難聽怎麼說。水門事件一進入調查，《郵報》比打了雞血還興奮，每天跟蹤報導，大力渲染，可想而知，必是對尼克森不利的導向。

自己給了自己很大權力的總統，蠻橫地炒了調查自己的檢察官的魷魚，美國社會立時炸鍋了。就算沒有報紙渲染，美國人對總統也開始有微詞了，包括那些「沉默的大多數」。這是對民主的公然踐踏，讓全世界最公平公正的國度顏面掃地，要是心裡沒鬼，怎麼做出如此難看的動作？

在各種壓力下，尼克森交出了錄音磁帶。這磁帶已經經過了非常明顯的修剪，很多內容都消失了，簡直就是對妨礙司法公正的不打自招。國會做好了彈劾總統的準備。

倒楣事從來不獨來。尼克森內外交困境處在懸崖的邊緣，身後又被自己人狠踹一腳。副總統阿格紐的早年醜聞被曝光，他曾在馬里蘭州長任上接受過賄賂。阿格紐很聰明，一被調查，他就明白了自己的處境。

國會的目標當然是徹底剷除尼克森，尼克森下課後，阿格紐如果接班繼任，國會就不算是勝利。尼克森泥菩薩過江，阿格紐先自身難保。於是阿格紐也接受了控辯交易，認一個輕罪，躲過受賄調查，辭去副總統的職位。

根據美國憲法第二十五修正案，總統中途退場，由副總統接班；副總統提前下課，由總統提名候選人，國會半數以上通過可就職。按這個辦法，勝出的百分之百是國會老油條，能在兩黨中左右逢源的。於是，吉羅德．福特，共和黨的密西根州眾議員成了副總統。

所有蒼白無力的抗爭都沒有意義了，「沉默的大多數」也幫不了他。一九七四年八月八日，尼克森選擇了一個「八八」的日子說「拜拜」，宣布辭去總統職位的尼克森，中午就帶著家人飛回了加州老家，他是美國歷史上第一位來自加州的總統。

在剛剛經歷過六〇年代的頹廢、憤怒、動盪後，「水門事件」給美國人的打擊是很大的。他們雖然是慶幸了不起的國家制度和它偉大的糾偏機制，但不得不擔心，這樣的事以後還會發生，甚至更惡劣，政府和領袖都會出問題，誰是可以相信的？

十八、撿來的餡餅不好吃

作為史上唯一一位沒經過選舉的總統，福特進入白宮，沒什麼底氣，所以他小心地告訴所有人：我是一輛福特，不是林肯。

林肯不僅是最偉大的美國總統，也是一個高端大氣上檔次的豪車品牌；福特是一種低端廉價大眾化家用轎車品牌，福特總統本人跟福特汽車公司，並沒有直接關聯。福特委婉地要求大家，對他這種低端產品不要抱有高端的期待。

這個自我介紹看起來挺聰明，肯定有人說是幕僚團專門給寫的段子。福特早年是大學橄欖球隊的中鋒，他拒絕了職業橄欖球大聯盟的邀請，進了耶魯法學院。

中美文化略有差異。在中國的學校，大力提倡素質教育前，最引人注目的往往是成績優等生，奧林匹克數學冠軍、年級前幾名，就算他們中偶有田徑選手，校球隊主力、合唱團領唱，一旦這些活動也許會干擾學習成績，老師定會約談家長，請家長配合讓孩子放棄這些沒用的「副業」。

而在美國學校，在"Smart is the new sexy."（天才也性感）這句話流行之前，書呆子「Nerd」是被人瞧不上的。學校裡最風雲的人物，男的肯定是橄欖球隊隊員，尤其是其中的四分衛；女的必須是啦啦隊隊長。男的高大英俊強壯，智商普通，女的金髮豐滿有點傻呼呼，這個被稱為是一種「反智文化」。

風雲人物招人豔羨也招人妒忌，對於一位出身橄欖球中鋒的總統，應該會讓人有點看不上，尤其他還是沒經過殘酷的競選過程，是被天上掉下的餡餅砸中的。

作為曾經的橄欖球中鋒，調侃福特的諸多言論中，說他「笨」的居多，最刻薄的當屬前總統詹森。首先詹森探尋了福特腦子笨的原因，他說是因為福特打橄欖球的時候，沒戴頭盔。而說到福特愚笨的程度，詹森的名言是：這傢伙太笨了，他甚至不能同時又嚼口香糖又放屁！

不管是不是笨蛋，福特連續十二次當選參議員，又在國會投票中勝出成為總統，他就算腦子不靈光，情商是肯定不低的。

在美國參選一次總統，是一個全國範圍內的自我推銷過程，只要做過候選人，在競選階段，大眾已經完成了對該人物的全方位分析解構，這些人進入白宮後，再被審視時，人們的眼光會客觀不少。

福特不一樣，福特要在白宮裡完成所有人對他從認識到評頭論足，所以他所有的行為都會被放大，有善意的，自然也有惡意的。

對他的第一個爭議就是水門事件的處理。尼克森雖然辭職了，案子還沒了結呢，維護司法公正，當然要繼續審，必須水落石出，鐵證如山。還有尼克森呢？此時此刻，幾乎所有人都認定，前總統深陷此案，說不定就是主謀，部分從犯已經得到了法律制裁，主犯能置身事外嗎？

福特上任就宣布，赦免尼克森，封閉卷宗，結案。按他的說法，這樣長時間影響巨大的國家訴訟，要適可而止，繼續深化並放大這件事的影響，受傷害的必定是美國社會。尼克森是史上第一位自發辭職的總統，這種懲罰對一位美國總統來說，其受到打擊的程度，可能還大於身陷囹圄。

二〇〇一年，因為福特對尼克森的特赦，美國政府向他頒發「甘迺迪勇氣獎」。獎勵他頂住重重壓力，將美國人從「水門事件」的陰影中抽離出來，重建人民對政府的信心。

可惜，這個獎勵來得太遲，在一九七三年當時，福特遭到鋪天蓋地來自各方的質疑，所有人都說，福特的特赦，是因為之前跟尼克森有交易，尼克森辭職讓位於他，而福特承諾對「水門事件」不再追究。這個說法喧囂塵上，福特的做法似乎也與美利堅以法立國的基本宗旨有衝突，他付出的代價是，當了八百九十六天名不正言不順的總統，處處看國會的臉色，收拾前任留下的爛攤子，跌跌撞撞地走完尼克森的任期，而後，在大選中敗北。

前任留下的爛攤子，最難看的就是越南戰爭。

除了赦免尼克森，福特上任還赦免了不少逃避兵役的青年和戰場逃兵。對越南戰場，他是能跑多快跑多快，南越政府，你們好自為之吧，美國人可要閃了！美國人以極快的速度通過各種管道離開日漸危機的越南南部，西貢的機場已經在北越的火力關照下，後期撤退的美國人，只能搭乘直升機。美國人撤出南越的歷史畫面，可以算是美國歷史上最狼狽不堪丟人現眼的一幕。不管多狼狽，總算是從越南大坑裡爬出來了。

尼克森壯志未酬的大事多呢，還都不能無疾而終，因為都牽扯到惹不起的狠角。跟中國的關係怎麼發展？跟蘇聯限制戰略武器的事還沒談到位，還談不談？中東的事怎麼了結？石油危機引發的國內通膨怎麼辦？

一九七五年十二月，北京的冬天又迎來了一位美國總統的蒞臨。福特帶著家小，訪問中國，見到了垂暮的毛澤東和周恩來，但他影響最深刻的，應該是主持招待他的時任國家副總理鄧小平。

根據尼克森上次串門的承諾，他將在第二任期讓中美關係正常化。福特上臺，自然是要沿著正常化的方向走。既然越南問題解決，國內的麻煩更多，對福特來說，跟中國的關係似乎沒那麼急切。福特將尼克森內閣的國務卿，也就是季博士留任，季博士再次到京，繼續在臺灣的問題上糾結。季博士新遇上的談判對手——鄧小平，顯然不喜歡美國對臺灣不乾不淨，拖泥帶水的態度，談判陷入僵局。在福特任內，中美的關係沒有重大的突破，但他的訪問，至少是穩定了兩國新建立關係，穩定了一個談判的基礎。

美蘇在冷戰中一直軍備競賽，尤其是對核武器的大力投入。被越南拖下水後，美國政府軍費壓力很大，尼克森心想，這東西我玩不起了，如果蘇聯控制一下規模，大家還能保持均勢，是安全的。所以他努力地跟蘇聯簽訂限制核武的條約，可對美國人來說，尼克森簽的那份，顯然還不夠，所以，福特上任，找到蘇聯的勃總，繼續談。

即使開始談限制大殺器了，也不意味著雙方的敵意就少了，美蘇預備換個方式敵對。

一九七五年，在荷蘭的赫爾辛基召開了「歐洲安全和合作會議」。被鐵幕分割的歐洲，總要有個說法。歐洲地方小，國家多，歷史上為了地盤打得亂七八糟。現在大家如果和平為重，就尊重現有的邊界，誰佔了誰的都別要了，維持現狀吧。但會議提出要「尊重人權和基本自由，包括思想、道德、宗教或信仰自由」。這一句，一看就明白是針對蘇聯的。美國答應尊重邊界，也就是認可了蘇聯對中東歐的控制，蘇聯答謝方式是承諾，「以後一定尊重人權！」也就是從這個時候開始，美國想干涉別國內政時，就經常打起人權的旗號了。

美蘇限制核武的談判是世界上最沒完沒了的談判，一直持續到二十世紀末。對美蘇兩個大佬來說，他們可能是感覺，只要自己裝模作樣在談判，其他人對核武器就更應該控制點限制點，不能隨便發展。不管限制還是削減，美蘇已經擁有的核武器，早夠把地球炸回石器時代了，他們的談判幾乎毫無意義，尤其是蘇聯解體後，更不用履約了。但對福特來說，在任美國總統該做的事，他算是做到了。

至於中東，季博士出馬調和，以色列答應，將佔領的西奈半島的部分領土還給埃及，那個是非之地，也暫時平靜。

即使中東不打架，升上去的油價也下不來了。面對高達兩位數字的通膨，福特的解決辦法效果不大，七四至七五年，美國遭遇了比較嚴重的經濟危機。

經濟問題不是影響一九七六年大選的決定因素，導致福特失敗的，還是對尼克森的赦免。

二〇一五年，美國最新的二十一世紀出品的航母，未來美國海軍的新骨幹將正式服役，也許會成為新的大洋主宰，它用福特命名，對當年的各種非議來說，應該算是補償了。

十九、人權是大旗或者虎皮

七〇年代的美國，是這個國家發展史上比較衰的一段。社會內部的問題，經濟的問題，國際地位的問題，問題接著問題，最鬱悶的是，從冷戰以來，美蘇的巔峰對決中，美國只能眼巴巴地看著蘇聯人張狂，

民主黨廢掉了共和黨的尼克森和福特，自己也選不出一個有絕對優勢的候選人。一九七六年大選，福特背負著尼克森時代的舊債，輸得非常微弱，可見民主黨的勝選總統，吉米．卡特，各人魅力和能力都不算明顯。

卡特是來自南方的政治家，南方的政客，溫和的不多，卡特算一個。可能是因為家裡的祖業是種植花生。卡特大部分照片都是咧著大嘴的笑容，最喜歡強調「我絕對不騙你」，很容易聯想到，南方燦爛陽光下，花生豐收的喜悅農夫。

一九七六年是美國建國兩百周年，盛大的慶典年，在這一年取得大選勝利，卡特進入白宮帶著某種榮耀。可比起前幾任總統，卡特大約也就只剩下這份榮耀了。從羅斯福時代，總統的行政權力日益增加，很多時候能凌駕國會；在終於發威放倒了一任總統後，國會取得了與總統博弈的階段性勝利，卡特任內的大事小情，主角肯定是國會，可憐卡特卸任後，還被評為是二十世紀最差的幾位總統之一。

距尼克森訪華五年了，中美關係該有個說法了，難道兩個國家的關係只限於互相串門？一九七八年十二月十五日，中美正式簽訂了建交的聯合公報。這個時間點非常有意義，因為幾天後，讓中國天翻地覆的十一屆三中全會就召開了，總設計師小平同志向全世界宣布，偉大古老的中國將會改革開放。應該說，華盛頓認可了中國的改革思路，看準了中國未來的發展，非常識相地跟中國建立了正式的外交關係。

《建交聯合公報》最引人矚目的兩條：一，承認中華人民共和國是唯一合法政府；二，一個中國，臺灣是中國的一部分。

按理說，中美一正式建交，美國就算徹底把臺灣甩了，可臺灣追隨美國這麼久，沒有愛情還有親情，美國人多情，以後國會要處心積慮設計腳踩兩條船。

按說中美建交，之前美國和臺灣簽署的「共同防禦」條約就應該作廢了，美國人念舊情，也為了轄制新人，在中美建交三年後，一部神奇的《臺灣關係法》出爐了。

這部法律中心思想就是一句：美國承認臺灣是中國的一部分，但臺灣人想獨立也要尊重，如果大陸方面企圖用武力強行統一，美國為了西太平洋和臺灣海峽的安寧，一定會為臺灣提供軍備。因為不能設使館，為了以後辦事方便，就有了著名的美國在台協會。

為什麼說《臺灣關係法》是一部神奇的法律呢，它居然能把一件荒唐無理的事說得振振有詞光明正大。他已經承認臺灣是中國的一個省，又要武裝臺灣鬧獨立。設想一下，中國通過一部法律，說美國任何一個州想獨立，中國都出錢出物質，全世界會不會把中國罵成孫子？

無論如何，正式建交不公然敵對了，也算個進步吧。一九七九年，鄧小平獲邀訪問了美國，美國人第一次在自己家看到來自中國的領導人。作為世界上頂尖的政治家，鄧小平給美國總統好好上了一課。

在美國期間，卡特向鄧小平重申，只有允許自由移民的國家，才能與美國建立正常貿易關係。小平臉色平靜地問卡特：好啊，你需要我放多少人移民美國？一百萬？一千萬？一億？隨你要多少，我就有多少！

經過幾輪明暗較量，美國國會和卡特都瞧出這個中國小個子是個強硬派，所以，當鄧小平委婉暗示，有個叫越南的小朋友不聽話，中國人想揍他屁股時，美國人象徵性地表示了對和平維護，而後，有意無意地提供一些軍事情報（美越戰爭未結束時，中國就和美國接觸，讓越南人很生氣。中蘇決裂後，越南在中蘇之間選擇跟定蘇聯，並進攻了中國的盟友——柬埔寨的赤棉政府）。

中越戰爭開打後，美國政府對蘇聯清晰地表達了態度：中國人正在教育小朋友，希望蘇聯人不要插手，更不要試圖在中國人背後插刀子，因為中國是美國的新朋友。

這場戰事之後，中美關係迎來了比較和諧的十年，三個大國的格局是，中美團結對抗蘇聯的霸權。

這個時期的冷戰，是個「蘇攻美守」的態勢。越南戰爭的慘敗，讓美國人在當老大時，容易被人質疑。好吧，如果我們的體力不是最好的，那我們就爭取當「道德水準」最高的吧，以德服人，也能征服世界。於是，「人權」就成了美國人新豎起的一面戰旗，從卡特這一屆開始，它被滿世界揮舞得獵獵作響。到底，「人權」這種軟實力，會不會比「武力」更有用呢？

蘇聯的力量滲透了拉美，尤其是古巴，幾乎成了蘇聯擴張的先鋒。被蘇聯人訓練出來的古巴軍隊，遠征非洲大陸，將好些個非洲小國拉進蘇聯陣營。

最讓美國人鬧心的是巴拿馬，巴拿馬運河是美國人的心頭肉。如同埃及不惜血戰也要收回蘇伊士運河，巴拿馬當然也想把巴拿馬運河拿回來。在巴拿馬的新政府首腦上臺後，通過聯合國，要求收回運河。

這次關於巴拿馬收回運河的國際會議上，美國人明顯感覺到被孤立，所有第三世界國家尤其是拉美各國，都支持和同情巴拿馬的要求。雖然美國國會傷心地想「挽留運河」，可既然卡特總統要讓美國「以德服人」，再強行佔有運河，搞不好連拉美——美國的整個後院都要失去了，兩害相權，卡特只好與巴拿馬簽訂了《巴拿馬運河條約》，承諾在一九九九年十二月三十一日前，逐步將運河的完全管轄權交還。

美國的人權最譴責獨裁政府，在拉美，獨裁政府還不少。出於對後院安寧的維護，美國人對拉美的「人權狀況」有不一樣的標準，對其中幾個獨裁政府，頗為支持。拉丁美洲在美國罩得住的時候，有一陣子經濟發展的相當不錯。中東石油危機爆發後，拉美也陷入了危機，很多國家引發國內動亂。

在美國人的後院中，最讓美國人省心的，原本是尼加拉瓜。尼加拉瓜控制在索莫查家族手裡，這個完全親美的政權毫無人權可言，有時實在眾怒太盛，美國人就會勸他，收斂點，溫和點。當尼加拉瓜的人民解放陣線奮起反抗要推翻這個腐敗極權的家族時，美國人對索莫查提供了大量的金援，希望他能穩住獨裁政權，可惜，一九七九年七月，索莫查還是被推翻了，尼加拉瓜加入了社會主義國家的陣營。

後院的問題讓人上火，而中東那邊，火已經燒上了房樑。這次出事的，是伊朗。

伊朗國王巴勒維受美國人扶持登基，對美國人很友善，讓美國人很滿意，在美國人的支持下，巴勒維給伊朗帶來一輪興盛的經濟騰飛。

美國人這時又自動忽略了，巴勒維政府也是人權意義上的專制極權政府，經濟騰飛帶來的上層腐敗、分配不公、宗教摩擦都引發民眾的不滿。美國人的態度也是以批評教育為主，勸說巴勒維努力改革，控制局勢，並承諾會全力支持巴勒維維穩。

且不管外界對伊朗伊斯蘭革命的意義怎麼定位，總之是，伊朗人在一九七九年一月推翻了巴勒維的政權，建立了以何梅尼為宗教領袖，預備將美國勢力徹底淨化的新伊朗。

一九七九年十月，流亡的伊朗國王巴勒維到美國治療癌症，幾天後，十一月四日，一夥武裝的伊朗學生佔領了美國駐德黑蘭大使館，扣押了其中六十六名使館人員為人質，說是懲罰美國人早先支持巴勒維政權，並要求美國政府交出巴勒維讓其回國受審。

這就是史上著名的伊朗人質危機，卡特餘下的任期，全部用來解決這一重大事件。各種制裁都用盡了：停止進口伊朗石油、美國驅逐伊朗人（不管跟事件有沒有關係的）、凍結伊朗財團在美國的資產，效果都不大，伊朗人釋放了一些女人質，大約還有五十三人其後被伊朗扣押了一年以上。

期間不是沒經過軍事上的努力。卡特總統特批了「鷹爪計畫」，派出八架直升機，預備空降傘兵進入德黑蘭。

時運不濟的時候，幹什麼都不靈。挺牛叉的美國空降部隊，連降落的機會都沒有。德黑蘭周邊的沙塵暴，讓直升機寸步難行，還發生了幾起事故，造成人員傷亡。「鷹爪計畫」只好擱淺。

在美國人焦頭爛額的時刻，蘇聯人要不趁亂幹點啥，就不正常了。在伊朗人扣押了美國人質後的幾個星期，蘇聯軍隊悍然進入了阿富汗，開啟了把老毛子自己拖進墳墓的阿富汗戰爭。

卡特當時並不知道蘇聯會死於阿富汗鏖戰，當收到這個消息，也算晴天霹靂了。可他除了憤怒制裁又能幹什麼呢。為了表達憤懣，美國人甚至沒有參加一九八〇年的莫斯科奧運會。這種抗議，對當時的蘇聯，沒構成任何威懾。

一樁樁一件件，全是喪氣事。難道卡特任內，就沒一件像樣的事嗎？還真有，還是挺大的一件事。

卡特總統的外交事務大都暗淡，對國內經濟更加沒招。造成美國此時經濟危機的因素很多，但最直接的，應該還是中東危機導致的油價上漲。伊朗被何梅尼控制後，讓美國的石油處境雪上加霜。好在上一任時，季辛吉博士的中東斡旋，中東的兩大家族，埃及和以色列答應暫時不打架。

一九七七年，有心胸有遠見的埃及領導人沙達特，頂住阿拉伯世界的巨大壓力，在全世界目瞪口呆中，訪問了以色列，並宣布承認以色列是一個獨立的政治實體。

卡特順水推舟，趕忙把沙達特和以色列的總理貝京邀請到美國，入住位於馬里蘭州的美國總統專用避暑山莊——大衛營。卡特左手拉著沙達特右手拉著貝京，苦口婆心地牽線搭橋。談判幾番中止，又幾番被卡特續上，終於在一九七九年三月二十六日，埃以握手言和，簽署了《埃以正式和平協定》，史稱「大衛營協定」，結束了這兩個冤家長達三十年的戰爭狀態，換取了亂麻麻的中東，一小片的平靜。「大衛營協議」被認為是卡特任內最偉大的功勳。

還有五十三名人質在伊朗被扣押，蘇聯軍隊已經進入了阿富汗，卡特焦頭爛額之際，一九八〇年氣勢洶洶地來了，躲都躲不掉。既然卡特已經被選為二十世紀最差的總統之一，可想而知，他幾乎沒有可能連任。就算他略有政績，美國人只需要想到美國人居然被伊朗扣押了一年，而政府無能為力，就絕對會強烈要求換個人來處理問題。

輸掉的卡特一臉暗淡地離開了白宮，沒想到的是，他的政治生涯居然在卸下總統職務後煥發出了光彩。

為了表示自己輸掉選舉並不是無能，卡特以布衣的身分，遍遊各國，繼續宣導民主和人權。他的花生農場破產倒閉，他和夫人靠寫回憶錄賺錢，創辦了以推廣人權解決國際衝突為主要工作的非盈利性組織——卡特中心。

「大衛營協議」的簽署，肯定了卡特在國際調解辦主任這個位置上的工作能力，所以他退休後就致力於緩和各地的深仇大恨。到二十一世紀，還活躍在政壇的卡特出訪了古巴，作為訪問古巴的第一位美國大人物，為美國改善與這位多年怨鄰關係做出了突出貢獻。

這位人權的堅定維護者，在二〇〇四年曾撰文批評美國人權狀況有嚴重缺陷，需要進行改革，並加強立法監督。從「稜鏡門」引發的美國重重尷尬來看，這位老總統，顯然批評得有道理。美國社會一直流傳著對他的評價：卡特不當總統時，比當總統時更像一位總統；或者是：吉米不是一位傑出的總統，可他是美國最傑出的前總統！

二十、偶像實力派表演大師

民主社會競選這東西，跟選秀差別不大，都要求在最短的時間裡，建立高人氣。區別是，選秀可以用醜聞造聲勢，競選必須全是好消息，要獲勝就必須讓自己人見人愛，所以，競選就是作秀，需要專門訓練，而如果本來你就是個演員，這事兒就容易多了。其實，不管是做一名政客還是一名政治家，都是一個考驗演技的過程。

說到這裡就知道，是雷根要現身了。

雷根在一九七六年就有機會參加大選，只是黨內還是傾向於用現任總統去爭取連任，共和黨依然力頂福特，雷根將自己與卡特的對決，延後了四年。

所有人都知道雷根曾是個演員，他到底演過什麼呢？

最著名的，對美國政治還多少有點影響的影片，叫《紐特・羅可尼，所有美國人》（Knute Rockne, All American），關於美國歷史上偉大的橄欖球運動員——喬治・基普的故事。這位天才的運動明星，在一九二〇年率領自己的大學球隊力挫西北大學隊後，因肺部感染英年早逝。以後，他原來的球隊比賽時，教練員都會用「為基普贏一場球」作為口號激勵隊員。在這部紀念電影中，扮演基普的，就是雷根。而後，雷根似乎成了基普的化身，「為基普贏一場勝利」似乎成了後來共和黨經常使用的啦啦詞。

在雷根競選時，有人拿他和一頭猩猩一起調侃，幽默的雷根愉快地配合自嘲，贏得了大眾不少好感。而要說在演藝圈的地位，這頭被綁在一起「炒作」的猩猩，可比演員雷根大腕多了。

大猩猩名叫奇塔，是好萊塢的一名馴獸師在西非的賴比瑞亞發現帶回美國的，奇塔登陸好萊塢時，正年幼，是實實在在的童星。

讓奇塔一片成名的是《人猿泰山》。一九二四年奧運會上，有位美國游泳運動員摘取了三塊金牌，他叫強尼．韋斯穆勒，退役後他加入演藝圈，跟奇塔一起出演了《人猿泰山》，全世界觀眾都公認，這對人猿組合，是天造地設的。

被用來調侃雷根的猩猩，就是奇塔。因為它曾經跟雷根合作出演了《君子紅顏》，那時的雷根高大英俊，配合呆萌的奇塔，看上去非常養眼。這對人猿，看起來也相得益彰，競選時流行的雷根抱著奇塔的照片，應該沒為他損失任何選票。

雷根一輩子大約參演過超過五十部電影，就算是美國人，看過的也不多，現在對雷根演員生涯的總結，都說他是個二流影星。但，如果從他做總統的成績來分析，不得不承認，雷根的演技，用來拍電影，顯然是屈才了。

陽光地帶的保守主義

雷根從好萊塢演員工會主席開始進入政界，做過兩任加州州長。這時，我們要注意一個問題，從一九六〇年以來的二十年間，美國總統基本都出自南部或者西部，其中唯一的北方人只有福特，而他並不是經過選舉的總統。到一九八〇年的大選，是史上破天荒第一次，在雷根和卡特兩位來自西南部的候選人中進行。

根據我們之前走過的美國歷史，國家的中心一直在東北部，新英格蘭地區主導著美國政治和經濟，紐約華爾街還是核心。

既然美國總統是拼支持率產生的，經濟基礎決定上層建築，西部人和南部人接踵進入白宮，說明此時的美國，原本荒涼落後的西南部不僅從經濟上，也在政治上正式崛起了。

七〇年代前後，美國版圖根據某些標準被切分成兩個部分，分界線從西部的加州延伸到東部的維吉尼亞州，這條分界線的以北，氣候比較寒冷，被稱為「霜凍地帶」；分界線以南，陽光充沛，氣候溫和，很適合居家過日子，所以又被稱為「陽光地帶」。

「二戰」以後，美國社會的人口狀況發生了轉變。黑人獲得自由，可以到處跑了，可南方依然歧視他們，沒有真正的平等，黑人當然成群結隊進入比較寬容的北方生活。當時的美國中心——東北部地區，曾經是美國最重要的「製造業地帶」，如果黑人要北上找生活，進入這一地區機會比較多。這樣一來，東北部的黑人數量激增。對東北部的白人，尤其是中產階級來說，自己的空間突然充滿了黑人，並不是讓他們特別高興的事，肯定會認為，黑人大批「入侵」為和諧社區帶來隱患。為了家居的安全，孩子的成長，既然黑人去東北部了，那白人，就搬到西南部去。

前面說過，「二戰」時，太平洋戰場是美軍的重點關注，為了配合戰爭，維持軍備後勤，大量的軍工企業和配套相關企業被建在西南部。這些企業戰後轉型，很自然就過渡到航太、通信等高科技產業。

七〇年代的中東石油危機，導致能源價格上漲，北方生活就更艱難了，總要取暖啊。去南方吧，不用暖氣也能過，而最好的是，墨西哥沿岸居然是有石油的，大量的煉油廠、化工廠在南部次第建起。

相對於北方舊「製造中心」來說，南部和西部是新興產業基地，對產業工人的教育程度要求比較高，所以吸引的，都是有技術有文化的白人移居者。西南部地廣人稀，房子不貴，生活成本比東北部地區低，越來越受歡迎。到一九六四年，加州趕上紐約成為美國最大的州，後來德克薩斯和佛羅里達陸續成為第三和第四大州。

美國的西部崛起創造了一個落後地區發展並超過先進地區的奇蹟，一直是中國學者們喜歡研究的問題，對於中國長期發展緩慢的西部，似乎有借鑒意義。我想，能翻版照搬的可能性不大，中國的西部崛起，要面對更多的問題。

美國東北部經過長時間的發展，人口眾多、空間狹小、種族成份複雜，生活總是不順心，總是希望政府改良，要求更多的變化和進步。可西部、南部就不存在這種問題。南部，不用說了，那是美國最保守的地區，從他們不惜與政府開戰也要使用黑奴就知道，他們對舊的社會形態和生活方式總是留戀的，對於「二戰」中開始的一波又一波政府改革，很抵觸。國會中老牌的保守政客，都來自南方，他們從來都是改革的阻攔力量。而西部呢，荒野夕陽下，放蕩不羈的牛仔甩著鞭子，快意恩仇，那是自由的土地，粗放的土地，不需要那麼多的政策管束。對於西部來說，舊時光不錯，他們也傾向於保守。如此一來，南部和西部的崛起，就意味著，保守主義的興起，意味著，向「二戰」以來政府實行的各種以「新政」為基礎的變革挑戰。

政府靠邊站

雷根以保守主義的代表進入白宮，保守主義，我們先說說，他們到底想「保守」什麼。

從羅斯福「新政」以來，美國的總統最上心的事，就是如何擴張總統和政府的權力。尤其是經濟領域，政府給予了越來越多的干預。保守主義提醒政府，美利堅是個資本主義國家，資本主義發展，最重要的是自由，政府應該是躲得越遠越好。

「二戰」後，美國原本是世界上工業最發達的國家，可從一九六七年至一九七七年這十年間，美國的製造業生產力只增長了百分之二十七，而同時，西德增長了百分之七十，法國增長了百分之七十二，最牛的是島國小日本啊，人家增長了百分之一〇七，把美國遠遠地甩在身後。不說工業發展，就說人民生活水準吧，七〇年代初，美國人的收入已經低於瑞典、丹麥、西德，到七〇年代末，還趕不上科威特和日本了。為什麼會這樣？就因為過去二十多年，政府太喜歡立法了，管束這管束那，什麼都插手，終於把美國經濟攪和壞了。

到底是不是政府把經濟攪和壞了，是個找不到答案的論題，整個西方的經濟學界，一直充斥著兩種論點的交鋒。

一種論點的代表是凱恩斯，大家不陌生，這位來自英國的經濟學家，堅持政府對經濟宏觀調控的必要性；另一種觀點，來自一位奧地利學者，名叫哈耶克，他認為，自由資本主義，就是自由的，尤其是經濟，最好是放任自流，他的作品知名度並不比凱恩斯低，《通向奴役之路》是經濟學世界的幾部重要典籍之一。

三〇年代美國的經濟危機，羅斯福似乎就是用凱恩斯的理論解決問題，不管是不是凱恩斯的理論最後起了作用，有一點是必須承認的，在當時那個百業凋敝，眾生困苦的狀態下，政府如果不作為，任經濟「自由」，會引發老百姓更多不滿。人在困難的時候是很脆弱的，政府的行為，不管其結果如何，至少是個安慰，讓大家知道，政府的確在想辦法，在做事。於是，其後的很長時間裡，凱恩斯的理論都佔了上風。

一九七四年，諾貝爾經濟學獎被授予了哈耶克。這說明，在這段時間裡，大家恢復了對自由經濟的嚮往。

沒有哪一位總統是舉著凱恩斯或者哈耶克的大旗進入白宮的，但他們對經濟問題的處理辦法，大致能看出派系來。如果說羅斯福以來的美國總統是凱恩斯理論的執行者，那雷根和他代表的保守主義政府，顯然是想按哈耶克的思路將美國拉回那個純粹的資本主義帝國狀態。

之前說到，民主黨一上臺，就喜歡增加社會福利，要增加福利，政府就要使勁收稅，要不然沒錢福利。共和黨從來都是減稅的，減稅了政府沒錢怎麼辦，就一併連福利都削減了嘛。

那老百姓看病讀書的事沒人管了嗎？資本主義國家，有事找資本家啊。從自由資本主義的角度看，市場經濟那隻看不見的手會調節一切。比如，你是個產業工人，有手藝，給老闆打工，讓他很滿意，他為了留住你，在工資之外，肯定還要給你一些福利，比如看病啊、孩子讀書啊，如果此時另外一個老闆更看重你，想挖角，他就會開出更高的工資和更全面的福利，這樣一來，不就什麼都有了麼。

雷根政府認為，減稅，讓企業有了投資的活力，更容易發展擴張，自然就能提升就業，所有問題也就引刃而解。

前幾任「干預總統」喜歡立法，一會兒為了環境，一會兒為了安全，整出了不少規章制度。出發點肯定是善良的，但這些規章不但約束了企業的發展，還讓企業主提高了成本，雷根要求，放鬆對企業的限制，控制政府對企業的指手畫腳。按雷根的話說，他進入白宮成為政府首腦，就是為了向政府宣戰，限制政府的權力。只要政府靠邊站，經濟肯定會出現復甦。

配合雷根經濟政策的，是美聯儲連續幾年的貨幣緊縮政策，強有力地抑制了通貨膨脹。

雖然雷根任內，社會福利已經降低至各方面能忍受的最低值，但財政赤字還是飛速地增加，除了財政赤字，貿易赤字也連年紅得發紫。這就是我們最近經常聽說的，美國經濟雙赤字。財政赤字是一時半會解決不了的，貿易赤字卻能想辦法。

國際貿易的核心問題是結算貨幣。「二戰」之前，世界的貨幣體系分成幾大集團，互相傾軋，動輒就爭先恐後地貶值，都想犧牲他人成全自己，到最後，都是輸家。

一九四四年，大家都感覺，為了戰後的安寧，應該選擇單一貨幣為國際貿易做結算。當時，美國已經是地球老大，家裡又有最多的黃金，根據貨幣必須跟黃金掛鉤的原則，於是美元成為儲備和結算貨幣的不二之選。

以黃金為基礎，美金作為國際儲備貨幣的這個體系，就是布雷頓森林體系。根據布雷頓森林的協定，美元與黃金掛鉤，其他國家的貨幣與美元掛鉤，如果需要黃金，就先換美元，再按三十五美元一盎司的價格找美國買金子。

這個體系是戰後全球經濟相互依存發展的重要基礎，也帶來了國際貿易的蓬勃發展。

布雷頓森林體系很有缺陷，對美國來說也是一種糾結。既然是世界儲備貨幣，必須保持堅挺，堅挺的基礎是黃金儲備不斷增加，美國要保持貿易順差，增加收入，要不然誰信美元啊？而另一方面，全世界其他國家都等著美金結算，就需要美元外流，那又形成了貿易逆差。

順逆矛盾解決不了，美國自己又花錢毫無節制，一會兒打朝鮮，一會兒打越南，家裡的黃金儲備瀉肚子一樣減少，如果再繼續履行兌換黃金的義務，恐怕就要見底了。無奈之下，一九七一年，尼克森宣布，以後美國不擔這責任，美國人的黃金不換了。美元不能換黃金了，美國人就能使勁印美元，那美元還值錢嗎？大家不待見美元了，一九七三年，西歐出現了拋售美金，搶購馬克和黃金的風潮。歐洲九國乾脆聚在一起開會，就說，以後不再跟著美元折騰了，只要我們歐洲內部的貨幣協同一致，固定匯率就很好。自此，布雷頓森林體系基本就算作廢了。

在六〇至八〇年代，世界上發展最牛的國家，一個是西德，一個是日本，對美國來說，日本更加咄咄逼人。七〇年代末，日本的貿易順差達到一百八十二億美金，其中對美國的就佔百分之二十六，那段時間的日本跟後來的中國一樣，主要任務就是為全世界人民提供商品。八〇年代末，日本人買下了曼哈頓的地標——洛克菲勒廣場，美國人當時就預言，再發展下去，日本會和平佔領美國！

前面說到，為了抑制石油危機以來的大幅通膨，美聯儲一直採取貨幣緊縮政策，實行高利率。高利率的結果是美元價格飆升，自然的結果就是，貿易逆差更嚴重了。

要解決這個問題，必須是美元貶值，增加美國產品的出口。市場經濟這隻看不見的手現在是日本那邊的，只有美國政府伸出手來對外匯實行干預，才能抵抗日本對美國的「佔領」。

一九八五年九月二十二日，美國、日本、西德、法國、英國的財政部長和中央銀行行長在紐約廣場飯店開會，商議五國政府聯合干預外匯市場，引導美元對主要貨幣的匯率有序貶值，這次會議達成的協議，又被稱為「廣場協議」。

廣場協定後的不到三年時間中，美元對日圓貶值了幾乎一半。美國人的目的達到了，把小弟日本可害慘了。這個以出口為支柱的國家，在日圓升值後，遭到沉重打擊。為了穩住經濟，只好寬鬆貨幣。日本人手裡有了錢，就瘋狂地炒房子炒股，形成所謂的「日本泡沫」，在這個泡泡破裂後，日本經濟進入了很長時間不景氣的狀態，產生了大家經常討論的「失去的十年」這個話題。廣場協議對日本人的影響究竟有多嚴重？到底能不能說日本被他的美國大哥害死了？學術上都有爭議，我們到日本篇再討論吧。

中國的學者前一陣最喜歡拿這段歷史出來警示中國，認為中國早晚也會被強行按在另一個「廣場協議」之下。提醒一下「磚家」，雖然日本已經被宣布「死於」廣場協議了，可過去這幾十年來，小島依然保持發達資本主義國家的地位，人均 GDP 維持個世界前十無壓力，在操心針對中國的「廣場協議」之前，中國經濟應該有更急迫需要解決的問題。

以上就是雷根任內的主要經濟政策，被稱為「雷根經濟學」，效果如何？

一九八二年，雷根入主白宮兩年後，美國陷入了三〇年代以來最嚴重的經濟危機，當年失業率上升到百分之十一，創下四十年內的新高。當時很多保守派認為：糟了，這辦法也不靈！就在所有人絕望迷惑之際，第二年，美國經濟以一個出乎所有人意料的速度復甦，大牛市說來就來了，經濟持續增長，失業率和通膨率都維持在非常低的水準，美國經濟走出低迷，再次雄起。

不做大哥好多年

雷根經濟學看起來效果不錯，但政府的帳本就看著嚇人。雷根任內，財政赤字幾乎是以每年一千多億的速度飆升，國債也達到兩兆。到雷根跟下任總統辦交接時，國債需要支付的利息佔總預算收入的百分之十五。

一九八一年的大規模減稅政策，也許是赤字的原因，但福利也削減了，能稍微平衡一下。到底，雷根這麼多錢花哪裡去了呢？

從越戰到八〇年代，美國人猥瑣很久了，經常忘記自己這個武林盟主的定位。保守主義的政府覺得有責任追回往日那種大哥的榮光。雷根一上臺就說，要讓美國人恢復對自己和對國家的信心。美國人這麼慫，不過就是被蘇聯壓著而已，只要把北極熊放倒，老山姆就輕鬆多了。

卡特在任後期，因為伊朗和阿富汗等原因，美蘇關係非常惡劣。雷根是個堅定的反共份子，曾經說過蘇聯是個「邪惡帝國」，美國與之談判都很掉價。尤其是曾經美蘇簽字的「限制戰略武器條約」，在雷根看來就是喪權辱國了。

蘇聯這麼凶，不就是因為他家這二十年來，軍事投入大，見效猛。六〇年代蘇聯啟動了太空防禦計畫，在國土境內全面部署導彈防禦系統及太空預警系統，讓整個蘇聯的領空處於雷達網的包圍之下，八〇年代的蘇聯，是固若金湯的。

七〇年代中期，有幾次，美國衛星飛臨西伯利亞上空，監視蘇聯的洲際導彈發射井時，被蘇聯的鐳射器照射失靈。美國人痛苦地發現，以前是覺得，雙方的實力均衡，大不了同歸於盡，現在是，蘇聯能打到美國，美國不一定能打進蘇聯啊。

面對這個危機，雷根一上臺就提出，什麼都能省，軍費不能省，還要加大投入，利用美國軍工技術開發上的優勢，爭取比蘇聯更高更快更強。蘇聯人已經是太空防禦計畫了，美國人也必須往地球外發展，以後兩國再打架，那就是貨真價實的「星際大戰」了。

「星際大戰」官方名稱是「戰略防禦計畫」，簡稱SDI。在這個計畫中，美國將大力發展鐳射和衛星技術，防禦外來打擊，也就是說，美國上空也要安個罩子，阻截不知道哪裡飛來的各種彈頭。

本來美蘇雙方關於限制核武器的談判談得好好的，突然美國人加碼升級了，蘇聯人當然不幹啊。基本的常識，你沒有攔截，我有一千枚彈頭足夠了，如今你預備攔截了，那我生產多少也不夠，我還限制削減，我傻啊我？

蘇聯人不滿，美國人也不體會雷根的良苦用心。反戰都說了這麼多年了，居然還敢升級武備！一九八二年，近一百萬民眾在紐約中央公園遊行，要求政府凍結核武器的開發。這次遊行的規模，可能是史上最大的一次。

雷根不敢無視反對聲浪，只好回到談判桌，繼續跟蘇聯談「限核」，顯然兩邊都假惺惺的。這邊，美國的「星際大戰」計畫緊鑼密鼓，如火如荼，進行得熱鬧；那邊，蘇聯著急上火，不斷增加導彈部署，更加投入大筆資金搞研發，大家別忘了，這時候，蘇聯還陷在阿富汗戰爭裡燒錢呢，這樣跟美國比賽花錢，不僅讓我們想到一句名言No zuo No die（不作死就不會死）！

「星際大戰」這個計畫太龐大太科幻，暫時是不可能完成的任務。蘇聯解體，冷戰結束後，美國人宣布計畫失敗，因為技術上不能實現。「星際大戰」究竟花了多少錢算不清楚，但從戰略效果上來說，它已經大獲成功了。

現在很多人都說，就是因為「星際大戰」刺激了蘇聯，讓這個輕重工業原本就不平衡的國家，更加瘋狂地一邊倒發展軍工，使經濟狀況雪上加霜，逼得戈巴契夫嘗試最冒險的改革辦法，將蘇聯送上絕路。歐美經濟學家都自豪地認可，是西方世界聯手，用蘇聯人喜歡的辦法（軍備競賽）幹掉了蘇聯。後來的俄羅斯人也承認，「星際大戰」至少是將蘇聯劇變的時間提前了。從這個意義上說，「星際大戰」有沒有建立一個空間防禦系統完全不重要了，它至少是實現了終極目的：贏得冷戰。

雖然蘇聯解體是在雷根卸任後，但後世都認為雷根是幫助美國贏得冷戰的總統，在任時他並不知道他會創下這不世功勳，所以在轄制蘇聯之外，他還要努力建立新的美帝霸業。

在神祕的加勒比海東部，有一片環狀密集的火山島，被稱為風向群島。群島的最南端，有個長得像石榴的小島，當年被哥倫布發現時，就將它命名為格瑞那達。小島面積三百四十四平方公里，盛產肉豆蔻和香蕉，到現在，島上也才十萬多人。

一九八三年十月二十五日，隨著幾聲爆炸，一批美國大兵就像趕集一樣，被飛機登陸艦送上了這個小島，並對當地的軍隊發起了進攻。

這是越南戰爭結束後，美國第一次出兵，沒想到選擇了一個比彈丸還小的小島，再展兵鋒。美國入侵格瑞那達，這句話聽起來都丟人現眼，美國人也實屬無奈。格瑞那達原本是英國殖民地，一九七四年獨立後成為英聯邦的國家，有個親英親美的政府，挺自在的。因為蘇聯和古巴在加勒比地區的影響，格瑞那達國內肯定也有親蘇親古的左翼力量。一九七九年，畢肖普發動「新寶石運動」，也叫「為福利、教育和解放而共同努力」運動，武裝政變，取得了格瑞那達的政權，加入蘇聯陣營，成為美國後院又一塊「紅土」。

雖然在地圖上，格瑞那達用放大鏡都不容易找，可美國人卻目不轉睛地盯著這個小島，因為在地理位置上，它和古巴、尼加拉瓜正好構成一個三角，蘇聯的戰機往這三個地方一放，美國人的後院就被這個三角轄制住了。

格瑞那達這個小彈丸，一天到晚被美國人虎視眈眈地盯著，相當難受。畢肖普於是嘗試，跟美國和西方世界緩和關係，緩解壓力，一九八三年還去美國遊走了一圈。畢肖普的行為激怒他周圍的極端親蘇派，蘇聯和古巴當然也不能失去對小島的控制。於是，幾個方面勢力聯手，畢肖普就被下課了。畢肖普的支持者上街遊行，跟政變的副總理發生衝突，畢肖普被處決，極端的親蘇派獲得了政權。

東加勒比海的其他親美國家害怕了，美國大哥，無法無天到這個程度了，你管不管啊？急群眾之所急，美國派出了八千人的地面部隊，一萬多海空部隊，十五艘戰艦，兩百三十架飛機撲向了格瑞那達。

這場戰事對美國來說，連演習都算不上，雖然也有幾個美軍死亡，幾十個人受傷。八天後，美國幾乎是佔領了小島全境，大捷。

面對美國這種赤裸裸地入侵，尼加拉瓜先找聯合國討說法了，聯合國也不好不管。況且，人家政變殺人，那都人家自己的事，你美國有什麼道理說出兵就出兵了呢？

反正目的達到了，英國人派出總督恢復了統治，美國軍隊就慢慢撤出來唄。

尼加拉瓜這麼激憤是有原因的。卡特任內，尼加拉瓜的桑地諾民族解放陣線推翻美國武裝的極權政府，成立了親蘇的社會主義政權，和古巴一樣，成了美國的眼中釘。美國出錢出槍，將尼加拉瓜各種反政府游擊隊組合在一起，整編出一個叫「孔特拉斯」的組織，跟桑地諾政府作戰。桑地諾政府是蘇聯支持的，孔特拉斯是美國組織的，於是尼加拉瓜成了美蘇對決的分會場之一。這個小國家在整個八〇年代，有五萬多人死於內戰，成了不明不白的炮灰。

這段時間的世界風雲中，充當主角的都是小國家，剛剛在加勒比海認識了幾個小島，中東那邊又冒出來一個叫黎巴嫩的。

在中東的是非之地中，七〇年代初，黎巴嫩算是最和平安寧的樂土了。這個由基督教和伊斯蘭教共同管理的國家，遲早肯定也會發生內部衝突，但在它還沒亂的時候，吸引了不少巴勒斯坦難民進入。巴勒斯坦解放組織（簡稱巴解）還到黎巴嫩南部去建了一個基地（這些亂麻一般的故事在中東卷再細說）。

以色列和巴解是你死我活的仇家，巴解在黎巴嫩設立營地，以色列當然就要經常炮火關照黎巴嫩了。一九八二年六月，以色列的軍隊入侵了黎巴嫩，在調解後，巴解答應撤出黎巴嫩。美國配合得很快，維和部隊馬上也進入貝魯特，監督巴解撤軍。

巴解撤出黎巴嫩，該地區也沒有和平了，黎巴嫩本來已經深陷內戰，這一輪以色列和維和部隊進來，把局勢搞得更詭譎，新當選的總統一個月後就被暗殺，基督教、遜尼派穆斯林、什葉派穆斯林、德魯茲派穆斯林都不是好惹的，形勢凶險萬分。

美國的戰艦在地中海遊弋，隨時預備將海軍陸戰隊送上陸地，扶持黎巴嫩的政府穩住陣腳，此時的黎巴嫩，可比格瑞那達危險百倍。

一九八三年十月二十三日又是一個陽光明媚的周日早晨，在西貝魯特的美軍軍營中，大部分人還在睡夢中。一輛五噸的卡車，衝過了軍營的檢查哨，踩著油門撞向了一層四層樓高的大樓，驚天的巨響後，這棟大樓被夷為平地。

這是珍珠港事件以來，美國大兵遭受的最嚴重的突襲，事後研究，爆炸的強度大約相當於五千四百公斤TNT炸藥。這次襲擊中，有兩百四十一名美國軍人殞命，也算是越戰以來美國軍隊最大的傷亡了。

事件震驚了美國政府和五角大樓，首先是要查清楚是哪個方面下的黑手啊。當天遭遇了恐怖襲擊的，除了美軍基地，還有法國的維和部隊基地，於是，法美兩國，各施手段，找尋真凶。

法國鎖定的幕後主使是伊朗人，美國人將報復方向對準了敘利亞。大家都知道，恐怖襲擊這東西，只會遇強則強，就算找到了真凶報了大仇，也只會讓下一次傷害升級。而此時，美國扶持的黎巴嫩政府，根本已經不能控制國內的局勢了，美國大兵在貝魯特的處境岌岌可危，就算美國人有戰艦飛機掩護，這種突發的恐怖襲擊，誰能防備呢？雷根在這件事上沒有偏執，他果斷地中止了痛苦的黎巴嫩維和之旅，陸戰隊撤出這片「熱土」。

美國人開始成為恐怖襲擊的目標了，美國總統們就有點找不著北了。他們統一學會了指東打西隔山打牛等身法。

一九六九年八月一日，有個叫格達費的狂人發動政變，成了埃及鄰居利比亞的國家元首。都認識這個傢伙，極端激進，唯恐天下不亂。他親蘇反美，趕走了國內的美國人，撤掉了美軍基地，引進蘇聯的保護，成為蘇聯的忠實小弟，這也沒什麼。可美國每次遭遇恐怖襲擊，他都拍手叫好，他還公然宣布，他願意培訓恐怖份子陪美國人玩。

本來美國人就想收拾格達費，他還這麼張狂，美國人就成全了他，一九八五年四月，雷根命令地中海艦隊，要對利比亞進行「外科手術式」打擊。

這次策劃精準的空襲行動僅僅進行了十八分鐘，利比亞境內多個重要軍事目標被摧毀，死傷七百餘名利比亞人，其中，有格達費一歲半的養女死亡，格達費本人和兩個兒子受傷。

行動中美軍的空中主力是著名的F-111戰鬥轟炸機，從英國起飛。在三年前的英阿馬島之戰（福克蘭戰役）中，美國人幫過盟友的忙，所以英國的柴契爾夫人痛快地答應，美國可以由英國基地起飛轟炸機。從英國飛到利比亞，F-111需要飛越西班牙和法國的領空，雷根客氣地向這兩位老友通報了自己的計畫，並請求借道，沒想到這兩位一點面子都不給。可憐F-111單程多繞了兩千九百多公里的路，通過四次空中加油才完工返航。這應該是世界戰爭史上第一次戰機空中加油。

不沾鍋

對格瑞那達和利比亞的行動乾脆果決，感覺雷根辦事俐落，雷厲風行有活力，可實際上，雷根進入白宮時，已經六十九歲了，這個世界上最大的國家，在八〇時代是被一位古稀老人運行著，好像還運行得不錯。

高齡美國總統不算新鮮，這個歲數能遇刺後快速康復回到工作崗位才是奇蹟。

一九八一年三月三十日，雷根剛過了七十大壽，入主白宮第六十九天。在華盛頓哥倫比亞特區的希爾頓飯店，總統和工會團體代表聚餐講話。下午兩點離開時，雷根向不遠處的記者和圍觀人群揮手，突然傳來了連續不斷的槍聲。總統還在問是什麼聲音時，被貼身警衛一把抱住，塞進了車裡。六聲槍響，有四人中彈，其中就包括總統。子彈進入了總統的肺部，車上，雷根不斷咳出血泡。警衛果斷決定就近進入喬治．華盛頓大學醫院，為了保密，總統要使用假名。

雷根是演員，知道什麼時候都要保持儀態。在醫院門口沒及時準備擔架，這位七十歲的老爺子居然要求自己走進急救室，他行走了整整十二米，而後癱倒在地。

從受傷到手術，雷根維持了他作為明星總統的強大魅力，始終淡定幽默談笑風生。他告訴第一夫人南茜：我忘了閃避了。而後看著預備手術的醫護人員說：我希望你們都是共和黨人。在場的醫護人員說：今天，我們都是共和黨人。

雷根在手術時，恐怕全美國都沒人相信，這個老爺子能挺過來。副總統布希已經磨拳擦掌預備接班。報紙上聳動的大標題，都在重提甘迺迪遇刺案，並猜測兇手來自哪個政治陣營。

讓所有人震驚的是，手術第二天，總統就開始接見訪客並簽署文件，「驚人的康復速度」是好多媒體那段時間的標題。第十三天，雷根就出院工作了，半年後，他宣布完全康復。

這是史上第一位在遇刺後返回白宮的總統，恐怕也是最快從槍傷中康復的老人家。這一事件讓雷根人氣暴漲，支持率超過了百分之七十三，而更多的人不再顧慮總統的年紀了，因為給他手術的醫生說，這位老人家還有三十多歲的肌肉！

槍手是誰？為什麼要行刺？根據暢銷「小說」《貨幣戰爭》的說法，雷根上任後，眼看著通貨膨脹難以控制，就預備恢復「金本位」制度，也就是美元重新跟黃金掛鉤。國際銀行家好不容易能像印草紙一樣印美鈔了，斷不會再被黃金禁錮，所以安排了對雷根的刺殺。雷根就算沒死，也達到了殺雞儆猴的目的，再沒人敢提金本位的事了。

不曉得作者這個內幕從哪裡搞來的，我們大多數人知道的，是個瘋狂追星族的故事。

約翰．辛克利，二十六歲的富二代，性格自閉深居簡出，喜歡寫詩聽音樂，更喜歡看電影，尤其是一部一九七六年出品的《計程車司機》，他看了十五遍。

就算沒跟行刺總統扯上關係，《計程車司機》也是一部好萊塢經典。講述越戰退伍兵特拉維斯，在紐約以開計程車為生。大都會的夜生活迷亂瘋狂，讓他不能適應。認識了一個總統助選團的姑娘，追求人家，竟然帶姑娘看色情電影，姑娘離他而去。受了刺激後，特拉維斯突然想跟這個骯髒的世界作戰，買了幾把手槍，他要去刺殺總統候選人。在刺殺中，他遇到一位雛妓，為了救出這個雛妓，特拉維斯很瀟灑地殺進了紅燈區，跟皮條客火拼，雖然受了傷，卻成了英雄，雛妓也離開了火坑。

這部電影的意義就在於，表現了越戰後迷茫痛苦掙扎的一代。男主角是著名的勞勃．狄尼洛，他固然是在本片中展現了出神入化的演技，而最光彩的，卻是片中雛妓的扮演者茱蒂．福斯特。這是茱蒂頭次出鏡，那一年她十四歲。

大家對茱蒂的認識大都來自後來的奧斯卡名片《沉默的羔羊》，其實在《計程車司機》中，茱蒂的演藝天賦已經引起了好萊塢的注意，她甚至獲得了當年的奧斯卡提名。茱蒂擁有娛樂圈裡罕見的高智商，在成為當紅童星後堅持學習不鬆懈。到了該上大學的年紀，茱蒂申請了幾所常春藤名校，居然都因為考試成績被錄取，她最後選擇入讀耶魯大學。

茱蒂渴望像其他普通學生一樣完成耶魯的學業，可並不現實，因為其他的同學都不會引起圍觀，或者收到全國各地各種奇怪的信件，有個叫約翰．辛克利的小夥子，就經常打電話寫信騷擾她。

辛克利的魔怔很明顯，他家的家庭心理醫生就認為，是家裡條件太好，讓這熊孩子無法成長，只會犯渾，於是建議辛克利爸爸趕兒子出門，逼他自立。

如果辛克利真有精神病，這個舉動就激發他犯病了，他決定，按照電影的指示，買把手槍，殺死總統，爭取茱蒂的關注。

辛克利被捕後，被控十三項罪名，都被判無罪，因為他出具了精神病的診斷書，進精神病院服刑直到現在。這個裁決引發全美的輿論譁然，美國國會被迫修改法律，給精神病設定了更嚴苛的條件，從此後再想裝瘋逃避刑責就比較難了。到現在為止，很多人都認為，辛克利聰明絕頂，他通過扮演神經病讓自己從一項世紀大罪中脫身。

雷根沒閃避掉子彈，可躲過了死神，後來的經歷證明，雷根在閃避方面非常在行。

一九八四年，雷根的連任競選難度不高，除了這一年，民主黨派出一名女性副總統候選人，吸引了部分視線。

可能是第二任期不存在競選壓力，總統對自身放鬆了要求，所以大部分總統醜聞，都出在第二任期。

其實，關於雷根的閒話在他剛上任就有。最大的猜疑來自伊朗人質危機。卡特在一九八〇年的大選中灰頭土臉，原因之一是美國人質還被伊朗人扣押呢。

一九八〇年九月，伊拉克進攻伊朗，兩伊戰爭爆發。打仗需要錢，伊朗大筆財富被凍結在美國，為了拿回這些錢，伊朗的態度柔和了不少。而十月份，正是美國大選的關鍵時點，所有人都知道，只要這個時候，伊朗放回人質，卡特就勝算大增。傳聞，雷根的幕僚班子不知道用了什麼祕密途徑跟伊朗人達成共識，最後，在一九八一年一月二十日，雷根宣誓就職的當天，伊朗將所有人質放回，給新總統錦上添花。

大選時雷根跟伊朗的祕密外交可能是小道猜測，但後來發生的事，可就真憑實據了。

前面說到，以色列經常「關照」黎巴嫩南部，為了對抗猶太人，在伊朗的支持下，黎巴嫩成立了真主黨，什葉派的政治軍事組織，後來是黎巴嫩最狠的力量。既然是反以色列的，美軍也是敵人，一九八二至一九八四年間，真主黨扣押了七名美國人質，最後釋放了四人。

一九八六年十一月，真主黨人質事件爆出驚天內幕，原來，雷根政府是祕密向伊朗出售武器，換取了四名人質的釋放！

自從何梅尼當道，伊朗和美國就是敵對國了，就算是不知道美國有一部《武器出口控制法》，一般常識也都知道，不會隨便向敵對國家出售武器吧。

雷根敢於公然違法嗎？被手下人挑唆的。大家還記得，有一位出身於國家安全事務助理職位的季博士成為全球公認的外交大師，安全事務助理這個位置，就成了總統對外的左膀右臂。雷根任內，這個「助理」換了好幾茬，其中有一位是季博士的門徒，麥克法蘭。

好的沒學會，麥克法蘭大約是覺得他老師的祕密外交挺瀟灑的，所以他也喜歡「祕密」。伊朗落在何梅尼手裡，對美國是極其重大的損失，但美國不能因此放棄伊朗，還是可以去伊朗扶持「親美溫和派」。正好兩伊開打，伊朗需要武器，這是一個送上門禮的機會。真主黨是伊朗的小弟，伊朗收下見面禮，自然要幫著調解人質事件，如此，美伊關係緩和了，人質又釋放了，一舉兩得，豈不美哉?!

雷根拍手：此計大妙！美國人善於立法，又非常懂事，不管什麼法律，都喜歡給留個後門。《武器出口控制法》是說不能向敵對國出售武器，可遇上特殊情況，總統有隨機應變先斬後奏的許可權。

一九八五至一九八六年，通過祕密途徑，美伊進行了六次軍火交易。麥克法蘭甚至冒著生命危險親自潛入德黑蘭，希望與伊朗政府當面接洽。

對伊朗軍售是個大冒險，只是收益並不高。伊朗人錢貨兩訖完成交易，並不想跟美國深交，人質嘛，放四個回家已經很給面子了，至於真主黨發現這個業務有利可圖，隨後又綁了幾個美國人，那是美國人自己的問題了。

對伊朗碰了一鼻子灰還不算完，對伊朗軍售不是雷根最大冒險，他把祕密軍售賺取的「回扣」，投向了尼加拉瓜的「孔特拉斯」組織！

美國不是一直扶持「孔特拉斯」嗎？是，可這並不合法，一九八二年開始，由眾議院牽頭通過了一項《博蘭法案》，已經禁止向尼加拉瓜反政府提供軍援了。這項法案還是雷根自己簽署的。

尼克森之前的幾任許可權極大的總統被稱為「帝王總統」，國會扳倒總統收回大權後，被稱為「帝王國會」。雷根任內的國會，共和黨控制了參議院，可眾議院還是民主黨的。雷根必須跟國會兩院都達成妥協，否則他什麼事都幹不成，民主黨發起的《博蘭法案》他必須簽字，如果不痛快就簽了字再祕密違反。

對伊朗軍售並支持尼加拉瓜反政府軍，這就是雷根遭遇的「伊朗門事件」。要說這個事件的違法性質，比尼克森當年的「水門事件」嚴重程度絕對不是一點點。

在審理這個美國特大要案的過程中，雷根和麥克法蘭這些核心人物都沉寂，衝在最前面的，是受雇於國家安全委員會的一名海軍中校奧利佛·諾思。他態度鎮定，軍容整潔地站在被告席上，承受了所有的審問，他當然不可能操作這麼重大的事件，顯然是上峰指示，他奉命辦事，可哪個上峰如何指示，他就不說了，而且有關的文件都被他銷毀。他大義凜然預備攬下所有罪責的氣概，讓他立時成了美國人心目中的「愛國英雄」。

「伊朗門」案審到一九八九年才有結果，諾思中校被判三年有期徒刑，緩期監外執行，再上訴後，諾思被免去了所有的刑責，無罪開釋。

鬧了好幾年，等檢方找到有關人證物證終於可以將主嫌引向雷根時，他已經完成了任期，後來又宣布患上了老年癡呆症，對於這樣一位暮年的聲望不錯的老總統，再公正理性的司法人員，也不好意思傳他上庭了。

經過尼克森事件，國會對彈劾總統原以為是駕輕就熟，沒想到，七十多歲的老人家，這麼輕鬆就閃避了致命一擊。

跟之前所有出身精英世家，名校畢業的總統相比，雷根的學識和頭腦常受質疑，可老爺子在美國那麼複雜的政治環境中，連任了兩屆最大州的州長，又輕鬆完成兩個總統任期，他至少是有過人的情商。作為一個老國家領導，雷根不固執不偏執也不瞎指揮，對幕僚團保持高度信任，是他政治生涯順利的關鍵。後人送他一個「鐵弗龍總統」的綽號。鐵弗龍是一種塗料，常用於不沾鍋。

二十一、沙漠風暴

老布出生於美國東部的麻塞諸塞州，十八歲生日那天，加入美軍，成為一名魚雷轟炸機飛行員，他是美國有史以來最年輕的飛行員。

一九四四年九月，老布和戰友在太平洋上執行任務時，戰機被日軍炮火擊中，當時九名飛行員跳傘落海。只有老布被美軍救起，其他八名戰友游水上島後被日軍俘虜，四名酷刑慘死，另四名被日軍煮食。

「二戰」結束後，老布進入了耶魯大學，並成功地加入了耶魯大學著名的骷髏會。

骷髏會是耶魯大學內部的一個精英社團，每年在大三的學生中選取十五名學生加入，這十五人血統來歷、家世背景、個人素質、未來發展都要經過認真地審視和評估。能進入耶魯已經是精英，這十五人更是精英中的精英。

跟前面說過的共濟會一樣，骷髏會也是一個高深莫測不明覺厲的組織，他們的能力被渲染得神乎其神，按照傳說，美國或者整個世界的政治經濟都是被操作在共濟會和骷髏會手裡，而這兩個幫派就形成了美國民主和共和兩大政黨。現代越來越多的人相信，整個地球就是控制在少數幾個精英手裡，過去幾百年的歷史充斥著陰謀論。本書作為一本還算正統的歷史閒書，就不摻和這些論調了。

不管骷髏會是個什麼性質，至少是一個精英圈子。能混圈子，成功就不難。畢業後，老布進入當時最熱門最賺錢的領域——到德克薩斯州勘探石油，成立了自己的石油公司。布希家族此時算是進入石油大亨的序列了。而布希家族明明出生在東部，老少各種布希都喜歡以德克薩斯牛仔自居，是一件很耐人尋味的事情。

老布的從政之路全是熱點，他擔任過中情局局長和駐華大使，他和夫人芭芭拉騎自行車在北京胡同遛達，並嗜好北京烤鴨，是當時的一段佳話，開創了駐美大使微服逛街的「親民」傳統。老布作為雷根的競爭者爭取共和黨黨內提名，發現情勢不對，又明智地選擇了為雷根做副總統。在雷根剛上任就遇刺的那幾天裡，他不可能沒有急迫上位之心，但顯然，他處理得比較適度，之後的副總統生涯，跟雷根配合得不錯，一九八五年，在雷根生病時，代理過一段總統之職。

老布在任，蘇聯不行了，德國統一了，東歐劇變了，「共產敵人」安靜了，這都讓老布有生不逢時之感。冷戰結束，大型外部威脅消失，國內的經濟危機是必須面對解決的最大問題。老布喜歡打仗，最煩家務事。

沒有戰爭可以製造戰爭，作為世界上僅存的超級大國，大敵人沒有了，分散的區域小威脅還是存在的，美國必須強化自己的地區優勢，保障大哥的地位不動搖。

重回盟主之位，當初慫的時候犯下的「錯誤」就要及時修正。比如卡特總統曾經跟巴拿馬簽了協議，要在一九九九年前將巴拿馬運河交還，這個事讓美國人想起來就糟心。

一九八三年巴拿馬軍官諾列加發動政變，自任國防軍總司令，掌握了巴拿馬的軍政大權。本來這個人當權，是美國人樂見的，美國那幾年喜歡在拉美國家扶持自己的勢力，諾列加是他們精心選擇，經中情局專業訓練過的CIA特工。

諾列加是好學生，就是不尊敬師長。他成了巴拿馬之王，居然不優先考慮美國人的利益。對於運河水道，諾列加的原則就是：有奶便是娘。可以幫美國人偷偷運軍火給尼加拉瓜反政府軍，也可以幫著古巴和尼加拉瓜政府軍運軍火，有時還幫古巴的卡斯楚搞美軍情報，對拉美的各路毒梟也提供便利，很快就把自己送上美國人要拉黑的名單。

美國先是扶持一個反對派在大選中打敗了諾列加，但手握兵權的諾列加不接受選舉結果。美國只好啟動對巴拿馬的制裁，巴拿馬國內動盪不安，政府實行了宵禁。

巴拿馬運河美軍基地的官兵不大理會宵禁，一九八九年十二月十六日，幾個美國軍官就在宵禁後開車經過了巴拿馬國防軍司令部所在的大街。不知怎麼的，兩邊就交火了，一位美國軍官被打死，還有一對軍官夫婦被巴拿馬軍人抓去，毆打羞辱了一番。

這個夜晚的諸多細節都模糊，雙方都指責對方無理在先，但無論如何，美國的軍人是不能受辱的。

一九八九年十二月二十日凌晨，兩萬多名美軍向巴拿馬多個目標發動了突襲，美國政府再次對拉美用兵，代號是「正義事業行動」。美國人自稱「正義事業」，其他國家一般都稱之為「美國入侵巴拿馬」。

美國人的軍工事業發展得好，得益於他們研發的武器隨時有機會進入實戰戰場檢測，這次巴拿馬戰爭中，最耀眼的新星就是F-117A隱形攻擊機，這傢伙鬼魅般地出沒於天際，將現代戰爭帶入一個新高度。

戰鬥進行了十五天，美國人付出極小的代價控制了巴拿馬，諾列加投降被帶回美國受審，美國在巴拿馬扶持了一個親美的政府。

美國人的終極目的當然是想賴掉條約，繼續控制巴拿馬運河，可拉美人民眼睛雪亮，看穿了美國人的陰謀，引發多國的抗議和不滿。在自家的後院，老山姆感覺有點眾怒難犯，所以不管多麼不情願，到了一九九九年，還是辦理了正式移交，巴拿馬人終於成了運河的真正主人。現在的巴拿馬運河，當然還是美國人用得最多，可水道上行走的貨物，大部分來自中國。在中國的財團加入巴拿馬運河的某些擴建計畫後，美國人開始宣稱，中國對巴拿馬運河有野心。

扶持小弟再幹掉他，諾列加不是第一個，也不是最後一個。一九八八年，綿延了八年的兩伊戰爭終於打完了。美國原本對兩伊都看不上，阿拉伯的世界裡，水太深，敵友難辨。可伊朗落在何梅尼手裡後，美國人的思路清晰了，必須遏制伊朗輸出原教旨主義革命。雖然伊拉克原本是蘇聯的小弟，在兩伊戰爭中，他還是先動手的那方，美國人在兩害相權之下，選擇幫助伊拉克，壯大海珊。跟美國人有一樣想法的，還是沙烏地阿拉伯、阿拉伯聯合大公國和科威特等等。

兩伊戰爭是一場得不償失的消耗戰，戰爭的主要起因——邊界糾紛在此戰中沒有得到半點解決，宗教恩怨更加銘心刻骨。本來伊拉克在戰前是個相當富裕的石油國家，這八年耗下來，一窮二白，外債超過八百億，光是欠波斯灣國家的軍火款就有三百五十億美元。

因為石油輸出國組織（OPEC）的調控，九〇年代初，石油價格有所下降。海珊不滿了，伊拉克如今窮得只剩石油了，你們還降價，還給不給活路了？要求科威特等國減少產量，讓石油價格升上去，科威特、阿聯酋等國家當然不會搭理他。

海珊有點氣急敗壞，就想找茬鬧事。他一看地圖，他家和科威特之間，好像一直有邊境問題懸而未決，尤其是兩國接壤的沙漠地帶，那都是油田。於是，海珊就指控科威特趁著兩伊戰爭時，「偷了」伊拉克的石油。

科威特由不得他鬧，而且，伊拉克還欠科威特一百四十億美元的軍火錢呢。說到軍火錢，海珊更發飆，他聲稱，他是幫著所有阿拉伯國家抵抗伊朗，憑什麼軍費讓他一家擔著呢？

如今海珊是光腳的不怕穿鞋的，一不做二不休，一九九〇年八月，伊拉克十萬大軍殺進了科威特，用十個小時就實現了佔領，昭告天下，以後科威特就是伊拉克的一個省。

伊拉克陳兵邊境時，美國已經預感到要出事，但他們以為，海珊多半是陳兵嚇唬而後放話威脅，一時半會兒不會動手，待到海珊全取科威特，五角大樓這才慌了。

參謀長聯席會議主席鮑威爾比較謹慎，先趕緊通知巴林港口駐紮的美國軍艦快速撤離，免得遭了滅頂之災，提醒附近的基地高度戒備。

來得太突然了，想還手也沒有這麼快的速度，只好先發動國際社會制裁，一邊威脅海珊撤兵，一邊密集地向波斯灣地區增兵。

美國的調兵遣將，海珊不是不知道，美國人此時還抱有幻想，以為美國大兵往波斯灣地區一擺，造型到位，就能威懾海珊回家去。誰知海珊無視美軍炫酷造型，伊拉克大軍開始向沙烏地阿拉伯邊境部署，看樣子，他預備再增加沙烏地阿拉伯這個省。

老布看出來了，海珊是個犟脾氣，讓他撤兵，只有一個辦法，就是打服他。

這將是一場巨大的軍事行動，美國人會不會深陷其中，變成另一個越南？老布心理沒底，他要找人壯膽。美國到聯合國拉幫手，人緣好啊，聽說大哥要打架，小弟們爭先恐後地入夥，三十多個國家加上波斯灣六個國家，湊齊了包括四十多國的聯軍，總兵力超過七十萬，至於飛機坦克艦艇，那就密集如林了。這次波斯灣軍事行動，美國軍隊是主力，美軍的中央司令部司令史瓦茲柯夫上將（簡稱史總）出任總指揮。

四十個國家海珊也沒怕，他配置了地面部隊超過一百二十萬，坦克裝甲車火炮都富裕，最嚇人的，他有八百枚「飛毛腿」導彈。

一九九一年一月十五日，聯合國給海珊規定的撤軍日，當然也是多國部隊的進攻日。這一天，老布簽署了給史總的作戰命令，一月十六日，伊拉克沒有撤軍，美國的轟炸機按命令升空了。

這次作戰計畫分成兩部分，第一部分叫沙漠風暴，主要是戰機的轟炸：重點目標，伊軍陣地，還有地面那些排列整齊的坦克裝甲車；第二部分叫沙漠軍刀，美國大兵進入戰場，與伊軍面對面對決。有朝鮮和越南的教訓，美國不會輕易使用地面部隊，一定要保證能炸的都炸乾淨了，地面部隊去做後期清理。為配合這種戰法，美國的戰機推陳出新升級換代的速度非常快。

除了五〇年代就服役的，世界上裝彈量最大的 B-52 轟炸機，依然在同溫層的高空宣洩著暴雨般的炸彈，新入役的阿帕契攻擊直升機對地面的坦克也形成毀滅性打擊。

伊拉克的首都巴格達是重點關注，地面的防空炮火和空中的攻擊交織出一片絢爛，幼發拉底河和底格里斯河在煙塵中依然淡定地波光粼粼。

現代戰爭，掌握制空權就勝利了一半，雖然伊拉克的防禦炮火很凶悍，巴格達還是被炸得傷痕累累，幾乎是第一天，重要的軍事目標就變成了廢墟。

給多國部隊造成的最大困擾是那八百枚「飛毛腿」導彈，這種出身蘇聯，被伊拉克改裝後的導彈是海珊的殺手鐗之一。被炸兩天後，海珊沉著冷靜地命令「飛毛腿」向以色列和沙烏地阿拉伯方向發射，引發多國部隊極大的恐慌。史總下令，空軍抽調出一支強大的力量，專門尋找「飛毛腿」導彈，可「飛毛腿」被裝備在一輛發射車上，機動靈活，打完就跑，想在空中找到它，「如同在乾草堆裡找一根針」。找不到就在空中截落它吧，美國的軍火庫裡什麼都有，「愛國者」導彈來了！不負重望，它就是「飛毛腿」的剋星。整個波灣戰爭，「愛國者」導彈對「飛毛腿」的攔截似乎成了戰場高潮。但根據一些軍事專家的說法，「愛國者」的廣告有點誇張了，在波灣戰場，「愛國者」對「飛毛腿」的攔截，並沒有他們自己說的那麼高的成功率。

沙漠風暴持續了三十八天，多國部隊的空軍意氣風發，而伊拉克百萬大軍，還沒找到人動手，就七零八落了。打到這個程度，海珊還是堅持不降，史總只好招呼各國阿兵哥，槍上膛，罩子放亮，進入戰場。

老布在白宮看著手錶，地面部隊發動進攻一百小時後，他命令停火。已經沒有再打的必要了，因為多國部隊輕鬆收復了科威特，海珊大軍狼狽不堪地撤回了伊拉克。

這場戰事被認為是二十世紀技術程度最高的戰事，但顯然，在對現代戰爭的理解上，伊拉克和美國差了一代。伊拉克百萬大軍列陣以待，還布置了大量坦克火炮，想尊重傳統，來一場浩大的坦克對戰，可美國人說，這種打法 out 了，竟然出動直升機將坦克一輛輛定點清除了。一仗打完，伊拉克死亡人數超過十萬，而多國部隊才損失了六百人。

不注意學習，不能與時俱進，還妄自尊大不謙虛的海珊受到了教訓，輸了這一仗，他憋著一口惡氣。我們只能勸他：好好學習吧，以後有報仇的機會！

雖然美國人反戰，但像波灣戰爭這樣，速戰速決，傷亡不大，打出威風打出體面的戰事，美國人沒意見，但，美國人有更重要的問題。

別的國家，國內經濟有危機時，出去打一仗就能分散民眾注意力，美國人不一樣，美國軍隊大部分時間都在海外打一些亂七八糟的架，而且總是能保持優勢，激發不到美國人全民一心同仇敵愾，所以，波灣的戰事一結束，美國人就反應過來，老布，美國還在經濟危機呢！

老布根本想不出任何解決國內經濟問題的辦法，在他任內，唯一一件可留入青史的內政功績，就是他支持簽署了《美國殘疾人法案》，這項法案曾在國會擱置了三年之久。法案保護了殘疾人、癌症患者、愛滋患者的各項權利，在法案頒布後的幾年內，美國的公共場所發生了變化，針對殘疾人的設施隨處可見，盲道、輪椅道、電梯上的盲文指示、電視上的聾人字幕都配置齊全，在停車場，最便利的停車位肯定是留給殘疾人的，就算它空置，其他人也不能順便佔用，初入美國的外國人，在使用公共設施時，一定要先注意有沒有殘疾人標識，萬一沒注意佔用了，罰款受罰事小，顯得咱們多沒有素質啊！

二十二、問題在經濟，笨蛋！

總統買一送一

從一個杜撰的流行故事說起：柯林頓和希拉蕊去加油站加油，希拉蕊發現加油站裡工作的某個小工居然是自己的初戀男友，柯林頓當時笑話她：你看，你要不是嫁給我，你就是個加油工的婆娘。希拉蕊回答：我要是嫁給他，他就是美國總統！

明明是個假故事，卻能傳揚的這麼廣泛，說明，在希拉蕊命中注定是第一夫人這件事上，全世界有廣泛共識，還有很大一部分人相信，希拉蕊必將是美國第一任女性總統，柯林頓當然也知道老婆的潛力，所以他在競選時說：選擇了我，白宮裡將有兩位總統。

希拉蕊是全球公認的強勢女人，不漂亮不性感，最大的魅力就是看上去很爺們。柯林頓英俊瀟灑，風度翩翩，他為什麼會被一個女漢子吸引呢？

一般來說，喜歡強勢女人的男人，大都是因為成長階段家庭沒有給他足夠的安全感。柯林頓出生在阿肯色州，是遺腹子，出生前就失去了父親。在母親改嫁前，柯林頓一直由外祖父撫養。母親改嫁給羅傑·柯林頓，跟隨這位繼父的姓，遺腹子的大名就成了威廉·傑佛遜·柯林頓。現在我們喜歡叫他比爾·柯林頓，是因為比爾是威廉的暱稱。

繼父酗酒嗜賭，還喜歡打老婆，在這種家庭中長大，柯林頓性情如果不是暴戾逆反就一定是膽小柔弱的。

柯林頓是好學生，不僅成績好，還擅長薩克斯風，曾經想過成為一名專業的樂手。可他作為一個學霸，進娛樂圈有點浪費，大學畢業後，獲得了英國著名的羅德獎學金，去牛津深造。

生於一九四六年的柯林頓是嬰兒潮中的一員，這批美國孩子幸也不幸，幸運的是，一出生就趕上好日子，國家和個人都在上升期，從小到大日子過得還不錯。不幸的是，他們中的一批人，必須面對殘酷的越戰。

因為可以走後門，越戰早期被徵召的，大部分是藍領和黑人，隨著戰局愈演愈烈，中產階級家的白人青年也不能倖免了，阿肯色州屬於不發達地區，柯林頓雖然是個出名的知識青年，也不能倖免地收到入伍通知。

雖然後來無數次的辯解，柯林頓說當年自己的「逃避」是完全合法的，根本原因是個人對戰爭的反感和厭惡，但所有人都相信，他處心積慮逃避兵役，就是因為害怕。

加入預備役兵團訓練，可以延遲入伍的時間。柯林頓託人找關係，所有的預備役團都滿員，只有阿肯色法學院的預備役兵團還有指標，柯林頓趕緊提出了申請。

在美國加入了預備役，牛津這邊還有學業，柯林頓暫時躲過了被送到越南的命運。幸運的是，當時的總統尼克森在重重壓力下，被迫改革了徵兵方式，通過抽籤的方式募集兵源，柯林頓躲過一劫。

鬆了一口氣的柯林頓不知道，他後來的生涯，要花多長時間解釋這個「逃避兵役」的問題，尤其是在第一次大選時，他面對的，是親歷「二戰」差點以身報國的英雄飛行員，老布。

牛津回國後，柯林頓進入了耶魯法學院，就在這裡，他遇上了當時妝容樸素，帶著厚眼鏡的希拉蕊，按柯林頓的回憶，希拉蕊「身上散發的力量和鎮靜，是我在任何一個男人和女人身上都少見的」。柯林頓就是相中了希拉蕊的內在強大，正好可以彌補自己內心的柔弱。

作為世界政局中最有份量的兩口子，柯林頓夫婦的夫唱婦隨，相得益彰，總被認為是政治上的互相利用，從經歷的種種來看，很多人會質疑這兩人之間究竟有沒有所謂的愛情。但在七〇年代的耶魯校園裡，花前月下，柯林頓和希拉蕊之間肯定享受過跟其他人一樣的甜蜜和幸福，證據就是，畢業後，明明在東部大城市有更好前途的希拉蕊，追隨柯林頓回到了阿肯色州，並開始支持老公所在的民主黨。

希拉蕊是條「漢子」，她有自己的事業和野心，她不願意成為丈夫的附庸。即使是柯林頓成為阿肯色州州長後，她依然拒絕冠夫姓，每天打扮得像居委會大媽，風風火火地到律所上班。

大家還記得前面說到的阿肯色州嗎？為了阻撓幾個黑人孩子去學校，州長親自上街耍暴力，可見這是一個非常保守的南部地區。柯林頓年輕有為，學識好，風度佳，很受歡迎，就是那個老婆有點不著調，當地人很看不上她。柯林頓第一個州長任期才三十二歲，少不更事，行事衝動，推行某些改革時，遭到了打擊，在連任競選時失敗。

為了老公的前途，希拉蕊終於答應改變，冠夫姓，學習穿衣打扮，兩口子開始密集地接觸各種商業團體，結識土豪，以圖東山再起。

希拉蕊有氣場，稍微一捯飭，很有第一夫人的範兒，柯林頓再出山角逐州長之位時，兩口子配合默契，雙劍合璧，此後的一九八二年到一九九二年，柯林頓一直是阿肯色州州長。

一九九二年大選，美國正處於經濟危機中，老布還擁有波灣戰爭帶來的高人氣，民主黨內老謀深算的老政客們都明智地閃開了，蜀中無人，柯林頓被頂到了前場，他選擇了跟他一樣年輕的戈爾做搭檔，這兩位年輕俊朗的南方青年組合，讓人耳目一新。

柯林頓以非常微弱的優勢取得了勝利。在泰迪和甘迺迪後，又一位年輕正當壯年的總統搬進了白宮。

雷區危險

年輕人喜歡冒險，柯林頓一進白宮，就預備針對軍隊同性戀情況下手。新總統為什麼將解決軍隊同性戀問題視為當務之急呢？事源於柯林頓贏得大選前一個月，美國發生的一件驚動全國的慘案。一九九二年十月二十七日午夜，有具屍體出現在日本某軍港外的阿爾伯克爾基公園娛樂室裡，死者是二十二歲的美國海軍無線電報務員辛德勒。現場明顯是過度殺戮，顱骨粉碎，肋骨折斷，生殖器被割下，血液和腦漿飛濺四周。

案子不算懸疑，凶手立即被鎖定，辛德勒同艦的兩名戰友在酒後實施了這場虐殺。辛德勒是個同性戀者，根據美國軍法，軍隊內是禁止同性戀的。辛德勒多次受到處罰，那晚他再次被上司監禁，預備開除軍籍，派兩名戰友監管。這兩位對同性戀想必是深惡痛絕，受點酒精刺激，就變著法子整死了辛德勒。

出這麼大的事，美國日益壯大的同性戀隊伍不可能不作出反應，根據統計，這段時間上街抗議的同性戀者，幾乎超過美國男性總數的百分之二．八，這是挺嚇人的數字了，任何一個總統上臺都不能無視。

柯林頓年輕有見識，對同性戀又沒什麼偏見，他想，這有什麼難，直接取消軍隊中同性戀的禁令就妥了。這條軍隊禁令有五十年的歷史，比柯林頓年齡還大，他顯然是把事情想得太簡單了。美國國內強大的保守勢力再次顯示了影響力，最後，總統不得不折衷了一個方案，也就是著名的「不問、不說」法則，意思是，不管你喜歡同性還是異性，上司戰友不准過問不准打聽，而只要當事人不說不承認，這個事就當作不存在，正常服役，不受任何處罰。當然你如果非要高調出櫃，那或關禁閉或開除，還是要照章進行。

軍隊同性戀問題，算是一個執政的雷區，對柯林頓來說，以後的雷區更麻煩更難過。

二〇一三年，歐巴馬政府關門了。在咱們中國的子民看來，政府不上班了，那可真要出大亂子了。誰知美國政府暫停了一周，除了歐巴馬灰頭土臉，中國遊客抱怨不能進入白宮等景點參觀，似乎並沒有太大的影響。

美國國會說，這次政府關門是因為兩黨就聯邦預算不能達成一致，而歐巴馬憤憤不平，他認為，是共和黨對於剛通過的醫改法案懷恨在心，變著法子想讓這個艱難出生的法案不能落地執行。稍微關心點國際新聞的人都知道，歐巴馬在任的關鍵字似乎就是「醫改法案」，而本篇的男主角柯林頓還經常被歐巴馬拉去月臺，聲援歐巴馬。到底這個「醫改」是個什麼問題，能導致政府關門歇業呢？

政府強勢，武功高強並不是一個讓人滿意的國家的標準，普通老百姓更看重的，還是政府能夠提供各種的社會福利，居住、教育、醫療，這三件事倘若不能保障，再強勢的政府都不會讓百姓認同。

美國，全世界全強大的國家，按道理，他家的社會福利水準應該是最高的，可恰恰不是。在歐巴馬二〇一〇年艱難地通過全民醫保法案前，美國是西方發達社會中，唯一沒有覆蓋全民醫保的國家。

美國人執著地支持「大社會，小政府」，最怕政府向各領域伸手。所以，在醫療保障這個重大的民生問題上，他們從一開始就全部甩給市場。美國的醫療保障制度是純商業保險模式的。到商業保險公司買入醫療保險，有病看病，看完了保險公司去買單。

這種辦法滋生出兩大弊端，第一，沒錢買保險的人怎麼辦？六十五歲以上的老人，保險公司接受他投保嗎？第二，因為是保險公司花錢，一個美國人如果患上了腳氣，他讓醫生再給他查查有沒有可能引發痔瘡或者腦膜炎，醫生也會毫不猶豫地提供服務，甚至還提醒他，再去化驗一個肝功能唄，反正是保險公司花錢嘛。保險公司也不吃虧，第一年花多了，第二年他可以增加保費，投保人覺得自己這麼巨額投保，有了頭痛腦熱更是應該全身檢查，惡性循環，看病的費用就越來越高。

看不起病的問題，在三〇年代經濟危機時成為了一個焦點，羅斯福總統雄心滿滿地想改革美國的醫療福利制度，國會的保守派一聽就坐不住了。政府提供全民醫保？這是想搞社會主義嗎？政府主導的醫療福利體系是「邪惡」的社會主義制度，這個想法，影響了後來很多的美國人。

杜魯門時期，總統又想為全民醫療做點什麼，可遭到了全美醫生群體的反對。醫療系統是個商業系統，由市場自然調控，非常健康，不需要政府無謂的「治療」。

六〇年代，號稱要對「貧窮開戰」的詹森總統，在與醫療的「利益堡壘」鬥爭中，終於取得了一點小勝利，讓六十五歲以上的老人，和買不起醫療保險的窮人有醫保了。

進入柯林頓時代，問題好像更嚴重了。六十五歲的老人和窮人是有保障了，可有一些低收入階層，沒窮到國家認證的貧困線上，不能享受國家為窮人提供的保障，自己買保險又負擔不起。前面說過，資本主義國家，有事找資本家，在工廠打工，老闆會給買保險，可如果不幸失業了呢，保險自然就落空了。在醫院和保險公司交互作用下，看病的費用越來越高，沒有保險，自己掏錢看病，還真沒幾個人看得起。

不過這裡要為美國辯解一下，雖然看病難看病貴，真碰上生死攸關的大病，醫院是不敢逼你先交錢交押金再治療的，救人第一，所以美國的醫院也會遭遇治療費用收不到的問題。

美國共和和民主兩黨，執政理念並沒有太絕對的差別，但在全民醫療這個議題上，他們是涇渭分明的。覆蓋全民的醫保，說穿了就是政府花錢給大家看病，政府錢哪裡來？徵稅？美國人最討厭徵稅！這就是分歧了，不介意財政赤字，喜歡大手大腳散發福利的，都是民主黨總統，共和黨的總統最恨無端增加稅收，財政預算居高不下，尤其是政府任意插手商業社會的自由運行。而且，共和黨深知，如果民主黨真把這件大事完成了，看起來似乎是功德無量，共和黨真會流失不少底層選民。

羅斯福、杜魯門、詹森的醫保暢想都功敗垂成，「醫改」這個議題，已經成了總統執政的雷區，膽子不夠的，都不敢去蹚。

柯林頓年輕不怕火，就怕沒有燃燒過。他一進入白宮，就雄赳赳氣昂昂地宣布，他要大刀闊斧地主導一次，史上規模最大的全民醫療改革。

這麼大的氣概，源於柯林頓背後的兩大支柱，一是美國國會此時全由民主黨控制，共和黨是地道的在野黨；二是有個膽子比他更大的老婆願意配合。

就職第五天，柯林頓就成立了一個「醫改工作小組」，負責人居然是第一夫人希拉蕊。每個人都知道，希拉蕊當總統都不怵，當個「組長」綽綽有餘。可道理和情理不能一概而論。雖然美國法律沒規定「後宮不能干政」，這麼重要的事，交給老婆負責，總有人覺得，這裡面會不會有點「家族貓膩」。柯林頓是不是藉這個重大項目挺老婆上位，滿足她的昭然若揭的野心？也許就是從希拉蕊接手負責「醫改」，最後的失敗就注定了。

希拉蕊的效率很高，當年十月，幾百頁的醫保法案就交出來了。希拉蕊的團隊認為，醫療法案，那是多專業的東西啊，絕對不能通俗易懂，每個詞每條用語都要嚴謹規範，否則公眾會認為小組的工作不嚴肅，不專業。

這份報告不知道看暈了多少人，普通民眾更是一頭霧水，柯林頓太太，您究竟想說什麼？

國會先不關心報告講了些什麼，他們只需要問總統一個問題：如何支持這個龐大計畫呢？柯林頓答的爽快：一是政府要擴大許可權，二是找錢。國會再問：您預備怎麼找錢呢？柯林頓信心滿滿地回答：不削減財政預算，更不能削減軍費，但我們可以增加稅收，主要是向有錢人徵稅，根據我了解啊，這幾年美國有錢人錢賺了不少，社會責任感大增，為了沒錢的人能看上病，這些有錢人肯定願意多交稅的！國會無奈地對總統說：Too young too simple!（太年輕，很傻很天真）

實際情況是，美國的有錢人雖然願意偶爾做做慈善，但突然強加給他們一項固定的稅收，他們就堅決不幹了！

根據這項醫改法案，以後全民醫保由政府主導，政府為了控制費用，當然會調控醫療和保險的費用，醫院、醫生、護士、保險公司的收入都會受到影響，他們當然不幹啊。各種醫師協會立時跳出來抗議。

基本可以說，醫改法案已經碰了一鼻子灰了，更不用說，還有共和黨在背後，指望利用醫改的失敗反戈一擊，拿回失去的江山。

一九九三年為醫保法案忙了一年，效果在一九九四年驗證，因為這一年，正好是國會期中選舉。讓柯林頓沒想到的是，他失敗的改革會招致民主黨的滅頂之災，在經過四十年以後，共和黨再一次一舉拿下參眾兩院，柯林頓做夢都會夢見，他被丟在一個籠子裡，裡三層外三層的共和黨人，圍著籠子獰笑。

二〇一〇年，一位民主黨人的總統歐巴馬，頂住重重壓力，再次攜帶醫改法案去國會闖關，每個人都為他捏把汗，都估計這傢伙會比柯林頓還慘，沒想到，他居然實現了民主黨近百年的執政理想。

歐巴馬雖然讓法案過關，可執行是更大問題，看起來，共和黨似乎想讓這項國會通過的法案淪為一張廢紙。為法案落地，歐巴馬搏命宣傳呼喊，卸任的柯林頓也多次出面狂頂歐巴馬，大家都知道，柯林頓這麼用心，第一是為自己，第二是為老婆，萬一因為歐巴馬的醫改導致民主黨再次失利，希拉蕊在二〇一六年競選總統的事業可就懸了。

醫保法案被彆得比較慘，但其他事，柯林頓還是處理得挺順手。比如，《北美貿易自由協定》就通過了。根據這個協定，美國、加拿大、墨西哥組成了北美自由貿易區。隨著歐盟的成立和擴張，美國人感覺到自家的競爭力在下降，既然歐洲各國可以聯合在一起，解除相互之間的貿易障礙，北美當然也可以團結為一體。這個協議在一九九四年一月生效後，美國、加拿大、墨西哥之間貿易自由，並減免關稅。

貝爾格勒奇冤

柯林頓在外交方面是個雛兒，剛接觸國際事務時，小心謹慎的。幸運的是，他碰上的各路大佬都講道理，居然很給這位年輕的總統面子。

一九九三年九月十三日，在白宮南草坪上，柯林頓看著巴勒斯坦的總統阿拉法特和以色列總理拉賓，幾乎流下幸福的熱淚。從一九六七年開始，以色列和巴解組織為了他們生存的一畝三分地，打得死去活來。好在猶太人和穆斯林世界終於等到拉賓和阿拉法特兩個明白人，願意先放下槍好好談一談。經過漫長的十四輪談判，雙方終於在華盛頓簽下協議：以色列有限地承認巴勒斯坦，先讓地區和平下來，其他事以後再說。在巴以恩仇史上，這部「奧斯陸協議」是有里程碑意義的，儘管兩年後，拉賓被刺殺，協議被擱置，柯林頓依然是被當作促成巴以終於坐上談判桌的大功臣。

蘇聯解體後，烏克蘭發了大財，根據分家原則，他家境內有大量核彈頭和製造核武器的設施。烏克蘭突然就成了僅次於美俄的核大國。美國人一貫宗旨就是，自家多少核彈頭都不夠，別人家最好是一枚都沒有，冷不防冒出個歐洲核大國，肯定不是好事。

烏克蘭也講道理，自家這些彈頭，是禍不是福，還不如買個面子給老山姆，跟他家要點兒援助，核彈頭讓俄羅斯拉回去銷毀。

有人給面子，有人不給面子，關鍵時刻，太嫩不行，需要老同志出面力挽狂瀾。九〇年代初，國際局勢那麼複雜，全世界都在巨變中，柯林頓前面幾任總統都在動刀兵，柯林頓怎麼還沒出去打架呢？要出發了，戰爭已經在海地露出小火苗。

海地是加勒比海北端的一個島國，跟其他加勒比海島嶼一樣，它一定是西班牙或者法國的殖民地。海地國民超過百分之九十五都是黑人，其他的也是黑白混血，是個比較純粹的「黑人共和國」，也是最早獲得獨立的黑人國家。

雖然覺醒得早，獲得了獨立，但距離建立民主制度和安定的國家，還有點距離，海地的局勢一直動盪不安，政變是最頻繁的社會活動。

一九九〇年在聯合國的監督下，海地人總算正經選出來一位總統，軍方領導人不接受這個結果，發動政變，推翻了新政府，新總統被迫流亡。

既然選舉是聯合國監督的，這次政變就算是跟聯合國作對了，聯合國通過了決議，再以美國為核心組建了多國部隊。

一九九四年九月十五日，美軍集結加勒比海，柯林頓給海地軍方最後通牒，不投降，一天之內，大兵壓境。

此時，前總統卡特因為和海地軍方有點老交情，所以早早到海地斡旋。卡特卸任後，滿血復活，能力暴漲，就在美國大兵即將登機降落海地之前的幾分鐘，卡特打回電話，海地軍方低頭了，交出權力，迎回總統，美國政府省了好大一筆錢，而柯林頓也和卡特一起成為和平解決海地危機的英雄。

海地省的軍費，注定要花在別處。一九九九年，地球上最受人關注的大事，肯定是科索沃戰爭，一般沒有美軍和北約介入的戰事，都不能算大事！

科索沃戰爭的起因，要從南聯盟解體說起。一想到南斯拉夫，一想到巴爾幹半島，老楊的腦子就嗡嗡作響。被稱為「歐洲火藥庫」的巴爾幹半島，其歷史上的各種混亂，咱們就不再費力回憶了。巴爾幹半島上除了懶洋洋的希臘人，剩下的都是廣義的斯拉夫人，跟俄羅斯的斯拉夫人區別，我們稱為南斯拉夫人。

「二戰」期間，希特勒打個響指就佔領了南斯拉夫，使之成為納粹在歐洲的第十二號小弟（南斯拉夫是歐洲淪陷的第十二國家）。政府投降了，人民沒有屈服，在共產黨人鐵托的帶領下，發動游擊戰抗爭，取得了最後的勝利。

戰後，南斯拉夫聯邦共和國成立，根據民族和宗教分立，南聯邦由塞爾維亞、克羅埃西亞、波士尼亞與赫塞哥維納（簡稱波赫）、斯洛維尼亞、馬其頓和黑山（蒙特內哥羅）六個共和國，以及隸屬塞爾維亞的科索沃、佛伊弗迪納兩個自治省構成。

鐵托是個硬漢，他雖然是老牌共產黨，但絕對不盲從史達林。南斯拉夫從成立就不走蘇聯的路子，發展得極具個性，在中東歐那些社會主義國家中，各方面發展都名列前茅，八〇年代時，是個挺繁榮興旺的國家。

隨著東歐劇變，蘇聯解體，南斯拉夫也受到牽連，尤其是鐵托死後，被他的個人魅力按壓下的民族糾紛，陸續爆發並愈演愈烈。對於北約陣營來說，一個共產黨領導的社會主義國家，肯定是要特殊對待的。南聯邦內部的民族糾紛，很難說沒有西方勢力的挑唆干預。

一九九一年後，斯洛維尼亞、克羅埃西亞、馬其頓、波赫都次第獨立，獨立的過程異常艱苦，其中有五年的克羅埃西亞戰爭，和三年的波士尼亞戰爭，死的人都不少。

一九九二年，剩下的塞爾維亞和黑山兩個共和國宣布組成南斯拉夫聯盟共和國。這個被稱為南聯盟的小國，領土十萬多平方公里，人口一千多萬，就這一千多萬人口也是離心離德的。其中最不願意合作的，就是位於南部的自治省，科索沃。科索沃雖然中世紀時塞爾維亞族的政治中心，但現在，基本是信奉伊斯蘭教的阿爾巴尼亞族的天下，阿爾巴尼亞人佔百分之九十，信奉東正教的塞爾維亞人，只有可憐的不到百分之十。

其他非塞族共和國都獨立了，憑啥科索沃還要憋屈在南聯盟的版圖裡呢？可想而知，這一輪「獨立戰爭」中，科索沃也沒置身事外。

塞爾維亞族心硬手狠，喜歡玩種族清洗。對於科索沃的獨立要求，南聯盟的政府米洛塞維奇的手段就是屠殺鎮壓，阿爾巴尼亞族組成了科索沃解放軍對抗，造成了當時國際時事熱點——科索沃危機。

在北約看來，剩下南聯盟這個刺頭，冷戰就不算完勝。對於科索沃的獨立要求，北約雖然不敢明說支持，暗地裡定是態度曖昧，且肯定不允許南聯盟政府下黑手。歐安組織打著人權、人道之類的旗號，進入科索沃「觀察」，結論是，南聯盟出兵鎮壓打死的，不是「科索沃解放軍」，根本就是無辜平民。

這種扯皮，我們並不陌生。最後定然是兩邊放狠話，柯林頓要求米洛塞維奇從科索沃撤出軍隊，米洛塞維奇說，他就算丟了老命也不能丟了科索沃背上千古罵名。結果沒有意外，柯林頓下令，給我打！

一九九九年三月二十四日，北約戰機再次升空，對一個小國展示兵威。這是波灣戰爭後，全球規模最大，現代化程度最高的戰爭。十三個國家直接參與行動，使用了除核武器外的所有現代化兵器，包括貧化鈾彈、集束炸彈這些說好了不准用，極不人道的大殺器。七十八天的戰鬥以空襲為主，北約動用戰機一千兩百架，起飛三萬餘次，美國再次將一種新戰機投入市場做廣告，這是B-2隱形轟炸機的首秀，這位空中新星身價超過二十一億美金，隨身配備衛星導引系統，可實現全天候精確投彈，要說這個傢伙會炸錯目標，打死美國人也不能承認！

一九九九年五月八日凌晨六時，B-2轟炸機發射了五枚精確制導的導彈，不偏不倚炸中位於貝爾格勒市中心的中國駐南聯盟大使館，新華社記者邵雲環，光明日報記者許杏虎和朱穎當場遇難，傷者數十人！

希望所有人都還記得這個日子，還記得事發後我們的激憤和熱血，中華民族每到這個時候就能看到強大的凝聚力，國內外很多中國人都走上了街頭，首都高校數千學子到美國大使館門前抗議示威。

華人的憤怒收到的回饋卻是：美國人聲稱，他們將中國大使館當南聯盟物資局了，地圖老舊，炸錯了，跟中國人道歉，請中國朋友原諒轟炸機眼神不好！

這樣的解釋比轟炸本身更侮辱，到現在為止，美國戰機怎麼會炸了咱們的使館，依然是謎。

從門到門

一說到柯林頓，「地主」們就很著急，怎麼還沒講到李文斯基呢？美國總統沒有醜聞纏身，歷史就比較乏味。

自從尼克森水門事件以後，各種醜聞就喜歡被冠上××門的說法。而李文斯基，絕對不是柯林頓要走過的唯一一扇「門」。

一九九三年夏天，白宮的副法律顧問，福斯特自殺，留下的字條上寫著：公眾絕不會再相信柯林頓夫婦以及他們的忠心幕僚的清白了。

收到這個消息，希拉蕊悲痛欲絕，福斯特是希拉蕊的藍顏知己男閨蜜已經不是祕密，後來更有爆料說，從阿肯色州小石城開始，作為律所合夥人的希拉蕊和福斯特就已經將關係發展到了給柯林頓戴帽子的高度。

福斯特為什麼尋死？是苦戀無果？從希拉蕊進入白宮成為第一夫人，福斯特就感覺，他的幸福時光已經遠去，希拉蕊現在完全就是他的老闆。不過讓福斯特果敢赴死的，不是對愛的絕望，而是對愛人的保護，因為就在這個夏天，柯林頓夫婦在阿肯色州的一樁舊事，突然被爆出來，引發司法調查。

在成為阿肯色州州長前，柯林頓與老友麥克道格合作投資了一家公司，在阿肯色州白水沿岸開發房地產。柯林頓成為州長後，麥克道格收購了一家儲代擔保公司。麥克道格一家和柯林頓兩口子走得很密，擔保公司和房地產公司自然也會有些經濟上的來往。

一九八九年，麥克道格被控「銀行詐騙」罪，擔保公司只好破產倒閉。作為這家擔保公司最大的債權人，聯邦政府損失了四千七百萬美金。麥克道格經審理無罪釋放，但擔保公司的錢就沒了蹤影，這都是納稅人的錢，怎麼能說沒就沒了呢，於是，美國司法部財政部組建一個班子，專門調查擔保公司，以及這家公司和柯林頓夫婦的白水公司之間的關係。

經查實，擔保公司的確對白水公司轉撥過一筆紅利，這筆錢後來被從公司轉出，成了柯林頓連任州長的競選經費，其中還涉及偷稅漏稅。錢的數目並不大，性質嚴重。

擔保公司和白水公司的所有業務往來，在破產時都由希拉蕊的藍顏福斯特清理，他自然是最知道內幕的，而他自殺是希望能保全總統夫婦的清白。

白水門事件的調查從一九九四年進行到二〇〇二年，審理期間史上第一次向第一夫人發放傳票，宣她出庭作證，為了預備這次出庭，希拉蕊精神壓力巨大，短期內暴瘦了十磅；總統也兩次用錄影的方式作證，兩口子都被折騰的心力憔悴。在歷時六年，耗費了幾千萬美金的公款後，負責此案的獨立檢察官終於宣布，沒有證據證明柯林頓夫婦涉案。

跟尼克森一樣，柯林頓也涉嫌在案件調查時，妨礙司法公正，可最牛的是，在白水門案如火如荼喧囂塵上時，柯林頓居然在一九九六年取得大選勝利而連任。勝選歸勝選，大部分的美國人還是認為，柯林頓夫婦在此案中一定有問題，不過是這兩位玩法律的高手手段比較高超而已。最重要的人證福斯特自殺，死無對證，的確是起到了關鍵作用。

希拉蕊的愛人講義氣夠爺們，柯林頓的「愛人們」就比較絕情。

柯林頓是個務實的男人，他選擇希拉蕊為妻，我們猜測他最大的考慮是自己的仕途前程，但這並不意味著，對於漂亮性感的女人，他就沒有想法了。

一九九二年，柯林頓第一次大選時，有個叫珍妮的酒吧歌手，出版了一部聽名字就好賣的《柯林頓情婦的自白》，作者說，她是用日記形式記錄了她跟阿肯色州州長從相識到相戀，維持地下情十二年的點點滴滴。本書最值錢的部分，當然是珍妮和總統共度春宵的細節。

面對任何指控，柯林頓習慣在一開始矢口否認指天誓日，直到對方出示了柯林頓的親筆情書。出軌找小三這個事，雖然不對，還涉嫌通姦，但如果原配正房不追究，一般也鬧不出大事。白宮近在眼前，希拉蕊絕對不會掉鏈子，她堅定地站在柯林頓身邊，用滿含愛意的目光支持老公。柯林頓安全通過珍妮這扇門，進入白宮。

對柯林頓的政敵來說，女人是他的軟肋，只要願意找，一定能找出其他「珍妮」來。一九九四年，一位叫寶拉．瓊斯的阿肯色州州政府祕書，控告一九九一年時柯林頓曾對她性騷擾，索賠七十萬美金。

一九九一年，阿肯色州州長柯林頓在一次活動中，看中了瓊斯。他讓州警把瓊斯叫到自己下榻的酒店房間，當著這位二十五歲姑娘的面，解開了自己的褲子。瓊斯嚇得奪門而逃，據她自己說，此後她在州裡一直沒有獲得提拔，比其他相同資歷的人都混得差，應該是柯林頓利用職權的報復打壓。

被控性騷擾，是民事訴訟，柯林頓的律師認為，作為總統，他至少有在卸任後再受審的權益。據說此案的初審法官當年在阿肯色州法學院聽過柯林頓的課，跟被告有師生之誼，明顯是想保柯林頓熬過任期。

沒想到在一九九六年，上訴法院推翻了初審的裁決，認為，總統犯法，與庶民同罪，有什麼道理可以延後審理呢。

一九九八年，柯林頓最艱難的一年，聯邦高等法院正式受理瓊斯控告柯林頓性騷擾案，總統要親自出庭作證，與瓊斯對質，這樣的熱鬧真是史無前例，吸引了大批傳媒到華盛頓圍觀。

總統義正詞嚴地表示，不記得見過這個女人，更不可能隨便脫褲子。多次的出庭經驗，讓他演技暴漲，他看上去是個坐懷不亂的聖人。在女人方面，柯林頓想扮聖人，漏洞百出。控方想到，一個男人做了總統，他再有色心也不敢滿大街找女人去，所以，在白宮那些幽閉的生涯裡，柯林頓肯定跟白宮的女職員們有可以挖掘的故事。只要有一點兒傳聞，哪怕是空穴來風，他們都能釘死柯林頓就是個喜歡騷擾手下的男上司，並打贏官司，或者還能扳倒總統。

讓柯林頓的對手歡喜的是，隨便一挖，就能挖出一個超勁爆的政治娛樂頭條。

柯林頓和李文斯基的故事，要從一九九五年十一月說起。那時，美國政府關門了。

跟二〇一三年美國政府的關門原因一樣，總統和國會不能就下年財政預算達成協議，政府沒有運作經費，關門歇業。

第一個任期時，柯林頓對社會福利的改革雄心勃勃，想在醫療、教育、環保上砸大筆銀子，可共和黨控制了兩院，隨時可以讓柯林頓沒錢用。兩邊爭拗到最後的結果，就是政府關門。

二〇一三年的政府關門，歐巴馬失去了參加東盟高峰會的機會，讓咱家習李兩位大放光彩，對於念叨著要重返亞太的歐巴馬來說，損失是有點兒大。可一九九五年底，柯林頓政府被關門，卻成為他一九九六年競選連任的一個重要籌碼。共和黨國會成了為黨派私利不顧民生的壞人，柯林頓的形象弱勢悲情，這一輪國會對總統的擠兌，反而讓柯林頓的支持率上升了。

政府關門，總統沒下課，還是要照常上班，人太閒，就容易出事。

白宮經常會招募一些年輕的實習生到白宮打雜，時間大約是六周，不用給薪水。一九九五年七月，剛取得學位的李文斯基跟其他兩百個新大學畢業生一起，進入白宮實習。

一進入白宮，李文斯基就發現，在白宮的女實習生和雇員中，總統是個可以抒發各種臆想的對象，茶餘飯後，女孩子們喜歡討論，總統似乎對某某有意思，搞不好是有一腿的。

在這個世界上，不被男人的權勢擊倒的女人微乎其微，所以說男人通過征服世界而征服女人。

柯林頓是當時世界上最有權勢的男人，他就算歪瓜裂棗賊眉鼠眼，也能吸引大批女人，更何況，柯林頓從外型上看，算得上是風度翩翩。

李文斯基和柯林頓，到底是誰勾搭了誰，是個絕對無解的謎題。柯林頓自然不好回答，而從李文斯基自己的說法來看，顯然是總統看她第一眼就為她著迷，並處心積慮安排了後來所有的事。

根據李文斯基自己的描述，在她認定總統對她有意後，故意在總統面前撂衣角，露出了丁字褲。李文斯基是個胖丫頭，對於她露出丁字褲有什麼美感，無從想像，但她說，柯林頓臉上是露出了欣賞的表情，我們猜想，這是色鬼受到了激勵，覺得把這個小胖丫弄進橢圓辦公室，她絕對不會捂著臉尖叫著奪門而逃。

事實證明李文斯基比瓊斯賢慧多了，在政府關門的那段時間裡，李文斯基懂事地要求留在白宮工作，儘管暫時沒有薪水，工作之餘更是義務地陪伴無所事事的總統，橢圓辦公室裡，她和總統度過了許多的「甜蜜時光」。

一九九七年四月，李文斯基的上司已經感覺到，這個胖丫頭和總統的關係要出事，所以將她調到國防部，國防部在五角大樓上班，她失去了和總統獨處的機會。

在五角大樓期間，李文斯基結識了新閨密，叫琳達．崔普。閨密無話不談，而男人對女人來說，也可以是衣服，能想像一個女人穿了件新衣，還躲起來不給人看見嗎？柯林頓是這個世界上最華麗的禮服，曾經穿過的李文斯基，不可能不跟別人炫耀。

李文斯基自己沒心沒肺，崔普可是個仔細人兒，李文斯基跟她描述得眉飛色舞時，崔普用錄音機錄下了李文斯基的「總統情婦的自白」。

一九九八年，當瓊斯的律師向李文斯基取證時，李文斯基否認了跟總統的關係，可崔普不願意擔偽證的罪名，她提交了錄音帶，總統和李文斯基的故事，火爆了全世界媒體頭條。

跟事發後面不改色地狡辯比起來，柯林頓在找女人時，行動總是不夠小心縝密。隨著調查的深入，越來越多的人證物證浮出水面，而最致命的，是李文斯基出示了一條藍色裙子，上面有總統的精液。據李文斯基自己說，她是留下愛的紀念，到底是紀念還是證據，就很難說了。

事已至此，辯解無效。柯林頓支付八十五萬美金與瓊斯庭外和解，而國會，因為偽證和妨礙司法等罪名，啟動了對總統的彈劾。

在美國，彈劾總統是這樣一個程序。彈劾由眾議院發起，所以他們就是控方，白宮組成一個律師團隊，是為辯方。最高法院的首席法官主審，一百名參議員都是法官。控辯雙方各自陳詞，說完後，主審法官對參議員發問，有罪還是無罪？任何一項指控，只要有三分之二的參議員說有罪，即為罪名成立，總統就地下課，副總統接班上臺。

這是美國史上第二次總統彈劾案，一八六八年的安德魯·詹森總統僅以一票之差逃過一劫，而柯林頓就安全多了，他還差十七票。雖然共和黨是參議院多數，好在，所有的民主黨人高度團結，同仇敵愾地保住了柯林頓。

白水門、騷擾門、拉鍊門柯林頓正好經過三重門，這三件事，每一件都足夠一個政治人物仕途夭折，可柯林頓不僅勝利完成了兩次大選，還在一九九八年離任時，創下了百分之六十五的支持率，是「二戰」後，這個數字最高的總統。怎麼會這麼神奇呢？

說了柯林頓這麼多事，大部分都是他的私事，大家還記得，老布交出白宮時，美國正處於經濟危機中呢。

一九九二年，柯林頓和老布競選時，競選團隊就打出一句口號：問題是經濟，笨蛋！告誡老布，經濟問題不解決，扯什麼都沒用。

老布做不到的事，柯林頓做到了，一九九二至二〇〇〇年，上個世紀的最後八年，被人稱為是美國的黃金八年，經濟繁榮，國強民富。一九九九年初，政府已然破罐子破摔的財政赤字，居然變成了盈餘。國家富裕和諧，老百姓安居樂業，社會福利增加，失業率降低，還出現了一個叫網際網路的好東西，而總統怕大家日子過好了太無聊，隔三差五地主動提供自己的私生活給大眾娛樂，這樣的好日子，誰不歡喜啊，這樣的總統，誰不支持啊？

到底，柯林頓是怎麼做到的呢？

二十三、網路時代

極客的狂歡

初入九〇年代頭一年，從經濟方面看，美國人似乎又進入週期性衰退中，而此時歐盟剛剛成立，上升得很快，歐洲在臆想，他們會重新奪得經濟統治權。誰知柯林頓執上臺後的八年，美國的經濟再次創造了耀眼的成就，進入戰後歷史上的最鼎盛狀態。有兩個資料最說明問題，那幾年國內就業人數月增二十六．五萬，想失業都不太容易；不想上班想在家炒股的，股市年均回報率為百分之十九。

為了表彰柯林頓的貢獻，上個世紀末這一輪美國經濟表現，被稱為是柯林頓經濟學。

柯林頓經濟學包括貨幣、投資、稅收、貿易等方面的各種內容，跟其他總統的經濟工作內容沒有大不同，也看不出柯林頓比其他的總統高明了多少。如果真有柯林頓經濟學這個東西，其最有用的核心肯定是加大了科技投入和人力培訓，最成功的是他大力支持了網際網路經濟的起源和發展。說白了，就是網際網路時代來臨，為美國經濟注入了新的活力。

六〇年代冷戰期間，為了高端軍事研究，美國建立了國防部高級計畫研究署——ARPA（Advanced Research Projects Agency），俗稱阿帕，研究項目就是如何將幾個研究機構、大學的主要電腦連接起來，實現一定程度的資料同享。

一九六九年十一月二十一日，阿帕網連接成功，最早的網路連接了四部主機，分別位於加州大學洛杉磯分校、加州大學聖巴巴拉分校、史丹佛大學和猶他州大學。在當時，這四部電腦可以互相發消息，已經是了不起的高科技了。所以，它只能為絕密的軍事目的服務，在國防部的直接保護下。他們要達到的目的就是：這個小網路，有一部分被敵方攻擊，其他部分必須還能正常工作。

阿帕網的試驗階段進行到一九七五年，當時網路上已經可以連接一百多台主機，基本達到國防部要求，可以交付政府，由國防部的通信局使用運行。

電腦連接上了，現在要解決網路與網路之間的連接。怎樣才能讓一個網路接入主網路，肯定要制定個規矩，畢竟網路也不是你們家炕頭，說上就上的。

七〇年代，阿帕網的精英團隊重點研究的是「TCP/IP協議」，這個詞你就算不懂，但肯定沒少在自己的電腦上看見，簡單說，就是你進入網路需要遵循的各種規矩，接受人家的規定，你才能入網。

解決了入網的規矩簽了協議，那就說明，資料會越來越大越來越多。很多人看到，這個東西，單用來對付蘇聯，太浪費了。於是，阿帕網分成軍事機密和不機密兩個部分，不機密的那個部分，逐漸向我們現在離不開的民用網際網路發展。

我們在使用的網際網路，它很重要的組成部分就是全球資訊網（World Wide Web），就是我們爛熟的WWW。它的發明是基於很久之前，人們就夢想一個世界性的資訊庫，全球各地的人都可以到這個庫裡找東西，當然也可以往裡面放東西。

全球資訊網的發明者是來自英國的蒂姆．伯納斯．李，他最早提出了全球資訊網的構想，並在一九九〇年開發出了歷史上第一個網頁流覽器。因為這項偉大的成就，李被授予各種榮譽，他是大英帝國的爵士，並建立了麻省理工學院的電腦科學實驗室。這個實驗室的地位，相信每個預備去美國留學的孩子們都不陌生。

李也許可以被稱為網際網路之父，但美國人溫頓．瑟夫和羅伯特．卡恩的貢獻也必不可少，他們為網際網路設計了基本的架構，也是網際網路之父。

四〇年代，美國就建立了電腦協會，不曉得當時的美國人會不會想到，搗鼓這麼一部機器，可以改變世界的格局，而摩根、洛克菲勒那些老牌實業、金融家族更想不到，會有一天，世界的財富向這些戴著眼鏡，書呆子氣十足的極客（Geek電腦宅、技術宅的別名）聚集。

一九五五年十月，比爾．蓋茲出生在西雅圖，他有兩個姐姐。千萬別把蓋茲當作是草根崛起的勵志榜樣，在西雅圖當地，蓋茲家有頭有臉，身家顯赫，蓋茲的外祖父曾經是國家銀行的行長！十三歲時，蓋茲就開始了電腦程式設計，算一下時間，那是一九六八年，之前說過，個人電腦普及是八〇年代後的事，一個十三歲的孩子可以接觸當時那樣高精尖的玩意兒，絕對是因為背景很硬。

西雅圖好人家的孩子都會入讀一所著名的私校——湖濱中學，在這裡，蓋茲認識了小夥伴，學長保羅．艾倫。兩人志同道合，都癡迷於電腦程式設計，甚至一起潛入過華盛頓大學的電腦實驗室，就為接觸到更先進的設備。非法潛入，華盛頓大學真要追究，這兩位IT大佬可能淪為少年犯。

一九七三年，蓋茲進入哈佛，又認識了一個朋友叫史蒂夫．鮑爾默。當時保羅．艾倫進入了華盛頓州立大學。

一九七四年，不知道是誰挑唆了誰，艾倫和蓋茲下定決心，退學專心搗鼓電腦。退學後兩個人在哈佛大學的某個披薩店暢想未來時，艾倫問蓋茲，「如果整得好，咱們這業務能做多大？」蓋茲很有信心地說：「怎麼的也能請得起三十至四十個程式工程師！」當時艾倫肯定是心想：這小子真敢吹！

好多孩子都對「退學」這個事有興趣，似乎從名校退學是蓋茲的光環之一，到底他退學的根本原因是什麼？蓋茲早年訪問中國，接受水均益專訪時交代過這個「叛逆」的過程：「我和我的朋友保羅．艾倫共同經歷了電腦發展的全部過程，因為我們非常熱衷於使用電腦，我從十三歲起就是這樣。我們看到了一個把晶片放到電腦中的主意，我們意識到它可能會使電腦的運用產生很大的變化，會使電腦從大機構使用的系統變成個人使用的工具。我和他很多年來一直在談論這個問題。當我們看到第一台人們花費不多就可以買到電腦面世的時候，我們就決定我們應該加入到這個市場，並編寫了BASIC語言。我們於是成立了公司，之後我就同意退學並且和他們一起做這件事。」

就在這年，家用電腦之父亨利．愛德華．羅伯茲推出了基於英特爾8080晶片的微型電腦——牽牛星8800（Altair 8800），售價不到四百美元，這使得電腦大有可能進入普通家庭。就是看到牽牛星8800的廣告後，艾倫預見到電腦會成為普及的家用電器，艾倫立刻找到蓋茲，謀劃如何利用他們在BASIC語言上的優勢，為牽牛星編寫程式。

所以，想退學的孩子請注意，蓋茲和艾倫是發現了明確的商機，分析了自己的資源，確定了人生規劃後才退的學，並不是上學上膩歪了就可以回家玩電腦。後來哈佛授予了蓋茲榮譽學位，敢退學的孩子，在退學後學校還上趕著授予你學位，你才是真牛。

蓋茲和艾倫在新墨西哥州阿布奎基的小旅館裡，成立微軟公司，開始了他們的創業歷程。一九七七年，微軟的總部搬遷到西雅圖的雷德蒙德市，小夥伴回到故鄉，支援家鄉建設，並讓西雅圖這個城市帶著微軟的光輝，成為極客們朝聖的地方。

極客並不都是書呆子，蓋茲能成功，除了程式設計方面的天賦，商業頭腦一點不缺。

七〇年代末，IBM預備進入個人電腦市場，需要為產品找到合適的作業系統。微軟當然希望接這個大活，可就在他們手裡還什麼都沒有的時候，蓋茲就跟IBM介紹，微軟開發了一種叫 DOS 的系統，正對 IBM 的需要。跟 IBM 一談妥，微軟轉頭就找到西雅圖電腦公司，從一位程式設計天才手裡，花五萬美金買下了他開發的作業系統，微軟將其命名為 PS-DOS 賣給了 IBM。隨後 PS-DOS 作為當時最好用的作業系統被用於所有的新電腦，基本上統治了八〇年代的 PC 世界。西雅圖電腦公司氣得直跳腳，要跟微軟打官司，最後雙方庭外和解，這個事，也算是蓋茲一個頗遭爭議的經歷。

一九八五年，基於 DOS 系統的 WIDOWS 作業系統問世，猛然之間，操作電腦成了容易的事，只要會點滑鼠就夠了，它很快家喻戶曉，以最快的速度成為作業系統的首選，以後的日子裡，微軟只要不斷對這個視窗升級，全世界用戶都要緊盯著它，跟著他更新。

就在 WIDOWS 系統問世的十年後，一九九五年，比爾．蓋茲成為讓全人類仰視的地球首富，到今天為止，他已經二十次在年度財富榜上登頂。當年的創業小夥伴艾倫因為合作間的隔閡和身體原因，從八〇年代初就不太參與微軟的運作，二〇〇〇年正式退出微軟董事會。巨額的微軟股份讓他同樣富可敵國，他買下了NBA的球隊，波特蘭拓荒者隊。

一九八〇年，蓋茲以股份誘惑鮑爾默加入微軟，鮑爾默在二〇〇〇年接替蓋茲成為 CEO，從那時起，蓋茲就不斷出售自己的股份，到二〇一四年，鮑爾默成為微軟股份最大的擁有者。蓋茲承諾將在二〇一八年拋空自己的微軟股票。跟很多美國的巨富一樣，進入這個階段的蓋茲，最上心的是慈善工作，他的拋售是為他和妻子創辦的基金會提供資金。

微軟的西雅圖是極客聖地，九〇年代電腦科技大爆炸的時代，還有一個更令所有極客心嚮往之，渴望紮堆群居的地方，那就是矽谷。

所謂矽谷，不過是加州北起舊金山灣，南到聖荷西，方圓不足五百平方公里的彈丸之地。它不是一個地理學的概念，他是「人們思想中的產物」，它的中心是聖塔克拉拉。

矽谷所在地，早先是美國海軍的基站，有些航空研究基地也在這裡。為給這些項目服務，很多科技公司也就搬到這個附近，「二戰」期間，這就算個高科技企業的小中心，不過大部分是軍用，民用企業非常少。

史丹佛大學的教授特曼就發現，不管是史丹佛還是加州理工這樣的名校畢業生，他們畢業了，還是習慣去東海岸找工作機會。於是他就在史丹佛大學開放一塊地，鼓勵學生們就近創業。特曼教授鼓勵的傳奇故事就是：一九三九年威廉·惠利特和大衛·普克特在加州帕羅奧圖市愛迪生大街三六七號一間狹小的車庫裡，用僅有的五百三十八美元，創立了惠普公司。從此，在創業的極客心目中，車庫也是神聖所在，惠普的這間車庫，被認為是矽谷真正的起源。

既然叫矽谷，肯定是跟矽有關，大家都知道，矽是半導體晶片的主要物質。話說，特曼教授做投資地產做得頗有心得，他決定擴大經營，索性在史丹佛附近建一個高科技產業園，蓋點小規模工業建築，以低廉的價格租給創業的小型科技公司。

工業園的計畫吸引了一位史丹佛的校友，他叫威廉·肖克利。肖克利原本是供職於美國最牛的一個高科技研發機構——貝爾實驗室，他和其他兩位物理學家發明了電晶體，取代了真空管，帶給電子工業一場革命，被稱為是二十世紀最重要的發明。一九五六年，他獲得了諾貝爾物理學獎。一九五五年，出於個人發展的需要，加上肖克利喜歡加州的氣候，他進入了聖塔克拉拉，成為特曼教授築巢引鳳引來的一隻金鳳凰。

憑著肖克利教授的名氣，他的個人實驗室吸引了不少精英加盟，尤其是他精挑細選出來的八大金剛，全都不超過三十歲，各個才華橫溢，還腦有反骨！「腦有反骨」這個評論不是老楊給的，是肖克利教授給的，這八個年輕人，後來被他稱為八叛逆，因為他們在一九五七年集體炒了肖克利的魷魚，跑去紐約成立了仙童半導體公司！

肖克利教授是標準的科學家，除了科研之外，待人處事神叨叨的。他雖然承認他招來的人馬都是精英，可又信不過他們，要給他們安排測謊，還要公開員工薪酬。對待員工，肖克利毫無現代管理的常識，他基本認為，自己就是家長，員工就是未成年孩子，要對他無限服從。

八叛逆之一的諾伊斯發明了積體電路，將多個電晶體安裝在一個單晶矽片上，仙童公司得以迅速壯大。叛逆之二的摩爾發明了著名的「摩爾定律」。衝出去的叛逆們各個都找到了自己的位置，於是鼓勵更多的叛逆跳槽自立。

一九六七年，兩名「叛逆」離開仙童，成立了美國國家半導體公司。一九六八年，仙童公司的行銷經理創立了AMD（超微科技），他們都將創業地點選在了矽谷一帶。這一輪半導體工程師跳槽大賽的最高潮是，仙童的兩大創始人諾伊斯和摩爾辭職，進入聖塔克拉拉，創立了英特爾公司。從此，矽谷就頗具雛形了！

傳奇的矽谷有很多傳奇的故事和傳奇的紀錄。比如說八〇年代，電腦製造業的大哥IBM遭遇了強悍地挑戰，人們發現，有個叫蘋果的公司，總能生產出一些概念新穎的電腦，雖然對IBM的市場沒構成致命威脅，但它總是領先於時代的設計，讓同行真是忍不住要心驚肉跳的。這個蘋果電腦公司是咄咄逼人的新銳，它在一九八〇年上市時，募集的資金創下了紀錄，公司造就的百萬富翁也是紀錄，它從一個新公司用五年時間進入世界五百強的速度，更是紀錄。蘋果絕對算得上是美國歷史的主角之一，但鑒於賈幫主的傳記在二〇一三年是超級暢銷書，比老楊的書受眾廣泛，這部歷史書裡，就不費筆墨了。這部美國史就是由一部Macbook Pro完成的，也算是老楊對賈幫主的致敬了！

矽谷到底有多少高科技企業，不好統計，世界五百強公司至少超過三十家。在矽谷參觀，入眼的景致全是各種你熟悉得不能再熟悉的logo（商標）。加州從來是陽光燦爛，藍天白雲，跟這些高科技的企業結合在一起，你心裡會有一個感覺，這些企業都像加州那些新鮮的蔬果作物一樣（加州盛產水果），朝氣蓬勃，生長旺盛，他們代表著，活力、創新、改變、超越！

RAP & 麥可（MJ）

九〇年代，極客書呆子混成了人物，Smart is the new sexy.（聰明是新性感），而另一方面，「不聰明」的，則努力維持從六〇年代開始的文化氛圍，那就是，將通俗文化作為一種主流。通俗是個很不好控制的東西，一不留神，它就俗到不知道什麼地方去了。

從八〇年代開始，美國英語發生了一些新變化，最明顯的就是黑人英語對主流英語的影響，比如我們最熟悉的what's up？最酷的說法是Sup？這就是黑人的說法方式，別忘了帶上棒球帽子，墨鏡，金鏈子，走路左右搖擺，並搭配誇張的手部動作。

這是要唱 Rap？對，Rap 也是一句黑人俚語，它本來是聊天的意思，後來就成了「說唱」。也許就是 Rap 的流行，帶動了黑人的說話方式逆襲美國英語，而美國英語這種垃圾箱一樣的吸收包容，也讓很多學習英語的同學倍感苦惱，不是每個詞都像"No zuo no die"這麼通俗易懂。

關於 Rap，最不負責任的名詞解釋就是：配合節奏強烈的電子音樂，滿嘴跑舌頭地念念有詞。話題很多種，可以涉及生活的方方面面，當然越是批判越是高級，如果不批判直接引導暴力，則更受歡迎。

這不是胡說八道，在 Rap 的諸多分支中，黑幫說唱是有特殊地位的。史上銷量最高的 Rap 唱片，就是這樣一種東西。它的演唱者，叫做圖派克．夏庫爾，他是史上最成功的說唱歌手，沒有之一。

夏庫爾是黑人，在監獄中降生，他唯一認識的親人，就是他身陷囹圄的母親，著名黑人社團黑豹黨的成員。前面說過，黑豹黨基本是以暴力反抗白人為宗旨的。夏庫爾從小到大，他所面對的生活內容就是：街頭暴力、幫派火拼、生活貧困、種族歧視這些東西，都為他未來的音樂打下深刻的烙印，而就是這些反映暴力殺伐之類的說唱作品，讓夏庫爾成為年輕人的英雄，不論是黑人還是白人，都視他為偶像，儘管他打架鬥毆，槍擊員警，甚至曾經因為性虐待被捕入獄。也許，就是這個夏庫爾搞壞了行情，印象裡說唱歌手都是些操行嚴重不及格的壞小子。

一九九六年，在拉斯維加斯的大街上，二十五歲的夏庫爾被槍擊身亡，此案至今沒有了結，凶手無蹤。

夏庫爾橫死街頭那年，麥可．傑克森（Michael Jackson）三十八歲，那一年，他最受矚目的歌曲是《You are not alone》。同樣是黑人，成長中遭遇過一樣的打擊和不公，麥可沒有夏庫爾那麼偏激激進敵意，放下偏執，保持愛和單純，成就了一個偉大的歌者，偉大的事業。

麥可生於一九五八年的印第安那州。五歲那年，他就顯示出了跟他的兄弟姐妹一樣的唱歌跳舞才華，父母讓五個兄弟組成了The Jackson 5（傑克森五兄弟）樂團，開始表演。

雖然麥可的兄弟組合經過多次改名，持續多年存在，但從一九七一年開始，就有人單獨為麥可發行專輯了。真正屬於麥可的音樂王朝，應該是開始於一九七九年首次獲得冠軍單曲，並得到葛萊美獎。

麥可的巔峰時刻出現在一九八二年，《Thriller》專輯發表。這張專輯不僅在美國專輯榜上蟬連了三十七周冠軍、在世界各國皆成為冠軍專輯，擁有七首TOP10單曲、獲得十二項葛萊美獎提名及八項獎座，到二十一世紀初，《Thriller》的全球銷量超過六千萬張，這幾乎是個唱片銷售的天文數字，至今難有歌手接近。

對於麥可的一生來說，他的才華和音樂地位是不容置疑的，可惜更多人關心的，似乎是他的各種不堪傳聞，第一件，就是神祕的「漂白」過程。

據麥可自己的說法，在發行《Thriller》前後的那段時間裡，因為壓力過大，生活上變化也大，誘使家族遺傳白癜風病發，皮膚色素受損，讓他一步步變成了白人，他矢口否認，以身為黑人為恥，而努力以美容「漂白」這種說法。

除了「過度美容」這個傳說，更嚴重的指控是變童癖。一九九二年，麥可就經常邀請一些十幾歲的男孩到到豪宅「夢幻莊園」玩耍。第二年，一位十三歲的男孩指控麥可對他性侵犯。案子鬧得轟轟烈烈，男孩的爸爸窮凶極惡地想狠宰麥可一刀。麥可承認了跟男孩同睡一床，但絕不承認孌童。案子進入司法程序，警方必須用最殘酷的辦法取證，根據被告的描述，要對應麥可身上的特徵，也就是說，麥可要脫光了，讓司法人員仔細檢查他的私處。

這個案子徹底摧毀了麥可，他開始失眠、厭食，需要大量的藥物才能維持精神。這種案子要糾結起來會永無止盡，麥可最後選擇了庭外和解，付給被告的父親要求的兩千兩百萬美金。麥可分期付款，到一九九九年才總算付清。

錢的損失是最不值得計算的，因為這個案子，麥可失去了健康、尊嚴、聲望，甚至是事業。本指望時光流逝，大家淡忘這件事，可在二〇〇三年，另一件孌童指控又冒出來了。這個案子，麥可倒是勝訴了，可原本認為麥可清白的很多人，都動搖了。如果你真沒有這事，為啥人家總盯著你呢？

麥可被金氏世界紀錄評為世界歷史上最成功的藝術家。可縱然是這麼大的成功，又如何遮蓋那些難言的屈辱。到二〇〇九年，五十歲的麥可預備收拾心情，王者歸來，再次向全世界送上他奪人心魄的表演時，六月二十五日下午兩點，因心臟病驟然離世。兩年後，洛杉磯警方宣布麥可死於謀殺，原因是他的私人醫生為他注射了強力鎮靜劑。

說私人醫生是凶手有點冤，他學藝不精失了手，本意並不想害死麥可。飽受失眠症困擾的麥可，已經對一般的藥物成癮，為了能讓自己睡著以恢復體力應付即將開始的巡演，麥可冒險讓私人醫生為自己注射了過量的藥物。

麥可一生似乎都在神與魔之間遊走，飽受爭議，他經常變化的面容，似乎也在向全世界宣告，他絕對不是普通的「地球人類」。電影《MIB星際戰警》裡已經定性麥可根本是外星人，麥可的大部分粉絲都接受這個說法，他的意外慘死，粉絲悲慟，一致認定，麥可是回到他自己的星球去了，而且，此時任何人對麥可都沒有質疑，他沒有缺點了，他如同剛出生般的嬰兒般美好地離開了。

二十四、仰巴腳兒總統

「仰巴腳兒」是句老北京話，形容有人摔了個四腳朝天屁股墩，在各種跌倒姿勢中，這種是最出洋相，肯定引發圍觀群眾爆笑，由此產生了心理學中有個名詞叫「仰巴腳兒效應」，也就是出醜效應。對某些聰明優秀的人來說，偶爾的出洋相，會讓他更受歡迎。做個試驗，找兩位風度翩翩的社會精英公開相親，其中一位從頭到尾正襟危坐，侃侃而談，沒有一絲破綻；另一位顯得緊張，不小心打翻了杯子，弄濕了衣服，面紅耳赤表情尷尬。而事後問姑娘們的印象，大多數人會認為第二位更可愛，因為一個平時規矩嚴整的人，偶爾手忙腳亂的樣子，顯得更隨和更容易親近。（這個效應適用人群是高高在上的精英，普通人，天天出洋相，別人指定說你是少根筋腦仁小。）

美國人喜歡惡搞總統，調侃總統，說總統好色的、有鬼的、沒膽的什麼都有，但大部分人還是認定，從華盛頓以來的四十多位總統，頭腦應該是優於一般群眾的。而在二〇〇〇年，當那位自稱德克薩斯牛仔的前總統布希之子小布希宣布要角逐白宮時，對他的主要質疑集中在他的智商上，並嚴重懷疑這個夥計有閱讀障礙症，是個教都教不聰明的主兒。

在小布希成功地擔任了八年美國總統後，因為任期內的種種洋相和口誤，他被評選為史上第二笨的美國總統，僅次於二十世紀初那個頻爆醜聞的廢物總統哈定，而同時，他又被選為美國有史以來最偉大的人物第六位，似乎，所有人對這位笨總統都認可，即使是很多中國人。在所有的美國總統中，小布希在中國受歡迎的程度很高。

究竟是笨拙可愛還是大智若愚，小布希是個有爭議的人，對他的爭議，從競選那一年就開始了。

小布希出生在紐約隔壁的康乃狄克州，兩歲才隨老布希遷往德克薩斯州，他知道自己永遠學不會東部精英嚴謹端莊的作派了，所以將自己定位為德克薩斯州牛仔，於是大家就原諒了他嬉皮笑臉的表情和東張西望的猴態。

很多專家出示證據證明小布希有未被確切診斷過的閱讀障礙症，這等於同時打了美國兩大名校的臉，小布希本科就讀於耶魯大學，並入選了骷髏會；他還是第一位畢業於哈佛商學院的MBA總統。

越戰期間，小布希踩著老爸的腳步成為飛行員，在國民警衛隊服役。跟柯林頓一樣，小布希也面臨媒體對他服役期內的深度挖掘，小布希做總統時都很淘氣，當兵時就更淘氣了，尤其是酗酒的問題，一直是對手攻擊他的主要武器。

小布希在四十歲那年宣布戒酒，並開始精讀聖經，奠定了他保守派基督徒的政治形象，對於一個篤信基督教的國家來說，這讓他加分不少。

在幫助老布希進入白宮後，小布希回到德克薩斯州，他買入了德州遊騎兵棒球隊的股份，成為了這支西部著名棒球隊的管理人。手裡有個球隊，想出名一點兒不難。就是在管理德州遊騎兵期間，隨著曝光增加，小布希漸漸擁有了比較高的被關注度，加上他還有個總統老爸。拼爹在哪個國家都管用，只不過程度不同而已。

一九九四年，小布希不滿足於管理一個球隊了，他發願要管理整個德克薩斯州，比他小七歲的弟弟傑布也在同一年宣布競選佛羅里達州州長，由此時起，一個赫赫的布希家族崛起於美國政壇。

小布希競選成功，並在一九九八年獲得連任，傑布也在一九九八年，成功當選為佛羅里達州州長，老布希看著兩個孩子，老懷大慰，但他說，他最看好接他的班進入白宮的，是次子傑布。老爸不看好不要緊，很多人看好小布希。這個州長看似笨笨的沒心沒肺，可他是個悲天憫人的保守派信徒，關心窮人，堅持上教堂，他在任時，公認是最受歡迎的州長之一。

二〇〇〇年，小布希順利成為共和黨候選人，對決柯林頓的副總統戈爾。

做了八年副總統的戈爾，比小布希還年輕兩歲。戈爾是世界著名的環保主義者。上個世紀九〇年代，地球氣溫越來越高，引起了聯合國的警惕。雖然減少排放、愛惜地球這個口號誰都喊，可因為減排就意味著減少生產，直接影響GDP，哪個國家也不會主動控制自家的排放。

一九九七年十二月，日本京都，聯合國終於讓地球上主要國家勉強答應遵守某個排放標準，著名的《京都議定書》出臺了，八十四個國家簽字，並答應在二〇〇五年開始強制生效。

戈爾代表美國政府參加了大會，出於他著名環保人士的立場，配合地在條約上簽字了。可回到美國後，戈爾為難了，簽字沒用啊，這東西，在國會根本不可能通過的，地方上更是反應激烈，尤其是德克薩斯州的州長小布希，他認為真要按這個標準減排，他州裡的企業都不用開工了。

不能預測如果戈爾勝選，美國對待《京都議定書》的態度會不會不同，小布希上臺後，果斷退出該條約，成為第一個簽字後又耍賴的國家，給其他國家帶了個壞頭。

布希和戈爾磨拳擦掌，拉開了二十一世紀第一場美國大選的序幕。不負觀眾的期望，這場世紀之戰跌宕起伏驚心動魄，而最大民主國家美利堅在新世紀的第一位總統，不是民眾選出的，居然是由最高法院決定的。

這時我們不得不複習一下美國的大選制度：選舉年的七月，兩大黨派各自召開代表大會，確定本黨派的總統副總統候選人，並擬定競選綱領；開完會，兩位候選人就開始周遊各地拉選票，演講也好，耍寶也好，想幹什麼都行，只要讓選民在最短的時間愛上你；電視辯論，擠兌對手，挖老底，爆黑料，大把撒錢，這個階段，錢很重要，千萬別省；到這一年的十一月第一個周二，所有人去投票。（為什麼選在十一月的周二呢，大家上個班還要請假出來投票？這就是美國傳統啊，確定這個選舉日期時，美國是個農業國家，十一月份呢，剛好結束了秋收，農民們有空。至於選擇周二，是因為早先很多地區偏遠，要走一天才能到達投票點，基督教國家周日要做禮拜，你不能讓人家周日出發吧）；投票時，你要選擇的，並不是哪一位候選人，而是選一個選舉人團。怎麼認識這些選舉人呢？不用認識，兩黨各有一組選舉人團，你想選哪個候選人，選擇對應的選舉人團就行了；選舉人團的數量跟兩院的議員數量對應，美國五十個州，每州有兩人進入參議院，而眾議院的數量就要按人口比例計算，照這個演算法，最少的州，只有三個選舉人，而最多的州，比如加利福尼亞，有五十五張選舉人票；美國首都華盛頓特區，沒有人在兩院，但國會給了他們三張候選人票，這樣一來，二〇〇〇年大選時，選舉人票有五百三十八人，其中一個候選人取得其中的兩百七十張票，他就獲選；美國大部分州，都採取「贏者通殺」的玩法，比如加州有五十五張選舉人票，只要你獲得了其中的二十八張，那所有的五十五張選票都算你的。

這個選法有個重大的弊端，雖然很罕見，但畢竟存在過，比如一八七六年和一八八八年，都出現過候選人取得了更多的普選票，可在選舉人票上輸掉，也就是說，更多美國人支持的候選人，無法入主白宮。

二〇〇〇年，麻煩又出現了。十一月七日晚，資料顯示戈爾取得了百分之四十八．四的大眾普選票，布希只有百分之四十七．九的普選票，似乎是戈爾佔據優勢，在選舉人票方面，雙方也幾乎勢均力敵，能決定最終勝負的，就是佛羅里達州的二十五張選舉人票。

十一月八日凌晨，佛羅里達結果出爐，布希獲得了那二十五張票。戈爾非常有風度地打電話承認選舉失敗，並恭賀小布希勝出。可在一個小時後，戈爾又通知布希，收回剛才的祝賀，並不承認自己的失敗。原來佛羅里達存在選票沒有充分計算的問題，雙方差別不大，萬一有些票沒有計算，戈爾就輸得太冤了。

佛羅里達州的選票計算問題沒辦法最終確定，最後不得不送到聯邦最高法院找個說法，到十二月十二日晚，九位大長老，才以七票對兩票作出了有利於布希的裁決，十二月十三日，輸得不明不白的戈爾再次打電話給小布希，恭喜他成為美國第五十四屆總統，後來的歲月裡，戈爾雖然在環保事業方面頗有建樹，還獲得了一屆奧斯卡最佳紀錄片獎，可在大選這件事上，他始終無法釋懷。

小布希贏得名不正言不順，成為其後任期內經常被取笑的話題。好在二〇〇四年，他以一場堂堂正正的勝利證明了自己，獲得連任。

二十五、「九・一一」

死士

講述小布希的故事或者是美國進入二十一世紀的歷史甚至是世界進入二十一世紀的歷史，都要從那件驚天的大事開始——「九一一事件」。

對於老楊的讀者來說，發生在二〇〇一年九月十一日清晨，紐約曼哈頓的悲慘畫面並不陌生，所以，先迴避那個畫面，從這個悲劇的發生之初講起吧……

遙遠的非洲大陸，有一條母親河——發源於布隆迪高原的尼羅河，這條世界第一大河，在埃及首都的開羅開叉，向北分頭注入地中海。這兩股分流之間，是著名的河口三角洲，因為尼羅河一會暴躁一會平靜，這個三角洲被層層累積了肥沃的土壤，讓這裡成為埃及主要的糧倉。就在這個三角洲北邊，距開羅一百三十四公里是個叫謝赫村的地方，作為一個農業中心，這裡出產稻穀和棉花。

雖然衣食無憂，年輕人也不願意留在小地方務農，條件稍好的家庭，都爭取把孩子送到開羅去念大學，有個叫阿米爾．阿塔的農家子弟，就成功地從開羅取得了學位，回到家鄉，成為一個律所的職員，還娶了他同學兼老闆的妹妹。

一九六八年九月一日，阿米爾夫婦的第四個孩子出世了，他被取名穆罕默德‧阿塔。

阿米爾是個有雄心有抱負的農家子弟，雖然不用種地了，可也不甘心在謝赫村蹉跎一輩子，在手裡有點小錢後，阿米爾帶著一家人，遷居開羅，有了大城市戶口，那一年，小阿塔十歲了。

上個世紀六、七〇年代的埃及人，想安靜生活不問世事是不可能的，中東各地鬧得水深火熱，戰爭頻發，埃及作為阿拉伯世界的重要老大，根本不可能置身事外。阿塔出生前的一九六七年，中東爆發第三次戰爭，也被稱為「六五戰爭」，在美國人的幫助下，以色列單挑整個阿拉伯世界，居然還大獲全勝，佔據了加薩走廊、約旦河西岸、耶路撒冷舊城、敘利亞的戈蘭高地還有埃及的西奈半島。

對埃及的普通百姓來說，正常生活之餘，自然是要感慨一下國土淪喪，阿拉伯世界的悽惶，大部分人更加仇恨以色列，仇恨美國，主要表現是下班回家，衝老婆孩子罵罵咧咧。一個穆斯林的老爺們要回家發飆，老婆孩子只能忍著，阿塔是媽媽的寶貝，他坐在媽媽腿上，趴在她懷裡，驚恐地看著每天都怒氣沖天的爸爸。

阿米爾通過讀書改變了命運，所以要求兒子也是學習第一。阿塔從小就立志當工程師，並如願進入開羅大學學習建築學。阿塔面色白淨，靦腆內向，同學都覺得他像個女孩子，最重要的是，在開羅大學那個有點激進有點敏感的環境裡，不論是對宗教還是對政治，阿塔都沒有表現出任何興趣。

要當工程師，最好就是去德國，那是工程師的聖殿。阿米爾正好認識一對德國夫婦，就請求他們將阿塔帶入德國學習，一九九二年七月，阿塔來到了漢堡。

米夏‧埃爾斯夫婦初見阿塔時，覺得這個二十二歲的青年怪可憐的，他單薄蒼白，話語不多，顯然是長期被專制父親壓抑得毫無自信，好在並不討厭，所以答應阿米爾，帶阿塔去漢堡求學，並住在自己家裡。

在開羅的阿塔並沒看出是個虔誠的穆斯林，可來到充滿各種西方資本主義「罪惡元素」的漢堡後，他似乎需要藉助強大的信仰力量讓自己保持「純潔」，很快，米夏夫婦就發現，這孩子有點難相處了。

比如吃飯，阿塔是一點豬肉豬油都不沾的，不管米夏夫婦如何說自己洗乾淨鍋碗，給他端去的食物，他都不肯吃。而他自己烹煮羊肉的膻味，讓米夏夫婦很受不了。阿塔拒絕看電視裡的裸露親熱的鏡頭，連米夏太太有時穿得涼爽點兒，都會讓他局促不安。實在難以生活在同一屋簷下，米夏夫婦只好將阿塔請出了自己的家。

米夏夫婦說他們最後看見阿塔是在一九九五年，就在這一年，阿塔似乎更堅定了自己的信仰，他蓄起鬍鬚，並兩次去麥加朝聖，這兩次朝聖，讓阿塔見到了許多穆斯林世界被傳說得很神祕的人物。

一九九六年四月十一日，阿塔突然寫下了一份遺囑，將自己的後事交代清楚了，他希望他死後，屍體要面向麥加，處理他屍體的人應該戴上手套，參加葬禮的所有人保持安靜，而婦女，最好是不要出現在他的葬禮現場。

好好的，為什麼突然寫遺囑呢？還記得一九九六年發生了什麼大事嗎？第五次中東戰爭爆發，以色列進入了黎巴嫩。

可以想像，此時的阿塔聽說這個消息，他是如何的激憤和衝動，他只是恨不能衝上戰場，與以色列人血戰至死。

遺書寫好後，阿塔的思路非常清晰了，顯然，當建築師為開羅蓋最能保持阿拉伯風格的房子，已經不是他的唯一理想。他開始混跡於一個激進的清真寺，認識了更多，跟他一樣激憤的穆斯林青年，在交流過程中，有個名字漸漸引起了阿塔的強烈興趣，他認為，去麥加朝聖還不夠，在阿富汗有個叫蓋達組織的地方，更值得去「朝聖」。

蓋達組織的創始人，就是穆斯林世界的頂級巨星賓・拉登。拉登是沙烏地阿拉伯人，父親是當地的大建築商，還跟王室有些山路十八彎的親戚關係，這一切都決定了，拉登是個貨真價實的富二代，雖然他是家裡的第十七個孩子，但以他老爸的財富，他想過花花公子的奢侈生活，沒有任何壓力。

十七爺不太受重視，衣食無憂似乎也沒什麼意思，駕駛著最新款的賓士跑車風馳在沙烏地阿拉伯的大街上，年輕的拉登一陣陣的恍惚。雖然看不清人生方向，有一件事，拉登是執著的，那就是宗教信仰，尤其是建立獨立的大阿拉伯王國，不受西方異教徒的任何侵擾。

一九七九年，拉登終於找到了屬於自己的人生，這一年，蘇聯入侵了阿富汗。

阿富汗是穆斯林的國家，蘇聯這樣悍然侵略，就是欺負整個伊斯蘭世界，拉登脫下華服，摘下名錶，一頭紮進了阿富汗，在當地組織游擊隊，對抗蘇軍。

在阿富汗各種來歷的游擊隊中，拉登的隊伍肯定不算是最能打的，但價值肯定是最高的。因為拉登發現了更有效的抗蘇辦法。

蘇聯入侵阿富汗，美國人驚了，阿富汗隔壁的巴基斯坦更驚。小巴需要阿富汗人頂住蘇軍，唇亡齒寒，鄰居太危險了。美國不好直接對付蘇聯，只好扶持阿富汗人自救。美國和小巴為了共同的目的，走到了一起，商量著扶持阿富汗各種武裝抗蘇。

阿富汗全境被封鎖，美巴想盡辦法從阿富汗和巴基斯坦邊境開出一條小道，用小毛爐為阿富汗游擊隊送軍火，送物質，送人力。大量的增援需要有人在阿富汗境內接應管理，拉登就擔任了這個重要任務。他創建了一個叫「服務營」的組織，不僅統籌物資，還招募訓練各種新兵，被他訓練出來的游擊戰士越來越多，一九八八年，「服務營」就升級為「蓋達組織」了。

美國方面，負責全力支援拉登的，就是中情局。中情局做事總是跟正規軍隊風格不太一樣，喜歡陰謀詭計下黑手。中情局青睞拉登，就將自己的全副技能相授，於是拉登也學會了陰謀詭計下黑手，幾次用在蘇軍身上收效不菲，中情局為自己的弟子拍手叫好，甚是欣慰。

當年的阿富汗，群雄混雜，好多派系都成為後來威名赫赫的武林大宗派，拉登也結識了不少組織，其中讓拉登覺得最投契的，就是塔利班。

在各路人馬努力下，蘇軍灰溜溜撤出了阿富汗，並在不久後解體了，拉登失去了人生勁敵，難免有些空虛。

而一九九一年，新的敵人又出現了——波灣戰爭爆發，美國組建多國部隊轟炸巴格達。

不管波灣戰爭是誰先不對，西方人插手穆斯林的事，就讓拉登很光火。更讓拉登想不通的是，他的祖國沙烏地阿拉伯，居然同意美軍進駐，成為西方異教徒攻擊穆斯林兄弟的幫凶。

從阿富汗回家的拉登在阿拉伯世界是個名人，他沒完沒了地跟政府鬧，沙烏地阿拉伯就覺得吃不消，乾脆就取消了拉登的國籍。

沒有了祖國，拉登開始流亡，身邊帶著他在阿富汗訓練的嫡系，也就是蓋達組織的骨幹。在阿拉伯世界溜達了一圈了，他似乎只能選擇回到阿富汗落腳，因為那裡，塔利班取得了政權，他們會很好地庇護拉登和蓋達組織。

富二代拉登拒絕了塔利班政權給他提供的還算優越的生活條件，在郊區陋室安身，粗食麻衣過著簡樸的生活。放棄了紅塵欲望的人是最可怕的，由這時起，蓋達組織開始低調壯大，逐漸蔓延到穆斯林世界五十多個國家，有幾千人，拉登公開宣告，他將不惜一切手段，打擊報復美國人。

一九九八年八月七日，美國駐東非坦尚尼亞首都沙蘭港和肯亞首都奈洛比的大使館，幾乎在同時遭到了汽車炸彈襲擊，兩百四十四人喪生，四千多人受傷。事發後，拉登一身迷彩服裝扮出現在網路上，宣布「聖戰」開始。

奈洛比事件是拉登的成名戰，美國開始重點注意這個大鬍子的高個子，他在恐怖份子通緝榜的位置火速進入前十，但那時所有人都沒想到，這位面龐清秀的穆斯林，將會是未來美利堅最大的夢魘。

拉登在網路上「自首」，美國斷不能不處理。當時的柯林頓總統召來了從雷根政府時期就為政府提供反恐情報的專家理查．克拉克，因為對恐怖行動和恐怖份子的諳熟精通，他被稱為反恐沙皇。

柯林頓的想法，就是幹掉賓・拉登，而克拉克更傾向於一併連塔利班都幹掉，因為想在阿富汗定點清除某個人，似乎不那麼容易。蓋達組織紀律嚴明，管理有條，安插臥底從內部攻破根本不可能，派殺手去阿富汗暗殺更是行不通，唯一的辦法就是，打聽到賓・拉登在哪裡出現，然後一發導彈過去，一了百了。對一個主權國家發射導彈，不是個小事，必須找五角大樓軍方商量。「九・一一事件」前的美國軍方，對於動用軍隊清剿恐怖份子這個事，頗不以為然，而且，導彈發出去後，不管有沒有清除拉登，後面的事怎麼解決呢？當時，可憐的柯林頓總統因為李文斯基的醜聞，正過著惶恐的日子，國會認為，殺拉登，根本就是柯林頓想轉移視線的計謀，不能上了他的當，拉登和蓋達組織幹了什麼不重要，總統和女實習生幹了什麼才需要重點追究呢，於是乎，奈洛比事件這麼重大的傷亡，美國人居然放了拉登一馬。

拉登揚名立萬，穆斯林世界的孩子們都仰視他。漢堡的阿塔同學終於等到了「朝聖」的日子，他來到了阿富汗蓋達組織的某個營地，接受「特殊訓練」。

蓋達組織對「戰士」的訓練是因材施教的：看著神叨叨有神棍氣質的學員，就培養去喀什米爾的；有悍匪風格的，就被訓練到車臣去；阿塔這樣的最值錢，他們有西方教育背景，英文說得溜，談吐得體，舉止文雅，融入西方世界主流群體毫無違和感，他們最適合被派去美國之類的國家執行任務。

在阿富汗的訓練偏執而艱苦，尤其是看到「聖戰」戰友被運回來的遺體，也有不少同學會動搖。阿塔不會，當他被問到願不願意成為自殺式攻擊的烈士時，他淡然地接受這份真主賜予的榮耀，於是，他進入新的訓練層次，並被委任負責一個驚人的「聖戰」計畫。

不久，阿塔收到了一份行動大綱，這份大綱的主要內容就是：劫持美國的客機，撞向美國的高層建築。

阿塔自己是個建築師，學的是蓋房子不是拆房子，這種「天才」的毀滅計畫，他自己是絕對想不出來的。其實，對於這個計畫，美國中情局也並不陌生，他們在一九九五年就曾經見到過。

曼哈頓那幢悲催的地標——世貿中心，並不是只遭遇過二〇〇一年「九・一一事件」一次襲擊，早在一九九三年，它就被恐怖份子光顧過。

那一年的二月二十六日中午，隨著一聲巨響，世貿中心開始搖晃，很快就一片漆黑。原來是北座地下車庫內，一輛載有六百八十公斤炸藥的汽車爆炸，當場造成了六人死亡，千餘人受傷。雖然比起後來的「九・一一」，汽車炸彈太小兒科了，但在當時，還是足夠讓美國社會震驚了。

FBI以超高的效率破案，一年以後，美國的司法機構對四名嫌犯提出指控，各種罪名坐實，四個阿拉伯人每人被判兩百四十年徒刑，三輩子都沒機會出獄了。

兩百四十年徒刑雖然很解氣，可實際上，這四位都是小嘍囉，算不上世貿爆炸案的主謀，繼續追查，才大浪淘沙撈出了主要策劃人，他叫拉米茲・約瑟夫，再查，又牽出了拉米茲的叔叔，哈立德・謝赫・穆罕默德，他是蓋達組織的高層。

在蓋達組織，哈立德算第三號人物，在美國取得了工程學學位。學工程學的一專心搞破壞，手段就特別高超，所以，他的主要工作似乎就是策劃各種恐怖行動。

一九九五年，在菲律賓的馬尼拉，哈立德和侄子拉米茲就想出了一個「波金卡計畫」，預備選擇十架飛往美國的航班，要中途經停的那種，行動人員在第一程登機，將炸彈安置在飛機上，中間下機，飛機再起飛時，爆炸。

為了測試效果，叔侄倆在馬尼拉各地策劃了幾起爆炸，根據我們對馬尼拉警方的了解，如果這叔侄倆想炸平了馬尼拉，估計也沒什麼難的。幸好，是叔侄倆自己出了紕漏，試驗現場出了事故，這才引發了馬尼拉警方的深究，叔侄倆慌亂逃走時，將一個筆記型電腦遺留在現場，裡面就有「波金卡計畫」。

馬尼拉警方將筆記本交給美國人，既然沒有飛機被劫持，「波金卡計畫」沒得逞，也就沒什麼好慌張的，要緊的是，先把拉米茲抓起來，這傢伙肯定是主腦，他的叔叔雖然很大牌，猜測最多就是給他提供了金錢援助，沒有親自參與，也就暫時不找他麻煩了。一九九六年，拉米茲落網，被判死刑，美國人鬆了一口氣。

就是侄子落網的前後，哈立德終於和賓・拉登見面了，並激動地呈報了他升級改版後的「波金卡計畫」，獲得了拉登的認可欣賞，這個計畫被重新命名為「劫機行動」。

大綱一通過，阿塔就出現在阿富汗，他似乎是真主送來的「完美執行者」，他引薦了他從漢堡帶來的三位同志，這四位就被要求成為劫機的飛行員，另外再挑選十五人，配合行動，十九人被送到祕密基地，不計成本重點訓練。

大約在一九九九年，阿塔回到了漢堡，繼續他的學業。好長時間不見，他的同學和老師都感覺，這個阿拉伯青年變了。原來，他自律整潔靦腆，信仰虔誠，回來後，他剃掉了大鬍子，被發現開始進出紅燈區，居然學會喝酒抽大麻了，而且突然熱衷於各種電腦遊戲，尤其是飛行類的。

阿塔和他的「戰友」們，租下了一套公寓，裝上寬頻，經常在家裡聚會，密談，在沒拉簾子的時候，對面樓的鄰居們偶爾會看到六個阿拉伯人坐在地板上，圍著一張紙，不知道畫著什麼。

一邊忙於策劃大事，一邊忙於「自甘墮落」，阿塔還是順利完成了漢堡科技大學的學習，取得了學位，他的古怪一點沒有變，論文答辯後，有位女導師向他伸出手表示祝賀，他拒絕了握手。

二〇〇〇年的夏天，除了一名「戰友」被拒，阿塔等三位主要執行人都進入了美國，第一目標，是要找個合適的飛行學校，他們要學習大型客機的駕駛，而遠在阿富汗山區的拉登，為他的行動小組提供近十萬美元的費用。阿塔很快成為佛羅里達州威尼斯飛行學校的學員。

核心小組成功進入美國，並開始飛行訓練，蓋達組織也不願意閒著。二〇〇〇年下半年，柯林頓最後的總統時光，拉登再次向他顯示了自己的實力。

十月十二日，美國海軍「科爾號」驅逐艦抵達亞丁港，預備在哪裡停留四個小時，補充燃料。

這艘驅逐艦隸屬華盛頓航母戰鬥群，剛從美國本土軍港開過來，預備參加波斯灣由美國領導的軍事行動，主要目的是協助聯合國制裁伊拉克，艦上有三百五十名海軍官兵。艦上的不少美國海軍大約是頭次來到風光旖旎的中東地區，陽光明亮，海面湛藍，遠遠的有隻白色小船晃悠悠地靠近，船上有兩個阿拉伯男子。美國大兵出征外國，要隨時對當地表現友好，遠遠地揮手致意，小船上的阿拉伯男子也向美國大兵揮手，美國水兵感覺到，阿拉伯人非常禮貌友好。

突然，小船加快了速度，在美國大兵錯愕中，撞向了「科爾號」，巨大的爆炸聲響起，艦體上留下一個大洞，十七名美軍喪生，三十九名受傷，軍艦嚴重傾斜。

聯邦特工在最短的時間內出現在葉門，追查凶嫌，雖然他們知道，不出意外的話，幕後主使肯定還是賓・拉登。

此時的美國政府尤其是中情局，還是顧念著跟拉登那點早就蕩然無存的舊情，他們在全球追查主要策劃者、炸彈客、聯絡人，還是沒決定要把目標直指幕後的大老闆。這也不能怪柯林頓，他的任期還有不到三個月，已經不適合操辦任何大事了。

二〇〇一年一月二十日，小布希進入了白宮，他留任了反恐沙皇克拉克，不管克拉克和FBI、CIA怎麼向他描述拉登是個可怕的傢伙，不知道他下一步會搞出什麼事來，剛上臺，尤其是經過選票糾紛上臺的小布希，他的關注焦點不會落在阿富汗。對拉登來說，這是一個示弱的信號，美利堅這頭大老虎，實質上就是個Hello kitty。

二〇〇〇年底，阿塔已經取得了飛行執照。二〇〇一年的九個月裡，他在美國各地到處跑，基地為他配置的所有輔助人員，也陸續進入美國，行動祕密而順利地進行著。

八月份，一切就緒，阿塔需要跟總部最後確定他們的攻擊目標，他在西班牙與聯絡人見面。娃娃臉的阿塔看上去還是個學生，所以他扮成學生跟接頭者「探討學業」，考慮如何選修下年度的課業，最後，阿塔接受的科目是法律、政治、建築和藝術，這四門功課對應的目標分別是國會大廈、白宮、世貿中心和五角大樓。

在「功課」的選擇上，阿塔認為基地的「導師」們過於保守了，他個人傾向選擇電子工程學，指代美國東部的一座核電站，攻擊這個目標產生的效應是不敢想像的，整個美國東海岸可能都會變成一片永久的核廢墟，幸虧其他人比較理性，知道核電站周圍都是禁飛區，飛機還沒靠近就被擊落了。

二〇〇一年九月十一日，波特蘭的一個酒店裡，阿塔凌晨四點就起床了。作為一個穆斯林的烈士，捨身之前，有很多手續要履行：禱告，從內到外的徹底清潔，除毛，換上乾淨的衣裳。我們不能分析在做這些事時，阿塔在想什麼，他當時患上了感冒，頭痛打噴嚏，剃鬚時，還弄破了嘴唇，血流如注。

從波特蘭登上航班，飛往波士頓洛根機場。行動小組預備劫持的，都是由東部飛往西部的長程航班，原因很簡單，因為這些航班上都攜帶大量的燃油。

在波士頓機場，阿塔做了最後的統籌，跟其他的幾名預備劫機的飛行員再次交代了注意事項，尤其是預備跟他一起撞向世貿雙塔的「戰友」。

六點四十五分，洛根機場的十人小組順利會合並通過安檢，十人分成兩組，阿塔帶領的一組登上了美航十一號航班，另外五人登上了聯邦航空一七五號航班。在紐澤西州的紐馬克，只有四人的劫機小組也在七點二十四分登上聯邦九十三號航班；達拉斯的杜勒斯機場，盤查的比較嚴，在被攔下檢查後，這一路五人小組在七點二十九分登上了美聯的七十七號飛機。

阿塔是學建築的，對於美國最大的城市紐約、最繁華的中心曼哈頓、最氣派的地標世界貿易中心一點兒也不陌生。位於曼哈頓下城的世貿中心建築群，由七棟大樓組成，來自日本設計師山崎實的設計。建築群的焦點是中間最高的雙塔，這對雙子星在一九七二年建成時，是世界上最高的建築，一一〇層，四百一十七公尺高，隔著哈德遜河，與九十三公尺高的自由女神像互相映襯，代表著自由民主帶來的發達繁榮，是美國形象和精神的最佳標誌。

九月十一日初升的旭日中，哈德遜河波光閃爍，世貿雙塔和自由女神像都光彩照人，曼哈頓的早晨在八點四十分左右清晰地在阿塔的視線中緩緩展開。阿塔並沒有欣賞的心情，猜想此時的他腦子裡只有真主，並熱血上湧，五分鐘之後，他駕駛的波音七六七就一頭撞進世貿北塔，卡在九十四層到九十八層之間，十幾分鐘後，聯航一七五航班如約而至，撞向南塔七十八至八十四層之間，並引發爆炸。九點三十七分，美國航空的七十七次航班低空穿越樓群和街道後，撞向五角大樓的西翼。沒有完成任務的是聯航九十三號航班，它於十點三分，離奇地墜毀在賓夕法尼亞州的無人密林中。

疑雲

二〇〇一年九月十一日是個晴朗的美國初秋的日子，本來這一天，大部分的美國人等待的新聞頭條是，美國職業籃球史上的王者，九八年離開球場的飛人喬丹要宣布復出，他將加盟和帶領華盛頓巫師隊，征戰〇一至〇二賽季。沒想到，十九位來歷不明的阿拉伯青年在「搶頭條」競技中，完勝。

王就是王，「九．一一事件」發生後，喬丹推遲一個月公開他的復出消息，並隨後宣布捐出他在這個賽季的薪水給「九．一一事件」的受難者。華盛頓巫師的第一場比賽就是在紐約麥迪花園球場對陣紐約尼克隊，三十七歲的喬丹努力為這座剛受到重創的城市奉獻了一場很給力的表演。當天賽場座無虛席，對紐約人和全美國人來說，喬丹是不是還保持巔峰狀態和精湛的球技已經不重要，重要的是，此時此刻此地，他披掛上陣，讓美國人看到力量和希望。賽後，喬丹在更衣室接見了兩個紐約的球迷孩子，他的親切隨和，他的陽光笑容都是給這些受創傷者最好的安慰。

這一天，白宮裡那個國家的「王」在幹什麼呢？小布希同學這一天也很閒，他要到佛羅里達州的一所小學去，跟孩子們上一堂閱讀課。還沒走進教室，他就聽說一架飛機撞上了高樓，以小布希這種大咧咧的牛仔性格，他當時沒覺得是大事，他還在心裡嘀咕，誰眼神這麼差啊，開飛機還能撞樓上?!

到閱讀課開始，小布希坐在教室前面笑眯眯看著小朋友們時，他的白宮辦公廳主任走過來，附耳說：又一架飛機撞上了世貿另一幢大樓，這不是事故，美國本土正遭受恐怖襲擊！

小布希當時的表情，留在電視錄影中，臉色沒有大的變化，但眼神很空洞，嘴角似乎抽動了一下。多年的公眾人物訓練，遇上更大的事，美國總統也不能一驚一乍。小布希鎮定繼續上課，還給小朋友朗讀了一篇故事，以當時他幕僚的心情來說，這肯定是史上最長的一節課。

下課後，小布希在小學的一間空教室發表了電視講話，向全美通告，美國本土遭遇了嚴重的襲擊，宣布將對事件展開全面調查，尋找罪行策劃者，絕不會允許針對美國的恐怖行為繼續下去。

調查「九．一一」並不難，尤其是事件之前，已經有若干被CIA、FBI忽視的線索。在「九．一一事件」發生前的一個月，八月初，CIA曾經收到過一份要求呈交總統「御覽」的祕密情報，情報裡清楚寫明，要提防蓋達組織發動的美國本土恐怖行動，尤其是劫機。「九・一一事件」前的八月末，阿塔和聯絡人通話，用暗語最後確定襲擊時間：兩根樹枝、一條鞭子和一根棒棒糖，代表著11/9，而這個電話，已經被 CIA 監聽到，只是他們當時沒猜出阿塔的謎語。阿塔是個忠誠周全的戰士，即將捨生赴死之前，他還將他沒用完的經費匯還給聯絡人，留下了追查的路徑。CIA 稍微一整合資料，十九個人的來歷就清清楚楚了。

二〇〇三年，哈立德在巴基斯坦境內被捕，接受了所有的指控，他承認整個「九・一一」行動，他付全責。而在二〇一一年，經過十餘年的全球追捕，拉登也在巴基斯坦被神祕擊斃，似乎「九・一一事件」有仇報仇有怨報怨，應該終了。

前面說了，這是個陰謀論當道的時代，「九・一一事件」發生後不久，有一個猜測就瀰漫了全球，有人說，整個事件，根本就是美國政府，尤其是小布希家族一手主導的，拉登只是被利用。「九・一一事件」中很多說不清楚的謎團，似乎也在印證政府有貓膩。

第一個讓人臆測的謎團，就是九十三號航班的墜毀。「九・一一」損毀了四駕客機，最後只有九十三號找到了黑匣子，它被埋在深深的土層下。根據黑匣子的錄音，大家了解了事發經過。

起飛後，在恐怖份子劫持飛機前，機長已經從地面通訊中知道了有人劫機撞樓，並通知了空服人員。當恐怖份子開始行動時，機上乘客已經知道自己九死一生，有一個乘客還撥通了家裡的電話，確定了自己的處境。既然沒有活路了，乘客們同仇敵愾，與恐怖份子展開殊死搏鬥，最後終於讓飛機在無人煙處墜毀，這架飛機原本的目的地，是撞向國會大廈。乘客們因此都成了英雄，全美都為他們感動。

事後，根據靠譜的專家分析，以二〇〇一年的科技，從萬米高空給家裡打電話這個事就不太可能實現。九十三號航班墜落後，碎片鋪了幾英里，有片房子那麼大的殘骸，居然被發現在兩英里之外，而飛機的原始墜落地點，稍大點兒的殘骸都找不到。軍事專家一看現場就鑒定出這不是正常的飛機墜毀，幾乎肯定是被導彈擊中的。只是，所有的專家都有「人艱不拆」的默契。

九十三號航班是最後墜落的，距阿塔率先衝向世貿北塔，已經過去了一個鐘頭，如果美國這麼長時間還沒有基本的防禦反應，這個國家真不敢妄居世界第一大國之位了。發現有人劫機，白宮立即下令所有的航班禁止起飛，飛向首都的航班更加不准進入，九十三號航班這麼大搖大擺殺氣騰騰地衝向華盛頓，戰機起飛攔截，攔截無效果斷擊落，似乎是很合理的處理方式。

第二個謎團，五角大樓被撞。五角大樓不是摩天大廈，它只有五層樓高，為了撞向它，飛行員要完成一個幾乎不可能的俯衝。根據美國政府事後描述，七十七號航班低空掠過街道，撞倒了五根電線桿，然後撞進五角大樓的一翼，飛機炸沒了，五角大樓留下一個大洞。

這個描述聽起來就更扯了，駕駛大型客機低空俯掠街道，連電線桿都撞倒了，居然沒有刮擦到街面，這已經是特技飛行的範疇了。我們都知道，恐怖份子也就是在民間航校培訓了幾個月而已啊，飛行是個熟能生巧的技藝，再天才也不可能速成吧。

波音七五七是個龐然大物，有兩個六噸的引擎，撞向大樓，應該留下兩個洞才合理。而這麼大一個龐然大物撞牆，居然撞沒了，殘骸就剩下一個引擎，明眼人還發現，那根本就是美國空軍A3攻擊機的零件。那到底撞壞了五角大樓的，是哪種飛行器呢？更有人質疑，五角大樓牆上那個大洞，看著也像是導彈留下的。

第三個謎團來自世貿中心。世貿雙塔在被襲擊後不久，以一個自由落地的速度坍塌，兩棟摩天巨物，頃刻淪為煙塵。美國政府解釋，是因為飛機燃油燃燒，將內部的鋼筋結構燒化，大樓失去支撐，倒了。

反對意見來自建築師們。一九四五年，有架轟炸機曾經撞進了紐約帝國大廈，這次倒不是襲擊，是某位美國飛行員耍帥，演砸了。從那以後，為了防止腦殘的飛行員再出現，所有的摩天大樓設計都要考慮飛機撞擊的可能，世貿雙塔承建時，就計算過大型客機撞擊的力量，波音七六七之類的，肯定是可以承受的。

至於鋼筋被燒化，建築師們更有論據，一九九一年，費城的一棟大樓，被熊熊烈火燒了十九個小時，沒塌；二〇〇四年，委內瑞拉一棟五十六層樓，燒了十七個小時，沒塌；二〇〇五年，西班牙，三十二層的高樓，從第十層開始燒，整整二十四個小時，燒完後，大樓的整體框架依然建在。世貿雙塔，各燒了一個小時就變成渣渣，太豆腐渣工程了，難道是用了黑心鋼筋？「專家」根據現場畫面推導的結論是：有人事先安放了炸藥，藉著撞機時的混亂，逐層引炸。

最說不清楚的是世貿中心的七號樓，沒飛機撞它，也沒有燃油燒它，它居然稀里糊塗陪著雙子塔一起「倒地身亡」。據美國政府的解釋，是被雙塔的碎片擊倒的！

……

謎團太多太多了，「九・一一」揭祕資料鋪天蓋地，說什麼的都有。美國本土的各種人，也揣著不同目的，為「九・一一事件」增加各種他們需要的噱頭。小布希著名的仇家，導演麥可・摩爾拍攝了一部《華氏九一一》，摘取了二〇〇四年度坎城的金棕櫚大獎，藉著這項電影界頂級殊榮，獲得了極高的票房。在這部紀錄片中，導演以他自己的立場，剖析「九・一一事件」中布希家族的「險惡陰謀」，並刻薄地批判華府在「九・一一」後的政策，尤其是布希家發動的那兩場戰爭。你要是個容易受忽悠的人，看完這部電影，幾乎可以認定，「九・一一」，就是小布希和拉登兩個聯手犯下的曠世罪行。

按說，《華氏九一一》這種反動大片，應該被禁，讓全世界人民都看見，這還得了？可是美國這樣的國家是不能隨便公開封殺禁錮言論的，就算這部影片將總統拍成臭狗屎，電影還要公映，導演還能公開「胡說八道」。於是，一個奇怪的畫面就出現了，這部影響巨大的電影出現在二〇〇四年，這一年，小布希居然贏得了大選連任。

如果某些敏感的書本影像被禁，一部分人會認為是歪理邪說得太嚴重，但更多的人會想到，是不是說中了什麼，讓當局害怕了。假設當局能坦坦蕩蕩大大方方地公開讓百姓自由分辨，大部分的人還是會用理性分析，不太會隨便就「上了××階級的當，受到××毒害」。

《華氏九一一》在美國本土「抹黑」布希有點失敗，但對其他尤其是美國敵對國家足夠了。斯諾登開始間歇性爆料後，似乎坐實了美國政府的嫌疑。有條公認的案件偵查常識，誰在事件中受益，誰就是凶手。在很多人看來，如果美國兩幢大樓，幾架飛機，三千多名死者的損失不計，美國政府在整個「九・一一事件」中，算是獲益最豐的，因為他們藉著這個事件，輕鬆取得了對全球政治經濟格局的主導權。

既然美國的終極目的是掌握全球，那我們就仔細研究一下，小布希政府的外交政策吧。

撞機

從八〇年代雷根政府開始，美國政壇就被新保守主義思潮籠罩。保守主義嘛，就是保守過去不要改變，回歸資本主義的正統，自由市場，自由經濟，平等競爭，社會福利不要過多，政府干預最好不要。而在對外政策方面，新保守主義就不保守了。他們認為，世界上有各種各樣的國家社會形態，沒有完美的，但美國肯定是最接近完美的。美國有責任有義務，幫助其他不完美，尤其是意識形態跟美國格格不入的國家，改善其形態，強行推行美式民主，遇上不明事理不配合的國家，該出兵的要果斷出兵，直接把壞政府幹掉，讓美國人認可的好政府上臺。至於各種國際組織，國家間合約，如果美國人覺得不符合自家的利益，不用談判不用商量，美國人可以直接無視。

在這個思路下，美國人的對外政策就非常簡單了，那就是，非友即敵，不是盟友就一定是敵人，盟友給幫忙，敵人一定要消滅，一時半會消滅不了的，就盡量遏制。

在經過雷根和老布希兩位新保守主義總統後，在小布希任內，新保守主義等來了他們的春天，幾個著名的新保守主義大佬入閣，成為國家政策的核心，小布希時代，是新保守主義最囂張的黃金歲月。

最讓美國新保守主義鬧心的就是共產主義，上個世紀末，他們終於通過冷戰幹掉了蘇聯，可共產主義並沒有消亡，還有一個泱泱大國被共產黨統治著，正步步崛起。這樣的大國不好隨便翻臉，只能隨時跟蹤，保持窺視，掌握情況，靜待下手時機。

從中國人民共和國成立那年開始，美國的飛機就喜歡在中國臨海區域遛達，能偷看就偷看，能偷聽就偷聽，能偷東西當然更不客氣。他們最喜歡活動的區域，就是中國的專屬經濟區。

二〇一三年底，中國政府推出了東海的防空識別區，像是踩了貓尾巴，讓美日韓三家都抓狂，天天鬧。於是防空識別區成了本年度熱門詞彙，到底領海、專屬經濟區、防空識別區有什麼不同呢？

領海大家都知道，咱們自家的海域，誰也不能染指；專屬經濟區，則是在咱們領海向外延伸兩百海浬的一個區域，這裡資源和一般管轄權咱家都優先，但其他國家有飛越和航行的自由；防空識別區顧名思義，就是劃一片空域，進來的飛機都要讓我自己審視一下，萬一有居心叵測的傢伙混進來，我可以提前升空防禦。

美國人在咱們專屬經濟區遛達了幾十年了，中國人也不能沒反應，兩邊多年培養了一種默契，那邊美機一來，中國的戰機就升空，跟著它喊話，趕他們走。周而復始，沒有新聞。

二〇〇一年四月一日，美國人照例派出EP-3偵察機進入南海的專屬經濟區，他們懷疑咱們在海南祕密建了一個基地，而EP-3能接接到那裡發出的電磁信號。

中國配合起飛了兩架殲八戰機尾隨。早上九點七分，不知怎麼的，中國的一架殲八就跟EP-3發生了碰撞，殲八墜毀，飛行員王偉跳傘落海失去了蹤影，而受了傷的EP-3，居然歪歪扭扭地進入了中國領空，在海南的陵水機場降落了！

這可算是布希上臺後遭遇的第一項外交挑戰，一架新型的電子偵察機落在「敵對國」手裡，如何要回來，如何防止機密文件、機密技術洩露，如何讓機組成員順利回家，似乎都是難題。

先是公說公有理，婆說婆有理，美國人一口咬定，是殲八故意撞過來的，所以美國是受害者，不道歉不認錯，讓中方無條件交還飛機，並放回二十四名機組成員。

中方當然堅稱是美國人滋事在先，又闖禍在後，要求美國必須道歉，不僅對撞毀了飛機，撞死了王偉道歉，還要為強行進入中國的領空道歉。

似乎，對於經濟損失的賠償，中國人並不在意，在意的就是美國人的道歉態度，措辭語氣文法都要表現出真誠的歉意，就為這個「態度」，雙方外交斡旋進行了整整十二天，既然飛機和美國大兵都在海南扣著，中國人顯然更有談判籌碼。最後，美方終於低頭，在六易其稿後，交出了讓中國人滿意的道歉認錯書，中國答應放回機組成員。

這二十四名美國大兵在海南好吃好喝好招待，沒挨打沒挨罵，他們回家還說受到了中方的審訊。中方提醒他們，你們既不是遊客也不是貴賓，明明是犯我領空的美國軍隊，我方憑啥不能審訊你們啊？

美國人又要求，EP-3 必須在陵水機場修復，而後自己飛回家去，理由是，美國飛機經常迫降在其他國家，人家麻利的放行還給加滿油呢！中國人很冷淡地給出了自己的方案：EP-3 大卸八塊，美國人雇運輸機運回去。

當年六月十八日，美國專程趕來的技師開始拆飛機，拆到六月二十九日才結束，直到七月三日，運輸機十個架次的起飛，EP-3 的全部零件才回到美國，自此，中美撞機事件終於結束，而墜海的中國飛行員王偉的遺體，就一直沒有找到。

中美撞機事件發生在茫茫大海上的高空中，真相似乎一直很曖昧。從美國人的立場上，他們是這樣理解的：EP-3 是大型飛機，長三十五公尺高十公尺翼展三十多公尺，而殲八呢，只有二十多公尺長五公尺高翼展不到十公尺，從體型上看，EP-3 是個大傢伙，而殲八做為高速殲擊機，它動作輕捷，反應靈敏，EP-3 要故意撞擊殲八，幾乎是件不可能的事；EP-3 上有機組人員二十四名，殲八只有王偉一個人，美國人有什麼道理用二十四個人去跟一個人冒險呢；撞毀了中國的戰機，對美國沒有任何好處；至於強行進入中國的領空，那完全是因為EP-3受創，茫茫大海上，只有陵水機場可以降落救援。

隨後十二天的車輪談判，在美方看來也是中方的陰謀，因為根據美國收到的情報，從EP-3進入陵水機場，全中國的通訊專家、戰機專家和相關專家就被第一時間送到了陵水，緊鑼密鼓地對EP-3這架原來只能遠觀的高檔貨展開詳細地研究，當然是在不破壞它的身體的基礎上。即使是不能解剖，以中國人的智商，在半個月內掌握此戰機所有的技術，甚至山寨出一架一模一樣的，也並不是不可能。尤其是事後不久，一直發展緩慢的中國反潛技術取得了驚人的突破，很快擁有了自己的新型反潛機。更有人說，EP-3降落陵水，讓中國的通訊技術至少提升了二十年。

因為王偉的遺體一直沒有找到，美國人堅信，王偉其實是沒死的，他是「完成任務」後，被改名換姓藏起來了。

不過，陰謀論也有解釋不了的事，比如，EP-3降落後，有一個小時的時間，中方傻眼，完全不知道拿這個事件怎麼辦，也就是在傻眼的這段時間裡，美國人銷毀了機上所有他們能毀壞的東西。而這二十四名大兵被請下飛機後，被統一控制在陵水機場的食堂裡，讓他們有機會串通了口供，其後的審訊中，他們的說法出奇地一致，中方並沒有獲得希望的情報和資料。如果撞機事件是事先安排的，剛發生時，中方似乎不應該這麼混亂。至於王偉是否真的殉國，在沒有進一步證據前，中國人都認可他是真英雄，我想從美方的角度應該也有同感。

不管美國政府這口氣順不順，事件在七月中算是平息了，兩國的關係受到不小的影響，美國繼續在南海上空鬼鬼祟祟，中國戰機照樣配合升空隨行，此時的美國人也許會互相提醒，要小心，千萬別碰上「自殺式撞機」的。

有些事是防不勝防的，兩個月後，自殺式撞機發生在美國本土，並撞倒了三座大樓。美國人顧不上跟中國較勁了，他們要面對更難纏的敵人。

出兵

事發後回到華盛頓，驚魂稍定的小布希第一時間當然是問：誰幹的?!中情局馬上送來嫌疑人列表，在很短的時間內，十九人的底細基本明白，幕後黑手鎖定為賓・拉登和他的蓋達組織。自從恐怖行動橫行世界以來，各國打擊恐怖，都有個約定俗成的規則，只針對該恐怖組織動手，對於其幕後的支持贊助者，除了口頭警告之外，都不會大張旗鼓地追究。有些恐怖組織，背後的贊助人形形色色，什麼背景的都有，真要較真，事情就複雜了。

「九・一一事件」不一樣，山姆大叔真火了，小布希承諾全體失去了基本安全感，惶惶不可終日的美國公民，他會讓肇事者付出代價，並震懾其他恐怖份子，不得再對美國動壞念頭。

這一次，目標不僅僅是蓋達組織和拉登，美國要一舉端掉阿富汗的塔利班政府，因為他們長期為蓋達組織提供庇護，出事後，還堅決不配合交出凶手。

對一個國家動手，並以推翻該國政府為目的，這就是不是普通的反恐行動了，這實實在在是發動戰爭了。根據北約團夥的約定，對一國的襲擊相當於對所有盟國的襲擊，既然，「九・一一事件」被定性為美國本土遭襲，美國大哥要出兵，各路小弟當然義不容辭，光速跟進。

以美國地球霸主之威，到中亞去打一個蠻荒小國，還要張羅著帶小弟嗎？必須帶啊！美國人讀過歷史啊，那個中亞的小山區，有個江湖諢號叫：帝國的墳場。

現在我們說起阿富汗，絕對的老少邊窮，可人家在歷史上，也曾車水馬龍，簇錦團花。阿富汗東北與中國接壤，東南是巴基斯坦，向西則是伊朗，穿過伊朗到土耳其，當年東羅馬的故都——君士坦丁堡也就在眼前了。大家都清楚，這就是古絲綢之路的中線，這條路走順溜了，在很多年以前，可以在古羅馬和大漢之來回旅遊，外加倒買倒賣，一路走一路數錢。

在歐洲人出海之前，要去神祕之都中國和印度做貿易，阿富汗是必經之路，雖然現在阿富汗是個內陸國，可在歷史上，他家是有出海口的，能南出阿拉伯海，位置相當於歐亞大陸的中軸。因為中軸的重要性，曾經的帝國們，想跨越歐亞稱霸，都必須拿下阿富汗。歷史書上赫赫有名的諸如馬其頓王朝、大夏王朝、貴霜王朝、蒙古王朝、莫臥兒王朝都曾經佔據這裡，而包括大流士一世、亞歷山大、黃金家族等各路名流曾來亮相，踩了一腳卻沒站住，二〇〇〇年的人來人往，阿富汗還是阿富汗，雖然混亂，卻還獨立。

就因為這樣的位置這樣的歷史，阿富汗人種、宗教、文化自然也就多種多樣。所有的佔領者中，應該以阿拉伯人在宗教上最為強勢，漸漸的，阿富汗就加入了穆斯林大家庭，雖然國內還有著名的佛教文物——巴米揚大佛。

除了人文環境複雜，自然環境更加悲催。東北方向是「世界屋脊」帕米爾高原，向阿富汗延伸出終年積雪的龐然大物興都庫什山。匍匐在大山脈周圍的，有各種高度的小山丘陵，超過國土面積的百分之八十。氣候乾旱，土地貧瘠，冬天還冷得要命。雖然這個地區也有不少礦物，尤其是銅礦儲量豐富，但想想要到這種地方來挖礦，多少錢賺得都有點不開心，更何況，看著西邊的鄰居，人家隨便挖個坑，就能刨出石油來，同樣的地段，生活差距怎麼這麼大呢！

歷史上長期戰亂不得安寧的國家，國民都驍勇好鬥。所有征服過阿富汗的帝國們，都感覺佔領這裡容易，想徹底收復幾乎不可能，過程中還經常把自己整得半死。就在近代，已經有兩個帝國吃過了苦頭，一個是大英帝國，一個是蘇聯帝國。

對大英帝國來說，殖民印度期間，阿富汗似乎是必取之地，所以在十九世紀末到二十世紀初，三次發兵阿富汗。沒想到，以大英帝國的軍威，這三次攻擊都無果而返，自己還損失慘重，最可氣的是，阿富汗甚至沒有正規軍隊，把英軍打得暈頭轉向的，都是神行於山谷中的游擊隊。

至於蘇聯，前篇已經講過了，十年征戰，強大的現代化鐵甲，就是清理不了各種游擊武裝，最後不僅狼狽退出，還將偌大的一個帝國折騰散了。從此就讓阿富汗留下了「帝國墳場」的「美名」。

「塔利班」翻譯過來就是伊斯蘭的學生軍。叫學生軍的都後生可畏，哪怕是破破爛爛打游擊，血光沖天玩恐怖，人家也是帶著書卷氣的。同樣是為真主聖戰，一旦有文化就能上綱上線的有章法。所以當年的美國中情局很看好這支武裝，並大力扶持，塔利班能取得阿富汗的政權，當然也是美國欣然樂見的。

信徒太識字，讀《可蘭經》讀得太深入，就容易把自己帶進原教旨主義的死胡同裡。「塔利班」取得政權後，在阿富汗推行了嚴苛的伊斯蘭法。全體國民清規戒律，沒有電影電視、沒有任何娛樂；男的必須留鬍子，女的不能讀書受教，每天要把自己包裹嚴實，只留兩個眼睛看路。

二〇〇一年二月，塔利班還幹了一件最犯眾怒的事，就是在全世界的譴責聲中，不依不饒地炸掉了阿富汗最珍貴的地標——巴米揚大佛。這片石刻佛像，誕生於五至六世紀，當時阿富汗地區受希臘文化的影響，雕刻藝術都帶有希臘風格。希臘style的佛像，聽上去就有巨大的鑒賞研究價值，聯合國教科文組織將其列為世界文化遺產。

聽說塔利班要炸大佛，全世界宗教文化圈裡的小夥伴都驚呆了，當時的聯合國祕書長安南親自去到喀布爾，懇求塔利班手下留情，留下這片人類歷史文化的瑰寶。可塔利班是油鹽不進的，在一個原教旨伊斯蘭國家有一組佛像已經是不倫不類，而且還牽涉到伊斯蘭教的大罪——偶像崇拜，不炸掉才是犯罪呢！

幾天後，巴米揚大佛變成了瓦礫，阿富汗真有和平安寧的一天，我們去那裡旅遊，也看不到這個偉大的景點了。

不管什麼宗教，過於極端就容易樹敵，塔利班行事乖張，不肯妥協，喜歡把事做絕，就算沒有「九．一一」，他們也絕不是讓國際社會歡迎的政府，世界上承認他們政權的國家屈指可數。所以，當美國大哥一聲吆喝要收拾塔利班，誠心願意幫忙的國家還真是不少。

二〇〇一年十月七日，以美國為首的北約軍隊啟動對塔利班重點目標的空襲。跟之前所有對小國的戰爭一樣，因為擁有制空權，北約的飛機可以先炸個過癮。

北約這次轟炸非常藝術，導彈炸彈滿天飛，中間還夾雜著各種救援物質，號稱是人道主義援助。這種「人道主義」方式顯得一點兒都不真誠，有當地的平民婦女和兒童，沒被戰機炸到，被空投的物資砸死了。

光在天上炸是達不到收拾塔利班的目的的，而有英國和蘇聯吃虧在前，美國大兵可不會貿然落地跟塔利班玩命。開打之前，北約先聯繫了阿富汗的北方聯盟。

阿富汗這樣的國家，哪種政府都不容易控制全域，塔利班也不行，要找反對派，滿大街都是，尤其是北方，各種敵對派別為了共同的敵人走到了一起，組建了北方聯盟。

北約和北方聯盟建立合作，北約戰機在天上炸，北方聯盟在地面向喀布爾推進，戰鬥慘烈，但有制空權的一方鐵定是必勝的。一個月之後的十一月十二日，塔利班撤出了喀布爾，到十一月十六日，塔利班的勢力撤退到東南部的坎達哈。推翻塔利班政府這個目標算是實現了，只不過，拉登和蓋達組織就憑空消失了，戰鬥中，半島電視臺還發布了拉登的講話錄音，號召全伊斯蘭世界團結起來與美國戰鬥，證明在這場針對他的熱火朝天混戰中，他老人家還健康無恙。

漂亮的開局不是成功的一半，美國人連半分成功的前景都沒看到。美國人扶持了阿富汗的新政府，塔利班依然擁有很高的支持率，戰爭還要繼續，而且，美國大兵必須進入阿富汗，親力親為做阿富汗政府的保護神，否則塔利班會隨時捲土重來，一切白忙活。

二〇〇二年以後的事，我們都很了解，到二〇一三年，整整十二年過去了，美國大兵還在阿富汗耗著，即使拉登終於在巴基斯坦被抄出來擊斃。

十二年的戰事，花掉的美元已然是天文數字，至於傷亡，現在美國政府發布的幾千人的資料肯定是保守了。雖然美國的阿富汗傷亡要比當年蘇聯的阿富汗傷亡少得多，但我們都知道，對於戰爭造成的同胞死難，美國人要看得比蘇聯嚴重。

根據美國方面的民意調查，不管「九・一一事件」發生時美國人多麼激憤，十二年以後，美國大兵還不明不白地在阿富汗送命，國民就看不懂了，巨額的軍費已經是美國經濟的重要負擔，大部分的美國人認為美國駐守阿富汗毫無意義，希望政府能盡快從阿富汗撤軍。跟當初的越南一樣，串門容易，回家太難。美國是打著對付塔利班的旗號發動的戰爭，如今，塔利班還控制著阿富汗不小的區域，實力猶存，只要美國人撤退，他們會瞬間反撲。對塔利班來說，沒有被徹底打絕就是勝利，而對美國來說，沒有全取阿富汗就是失敗，此時撤軍，丟人丟到姥姥家。

怕丟人是美國最堂皇的理由，還有不可告人的理由。

攻擊塔利班是因為他們支援蓋達組織，美國政府的意思是，只要跟蓋達地組織有貓膩的，都是活該被打擊的敵人。「九・一一事件」中，十九個劫機犯有十五個沙烏地阿拉伯人，沙烏地阿拉伯更是世界上僅有的三個承認塔利班政府的國家，連拉登本人都是沙烏地阿拉伯人，美國人要報仇，按說應該首先對沙烏地阿拉伯下手。美國的新保守主義號稱要改良所有意識形態不對路的政府，沙烏地阿拉伯是世界上少有的君主專制國家，毫無任何民主可言，人權狀態更加嚴重不合格，可美國人就是不捨得跟沙烏地阿拉伯翻臉。原因很簡單，美國離不開沙烏地阿拉伯的石油，也就是說，在本國利益之下，所謂的打擊恐怖，推行民主都不重要。

既然利益是第一考量，選擇打擊阿富汗，似乎在拉登之外，還應該有其他的目的了。

美國是第一超級大國，但要真正成為地球霸主，他家還差點兒。攤開地圖，美洲、大洋洲、非洲沒有壓力，但要想將整個歐亞大陸控制在股掌之中，就有點難度。歷史上所有的帝國霸業，都必須以控制歐亞大陸為基礎。現在對美國來說，歐盟幾個刺頭不算服帖，俄羅斯更加不會低頭，崛起的中國日益咄咄逼人。

在歐洲，北約東擴已經到了俄羅斯門口，在東亞，韓國、日本、臺灣、菲律賓手牽手橫亙在海上，美國如果能在中亞楔進一根釘子，不管是俄羅斯還是中國，都有背腹受制之感。以反恐為名進兵阿富汗，一駐十幾年不走，花多少錢都不心痛，不得不讓人懷疑這場反恐戰爭的居心。

經歷過「九・一一事件」和阿富汗戰爭的速成，二〇〇二年的小布希，雖然才走過一年的總統生涯，氣場卻顯得格外強大，人也分外自信，年初給國會彙報工作時，就有點縱橫捭闔，指點江山的感覺了。

二〇〇二年的國情咨文中，小布希點名了幾個讓他很不爽的國家，將之定名為：邪惡軸心。二〇〇二年版的邪惡軸心包括：伊朗、伊拉克、朝鮮。大家都知道，軸心國是指當年「二戰」時以德意志為首的幾個反派，邪惡軸心應該是比反派還要壞。從二〇〇二年開始，美國以街坊老大的身分，定期公布「邪惡軸心」的名單，上榜的成員不僅被美國拉黑，還要防備隨時被美國打廢。黑名單也不是一層不變的，有些國家就可以改造好，比如伊拉克，雖然率先上榜，但第一次也是最後一次，二〇〇三年後他家就再沒讓街坊老大鬧心過了。

人類進化以來一直有個很大的問題至今無解，到底先有蛋還是先有雞？進入二十一世紀，人類又多了一個同樣重大而無解的謎題：到底，伊拉克有沒有大殺器？

每次說到小布希的第二次波灣戰爭，都有人問一個問題，拉登撞倒了美國的大樓，為啥小布希要打伊拉克呢？

這個問題的答案五花八門，我們可以先看看當事人小布希自己給出的答案，以下出自他的自傳《抉擇時刻》：

二〇〇一年上半年，海珊一直在對美國進行小規模襲擊。一九九九年和二〇〇〇年，他的軍隊向我們在禁飛區巡邏的飛行員們開火七百多次。

任期的前八個月裡，我的對策是加強制裁，把海珊關在他的盒子裡。之後「九・一一事件」突然降臨，我們不得不用新的視角看待世界範圍內的所有威脅。

世界上有支持恐怖主義的國家，也有美國的宿敵；有威脅到鄰國的侵略傾向嚴重的政府，也有企圖對抗國際社會一致要求的國家；有殘酷壓迫人民的獨裁者們，也有研製大規模殺傷性武器的政權。伊拉克符合以上所有特徵。

海珊不只同情恐怖份子。他為巴勒斯坦自殺式人彈家屬提供酬金，為阿布・尼達爾、阿布・阿巴斯之流的恐怖份子提供庇護。

海珊不僅是美國的宿敵。他向我們的飛機開火，發表聲明讚揚「九・一一事件」，還曾試圖暗殺一位前總統，也就是我的父親。

薩達姆・海珊不只僅僅威脅他的鄰居們。二十世紀八〇年代和九〇年代，他先後侵略了兩個鄰國，伊朗和科威特。

海珊不只無視國際社會一致要求。自從海灣戰爭開始，他就公開藐視聯合國的十六項決議。

海珊不只是殘酷壓迫人民。他和自己的黨羽們折磨無辜者，在政見不同者的家人面前羞辱他們，用酸性藥劑對反對者施以酷刑，把好幾萬人埋進萬人坑。二〇〇〇年，海珊政府頒布了一項法令，任何批評總統或總統家屬的人，都必須被割掉舌頭。

海珊不僅研製大規模殺傷性武器，他還使用過這些武器。他對伊朗人使用過芥子氣和VX神經毒氣；一九八八年，他在庫德族聚居的哈萊卜傑村使用化學武器，殺害了五千多名無辜平民。

早在「九・一一事件」發生之前，海珊就是美國政府必須解決的麻煩。「九・一一事件」之後，我改變了自己的想法。當時我看到的，僅僅是十九個手拿裁紙刀的狂熱份子造成的破壞——如果一個敵對政權的獨裁者把核武器交給恐怖份子會是什麼樣？這種令人震驚的猜測很有可能就是事實。信任一個獨裁者對鐵證的否認，風險實在太高了。「九・一一事件」的教訓是，若束手等待危險徹底到來，它肯定來得很快。我做出了一個決策：我們要勇敢面對來自伊拉克的種種威脅。

彈指一數，海珊涉嫌七宗罪，所以伊拉克該打，海珊該死。這七宗罪都是美國政府的指控，美國是世界上第一講法制的國家，指控要有證據，有了證據還應該公平審判，審判完了才能給定刑。為了幫助美國維護尊重法律的形象，聯合國顛顛地跳出來承擔取證責任，安理會派個檢查團去伊拉克實地調查。

聯合國的好意美國政府不領情。三月份，小布希就對聯合國喊話：檢查團趕緊出來啊，我要丟炸彈了！就在聯合國檢查團在伊拉克瞎轉悠時，美國人已拉好幫手，要先下手為強。聯合國很無奈啊，之前攻打阿富汗，美國人是針對恐怖組織塔利班，聯合國授權出兵，打得光明正大，如今伊拉克的罪狀都還沒落實，這樣悍然出兵一個主權國家，明顯違背國際法，聯合國再無能，也不能給你簽字授權啊。

小布希給海珊的罪狀之一就是藐視聯合國，如果這條算罪，美國政府絕對是慣犯。二〇〇三年美國人聯合其他幾個跟他一樣「藐視聯合國」的小弟，向伊拉克動手了。

三月二十日拂曉，美國的第二次伊拉克戰爭以兩架隱形戰機起飛執行斬首行動開始。因為頭一天，美國中情局認為他們的情報確定了海珊的位置。美國軍方認為，只要取了海珊的性命，這場戰爭一天之內就了結了。

美國的情報不錯，三月二十日凌晨時分，海珊還真在即將被轟炸的官邸裡，不過在美國戰機光臨前不久，他鬼使神差地離開了。

這場戰爭是以推翻海珊的政府為目的，美國大兵不能不面對伊拉克的軍隊，所以這一次，除了天上飛機繼續發射導彈，美軍還從南部科威特進入伊拉克，展開地面戰鬥。

小布希在華盛頓關注戰鬥進展，他爹老布更加關注。第一次波灣戰爭結束後，經常有人問老布一個問題，以當時大勝之威為什麼不進入伊拉克直取巴格達，收拾了海珊，還讓他禍害了這麼久？老布對這個問題是不好回答的，陰謀論幫他想好的答案是，他故意留下海珊，就為以後有藉口再次出兵波灣。但更多頭腦清晰的人認為，當時老布和他的幕僚對形勢有點誤判，可能是對進入伊拉克作戰的前景有點怯懦悲觀。

所以，不管是陰謀也好誤判也好，布希家族再戰伊拉克時，必須更完美地獲勝，還要斬草除根不留手尾。

從老布的伊戰到小布的伊戰這十二年，伊拉克因為被制裁和禁運，國力凋敝，生活困頓，曾經的波灣最強國，如今在鄰居眼中根本構不成威脅，更別說還有能力發展大殺器了。曾號稱波灣最強悍的伊拉克軍隊，也因為裝備落伍，威風盡喪。反觀美國這十二年的軍力發展，說日新月異都低估了。第一次波灣戰爭時，美國戰機轟炸過的現場滿目瘡痍，瓦礫遍地，二〇〇三年美國戰機再次轟炸巴格達時，很多被炸過的建築，從表面都看不出任何損傷，因為精確制導的導彈輕巧地鑽入建築內部，將其功能完全癱瘓，街道上還能維持原狀。

這麼不對等的戰爭，全世界還都喜歡看。因為美國戰機發射導彈大家看膩了，所有人願意看到美國大兵下地打架。

雖然伊拉克的軍隊已經不值一哂，但海珊有一支傳說中的御林軍，可稱精銳，那就是著名的伊拉克共和國衛隊。全部來自海珊家鄉，號稱對他死忠的小夥子們，緊密團結在海珊周圍，在「二王子」烏賽的領導下，願意為海珊家族死戰到底。伊拉克所有的軍費都用來武裝這支十四萬人的隊伍了，武備行頭，都還能拿得出手。

從戰爭開始，全世界媒體熱議的就是，美軍毫無懸念會輕鬆北上，抵近巴格達，伊拉克共和國衛隊會以穆斯林的精神殊死抵抗，而巴格達城內的百姓，也學會組織巷戰，打擊侵略者，所有人天天等在電視機前，因為「二戰」時最精彩的史達林格勒保衛戰電視裡沒轉播，這次巴格達保衛戰可算把遺憾補上了。

二十一世紀的第一場好戲，觀眾期望太大，演員表演太差。三月二十日開打，四月九日，美軍大約用了一個營的兵力就拿下了巴格達，中間幾乎沒有遭遇有效抵抗，而包括伊拉克共和國衛隊在內的三十萬守城軍隊，神祕地煙消雲散了。

這麼濫的表演，是不是要找海珊退票呢？海珊哭著說，不關我事啊，是老山姆作弊耍賴！

沒錯，老山姆是作弊了。這次出兵伊拉克，沒有聯合國授權，好幾個大國都不支持，連北約盟友土耳其都不允許美國人使用他們境內的基地，從北方夾攻巴格達。冒天下之大不韙開戰，萬一有什麼閃失，國際上被人笑死，國內更會被罵死，所以，武器裝備不敢怠慢、兵力配置不敢怠慢、戰術設計不敢怠慢，這一切都做了還不放心，美國國防部還在伊拉克國內培養了一條接應戰線。

就在海珊天天召開戰前會議，鼓舞士氣，號召大家抵抗侵略時，他手下的大員們，尤其是軍方高層，一邊向海珊宣誓忠誠，一邊跟美國人討價還價。美國人給這些伊拉克高官都發來消息，兩個選項，一，合作，以後到美國，房子票子都備好，衣食無憂；二，對抗，打得你找不到北。

經歷過第一次伊戰的伊拉克高官們，對於這兩個選項，就如同問他們要吃狗屎還是吃蛋糕一樣，一點不糾結。而海珊剛愎獨裁，囂張殘暴，以恐怖威懾讓大家對他效忠，實在不是一個有領袖魅力的獨裁者，對他有真感情的手下，似乎並不太多。

後來的事實證明，最有效的，是美國提前收買的這條內部戰線。收了錢的伊拉克軍官們，還真有勸說士兵們放下槍，換上平民的衣服，回家躲起來的。士兵都跑了，更不用指望巴格達人民提著菜刀跟美軍巷戰了。我們現在熟悉的電視畫面就是，美國大兵全副武裝坦克裝甲車進入巴格達市區，巴格達市民都情緒平靜地在馬路邊圍觀，有些個沒心沒肺的還揮手致意，歡迎美國客人。

美軍進入巴格達第二天，美軍和市民就找到了互動娛樂，那就是推翻巴格達中心廣場上的海珊像。這是個歷史畫面，美國的坦克用鋼索牽引，在巴格達人的呼喊助威中，巨大的海珊大頭朝下栽倒了。

這年五月一日，小布希神氣活現地登上「林肯號」航母，壓抑著興奮，故作淡定地向全世界宣布，美國和盟友已經取得了伊拉克戰爭的勝利！

華盛頓在歡呼，全美國在歡呼，伊拉克的美軍也想歡呼，可又歡呼不起來，因為他們聽說了一個傳聞，關於消失的共和國衛隊。據說開戰前，海珊已經知道戰爭的結局，他要求，抵抗一個星期，剩下的事，由他控制。共和國衛隊是被他解散，而後，分散到伊拉克各地，化整為零開始更殘酷更有效的游擊戰。

說法很快證實了。美軍這才知道，真正的戰鬥，是在海珊倒臺後才開始。似乎是頃刻之間，伊拉克坊間就開始神出鬼沒各種反美武裝，這些品種流雜的各路高手，看起來不過是一介草民，畏畏縮縮的，一轉眼就掏出一把AK47，熟練地射殺美國士兵，毫不留手。

伊拉克的反美武裝還真是各種成份都有，海珊的死忠是一部分，美軍進攻中傷及無辜又培養了一批仇敵，當然還有趁亂復甦的蓋達組織。這裡特別要說明的是，就算是美國處心積慮地搜羅，他們也沒有海珊和蓋達組織有關的任何證據，實際上，很多人都說，作為正統出身的海珊，很看不上蓋達組織這種雞鳴狗盜的行為，雖然他的確是為「九・一一事件」叫過好。

看來是宣布勝利太早了，不抓住海珊，伊拉克的戰事就不算完。美國情報部門發揮了各種聰明才智。著名的撲克牌通緝令出爐了，被通緝的伊拉克落網大魚，其頭像都被印刷在五十五張撲克牌上，還對其中的黑桃A也就是海珊提供了兩千五百萬美金的懸賞，這段時間，鬥地主和鋤大地都有特別的意義，還有可能瞬間巨富。

所有人都有價格，忠誠大部分時間是因為收買的價碼不夠。兩千五百萬美金，買海珊夠了。雖然美軍在伊拉克全境進行了掘地三尺的搜捕，最後，還是靠海珊的臂膀賣主，才找到海珊的藏身之所，時間已經來到了二〇〇三年的十二月中旬。

不出大家意料，海珊的確是藏在他的老家，之所以找不到，是因為這位阿拉伯世界第一顯赫的人物，竟然是貓在一個奇臭無比的地下洞穴中的。海珊被捕情形，也有電視直播，一個鬍子花白，目光呆滯，骯髒邋遢的老頭毫無反抗地被美軍按在地上，對照他留在巴格達的各種照片，戎裝筆挺，身板筆直，連通緝令撲克牌上的照片都是一副梟雄的意氣風發，這要不經過牙齒和DNA的檢驗，真難以相信被捕的是海珊本尊。

海珊被捕後，由伊拉克新政府成立的臨時法庭審判。大家都知道，這個法庭幾乎是被美國控制的，所以海珊的審判過程，看起來也頗為兒戲。什麼樣的過程都不重要了，美國政府的意願路人皆知，海珊必須死，於是，他被吊死了。（海珊的故事，到中東卷時再詳細說）

海珊死了，美國在伊拉克的噩夢並沒有結束。顯然，反美武裝失去了海珊這個疑似精神領袖並不影響戰力，美軍在伊拉克的傷亡數字還是高居不下，至於砸進去的軍費，小布希的政府都不敢看帳本了。

到二〇一一年十二月十九日，最後一批美軍撤出伊拉克，終於結束了煎熬九年的戰爭。先後超過一百五十萬美國軍人入伊服役，三萬多人受傷，四千五百人陣亡，對美國人來說，這個傷亡數字夠嚇人了，可對比伊拉克的平民死亡數字，美國人就顯得嬌氣了。

仗終於打完了，回到戰前的重要議題，伊拉克的大殺器呢？大家想啊，海珊躲在狹小的地下洞穴裡都被抄出來了，真有大殺器，美國人還能找不到麼？不知道從什麼時候起，美國人就不糾結大殺器的問題了，就算沒有大殺器又怎麼樣？我們美國人不去打一場，怎麼知道沒有呢？況且，我們幫助伊拉克人民推翻獨裁者海珊，給伊拉克一個民主自由的發展前景，有什麼錯？

美國人說，這場戰爭是為了推翻暴君，在中東地區推行民主，而世界上還有更多人說，美國這一仗，不過是為了石油。這兩種觀點，曾一度在網上吵得熱鬧。其實，兩個說法一點不矛盾。海珊這樣的殘暴獨裁政府，全世界都深惡痛絕，教訓他，還伊拉克人自由，沒錯，雖然當時還有大多數國家認為，可以通過政治手段達到目的，不用犧牲這麼多無辜；至於伊拉克的石油，毋庸置疑是誘人的，如果能控制伊拉克，以後美國對沙烏地阿拉伯的依賴會小一點，石油輸出國組織也不能太囂張，雖然這一戰燒掉的美金，用來買石油可以用好久，但為了美國的各種長遠利益，說是為了伊拉克的石油打一仗，似乎也不錯。

二十六、美元總統

自從美帝國崛起成為街坊老大，全球政治上的事，其他國家都在看總統的臉色，經濟上的事呢，大家都要細緻分解美聯儲主席嘴裡的每一個單詞。進入二十一世紀，尤其是二〇〇八年全球經濟危機之後，美聯儲的一舉一動更牽動人心。有的時候，我們感覺美聯儲主席是僅次於美國總統的權力人物，有的時候，美聯儲的主席似乎還能壓總統一頭。如果把貨幣金融這些事算一個國家的全部，則聯儲主席才是總統。

前篇介紹過，美聯儲是以金融壟斷機構的面目降生的，從出世就帶有幾個金融寡頭的私利色彩。隨著美聯儲伴隨美國成長、發展，它的面目依然飄忽不清。它到底是政府機構，還是私人銀行？它到底是金融寡頭們盤剝國家的工具，還是穩定美國乃至世界金融市場的有效力量？作為資本主義高度發達的美國，美國的各種資本家，尤其在華爾街橫行霸道的那些傢伙，能左右國家許多事，包括政府班子。作為一個高度民主的國家，美國的政府不能罔顧民意，很多時候，華爾街的利益和廣大勞動人民的利益是明顯衝突的，總統有時也必須對華爾街怒目而視。華盛頓和華爾街，不可避免出現政治上的摩擦，那麼，美聯儲這個看著像政府機構的華爾街組織，它到底站在哪頭呢？相信這些問題，大多數美國人，也不知道答案。

從美聯儲降生那日起，美國國會中許多「有識之士」就憂慮重重，他們多次發表演講，對美聯儲提出各種質疑，希望能用自己微薄的力量，將這個「壟斷銀行」推倒。

一九三九年，有個國會議員就提出，美聯儲不是政府機構，它屬於它旗下的十二家會員銀行，而這十二家會員銀行又被諸多商業銀行控制，這些商業銀行還都持有美聯儲的股份，所以，一九三七年落成，位於華盛頓憲法大道上冷峻莊嚴的美聯儲大樓，它不屬於政府公共建築，它應該依法繳納私有建築必須的地方財產稅。

聽起來很有道理，哥倫比亞特區的稅務人員就真的給美聯儲寄去了稅單！

美聯儲當然不會繳稅，他們派代表，苦口婆心地跟稅務人員上課，說美聯儲真是由威爾遜總統一手創立的政府機構，雖然聽起來很複雜，但它是獨立於美國政府的一個政府部門。

哥倫比亞特區的稅務官毫不客氣地回敬美聯儲代表：一九三五年，美聯儲花七十五萬美金跟政府買地蓋的房子，還簽了交易書的。試問，如果美聯儲是政府部門，聯邦政府幹嘛要簽個合約把地賣給自己呢？

這個官司打了好幾年，稅務局和美聯儲都快把自己繞暈了。最後，無奈之下，美聯儲的十二家銀行簽訂新契約，將這棟美聯儲大樓的產權轉讓給美國政府，他們僅僅是在其中辦公。這個事件，再次坐實了美聯儲模稜兩可的地位。

不管是不是政府部門，有一個詞是公認的，那就是「獨立」，它是獨立運行的，正常狀態下，它既不順從總統，也不需要給華爾街面子。它最牛的獨立就是，在美國這樣一個任何公職都需要競選的民主國家，美聯儲主席這麼大的幹部，是不需要經過任何選舉的！

美聯儲作為私人銀行，它是不是為自己謀取了大量私利，沒有證據就不追究了。我們可以從美聯儲形象正面，對美國經濟產生有利影響的那段時間開始回顧，那是卡特的時代，因為中東局勢，石油飛漲，美國面臨嚴重的通貨膨脹。

沃爾克到葛林斯潘

經過六〇年代的越南戰爭和詹森總統的偉大社會計畫，美國的經濟發展陷入停滯。根據凱恩斯主義的那個干預政策，當時的美聯儲執行貨幣寬鬆計畫，使勁印鈔票。美聯儲主席伯恩斯在這個位置上幹了八年，一八七八年離任時，一百美元的購買力相當於他上任時的三十元。

一九七九年第一季度，美國的CPI（消費物價指數）上漲了百分之十一，到第二季度，上漲了百分之十四（為大家了解這個概念，給一個咱家的資料做對比，二〇一四年一季度，咱家的CPI上漲為百分之二．六，如果你覺得你的生活成本已經很高了，想想當時美國人的生活）。到七月份，卡特的個人支持率降到最低點。

卡特手足無措，他只能遷怒於幕僚，乾脆解散了內閣，辭退白宮原有工作人員，他重新審核篩選高層任命，準備大張旗鼓重新開始。

對於卡特的決心，金融市場反應特別大，只是他們的反應是恐慌型的，美元再次下滑，黃金價格飆升，通膨愈演愈烈。這時大家都想到，要穩住金融市場，壓制住華爾街的火上澆油，必須依靠美聯儲，美聯儲需要任命的新主席，希望他能同時照顧好華盛頓和華爾街，並在此時力挽狂瀾，快速中止通膨。

保羅．沃爾克的名字出現在卡特的選擇名單上時，卡特完全不知道沃爾克是何方神聖。其實沃爾克的履歷十分光鮮，普林斯頓大學畢業，哈佛大學的政治經濟學碩士，還曾在倫敦經濟學院留學；在尼克森時代，他在財政部任職，在終結布列敦森林體系中，發揮了重要作用；在成為聯儲主席的候選人之前，他是紐約銀行行長，是美聯儲的十二家會員銀行裡地位最高的行長，因為紐約銀行位於華爾街，行長不可避免要能跟華爾街的大鱷們交際。有人說，沃爾克前半生的經歷就是為他成為聯儲主席做準備！

當卡特最終選擇沃爾克時，整個世界的金融市場都鬆了一口氣。任命沃爾克為聯儲主席，應該是卡特焦頭爛額生涯最漂亮的決定了。

沃爾克身型高大，作風樸素，踏實謹慎。他最大的優點是家教好，他公務員的父親從小給他的教育就是，低調嚴肅，且忠於公共利益。

新的聯儲主席一上任就告訴總統，通膨的根本原因是早年的貨幣超發，沃爾克說，讓我幹，我就緊縮貨幣！此時緊縮貨幣，經濟社會必受影響，老百姓看不了長遠，失業和降薪會讓他們會更加憎恨卡特的無能。卡特了不起的是，他居然接受了這個會害死他的計畫！

一九七九年十月，沃爾克就宣布，聯儲將不再通過操縱利率來控制通膨，而是嚴格限制貨幣的供應量，至於利率，則完全交給市場，由它自由浮動。

到一九八〇年，隨著貨幣供應量減少，經濟環境更加惡化。卡特承擔了苦果，他黯然離開白宮，將沃爾克留給了雷根。

對於沃爾克的緊縮計畫，當時很多人認為他是賭博。貨幣供應減少，利率高企，企業經營活動舉步維艱，弄死了通膨，說不定就連帶弄死了美國。而沃爾克的意思是，他寧可將美國拖進衰退，也要將通膨徹底打垮。可以想像，當時有多少企業倒閉，多少失業的人們痛罵沃爾克是王八蛋。

雷根上臺，為了挽救經濟，他預備實行減稅政策，減稅了政府收入少了，只好借債補貼財政開支。此時的債不好借啊，美聯儲的緊縮政策，讓利率居高不下，借錢借得肝顫。雷根找沃爾克商量，沃爾克不解釋只會用行動表示：一九八二年，在嚴峻的經濟局面中，利率又提高了兩個點！沃爾克的想法是，政府必須採取措施抑制赤字增長，而不是一有困難就想到印鈔票，如果投資者不放心未來的通膨率，長期國債收益率也會下跌；美聯儲是既然決心要將通膨徹底打碎，那美國社會加速衰退之類的風險，也必須扛住！沃爾克這招相當於逼宮，雷根政府只好在這一年增稅，一九八五年又進一步削減了赤字。

沃爾克並不是只有緊縮貨幣這一招，一九八二年七月，感覺到又一輪衰退襲來時，沃爾克果斷地開閘防水，放棄了嚴格的貨幣供應指標。當時沃爾克擔心放水會導致通膨復發，所幸他賭贏了，沒有引發通膨，引發了八〇年代美國經濟的復興，證明了此時的聯儲主席是個頭腦清晰的「水閥控制者」。

沒有用印鈔票的辦法彌補預算赤字，顯示了美國政府的財政責任，更是提振了總統的聲望和民眾對政府的信心，雷根任內的經濟復甦，還出現了所謂的雷根經濟學，其實根本就是沃爾克的堅守與堅持。沃爾克離任後，有人寫信給他：「雖然找工作很艱難，但您讓我們一輩子的財富免於貶值，我還是謝謝您！」

卡特當初是想找一位能力挽狂瀾，治療通膨的美聯儲主席，沃爾克做到了，他將幾乎被通膨吞噬的美國拉回正軌，改變了美國的經濟結構，挽救了美國人的生活，為美國二十世紀晚期的繁榮奠定了堅實的經濟基礎，所以很多人稱他為「拯救者」。

沃爾克是不卑不亢的犟老頭，高壓之下不屈服，體現了一位美聯儲主席必備的素質，他的犟導致了卡特敗選，也讓雷根對他非常不滿。不管金融界給沃爾克多麼高的評價，雷根是不以為然的，沃爾克不跟他一條心，態度還有點傲慢，讓總統很受傷。一九八七年，沃爾克離開了美聯儲。

美國的銀行家鮮少形象正面的，沃爾克是個特例。你很難將他和貪婪欲望之類的詞結合在一起。他曾經是控制世界儲備貨幣的人，可晚年的沃爾克幾乎是清貧的。八十歲的老頭兒出門還要擠地鐵；在華盛頓任職期間，租住狹小的一室一廳，使用女兒淘汰的舊傢俱，完全是工薪階層生活形態，還是薪水不高的那種。他長期照顧重病的妻子，在妻子逝去十年後，才跟助手訂婚。雖然沃爾克的資歷光鮮，可做了美聯儲主席後，將華爾街的財閥得罪光了，一直處於被他們擠兌賦閒的狀態，沒有具體的工作，肯定沒有像樣的收入，沃爾克自己似乎不以為意，他知道自己的價值。

二〇一〇年，輪到歐巴馬焦頭爛額時，他只能請沃爾克出山，並接受了沃爾克關於銀行自營業務與商業銀行業務分開的提議。也就是說，商業銀行就是管存錢放貸的，不要摻和投資銀行的事，你拿優惠利率的款子去玩股票就不像話了嘛。歐巴馬宣布，這個是「沃爾克規則」，沃爾克只能苦笑，因為銀行家們一聽，又是沃爾克的鬼主意，更恨他了！

一九八七年，雷根提名葛林斯潘成為新的美聯儲主席。沃爾克是猶太人，繼任的葛林斯潘也是猶太人，歷屆的美聯儲主席都是猶太人，似乎只有猶太人才有資格掌管全球的財富。

沃爾克做主席時，被很多人痛罵詛咒，可他離任時，幾乎全是溢美之詞，好多人視他為銀行界的道德楷模。葛林斯潘正相反，他在主席之位時，全世界崇拜他五體投地，稱呼他為全球「經濟沙皇」，「美元總統」這個稱呼就是由他開始的，說「葛林斯潘打個噴嚏，全球投資人都傷風」，一九九六年的《財富》雜誌甚至說：「笨蛋，誰當總統都無所謂，只要艾倫（艾倫．葛林斯潘）是美聯儲主席就行！」葛林斯潘的任期十八年，經歷了四屆總統，鋒頭極盛。可他離任時，罵他人不少，還認為他是二〇〇七至二〇〇九年經濟危機的罪魁禍首。

跟沃爾克一樣，葛林斯潘也堅定維持美聯儲的獨立性。上臺後，也完全不報答雷根的知遇之恩，一上任就將聯邦利率調高，導致了經濟減速和失業率上升，讓共和黨失去了不少選票。

一九八七年十月十九日，葛林斯潘遭遇了人生最重大挑戰。那一天，過去五年一直牛市運行的美國股市暴跌了五〇八點，一天之內五千億美元消失，華爾街又驚現自殺潮。這場突如其來的股災，彷彿是一九二九年重演，它被稱為「黑色星期一」。

第二天，在紐約證交所開盤前四十分鐘，葛林斯潘做了一個簡短聲明：「聯邦儲備委員會，本著它作為這個國家中央銀行的責任，會對所有經濟和金融體系提供援助。」隨後，美聯儲在主席的指示下大量購買國債，為銀行系統提供了一百二十億美元流動性，使聯邦利率在一天內下降〇．七五個百分點。陡然增加的流動性，讓大公司趁機宣布收購其他企業的股票，穩住了市場，也迅速恢復了投資者信心。葛林斯潘初試身手，就樹立了個人高大的形象，他自己也有了底氣，更加感覺美聯儲需要承擔更多的責任，於是，以後的美國經濟中，除了市場那隻看不見的手，又多了葛林斯潘這隻看得見的手。

葛林斯潘認為，玩經濟跟航船一樣，必須預先知道前方水情，以提早調整船身的姿勢。經濟過熱，就要果斷降溫，經濟衰退，就要及時刺激，未雨綢繆，不能等態勢變壞了再動手。

一九九二至一九九五年美國經濟情況欣欣向榮，葛林斯潘先後七次提高利率，讓經濟軟著陸，防患於未然。一九九八年，亞洲經濟危機爆發擴散全球，葛林斯潘以美國歷史上最快的減息速度三次降息，穩定了經濟。二〇〇一年「九‧一一事件」後，所有人都認為美國經濟必然飽受打擊，葛林斯潘在一年內將利率從百分之六．五降低到百分之一．七，扶住了搖搖欲墜的形勢，結果當年，美國的經濟增長達到了所有人都不敢預想的百分之三．五。

在經濟社會有個鐵律，通膨低，失業率就高，因為通膨低一般是因為國家緊縮銀根，則必然是企業發展較差，失業的人自然就多了；反過來，失業率高的時候，工資低，消費低，物價水準低，通膨自然也就低了。傳統經濟學理論認為，低失業率和低通膨，幾乎是不可能同時存在的事。九〇年代的美國顛覆了這個理論，那幾年失業率低至百分之五．五，通膨一直被控制在百分之三以下。美國這段黃金歲月被稱為是「零通貨膨脹型經濟」。

不管是柯林頓還是葛林斯潘都不是神仙，九〇年代美國的經濟奇蹟的根本原因，前面已經介紹過。從經濟學的角度看，全球化後，跨國企業在世界範圍內調配資源，發展中國家為發達國家提供大量低廉產品，抑制了發達國家的通膨；發展中國家賺取的外匯又回流發達國家資本市場，將他們的利率維持在低水準，保證經濟的繁榮。就是這個良性循環，造就了柯林頓，造就了葛林斯潘。

美國泡泡

英國和法國的歷史中，老楊介紹過了資本主義發展歷史上，幾次重大的泡泡，美國史寫到最後了，怎麼能沒有泡泡。

根據歷史經驗，經濟過熱，部分人陷入瘋狂，就進入吹泡沫的階段了。二十世紀的最後幾年，最熱的是什麼？網際網路經濟！有沒有人發瘋？有啊，英特爾的老闆高喊：趕快跳上電子商務的快車，否則你將死無葬身之地！

二十一世紀的世紀之交，我們都還清楚地記得，當時最熱鬧的事，就是美國納斯達克指數屢創新高，中國的IT企業紛紛登陸納斯達克，在美國的市場展現中國新經濟的力量。

只要你炒過股，就知道股票這東西，只要沾上，智商下降極快，甚至有可能到負數。中國石油上市那天，股價四十八．六二，大部分股民都相信，年底它大有可能翻番甚至過百！上個世紀末，你在美國抄IT股，也是這個心態，不管什麼票，不管它幹啥的，也許它僅僅是個網頁，什麼都沒有，但只要有人告訴你，它會翻幾番，你毫不猶豫就信了，就買了。

二〇〇〇年三月十日那天，納斯達克指數超過五千一百三十二點，如同二〇〇七年十月六日，上證指數到達六千一百二十四點。深陷其中的人，都以為指數才剛剛到半山腰，殊不知，這已經是峰頂的頂端，稍微一動，就會從山頂以滾皮球一樣的速度跌落山底，甚至谷底。

到二〇〇一年三月十二日，納斯達克指數跌破兩千點大關，並於四月十四日到達一千六百三十八的低點，從最高點（5048點）以不到一年時間損失了近百分之六十八，加上傳統股票道瓊斯指數下挫近兩成，股市的暴跌使美國社會財富損失五兆美元，相當於美國國民生產總值的一半。

必須說，泡沫這東西，大部分時候是錢燒的，如果不是錢多得沒地方去，怎麼會有這樣非理性的投入呢。

對，九〇年代，東南亞金融風暴、俄羅斯金融風暴，美國市場都受到程度不同的波及，葛林斯潘的做法就是降息降息再降息，沒讓美國的經濟跟著難看。這時所有人的心理都有一個感覺，葛林斯潘這位財神爺，肯定是不會讓大家虧錢的，只要市場低迷，財神爺一定會出手相助。也就是這個心理，大量的錢才會樂觀地進入了股市，催發了泡沫。

納斯達克泡泡破了，格老怎麼辦？繼續降息唄！

銀行又有錢了，往哪投？股票不好玩，就玩房子吧。在美國，貸款買房子原本並不容易，銀行會根據你的信用紀錄、收支狀況、抵押物價值，將你分個三六九等。評分最高的，就是優質客戶，他們借走的錢，當然就是優質貸款；第二級的叫中等貸款；最差的，工作不穩定，收入沒保障，也沒個正經財產的，就是次級客戶，借走的那是次級貸款。

正常狀態下，這三等客戶應該是這樣一個比例，優等生佔百分之七十五，中等生佔百分之十一，差生佔百分之十四。你會奇怪，怎麼差生還多呢？當然啊，你是窮人，你借錢，銀行風險大，利息當然要收高點兒，還是有利可圖的。

話說美國的銀行業發展是經過了這麼發展過程：大蕭條時期折騰了一下，聯邦政府加強了對銀行的監管，對利率幅度、存款保險、業務種類都有挺明確的規章制度。七〇年代，自由經濟思潮抬頭後，所有人都認為，政府的過度監管才是錯誤的根源，尤其是銀行業，要給它自由，鼓勵它創新。於是，金融行業就越來越自由了，利率自由化，業務自由化，只要你想得出來，能忽悠到客戶，怎麼整都行。

一鼓勵銀行創新，就什麼都敢玩了。可以提高差生的福利，鼓勵窮人買房子嘛。這是個大好事啊，從政府方面說，窮人住上了自己的房子，正說明政府英明，選民還不感恩戴恩麼？從銀行方面說，增加了新客戶，新貸款規模。

不怕這些窮人供不起麼？不怕，美國的房價是持續上漲的狀態，沒有跡象表明房價會大跌，現在小夥子沒房子，丈母娘絕對不嫁閨女，還怕房價會跌？只要房價不跌，銀行隨時可以拍賣抵押的房產，穩賺不賠。而且銀行還給你一個最吸引人的優惠——可調整利率，你買房子的頭兩年是一種利率，後幾年可以再設定。全美國人都知道，美聯儲最愛降息，也就是說，以後借款利息還會更低啊！

吸引客戶還不算，銀行要保證自己一點風險不擔。美國銀行最大的創新業務就是證券化：將次級貸款打個包，整合出一個住房抵押貸款支持債券，賣給投資者，以後還不出貸款的風險就由買債券的人負責了。賣債券的錢回籠銀行，銀行再發放新的次貸，形成一個完美的循環。不要以為聽起來很簡單，這中間是有非常高深的學問的，美國人是經過長期訓練才敢這麼玩，小朋友千萬不要效仿。

除了你人過中年後的體重，這個世界上基本不存在穩漲不跌的東西，尤其是房子。美國社會看著發展得風調雨順歌舞昇平，其實也是非常不平衡的。小老百姓的收入，扣除通膨，並沒有明顯地提升。大部分的錢都進了富人的腰包，有錢人肯定是更有錢了。

收入沒有增加，可資本主義社會一直認定，經濟是靠消費拉動的，只要鼓勵消費，經濟自然會持續熱乎，基於這個理念，西方人最喜歡的超前消費，寅吃卯糧，似乎就很正常。

美聯儲也沒有總放水，根據葛老的原則，資本市場瘋狂到一定的程度，他肯定是要加息降溫的。不過這個時候加息降溫，定然的結果就是，房地產市場出現拐點，房子降價了！

在住宅抵押貸款市場這塊發揮至關重要作用的，是美國兩大「國企」——最大的住房抵押貸款機構——聯邦國民抵押協會（簡稱房利美）和聯邦住房貸款抵押公司（簡稱房地美）。這兩家原本是美國國會立法設立的政府支助機構，目的在於為住房抵押貸款市場提供穩定而連續的支持，幫助更多的老百姓買上房子。

美國的住房政策是政府公共政策之一，通過政府干預和市場化運作相結合的方式，為住房建設提供資金保障。所以「兩房」可以說是美國房地產市場的支柱，兩家機構承保或者購買的房地產貸款約佔美國居民房地產市場的百分之五十，到次貸危機時達到了百分之八十以上。「兩房」擁有和擔保的資產規模約五．五兆美元，他們搗鼓出來的「住房抵押貸款支持債券」又被稱為「兩房」債券。雖然從五〇年代起，房利美就向私有公司轉化，但仍然受聯邦政府直接控制，就是這個準國企的背景，「兩房」債券吸引了養老基金、共同基金、商業銀行和保險公司等諸多美國國內投資者，和包括中國在內的大量海外投資者。

房子一降價，基於房地產永遠不會跌的所有資產把戲都穿幫了，破產的破產倒閉的倒閉，多米諾骨牌的效應，不斷放大，美國的次貸危機就這樣發生了。而「兩房」顯然是受衝擊最大最明顯的。二〇〇八年，一向自稱是金融自由化，政府不干預市場的「自由美國」政府宣布：對「兩房」進行救助，政府託管，將向兩家公司注資，以確保兩家機構保持穩定和繼續發揮作用。

這個消息一出，「兩房」股價應聲而落，到二〇一〇年六月，跌無可跌的「兩房」股票從紐交所退市。好在只是退市，至今「兩房」依然苟延殘喘沒有破產，這兩個傢伙讓咱們很糟心，因為作為持有大量「兩房」債券的債主，如果「兩房」破產，中國的損失無法估量。

二〇〇八年跟「兩房」搖搖欲墜一樣驚人的事件，是雷曼兄弟申請破產。雷曼兄弟原是全美第四大投資銀行，創立於一八五〇年。二十一世紀初還屢屢被各種權威評選為世界最佳投行。投行做到最佳，肯定是捨得投機敢於投機，追求高風險不怕死得快的。雷曼兄弟是二〇〇六年次貸證券產品最大的認購方，佔總市場份額的百分之十一。

雷曼兄弟出事前，美國第五大投行貝爾斯登先支撐不住了，但在美聯儲支持下，摩根大通公司出手收購，暫時挽救了它，到「兩房」一事發，美國政府親自出手搭救，實在是氣力透支了。等雷曼兄弟求救時，美國人真不知道怎麼幫助這家一百五十八年歷史的華爾街老字號。二〇〇八年九月雷曼兄弟宣布破產，總債務超過六千億美元。

從二〇〇八年由美國開始蔓延到全世界的經濟危機，我們都不陌生，因為我們還生活在其中。到底美國史上這一輪僅次於大蕭條的衰退什麼時候能結束，誰也說不好。有人說，美國稱王太久了，是時候交出霸主之位了；還有人說，中國人的幸運，是有美國這個老師一直走在前面，給以經驗也給予教訓，讓中國規避了很多危險。有人預計，二〇一四年底，中國將取代美國成為全球第一大經濟體。

以後的事誰知道呢，但美國過去的故事，我們就講到這裡吧！

有的人相信國家主義，認為國家或社會高於一切。不過，民主主義者認為，國家甚或社會都不如組成它的個人重要。

——伯恩斯《美國式民主》

世界歷史有一套之後發先至的美利堅／楊白勞著.
-- 一版.-- 臺北市：大地, 2016.02
面：　公分. --（History：85-86）

ISBN 978-986-402-095-9（上冊：平裝）
ISBN 978-986-402-096-6（下冊：平裝）

1. 美國史

752.1　　104029180

世界歷史有一套之後發先至的美利堅（下）

HISTORY 086

作　　者	楊白勞
發 行 人	吳錫清
主　　編	陳玟玟
出 版 者	大地出版社
社　　址	114台北市內湖區瑞光路358巷38弄36號4樓之2
劃撥帳號	50031946（戶名　大地出版社有限公司）
電　　話	02-26277749
傳　　真	02-26270895
E - mail	vastplai@ms45.hinet.net
網　　址	www.vastplain.com.tw
美術設計	普林特斯資訊股份有限公司
印 刷 者	普林特斯資訊股份有限公司
一版一刷	2016年2月（修訂版）

大地

定　　價：320元